한국의 소매업태 및 업종별 유통경로

한국의 소매업태 및 업종별 유통경로

저자 · 박 찬 욱

kpc 한국생산성본부

✎ 저자의 글

우리사회에서 유통이 차지하는 비중과 중요성이 점차 커지고 있다. 시장의 성숙에 따라 제품의 표준화가 진전되고 가격경쟁이 심해지면서 제조업체들은 경쟁력 강화를 위해 효율적인 유통망의 구축, 물류비용의 절감 등과 같은 유통과 관련된 문제에 관심을 가질 수밖에 없게 되었다. 또한 소비자들의 소득이 증가하면서 쇼핑을 여가활동의 일부로 여기는 경향이 커지고 있으며, 이로 인해 선호하는 제품을 판매하는 유통업체를 찾는 경향이 약화되고, 자신의 라이프스타일에 적합한 쇼핑장소를 먼저 정하고 여기에서 판매되고 있는 상품을 구매하는 성향이 커지고 있다. 정보기술의 발전에 따른 정보화의 진전도 제조부문보다는 유통부문에 훨씬 더 유리하게 작용하고 있다. 고객과의 접점을 형성하고 있는 유통업체는 고객과의 접점에서 발생하는 정보를 바탕으로 제조업체에 대한 경쟁적 우위를 강화해 나가고 있다.

유통의 비중과 중요성이 커지고 있기 때문에 유통에 대한 이해는 기업의 경쟁력 강화를 위한 전략 수립에도 도움이 되지만, 우리나라 사회의 전반을 이해하는 데도 크게 도움이 된다. 본서는 한국사회에서의 유통에 대한 이해의 증진을 위해 써졌으며, 따라서 대부분의 내용이 우리나라의 상황에 대한 것이다. 다만 우리나라의 유통 현황을 이해하기 위해 꼭 필요한 경우에는 외국에서의 유통 현황에 대해서도 일부 기술하였다. 본서에서는 유통의 다양한 측면 가운데에서도 특히 소매업태와 업종별 유통경로에 대해 기술하였다. 이 두 개의 부문을 선택한 것은 이들 분야가 우리의 일상생활과 밀접하게 관련되어 있기 때문에 이 분야에 대한 이해를 증진시키면 우리사회를 보다 더 심층적이고 흥미롭게 바라볼 수 있다고 판단하였기 때문이다.

이에 따라 본서는 두 개의 파트(part)로 구성되어 있다. 첫 번째 파트는 우리나라의 소매업태에 대한 것으로 소매업태를 14개 분야로 구분하여 기술하였다. 오프라인에서는 백화점, 대형마트, 편의점, 슈퍼마켓, 전통시장 등과 함께 비교적 많이 다루어지지 않고 있는 아울렛, 복합쇼핑몰, 다단계판매, 헬스&뷰티스토어, 균일가샵 등에 대해서도 기술하였다. 온라인 부문에서는 TV홈쇼핑, 온라인쇼핑 등에 대해 기술하였으며, 온라인쇼핑 가운데 오픈마켓, 소셜커머스, 모바일쇼핑 등은 그 중요성을 감안하여 별도로 기술하였다. 두 번째 파트는 우리나라의 소비재 업종별 유통경로에 대한 것이다. 특정 소비재가 생산자로부터 소비자에게 어떻게 전달되는가에 대한 기술을 통해 해당 제품군의 유통경로 구성원들과 그들 간의 관계에 대한 이해를 증진시키는데 목적을 두었다. 수많은 제품군 가운데 본서에서는 18개의 제품군을 선정하여 기술하였다. 즉, 일용소비재 (가공식품, 생활용품, 화장품, 의류, 주류, 문구), 내구소비재 (자동차, 가전제품, 휴대폰, 가구), 의약품 및 한약, 농산물, 수산물, 축산물, 보험상품 등 우리들의 일상생활에서 빈번하게 접하는 제품군 18개를 선정하여 각각의 유통경로를 기술하였다.

　소매업태나 업종별 유통경로는 우리가 일상생활에서 매우 밀접하게 접할 수 있으면서도 동시에 상당히 이해하기가 어려운 분야이기도 하다. 이는 유통이 제조업체, 도매상, 소매상, 물류업체 등 많은 경로구성원들 간의 이해관계가 매우 첨예하고 복잡하게 얽혀있는 분야이기 때문이다. 따라서 해당 분야의 종사자가 아니면 세부적인 내용을 파악하기가 힘든 측면도 있다. 또한 유통과 관련된 상세한 내용을 담은 2차자료가 부족하다는 것도 유통에 대한 이해의 어려움을 가중시키는 요인이 되고 있다.

　본서를 기술하기 위한 자료수집을 위해 2차자료 검색과 인터뷰를 병행하였다. 먼저 관련분야의 서적/학술논문/보고서, 각종 유통관련 통계자료, 유통관련 단체의 정기간행물, 관련 정부부처의 보도자료, 언론기관 기사, 관련 단체 혹은 업체의 홈페이지 등의 다양한 원천으로부터 2차자료를 수집함으로써 다양한 시각에서 풍부한 내용을 담을 수 있도록 노력하였다. 그러나 2차자료는 그 내용에 있어서 한계점이 분명히 있기 때문에 해당 분야에 대한 보다 정확한 정보를 수집하기 위해서는 해당 분야에 대한 전문성을 갖추고 있는 사람들과의 인터뷰가 필수적이다. 저자는 본서의 기술을 위해 약 40명의 관련분야 종사자와의 인터뷰를 실시하였다. 인터뷰 내용은 대부분의 업종과 소매업태를 망라하였고, 내용이 어려운 분야들에 대해서는 2차례에 걸쳐 인터뷰를 실시하기도 하였다. 결국 이 분들의 도움이 없었으면 본서의 내용은 현실과 상당한 차이가 있는 방향으로 기술되었을 것이다. 일일이 성함을 나열하기는 어렵지만 이 책을 출간

함에 있어서 누구보다 이 분들께 감사드린다.

이 서적을 통해 많은 분들이 유통에 대해 더 많은 관심을 갖게 되었으면 하는 바람이 있다. 특히 업무적으로 유통분야와 관련이 있는 분들이 자신이 몸담고 있는 분야 이외의 분야에서의 유통 현황을 이해하는데 도움이 되었으면 하며, 또한 대학에서 공부하는 학생들이 유통의 세계를 보다 현실적인 시각에서 바라보는데 도움을 받았으면 한다. 이 책을 쓰는 과정에서 앞에서 기술한 바와 같이 인터뷰에 응해주신 각 분야의 유통관련 종사자분들께 감사드리고, 책을 출간해주신 한국생산성본부 부설 한생미디어에도 감사의 말씀을 전한다. 또한 책을 쓰는 과정에서 도움을 준 박사과정 학생들 (김동현, 안성민, 조아라)과 내조를 하여준 아내 김용희에게도 감사의 마음을 전한다.

2014년 9월 1일 박찬욱

목 차

Part 2

업종별 유통경로

01

제 1 장   대형마트

1. 우리나라 대형마트의 개념과 약사(略史)

우리나라의 대형마트는 "식품, 생활용품, 가전제품 등의 상품을 일반 상점보다 저렴한 가격으로 소비자에게 셀프서비스 방식으로 판매하는 매장면적 3,000m² 이상의 대규모 매장"라고 정의될 수 있다. 품목별 판매비중은 신선식품, 가공식품 등의 식품류가 약 50%로 압도적인 비중을 점하고 있으며, 그 다음으로 생활용품과 가전제품이 2위와 3위를 차지하고 있다. 좁은 의미의 대형마트의 개념에는 이마트, 홈플러스, 롯데마트 등만이 포함되지만, 넓은 의미의 대형마트의 개념에는 코스트코, 트레이더스, 빅마켓 등과 같은 창고형 할인매장도 포함된다. 본 절에서는 창고형 할인매장을 대형마트에 포함시켜 기술한다.

우리나라에 대형마트가 도입된 것은 신세계가 이마트 1호점을 도봉구 창동에 개점한 1993년이다. 초기의 대형마트는 최소한의 서비스를 제공하고, 마감이 깔끔하지 않은 매장 인테리어에 박스단위의 판매를 위주로 하는 창고형 매장이었다. 한국사회는 1990년대 후반에 외환위기를 겪으면서 품질대비 가격을 중시하는 소비성향이 정착되었으며, 이로 인해 상품을 저렴하게 판매하는 대형마트가 본격적인 성장기로 접어들게 되었다. 대형마트들은 한국인의 구매 성향에 부합하기 위해 인테리어의 고급화, 높은 수준의 서비스, 다양한 부대시설 등을 갖추는 방향으로 전환하면서 '한국형 대형마트'의 모습을 갖추게 되었다. 1996년에 유통시장이 개방되면서 마크로, 월마트, 까르프 등 외국계 글로벌 유통업체들과 국내업체들이 치열한 경쟁을 전개하였으나 마크로가 1998년에 월마트에 인수되고 2006~2007년에는 월마트와 까르프가 국내시장에서 철수하면서 경쟁사가 줄어들었고, 특히 2008년에 홈플러스가 이랜드리테일의 홈에버 매장 35개를 인수하면서 한국계인 이마트(1993년)와 롯데마트(1998년), 그리고 영국계인 홈플러스(1999년) 등의 3사가 대부분의 시장을 차지하는 빅3 구도가 정착되었다. 미국에서는 월마트, 영국에서는 테스코, 프랑스에서는 까르푸 등의 선도기업이 각각 자국 시장을 지배하는 구도를 가지고 있는 반면, 우리나라는 이들 국가들에 비해 시장규모가 훨씬 작음에도 불구하고 3개 업체가 치열한 경쟁을 벌이는 특징을 보이고 있다.

2. 시장현황

2.1 대형마트의 연도별 매출액 및 매장수

2013년을 기준으로 대형마트의 매출액은 약 38.3조 원이며, 전국에 483개의 매장이 있다. 2013년의 우리나라 전체 소매시장 규모는 353.5조 원이며, 따라서 대형마트는 전체 소매시장에서 약 10.8%를 차지하고 있다. 이는 백화점, 슈퍼마켓, 편의점 등의 주요 소매업태 가운데 가장 높은 비중이다. 대형마트의 연도별 매출액과 매장수의 추이는 [그림 1-1]과 같다.

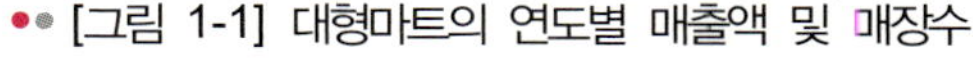 [그림 1-1] 대형마트의 연도별 매출액 및 매장수

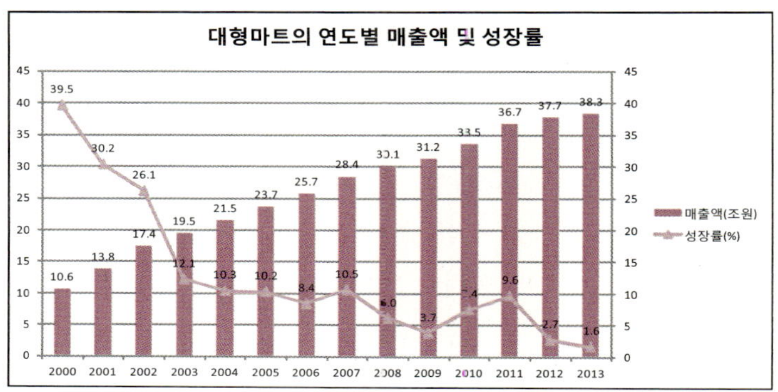

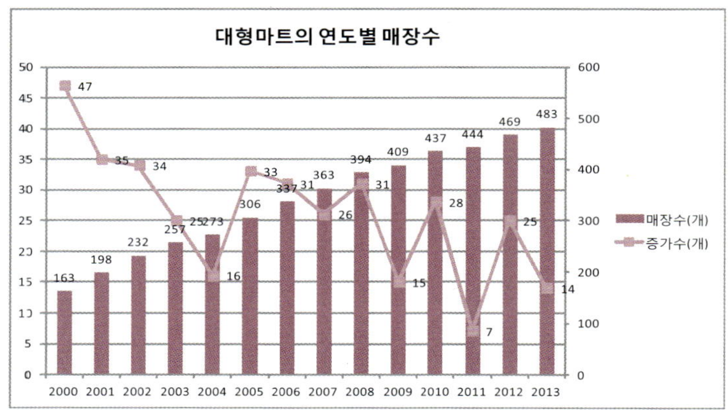

자료 : 통계청 소매업태별 판매액 (경상금액 기준, 대형마트 매출액 집계액 가운데 면세점 제외).
리테일매거진. "유통산업보고서 : 대형마트," 2005, 2006, 2009, 2012, 2014 1월호.

대형마트는 2000년대 초에 들어 본격적인 성장기를 맞이하면서 30%대의 높은 성장세를 보였으나 2008~2009년에 성장률이 10% 미만으로 떨어지면서 저성장기로 진입하였다. 2010~2011년에 회복세를 보이기도 하였지만, 2012년 이후에는 성장률 1~2%대의 본격적인 성장정체기로 접어들었으며 이러한 추세가 앞으로도 지속될 것으로 예상되고 있다. 이러한 예상은 여러 가지 요인들에 기반하고 있다.

- 포화상태에 이른 매장수 : 대형마트는 인구 10만 명당 1개 정도가 적당한 것으로 평가되고 있다. 2014년 현재 우리나라의 인구가 약 5,100만 명이고 대형매장의 수도 거의 500개에 달해 있기 때문에 우리나라 대형마트의 매장수는 이미 포화상태에 이르렀다고 할 수 있다. 더욱이 2010년 대에 들어 복합쇼핑몰, 프리미엄 아울렛 등과 같은 대형 쇼핑몰이 건설되면서 대형마트의 매장수 확장을 통한 매출 증대 가능성은 더욱 줄어들었다고 평가할 수 있다.
- 장기적인 경기 침체로 인한 소비위축 : 경기 침체는 시장 전반에 악영향을 주고 있으며, 이러한 악영향은 대형마트에도 예외 없이 적용되고 있다.
- 근거리·소량구매 소비트렌드 : 1~2인 가구의 증가 및 고령화에 따른

근거리·소량구매 소비트렌드는 주거지역에 위치한 편의점, 슈퍼 등에
는 유리하게 작용하고 있지만 상대적으로 거리가 멀고, 대량구입이
이루어지는 대형마트에는 불리하게 작용하고 있다.
- 유통산업발전법 개정에 따른 규제 : 2013년 7월부터 시행되고 있는
  유통산업발전법 개정안에 따라 대형마트는 SSM과 더불어 전통상업
  보존구역인 전통시장 반경 1km 내의 지역에 출점할 수 없고, 월2회
  일요일 등의 공휴일을 휴업일로 정하도록 되어 있으며, 오전 10시
  이전에 개점할 수 없다. 이러한 규제는 대형마트의 매출감소 추세를
  가속화시킨 것으로 분석되고 있다.

2.2 빅3 대형마트의 연도별 매출액 및 매장수

[표 1-1]은 빅3 체제가 정착된 2008년 이후의 빅3 대형마트의 매장수
와 매출액 추이를 보여주고 있다. 2013년을 기준으로 빅3의 매장수는 모
두 395개이며, 이마트는 148개 (37.5%), 홈플러스는 139개 (35.2%), 롯데
마트는 108개 (27.3%)의 매장을 가지고 있다. 이마트와 롯데마트의 경우
에는 매장수에 창고형 할인매장 (각각 트레이더스와 빅마켓)이 포함되어
있다. 빅3의 전체 매출액 추이를 살펴보면 2011년 까지는 10%대의 성장
률을 보였지만 2012년에 들면서 마이너스 성장으로 돌아섰음을 알 수 있
다. 즉, 전체 시장의 추세와 마찬가지로 빅3 업체들도 2012년을 기점으로
성장정체기에 들어섰다. 빅3의 상대적인 매출액 점유율을 살펴보면 이마
트는 2008~2013년의 기간 동안 약 45%에서 약 40%로 하락한 반면, 홈
플러스와 롯데마트는 각각 30%대 중반과 20%대 초반에서 움직이면서
약간 상승하는 경향을 보이고 있다.

●● [표 1-1] 빅3 대형마트의 연도별 매출액 및 매장수 (단위 : 원)

연 도		2008	2009	2010	2011	2012	2013
매출액 (성장률) (점유율)	이마트	10조830억 (6.3%) (44.8%)	11조 (9.1%) (44.2%)	12조4,000억 (12.7%) (42.5%)	14조 (12.9%) (42.8%)	14조 (0.0%) (43.2%)	13조 (−7.1%) (40.5%)
	홈플러스	7조8,000억 (13.7%) (34.7%)	9조 (15.4%) (36.1%)	10조9,000억 (21.1%) (37.3%)	11조8,000억 (8.3%) (36.1%)	11조3,000억 (−4.2%) (34.9%)	11조8,000억 (4.4%) (36.8%)
	롯데마트	4조6,000억 (7.0%) (20.5%)	4조9,000억 (6.5%) (19.7%)	5조9,000억 (20.4%) (20.2%)	6조9,100억 (17.1%) (21.1%)	7조1,000억 (2.8%) (21.9%)	7조3,000억 (2.8%) (22.7%)
	합계	22조4,830억	24조9,000억 (10.8%)	29조2,000억 (17.3%)	32조7,100억 (12.0%)	32조4,000억 (−0.9%)	32조1,000억 (−0.9%)
매장수 (신규 매장수)	이마트	120 (9)	124 (6)	132 (4)	138 (5) 이마트 133 트레이더스 5	146 (8) 이마트 139 트레이더스 7	148 (2) 이마트 141 트레이더스 7
	홈플러스	111 (14)	114 (3)	121 (7)	125 (4)	133 (9)	139 (6)
	롯데마트	63 (7)	69 (6)	90 (7)	95 (5)	102 (7) 롯데마트 100 빅마켓 2	108 (6) 롯데마트 104 빅마켓 4
	합계	294	307	343	358	381	395

자료 : 리테일매거진, "유통산업 보고서 : 대형마트," 2009~2014년 1월호.

[표 1-2]는 빅3 업체가 전체 대형마트 시장에서 차지하는 연도별 매출액 및 매장수 점유율을 나타내고 있다. 매출액 점유율은 2008년의 74.8%에서 점차 증가하여 2011년에는 89.1%로 피크를 이루었으며, 2013년에는 83.8%를 점하였다. 매장수 점유율은 2008년에 74.6%로 매출액 점유율과 거의 같았으며, 2013년에는 81.8%를 점하였다. 여기에서 두 가지 사항이 지적될 수 있다. 첫째는 빅3 업체가 80% 이상의 점유율을 보이면서 시장을 주도하고 있다는 것이고, 둘째는 매장수 점유율에 비해 매출액 점유율이 높다는 것인데, 이는 매장의 운영이 하위 업체들에 비해 상대적으로 효율적으로 이루어지고 있음을 시사한다.

● [표 1-2] 빅3 업체의 연도별 매출액 및 매장수 점유율

연도		2008	2009	2010	2011	2012	2013
전체 매출액(조원)		30.1	31.2	33.5	36.7	37.7	38.3
빅3	매출액(조원)	22.5	24.9	29.2	32.7	32.4	32.1
	점유율	74.8%	79.8%	87.2%	89.1%	85.9%	83.8%
전체 매장수(개)		394	409	437	444	469	483
빅3	매장수(개)	294	307	343	358	381	395
	점유율	74.6%	75.1%	78.5%	80.6%	81.2%	81.8%

3. 대형마트의 전략

대형마트는 주로 매장수의 증대를 통한 성장전략을 취해왔지만 시장의 포화, 정부의 규제, 소비자 트렌드의 변화 등으로 더 이상 양적 팽창을 통한 성장이 어려워졌으며, 이를 타가하기 위해 양적 팽창을 대신할 수 있는 질적 변화를 적극 모색하고 있다. 이러한 질적 변화를 통한 전략은 다양한 형태로 나타나고 있다. 주요한 전략으로 할인전문점(카테고리킬러)의 도입, 온라인쇼핑몰의 강화, 창고형 할인매장의 개설, 대규모 농축산물 가공·물류센터의 설립, PB상품의 강화, 원브랜드샵/SPA의 입점 등을 들 수 있다.

3.1 할인전문점의 도입

대형마트들이 소비트렌드에 맞는 상품군을 선택하여 샵인샵(shop-in-shop)의 형태로 대형 할인전문점(카테고리킬러)을 운영하는 사례들이 증가하고 있다. 이마트의 경우 매트릭스(디지털가전), 몰리스펫샵(애완), 스포츠빅텐(스포츠용품), 페이리스슈소스(신발) 등의 할인전문점을 운영하고 있다. 예를 들어 스포츠빅텐은 1,650㎡(500평) 이상의 면적에 200개 브랜드, 1만여 개의 품목을 취급한다. 골프, 축구, 야구, 농구, 스키 등 종목별로 구분해 생활 스포츠 상품부터 전문가용 상품까지 판매하고 있다.

3.2 온라인쇼핑몰의 강화

소비자들의 온라인쇼핑 성향이 높아지면서 대형마트들은 2009~2010년부터 신성장 동력으로 온라인쇼핑몰에 대한 투자를 강화하고 있다. 그 결과 2009~2013년의 기간 동안 대형마트 온라인쇼핑몰의 매출액은 연평균 63%의 높은 성장률을 기록하였으며, 이에 따라 온라인쇼핑의 비중도 2009년에는 1%에도 미치지 못하였지만, 2013년에는 4.4%로 급속히 증가하였다 ([표 1-3] 참조). 특히 온라인쇼핑 가운데 스마트폰 등의 무선단말기를 이용한 모바일쇼핑이 더 빠른 속도로 증가하고 있다. 이마트의 경우 온라인 매출에서 모바일 매출이 차지하는 비중이 2013년 1월에는 4.7%에 불과하였지만, 1년이 채 지나지 않은 2013년 12월에는 14%로 대폭 증가하였다. 상품군별로 온라인 매출에서 차지하는 비중을 살펴보면 신선식품이 30~35%로 가장 높은 비율을 차지하고 있고, 다음으로 가공식품, 생활용품 등이 뒤를 잇고 있다.

●● [표 1-3] 빅3 대형마트의 연도별 온라인쇼핑 시장규모 (단위 : 원)

연도	2008	2009	2010	2011	2012	2013
전체 매출액 (성장률)	22조4,830억 ——	24조9,000억 (10.8%)	29조2,000억 (17.3%)	32조7,100억 (12.0%)	32조4,000억 (−0.9%)	32조1,000억 (−0.9%)
온라인쇼핑 매출액 (성장률)	1,300억 (62.5%)	2,000억 (53.8%)	3,100억 (55.0%)	6,600억 (129.0%)	1조100억 (53.0%)	1조4,200억 (40.6%)
온라인쇼핑 비중	0.6%	0.8%	1.1%	2.0%	3.1%	4.4%

자료 : 한국온라인쇼핑협회 (2013), 2013 온라인쇼핑 시장에 대한 이해와 전망.
　　　리테일매거진 "유통산업 보고서 : 대형마트," 2009~2014년 1월호.

3.3 창고형 할인매장의 개설

이마트, 롯데마트 등 대형마트들은 출점이나 기존 대형마트의 전환을 통해 창고형 할인매장을 늘려나가고 있다. 창고형 할인매장은 1976년 미국 샌디에이고에서 문을 연 프라이스클럽 (현 코스트코)이 최초이며, 우리나라에는 코스트코 양평점이 개점된 1994년에 도입되었다. 이후 16년간 코스트코의 독주체제가 지속되었으나 2010년 이마트가 트레이더스를 개장하고, 2012년에는 롯데마트가 빅마켓을 개장하면서 본격적인 경쟁체제로 돌입하였다. 2013년 현재 코스트코 9개점, 트레이더스 7개점, 빅마켓 4개점이 운영되고 있다. [표 1-4]는 코스트코의 연도별 매출액 및 매장수를 나타내고 있다. 코스트코는 일반 대형마트가 고전하고 있었던 2008~2009년에도 높은 성장률을 기록하였으며, 이러한 점이 이마트와 롯데마트를 자극하여 창고형 할인매장에 적극 진입하도록 하는 계기가 되었다고 할 수 있다. 코스트코는 빅3의 전체 매출액이 마이너스 성장률을 기록한 2012~2013년에도 9%대의 높은 성장률을 기록하였다.

●• **[표 1-4] 코스트코의 연도별 매출액 및 매장수**

연도	2005	2006	2007	2008	2009	2010	2011	2012	2013
매출액(원)	4,400억	6,500억	7,200억	1조156억	1조2,200억	1조5,790억	2조863억	2조2,900억	2조5,000억
성장률	——	47.7%	10.8%	41.1%	20.1%	29.4%	32.1%	9.8%	9.2%
매장수(개)	5	5	5	6	7	7	7	9	9

자료 : 리테일매거진 "유통산업 보고서 : 대형마트," 2006~2014년 1월호.

창고형 할인매장은 저렴한 가격을 경쟁력의 원천으로 삼고 있기 때문에 상품구색, 매장형태, 판매방식 등의 모든 측면이 원가절감에 초점을 맞추어 운영되고 있다. 창고형 할인매장의 특징으로 다음과 같은 점들을 들 수 있다.

- 주요 고객군 : 일반 대형마트의 주요 고객이 일반소비자인 반면 창고형 할인매장은 자영업자, 회사, 정부기관, 학교 등과 같이 대량구매를 필요로 하는 비즈니스구매자가 주고깐이다. 일반소비자의 경우에는 지인들과 공동구매의 형태로 구입하는 경우가 많다.

- 회원제 : 창고형 할인매장의 영어 명칭은 '회원제 창고클럽 (Membership Warehouse Club)'으로 창고형 할인매장은 원래 회원제를 근간을 두고 시작되었다. 그런데 트레이더스와 같이 회원제를 도입하지 않은 형태로 운영되는 매장이 등장하면서 창고형 할인매장은 회원제로 운

영된다는 공식이 깨지게 되었다. 코스트코나 빅마켓과 같은 회원제 창고형 할인매장은 개인사업자, 법인, 정부기관, 비영리기관 등의 비즈니스회원은 3만원, 일반회원은 3만5,000원의 연회비를 받고 있다.

- 매장의 형태 : 창고형 할인매장은 대부분 임대료가 상대적으로 싼 도심 외곽 지역에 위치하고 있다. 또한 박스단위로 쌓아놓고 판매하여야 하기 때문에 천장의 높이가 4~5m로 일반 대형마트에 비해 훨씬 높고, 인테리어도 마감이 제대로 되어 있지 않아 보일 정도로 투박하다. 상품의 진열은 물류비용, 인건비 등의 절감을 위해 팔레트에 실린 상품을 그대로 매장으로 옮겨 진열하는 방식 취하고 있다.

- 판매방식 및 서비스 : 창고형 할인매장은 박스 혹은 묶음 단위의 판매를 원칙으로 한다. 경우에 따라서는 단품을 판매하기도 하지만 이는 예외적인 경우에 속한다. 또한 일반 대형마트가 배달서비스를 제공하는 반면, 창고형 할인매장에는 배달서비스가 없다. 매장에서의 서비스 수준도 일반 대형마트에 비해 훨씬 낮다. 일반 대형마트에는 직원이나 판촉사원이 많아서 쇼핑을 하는 과정에서 도움을 받기가 수월하지만 창고형 할인매장에서는 도움을 받을 수 있는 직원을 찾기조차 힘들다.

- 상품구색 : 일반 대형마트가 5~6만 개의 상품을 취급하는 반면 창고형 할인매장은 상품회전율이 우수한 3~4천 개의 상품만을 취급한다. 이는 상품을 박스단위로 진열하기 때문에 많은 상품을 수용할 공간을 확보하기가 어렵기 때문이다. 그래서 창고형 할인매장은 판매가 잘 될 수 있는 상품을 선별하는 것이 더욱 중요하다. 창고형 할인매장은 품질 대비 가격이 매우 저렴해야 하기 때문에 전세계 각국에서 상품을 수입하여 공급하는 경우가 많고, 따라서 일반 대형마트에 비해 수입품의 비중이 높은 편이다.

3.4 대규모 농축산물 가공·물류센터의 설립

주요 대형마트들은 대규모의 농축산물 가공·물류센터를 설립하고 있다. 이마트의 후레쉬센터와 미트센터, 홈플러스의 신선물류서비스센터 등이 대표적인 예이다. 대형마트들은 이를 통해 유통경로를 축소하고, 생산비를 절감함으로써 가격경쟁력을 높이는 등시에 농축산물의 안정적인 확보도 도모할 수 있다. 또한 대형마트는 이를 활용하여 생산, 가공, 판매에 이르는 모든 과정을 통제하는 '계열화 사업자'로서의 면모를 갖추어갈 수 있다. 즉, 농산물의 경우 위탁생산→가공·물류센터→대형마트 매장→소비자의 유통경로를 구축함으로써 도매시장, 가공업체 등을 활용하지 않고 생산에서 판매에 이르는 모든 과정을 스스로 해결하는 체제를 갖추어갈 수 있게 된다.

3.5 PB상품의 강화

유통업체의 PB(private brand)상품은 제조업체의 NB(national brand)상품에 비해 가격은 더 저렴하면서도 상품단가가 낮아서 수익률이 15% 정도 더 높은 특징을 가지고 있으며, 이로 인해 대형마트들은 불황타개를 위해 PB상품의 확대에 적극 나서고 있다. 2013년 현재 대형마트에서 판매되고 있는 6~7만개의 품목 중에서 PB상품은 1만~1만5천 개이며, 2008년에 10%대였던 PB상품 매출비중은 2013년에는 약 25%로 증가하였다. 대형마트의 PB상품을 품목별로 보면 2013년을 기준으로 신선식품 56%, 가공식품 17%, 비식품 33% 등으로 나타났다. 화장품 부분에서는 PB와 NB의 중간 형태인 PNB(private national brand) 상품도 등장하였다. PNB는 제조업체가 특정 유통업체에게만 공급하는 브랜드를 의미한다. 예를 들어 이마트는 2014년 초에 화장품 제조업체인 엔프라니와 공동으로 보습에 초점을 둔 중저가 화장품을 출시한 바 있다. PNB상품은 해당 유통업체에서만 판매된다는 점에서는 NB상품과 그별되고, 제조업체의 브랜드가 그대로 사용되고, AS 등도 제조업체가 부담한다는 점에서는 PB상품과 구별된다. 대형마트는 화장품 판매가 원브랜드샵을 중심으로 이루어지면서 자체 화장품 종합매장의 매출이 줄어드는 현상을 타개하기 위해 제조업체와의 연합을 통한 전략을 구사하고 있다고 평가할 수 있다. 대형마트의 PB상품 강화는 기술력을 갖춘 중소기업들의 판로를 열어준다는 긍정적인 측면이 있는 반면, 기술력이 없는 대형마트가 유통력을 앞세워 제조업체화하면서 중소 제조업체들의 생존을 위협하고 있다는 비판도 제기되고 있다.

3.6 원브랜드샵/SPA의 입점

화장품 부분에서는 원브랜드샵, 의류부문에서는 SPA가 각각 화장품 및 의류 시장에서 점유율을 높여감에 따라 대형마트들도 샵인샵의 형태로 이들 업체들을 입점시키는 사례들이 증가하고 있다. 대형마트의 화장품 부문은 빅벤더사가 운영하는 종합매장과 아모레퍼시픽, LG생활건강 등과 같은 대형 제조업체가 운영하는 직매장을 중심으로 운용되고 있었으나 2013년을 전후로 이니스프리, 에뛰드하우스, 더페이스샵 등의 원브랜드샵을 중심으로 하는 체제로 급속히 전환되고 있다. 2013년을 기준으로 원브랜드샵의 매출은 종합매장과 직매장을 합친 매출의 3배에 달하는 것으로 집계되고 있다. 의류부문에서도 유니클로, 탑텐 등의 SPA 브랜드를 입점시켜 패션매장을 강화하고 있다.

● 참고문헌

노은정 (2012), "할인점," in 한국유통포럼, 한국유통산업흐름, 이서원, 48-74.

신세계 미래정책연구소 (2013), 2014년 유통업 전망.

신세계 유통산업 연구소 (2012), 2013 유통업 전망.

지식경제부, 연세대학교 (2011), 유통산업 구조개선을 통한 물가안정방안 연구: 거시분석, 207-229.

내일신문, "후레쉬센터, 물가안정 전초기지," 2013년 10월 28일.

리테일매거진, "'사면초가' 대형마트, 악재 털고 일어날까," 2014년 1월호. 40~43.

리테일매거진, "유통산업 보고서 : 대형마트," 2005~2014년 1월호.

마이더스, "창고형 할인점 뜨거운 3파전," 2012년 8월호.

매일경제, "'대형마트, 화장품 시장까지 접수?' 유통가, PNB사업 확장," 2014년 1월 7일.

매일경제, "온라인쇼핑 대세는 신선식품," 2013년 12월 23일.

뷰티한국, "이마트, 화장품시장 공략 가속화," 2014년 1월 3일.

뷰티한국, "대형마트 화장품시장, 원브랜드숍 중심으로 재편," 2013년 4월 1일.

서울파이낸스, "이마트·롯데마트, 올해 '영토 확장' 잰걸음," 2014년 1월 20일.

세계일보, "대형마트 '동반성장' 명분 업고 영역 확대," 2013년 12월 19일.

스포츠월드, "이마트 스포츠 전문매장 '스포츠빅텐' 떴다," 2011년 6월 12일.

이데일리, "유니클로, 대형마트에 3개 신규 매장 개장," 2013년 10월 29일.

인천일보, "유통업계 'PB상품' 판매 늘린다," 2014년 2월 17일.

파이낸셜뉴스, "영업규제 및 매출 부진속 대형마트 'PB' 선전," 2014년 2월 17일.

한국경제, "대형마트 사상 첫 '매출 뒷걸음'," 2014년 2월 11일.

한국경제, "스포츠빅텐·매트릭스·몰리스샵…이마트 '카테고리 킬러' 매장 늘린다," 2011년 2월 7일.

제 2 장   백화점

1. 우리나라 백화점의 개념과 특성

백화점(百貨店)이라는 용어는 독일어인 'Warenhauser'에서 유래된 일본식 번역어이며, 영어의 'Department Store'는 '부문별 점포조직'라는 의미로 '취급상품을 여러 개의 상품군으로 구분하여 각기 독립적인 관리방식을 채택하고 있는 점포들의 집합'이라고 해석할 수 있다. 백화점의 개념은 국가마다 약간의 차이가 있으며, 우리나라의 백화점은 유통산업발전법을 근간으로 하여 "부문별로 구성된 의류, 생활용품, 잡화, 식품, 가전 등의 각종 상품을 매장 직원의 서비스를 통해 소비자에게 판매하는 매장 면적 3,000m^2 이상이고 직영비율이 50% 이상인 대규모 점포"로 정의될 수 있다. 또한 우리나라의 백화점은 현대적인 판매시설, 소비자 편익시설, 소비자 피해보상센터 등의 확보를 설립 요건으로 하고 있다. 우리나라 백화점의 특성으로는 다음과 같은 점들을 들 수 있다.

- 도심 중심의 입지 : 한국의 백화점은 거의 예외 없이 대도시 및 중견도시의 주거지역 근거리에 위치해 있다. 이러한 특성은 최근의 근거리, 소량구매를 선호하는 소비트렌드와 부합하는 측면이 있으나, 설립부지의 부족으로 신규 백화점의 개설을 제한하고, 임대료 부담을 가중시킴으로써 백화점의 경쟁력을 약화시키는 요인으로도 작용하고 있다.
- 생활밀착형 운영 : 주거지역 근거리에 위치해 있다는 것은 백화점이 단순히 쇼핑장소가 아닌 지역주민의 생활공간이 된다는 것을 의미한다. 이러한 특성을 반영하여 우리나라 백화점은 쇼핑, 외식, 휴식, 문

화생활 등을 동시에 즐길 수 있는 방향으로 발전하였다. 이러한 점을 반영하여 주요 백화점들은 VIP라운지 (예 : 현대백화점의 쟈스민라운지, 신세계백화점의 트리니티라운지 등), 식당가, 문화센터, 스포츠센터 등을 운영하고 있다.

- 다양한 상품 구색 : 한국의 백화점은 의류, 화장품, 잡화, 전자제품, 가구, 식품 등 다양한 품목을 취급하고 있다. 이는 백화점이 우리나라에서 가장 먼저 등장한 '원스톱쇼핑이 가능한 소매업태'로 자리 잡았기 때문이다. 한국의 백화점이 서구의 백화점과는 다르게 식품의 비중이 높은 것도 식품이 원스톱쇼핑을 위한 가장 기본적인 품목이기 때문이다.

- 낮은 직매입 비중 : 서구의 백화점이 직매입을 중심으로 운영되고 있는 반면, 한국의 백화점은 대부분 수수료매장을 중심으로 운영되고 있다. 이는 한국 백화점이 일본 백화점을 벤치마킹하여 도입되었기 때문이다. 우리나라 백화점의 운영방식에 대해서는 그 중요성을 감안하여 별도의 항목에서 상술하였다.

- 빅3 백화점 중심의 과점 체제 : 우리나라의 백화점 시장에서는 1997년의 외환위기를 계기로 지방의 백화점들이 도산하는 과정에서 그 일부가 롯데, 신세계, 현대백화점에 의해 합병되면서 빅3 체제가 공고해졌다. 2013년 현재 빅3 백화점의 점포수가 전체 점포수에서 차지하는 비중은 69.2%에 이르고 있으며 ([표 2-1] 참조), 이를 바탕으로 롯데백화점이 약 45%, 신세계백화점과 현대백화점이 각각 약 20%의 시장점유율을 차지하면서 빅3 백화점이 전체 시장의 약 85%를 장악하고 있다.

•• [표 2-1] 백화점 수에서의 빅3의 비중

구분			2010	2011	2012	2013
점포수		전체 (개)	87	89	91	91
	빅3 (개)	롯데백화점	33	36	39	41
		신세계백화점	8	9	9	9
		현대백화점	11	12	13	13
		빅3 합계	52	57	61	63
	빅3 비중		59.8%	64.0%	67.0%	69.2%

2. 우리나라 백화점의 약사(略史)

세계 최초의 백화점은 1852년 파리에서 개점된 '봉 마르세(Bon Marche)'였으며, 미국에서는 메이시(Macy, 1858년), 영국에서는 휘틀리(Whiteley, 1863년), 독일에서는 베르트하임 (Wertheim, 1870년), 일본에서는 미쯔코시(三越, 1904년)가 최초의 백화점이다. 이들 초기 백화점들은 소비자들이 도심 속의 거대한 건물에서 다양한 고품질의 상품들을 마음껏 돌아보면서 구매할 수 있도록 한다는 개념을 가지고 등장하였으며, 도시의 확장과 인구의 집중에 따라 백화점은 점차 도심의 주요 소매업태로 정착되어 갔다.

우리나라의 백화점은 민족항일기인 1930년을 전후하여 주로 일본자본에 의하여 서울, 부산, 평양 등지에 개장되었다. 민족자본에 의한 최초의 백화점은 1931년에 박흥식(朴興植)이 세운 화신(和信)백화점이었다. 이 백화점은 일제강점기에 한국 상업계에서 선도적인 역할을 하였을 뿐만 아니라 중간상의 폭리를 배제하고 유통질서를 세우는 등 현대적인 백화점의 형태를 갖추는데 기여하였으나 1980년대 들어 경영이 악화되면서 역사 속으로 사라졌다. 1963년에 삼성그룹은 현재의 신세계본점 자리에 위치하였던 동화백화점(일본 미쯔코시백화점이 1930년에 설립한 경성지점을 해방 후 민족자본이 인수하여 운영하던 백화점)을 인수하여 신세계백화점으로 상호를 변경하였다. 1966년에는 1938년에 민족자본에 의해 설립된 정자옥(丁子屋)을 전신으로 하는 미도파백화점이 설립되었다. 1970년대에는 생활수준이 향상되면서 백화점에 대한 소비자들의 인식도 개선되고 백화점을 운영을 할 수 있는 능력도 증대되면서 백화점이 더욱 활성화되었다. 이에 따라 명동 상권에 집중되어 있던 백화점은 도심지, 부도심지, 고급주택가 밀집지역 등을 중심으로 확산되기 시작하였다. 1979년에는 롯데백화점이 설립되면서 백화점 업계는 본격적인 경쟁체제로 진입하게 되었다. 1980년대에 들어서는 생활수준의 향상으로 백화점에 대한 소비자들의 선호가 증가하면서 현대, 뉴코아, 영동, 그랜드 등의 백화점이 속속 설립되었다. 2000년대에 들어서는 백화점이 휴식공간, 문화센터, 스포츠센터 등을 갖추면서 단순히 쇼핑 장소가 아닌 휴식 공간, 문화생활 공간으로 변모하게 되었다.

3. 우리나라 백화점의 성장 과정

우리나라 백화점의 성장 과정은 몇 개의 시기로 구분하여 살펴볼 수 있다. [그림 2-1]은 1997~2013년에 이르는 시기의 우리나라 백화점의 매출액과 점포수를 보여주고 있다.

●● [그림 2-1] 백화점의 매출액 및 점포수 추이

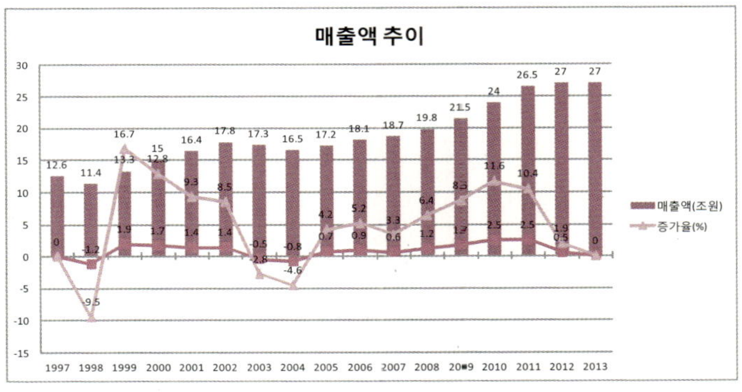

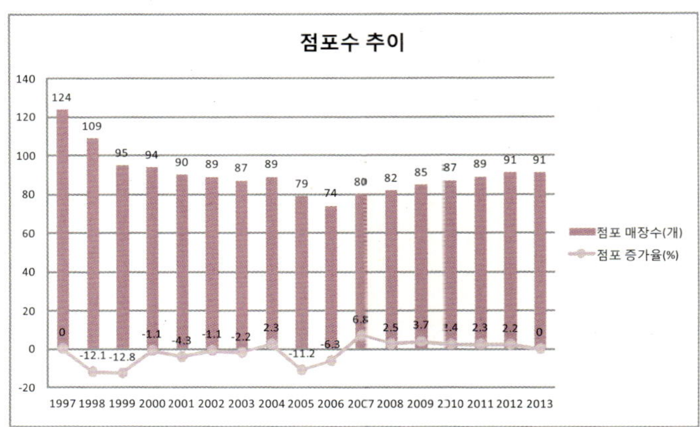

출처 : 리테일매거진, "유통산업보고서 : 백화점" 2014 1월호, 48-51.

- 1980~1996년 : 우리나라 백화점은 1980년대를 거쳐 외환위기가 닥친 1997년에 이르기까지 급속하게 성장하였다. 백화점은 이 시기에 거의 유일한 대형 유통업체로서 우리나라의 급속한 경제성장과 함께 1986년 아시안게임, 1988년 올림픽을 거치면서 빠른 속도로 성장하였다. 1990년에 3조6,000억 원에 불과하던 매출액이 1997년에는 12조6,000억 원으로 증가하였다. 1990년대 들어서서 롯데, 신세계, 현대 백화점을 중심으로 지방에 지점을 세우는 다점포 전략이 확산되었고, 다양한 업종의 기업들의 백화점 진출이 활발해지면서 1997년에는 백화점 점포수가 124개로 절정을 이루었다. 124개 점포 가운데 37개가 서울, 26개가 경기도 등 수도권에 과반수가 넘게 집중되었다.

- 1997~1998년 : 1997년의 외환위기를 계기로 경제성장이 둔화되면서 1997~1998년에는 백화점의 성장률이 마이너스를 기록하였다. 1997년의 외환위기는 백화점의 판도가 정비되는 계기로도 작용하였다. 외환위기로 인한 소비위축과 저가격을 무기로 하는 대형마트의 급속한 성장으로 경영이 어려워진 지방백화점들이 문을 닫거나, 대형 백화점에 의해 인수되는 현상이 전개되었다. 1996년에 4개, 1997년에 13개, 1998년에 8개의 백화점이 도산하였으며, 이중의 일부가 대형 백화점에 인수되면서 한국의 백화점 업계에는 롯데, 신세계, 현대의 빅3 백화점의 과점체제가 정착되었다. 빅3 백화점 간의 경쟁을 심화되면서 백화점의 고급화가 급속히 진전되었으며, 동시에 이러한 과점체제는 새로운 기업의 시장진입을 어렵게 만드는 진입장벽으로도 작용하였다.

- 1999~2002년 : 1999년에서 2002년에 이르는 시기에 우리나라 백화점은 연평균 10% 이상의 성장률을 기록하는 전성기를 맞았다. 점포수가 1998년의 109개에서 2002년의 89개로 20% 가까이 감소하였음에도 불구하고 대폭 성장할 수 있었던 것은 백화점 운영의 효율화에 기인한 것이라고 할 수 있다. 특히 이 시기에 경쟁업태인 대형마트가 30% 이상의 고성장을 이루고 있었음에도 불구하고 높은 성장을 이

률 수 있었던 것은 상품, 서비스, 매장환경, 판매촉진 등의 여러 가지 측면에서 대형마트와의 차별화를 성공적으로 수행하였기 때문이라고 할 수 있다. 이러한 과정에서 2000년대 들어 등장하기 시작한 '백화점 사양론(斜陽論)'(백화점이 대형마트와 같은 다른 소매업태와의 경쟁에서 뒤져 백화점 업태의 존재 자체가 위태로워질 수 있다는 주장)을 불식할 수 있었다.

- 2003~2004년 : 2003~2004년의 시기에 백화점은 외환위기의 시기를 능가하는 마이너스 성장을 기록하였다. 이는 장기불황과 400만에 이르는 신용카드 불량자를 양산한 카드정책 등에 기인한 것이었다. 이 시기에 대형마트도 성장률이 이전 시기의 30% 대에서 10% 초반으로 급락하였다.

- 2005~2011년 : 2005~2011년에 이르는 시기에 백화점은 전 시기의 마이너스 성장에서 벗어나서 지속적이고 안정적인 성장을 구가하였다. 특히 2010~2011년에는 대형마트의 7~9%대를 능가하는 10%대의 높은 성장률을 보였다. 이는 백화점의 판촉활동 강화, 럭셔리시장의 성장, 백화점의 강력한 고객관계관리(CRM) 등에 기인하는 것으로 분석되고 있다.

- 2012~2014년 : 2012~2014년에 이르는 시기에는 성장이 거의 정체되는 현상을 보이고 있다. 전반적인 경기침체가 가장 큰 원인이지만(같은 시기에 대형마트도 성장률이 1~2%대로 급락), 다른 소매업태와의 경쟁도 큰 원인으로 작용하고 있다. 즉, 백화점의 주력 품목인 의류, 잡화, 식품, 가전 등 모든 부문에서 백화점 간의 경쟁보다는 타 소매업태와의 경쟁이 보다 위협적인 존재르 등장하였다. 백화점 주력 상품별로 타 소매업태와의 경쟁상황은 [표 2-2]와 같이 분석될 수 있다. 백화점의 정체 현상은 경기 침체가 아닌 소비자의 트렌드의 변화에 따른 타 소매업태의 성장에 기인하고 있기 때문에 이 같은 현상은 향후에도 지속될 것으로 예상되고 있다.

●● [표 2-2] 백화점의 업종별 타 소매업태와의 경쟁상황

	경쟁 업태	내 용
패션 및 잡화	SPA, 대형 편집매장, 복합쇼핑몰, 프리미엄아울렛, 면세점, 홈쇼핑	• 백화점의 전통적인 주력 상품군인 패션과 잡화의 판매는 새롭게 등장한 SPA, 대형 편집매장 등은 물론, 패션을 주력 상품군으로 하고 있는 복합쇼핑몰, 프리미엄 아울렛 등의 등장으로 타격을 받고 있다. 또한 면세점과 홈쇼핑의 성장도 백화점의 패션 및 잡화의 매출에 부정적으로 작용하고 있다.
화장품	브랜드샵, 해외직구, 헬스&뷰티스토어, 오픈마켓, 소셜커머스	• 2000년대 후반에 들어 원브랜드샵, 멀티브랜드샵, 헬스&뷰티스토어, 해외직구, 오픈마켓, 소셜커머스 등의 새로운 화장품 유통경로가 급성장하면서 전통적인 고급 화장품 유통경로인 백화점의 화장품 매출이 타격을 받고 있다.
식품	대형마트, SSM, 오픈마켓, 소셜커머스	• 백화점의 식품 부문은 그 자체의 수익성보다는 고객들의 방문빈도를 증가시키고 이를 바탕으로 원스톱쇼핑을 유도하는 수단이라는데 더 큰 의미를 지니고 있다. 그러나 대형마트, SSM 등 식품을 주력 품목으로 삼고 있는 소매업태가 매장수의 확대를 바탕으로 시장침투율을 높이고, 오픈마켓이나 소셜커머스와 같은 온라인쇼핑을 통한 식품구매가 늘어나면서 타격을 받고 있다.
가전 제품	가전전문 양판점, 대형마트	• 다양한 구색과 가격경쟁력을 갖춘 롯데하이마트, 전자랜드 등의 가전전문 양판점의 성장은 백화점 가전제품 판매에 부정적인 영향을 미치고 있다. 더욱이 최근에는 대형마트가 가전제품의 판매에 적극 나서면서 상대적으로 비싼 가격의 백화점 가전제품의 매출이 크게 위협받고 있다. 이렇게 백화점 가전제품의 경쟁력이 상실되면서 취급 비중도 급격하게 줄어들었다.

4. 백화점의 대응전략

성장 정체기를 맞은 백화점들은 난국을 타개하기 위해 다양한 시도를 전개하고 있다. 이러한 시도는 백화점 자체의 경쟁력 강화와 타 업태로의 진출 등의 두 가지 유형으로 구분될 수 있다.

• 자체 경쟁력의 강화 : 백화점들의 자체 경쟁력을 강화하기 위한 시도는 부상하는 고객층 대상의 영업활동 강화와 온라인 매출 증대 등을 중심으로 이루어지고 있다. 소비의 양극화가 진전되면서 빅3 백화점들은 VIP 고객의 확보를 위해 강남 매장을 프리미엄 점포로 특화하고 있으며, 해외 유명 패션브랜드의 확보에도 적극 나서고 있다.

중국인 고객들이 증가하면서 이들을 대상으로 하는 퍼즈널쇼퍼, 마일리지 카드제공 등의 전용서비스를 강화하고 있으며, 남성고객의 내점 비율이 높아지는 추세를 반영하여 남성편집샵, 남성전문관, 매장별 카운슬러 배치를 통한 코디서비스 등을 강화하고 있다. 또한 온라인 매출이 증가하는 추세에 따라 백화점도 온라인몰의 강화를 통해 매출증진을 꾀하고 있다.

● 타 소매업태로의 진출 : 빅3 백화점은 백화점의 성장이 회복되기 어렵다는 판단하에 도심형 아울렛, 교외형 프리미엄 아울렛, 복합쇼핑몰 등 새로운 소매업태로의 진출을 활발히 전개하고 있다. 롯데백화점은 도심형아울렛, 교외형 프리미엄 아울렛, 복합쇼핑몰 등의 모든 분야에 활발히 진출하고 있으며, 신세계백화점도 교외형 프리미엄 아울렛과 복합쇼핑몰의 건설에 진력하고 있다. 현대백화점도 빅2 백화점보다는 활발하지는 않지만 3개의 소매업태에 모두 진출하고 있다. 백화점의 타 소매업태로의 진출에 대한 자세한 사항은 'part1 소매업태'의 '제4장 아울렛과 복합쇼핑몰'에서 상술하였다.

5. 백화점의 운영방식

5.1 백화점 운영방식의 유형

백화점은 서로 독립적으로 운영되는 많은 매장으로 구성되어 있는데, 이러한 매장들은 백화점의 운영방식에 따라 [표 2-3]에서와 같이 직매장, 특정매입매장, 임대을(乙)매장, 임대갑(甲)매장 등의 4가지 유형으로 구분된다. 이 가운데 직매장과 특정매입매장은 '직영'매장으로 구분되고, 임대을매장과 임대갑매장은 '임대'매장으로 구분된다. '직영'과 '임대'의 구분은 매장에서 판매되는 상품의 소유가 누구에게 있으며, 따라서 상품을 판매할 때 누구의 명의로 영수증을 발행하느냐에 달려있다. 즉, 상품의 소유권이 백화점에 있고, 백화점의 명의로 판매되는 매장이면 '직영'매장 되고, 상품의 소유권이 입점업체에 있고, 입점업체의 명의로 판매되는 매장이면 '임대'매장이 된다. 백화점은 유통산업진흥법 제12조 제2항 제1호에 따라 매장면적의 2분의 1 이상을 '직영'의 형태로 운영하여야 한다.

•• [표 2-3] 백화점 매장의 유형 구분

구분		상품소유권 및 매출귀속처	재고부담	거래조건	주요품목
직영 매장	직매장	백화점	백화점	납품업체에 현금 또는 어음 결제	식품, PB상품, 직수입상품
	특정매입매장	백화점	입점업체	매출 수수료	의류, 잡화, 화장품, 생활용품 등
임대 매장	임대을매장	입점업체	입점업체	임대보증금(小) +매출 수수료	구두, 화장품, 신사정장 등의 일부 품목
	임대갑매장	입점업체	입점업체	임대보증금(大) +월정 임대료	식당, 귀금속, 시계, 안경, 카메라, 커피샵 등

- 직매장 : 직매장은 백화점이 제조업체나 벤더업체와 같은 납품업체로부터 상품을 매입하여 운영하는 매장을 의미한다. 백화점은 납품업체에게 상품대금을 현금 혹은 어음의 형태로 지불하고, 자사의 직원을 배치시켜 상품구매, 매장관리, 재고관리, 영업관리 등의 모든 경영활동을 수행한다. 직매장은 유통기간이 상대적으로 짧은 신선식품, PB상품, 그리고 해외에서 직수입되는 상품에 주로 활용된다. 직매장의 비율은 전체 매장의 약 15%를 차지하고 있다.

- 특정매입매장 : 특정매입은 '대형 유통업체가 제조업체나 벤더업체 등의 납품업체로부터 상품을 외상으로 매입하여 판매하고, 팔리지 않은 재고는 납품업체에 반품할 수 있는 위수탁거래'로 정의된다. 즉, 백화점은 상품을 소유하고, 또한 판매되는 상품에 대해 자사의 명의로 영수증을 발급하지만, 팔리지 않은 상품은 납품업체에 반품을 할 수 있고, 납품업체에게는 판매마감 후에 판매액에서 일정비율의 수수료를 제한 금액을 지급한다. 그래서 특정매입매장을 운영하는 납품업체는 판매가 이루어지지 않은 상품을 모두 재고로 떠 안아

야하고, 매출에 대한 미수금이 항시 발생하기 때문에 유동성 부족이 언제든 발행할 수 있는 부담을 지니고 있다. 그런데 위수탁거래인 특정매입에서는 원칙적으로 매장에서 이루어지는 모든 활동을 수탁주체인 백화점이 수행하여야 함에도 불구하고, 백화점은 매장운영이나 영업활동 가운데 백화점 전체에 적용되는 일반적인 사항만을 관리하고 매장관리, 재고관리, 영업관리 등의 거의 모든 경영활동을 입점업체가 수행하고 있다. 이러한 현상이 발생하는 이유는 백화점이 유통산업발전법에서 요구하는 직영률 50%를 유지하면서 동시에 잔여재고 처리와 같은 운영상에서의 부담을 최소화하려고하기 때문이다. 즉, 특정매입은 백화점이 직영률 50%를 유지하기 위해 사용하는 편법적인 매장 운영형태라고 할 수 있다. 실질적으로 특정매입매장은 뒤에서 기술할 '임대'매장으로 구분되는 임대을매장과 동일한 형태라고 할 수 있다. 차이가 있다면 임대을매장에서는 판매가 입점업체의 명의로 이루어지기 때문에 임대업체가 판매마감 후에 백화점에 판매액의 일정비율을 수수료로 지급하지만, 특정매입매장에서는 판매가 백화점의 명의로 이루어지기 때문에 백화점이 판매마감 후에 입점업체에게 판매액에서 일정비율의 수수료를 차감한 금액을 지급한다는 정도이다. 특정매입매장은 우리나라의 백화점이 가장 많이 채택하고 있는 매장으로 전체의 70~80%를 차지하고 있으며, 의류, 화장품, 잡화 등의 주력상품의 대부분이 특정매입 형태로 운영되고 있다. 수수료율은 품목에 따라 크게 차이가 난다. 소비자가격 대비 마진율이 높은 제품은 상대적으로 수수료율이 높다. 현재 우리나라 백화점의 수수료율은 의류 및 잡화는 35~38%, 화장품은 30%, 가전제품은 10% 수준으로 대형마트, 복합소핑몰, 아울렛 등에서의 수수료율에 비해 훨씬 높은 수준이다.

● 임대을매장 : 임대을매장은 입점업체가 백화점에 비교적 적은 액수의 임대보증금과 더불어 판매액의 일정비율을 수수료로 지급하는 매장이다. 백화점이 임대보증금을 받는 이유는 판매가 이루어졌을 때 돈

이 상품의 소유권을 가지고 있는 입점업체로 입금되기 때문에 백화점으로서는 입점업체가 수수료를 송금하지 않을 가능성에 대비하여 담보를 확보해둘 필요가 있기 때문이다. 구두, 화장품, 신사정장 등의 일부 품목에 적용되고 있지만 그 비율은 매우 미미하다.

- 임대갑매장 : 입대갑매장은 전형적인 임대차거래에 의한 매장으로 백화점에 입점 시에 적정액의 임대보증금을 지급하고, 임대료로 월정액의 임대료를 지급하는 매장이다. 따라서 입대갑매장의 경우 백화점의 수입은 매장의 매출액과는 관련이 없다. 백화점은 임대갑매장이 백화점 운영에 반하는 행동을 하는 경우에만 개입을 할뿐, 점주가 자신의 의지대로 모든 활동을 할 수 있도록 허용한다. 임대갑매장은 주로 상품의 구색을 맞추기 위해 필요하기는 하지만 높은 전문성으로 인해 직접 운영하기는 곤란하며, 매출의 비중이 그다지 크기 않은 업종(식당, 귀금속, 시계, 안경, 카메라, 커피샵 등)을 중심으로 활용되고 있다. 그 비율은 임대을매장과 같이 매우 미미한 수준이다.

5.2 백화점 운영방식의 문제점

앞에서 기술한 우리나라 백화점의 운영방식에 대해 몇 가지 문제점이 지적되고 있다.

- 첫째, 직매장의 비율이 너무 낮다는 점이다. 서구의 백화점들이 직매장을 위주로 운영되고 있는 반면, 우리나라의 백화점은 수수료매장을 위주로 하는 일본식을 따르고 있다. 수수료매장은 재고부담과 같은 백화점의 리스크를 줄여주는 수단은 되지만, 상품개발, 매장운영 등에 대한 노하우를 축적할 수 있는 기회가 줄어들기 때문에 최적의 소핑 환경을 조성할 수 있는 백화점의 능력 증진을 저해할 수 있다. 이는 백화점이 대형 편집매장, SPA, 면세점, 복합쇼핑몰, 아울렛, 전문할인점, 대형마트 등 타 소매업태와의 경쟁이 심화되는 상황에서 백화점의 경쟁력을 약화시키는 요인으로 작용할 수 있다.

- 둘째, 특정매입매장과 임대을매장에 적용되는 수수료율이 너무 높다는 점이다. 수수료율은 시간이 흐름에 따라 점차 높아져서 1980년대 초에 25%에 머무르던 의류 및 잡화의 판매수수료율은 1990년대 중후반에는 30%대 초반, 그리고 2000년대 말부터는 37~38% 수준에 이르고 있다. 판매수수료로 38%를 지불하는 경우에 입점업체는 나머지 62%를 가지고 상품원가, 본사 관리비, 판촉비, 매장관리비 등의 모든 비용과 함께 이윤까지 확보해야 하기 때문에 판매가를 상당히 높여야 수익을 실현할 수 있는 구조가 된다.

- 셋째, 수수료율이 국내브랜드와 해외브랜드에 차별적으로 적용되고 있다는 점이다. 국내 의류브랜드들이 통상적으로 37~38%의 수수료를 지불하는 반면, 해외 유명 브랜드의 수수료율은 명품잡화는 1~5%, 패션의류는 8~15% 수준에 불과하다. 백화점의 입장에서는 단위 면적에서 산출되는 수수료와 백화점의 이미지를 고려하여 이러한 정책을 구사하고 있지만, 이로 인해 국내 브랜드들의 입지가 좁아지면서 대형 브랜드로 성장할 수 있는 기회가 적어지고 있다.

- 넷째, 입점업체는 수수료와 더불어 판촉비용이나 인테리어비용과 같은 부대비용도 부담하는 경우가 많다는 점이다. 입점업체와의 계약은 연단위로 이루어지고 있기 때문에 입점업체로서는 백화점의 부대비용 부담 요구를 거절하기 어려운 위치에 있다.

우리나라 백화점의 운영방식에 대해 정부는 1990년대 중반부터 직매장의 비율을 높이고 수수료율을 낮추려는 시도를 하고 있지만 큰 효과를 보지는 못하고 있다. 더욱이 2010년더 들어 백화점의 매출이 정체현상을 보이면서 백화점 운영방식의 변화 가능성이 더욱 희박해지고 있다. 그런데 우리나라에도 직매장을 강화하면서 상대적으로 낮은 수수료율의 책정하고, 국내 중소규모 패션업체와의 동반성장을 중심으로 하는 경영전략을 채택하는 사례가 나타나고 있다. 2010년에 직매입 비중을 50% 이상으로 책정하는 운영전략을 채택하면서 백화점 시장에 진입한 이랜드리테일의 NC백화점은 2014년 현재 13개의 매장을 운영하고 있다.

● 참고문헌

김인호 (2012), "백화점," in 한국유통포럼, 한국유통산업흐름, 이서원, 75-97.

신세계 미래정책연구소 (2013), 2014년 유통업 전망.

신세계 유통산업 연구소 (2012), 2013 유통업 전망.

지식경제부, 연세대학교 (2011), 유통산업 구조개선을 통한 물가안정방안 연구 : 거시 분석.

한국유통학회 (2009), "대형유통업체의 판매수수료 현황 및 정책대응 방안," 공정거래위원회 연구용역 최종보고서.

넥스트이코노미, "가격파괴, 직매입 백화점이 떴다," 2011년 11월호, 20-23.

넥스트이코노미, "국내 최초 직매입 백화점, NC백화점 오픈," 2010년 6월호, 38.

더벨, "이랜드, 백화점 업계 3위 자리 넘보나," 2013년 12월 13일.

리테일매거진, "유통산업보고서 : 백화점," 2014년 1월호, 48-51.

리테일매거진, "유통산업보고서 : 백화점," 2005년 1월호, 60-63.

매경이코노미, "해외 브랜드에 목맨 백화점 '빅3'," 제1725호, 2013년 9월 25일.

매일경제, "대형 유통업체, 판촉·물류비 떠넘기기 여전," 2012년 8월 20일.

연합뉴스, "백화점업계, 직영비율 강화방안에 반발," 1997년 5월 17일.

이투데이, "공정위, 백화점 판매수수료 더 끌어내린다," 2013년 12월 10일.

중앙일보, "대형마트 이어 백화점 '불공정거래' 손본다," 2012년 9월 5일.

중앙일보, "한국 백화점의 역사," 2012년 1월 31일.

패션지오, "이랜드의 숙원사업 NC백화점, 직매입 성공할까!," 2010년 7월호, 22-23.

제 3 장   슈퍼마켓

1. 슈퍼마켓의 출현

슈퍼마켓은 '상당한 규모를 갖춘 매장에서 식료품, 생활용품 등을 비교적 저렴한 가격에 셀프서비스 방식으로 판매하는 소매점'을 의미한다. 슈퍼마켓이 등장한 것은 식료품체인인 크로거(Kroger)의 전(前)직원이었던 마이클 쿨렌(Michael J. Cullen)이 1930년 8월 4일, 뉴욕의 퀸즈(Queens)에 위치한 560m²(약 170평)의 부지에 가상의 캐릭터인 킹콩(King Kong)과 자신의 이름을 결합시켜 만든 'King Kullen'이라는 이름의 매장을 오픈한 것이 최초인 것으로 알려져 있다. 당시의 통상적인 식료품점들은 규모도 작고, 상품은 계산대의 뒤쪽에 진열되어 있었으며, 고객이 상점 직원에서 구매하고 싶은 상품을 얘기하면 직원이 진열대에서 상품을 가져다가 포장도 해주고 계산도 해주는 방식으로 상품을 판매하였다. 이러한 판매방식은 직원이 고객들과 친분을 쌓는 데는 유리했지만 인건비가 많이 들고 손님들이 구매를 위해 기다리는 시간이 길어지는 단점이 있었다. 마이클 쿨렌은 기존의 식료품점과의 차별화를 위해 "상품을 높이 쌓아놓고 싸게 팔자 (Pile it high. Sell it low)"라는 슬로건을 내걸었다. 그가 내세운 매장 개념은 상품 유형별로 구분된 복도식의 넓은 쇼핑공간, 셀프서비스, 10%의 마진율 책정을 통한 박리다매 (당시 식료품점의 통상 마진율은 약 20%였음), 편리한 주차공간 등으로 요약될 수 있다. 1930년대의 대공황 기간에 미국의 소비자들은 가격에 대단히 민감하였으며, 이로 인해 다양한 상품을 저렴한 가격에 판매하는 슈퍼마켓은 크게 인기를 끌었다. 크로거나 세이프웨이(Safeway)와 같은 대형 식료품체인들도 슈퍼마켓

도입 초기에는 슈퍼마켓의 개념에 반대하였지만, 대세를 감지하고 자사의 매장을 슈퍼마켓의 형태로 바꾸어나갔다. 2차 세계대전 이후에는 자동차 보급과 도시 확장이 급속도로 진전되면서 슈퍼마켓은 미국 전역에 걸쳐 번영을 구가하였다. 이후 타 소매업태와의 경쟁이 격화되면서 부엌용품, 욕실용품, 미용용품 등의 생활용품으로 취급 상품을 늘려나갔다. 현재 미국의 슈퍼마켓은 대형마트, 편의점 등과의 치열한 경쟁으로 인해 과거의 전성기에는 미치지 못하지만, 아직도 가장 중요한 소매업태 중의 하나로 자리하고 있다.

2. 우리나라 슈퍼마켓의 역사와 유형

2.1 우리나라 슈퍼마켓의 역사

우리나라에서는 1964년에 한국 최초의 슈퍼마켓인 '한국수퍼마켓주식회사'가 설립되었고, 1968년에는 '뉴서울 수퍼마켓'이 설립되었으나 소비자의 인식부족, 전통시장 중심의 관행적 소비활동, 경영미숙 등으로 두 회사 모두 1960년대를 넘기지 못하고 문을 닫았다. 이렇게 시작된 우리나라의 슈퍼마켓은 1970년대 초의 정부정책을 계기로 성장의 발판을 마련하게 된다. 1970년대 초에 정부는 제조부문에 비해 상대적으로 뒤쳐져 있던 유통부문의 근대화를 위해 주거지역에 조밀하게 분포되어 있던 구멍가게를 슈퍼마켓으로 전환시키기 위해 지원을 하는 한편, 소매유통업체의 규모를 키우기 위해 두 가지 사업을 전개하였다.

- 첫째, 정부는 1974년에 일정한 요건을 갖춘 기업을 '슈퍼체인 적격업체'로 지정하여 체인화를 유도하였다. 이를 계기로 미도파, 한화, 한양, 해태, 삼양, 럭키, 신세계 등의 많은 기업들이 슈퍼마켓 사업에 진출하였는데, 이것이 현재의 기업형슈퍼마켓(SSM)의 효시라고 할 수 있다. 이 기업들은 1975년에 '한국수퍼체인협회'를 설립하였는데,

이 단체가 현재 SSM과 대형마트를 주 회원사로 하고 있는 '한국체인스토어협회'의 전신이다. 1974년에 8개 슈퍼체인본부에 87개 회원점포이던 것이 75년 말에는 16개 체인본부에 472개 회원점포로 확산되었고, 그 후 매년 체인본부 및 점포수가 급증하여 1991년 말에는 47개 체인본부에 13,828개 점포로 확대되었다.

- 둘째, 정부는 중소상인의 조직화·협동화사업을 추진하기 위해 1975년에 '중소상인조직의 특별 연쇄화사업에 관한 기준'을 제정하였다. 연쇄화 사업을 주도하는 연쇄점본부는 제조업체로부터 상품을 공급받아 슈퍼마켓에 공급하는 도매상의 역할을 하는 조직을 의미한다. 1979년에는 연쇄점본부의 모임인 '중소상인연쇄점협회'가 설립되었는데, 이 단체가 현재의 '한국체인사업협동조합'의 전신이다. 1976년에는 16개 연쇄점본부가 설립되어 산하에 18,483개의 가맹점이 있었으며, 1991년 말에는 108개 연쇄점본부에 50,000여 가맹점으로 증가하였다. 이는 약 20여년이 지난 현재의 90개 연쇄점본부에 40,000여 가맹점에 비해서도 훨씬 많은 숫자로 당시가 연쇄점본부의 전성기에 해당하는 시기라고 할 수 있다.

정부 주도의 사업과는 별도로 1985년에 슈퍼마켓 경영자들이 '전국수퍼마켓경영자협의회'를 결성하였는데, 이 단체가 지금의 '한국슈퍼마켓협동조합연합회'의 전신이다. 이로써 한국의 슈퍼마켓 업계는 기업형슈퍼마켓 단체인 '한국수퍼체인협회', 슈퍼마켓 도매상 단체인 '중소상인연쇄점협회', 그리고 슈퍼마켓 경영자 단체인 '전국수퍼마켓경영자협의회'의 3개 단체가 공존하는 시대를 맞게 되었다. 이 단체들은 1970년대는 물론 1980년대에도 유통전문 단체로서 유통시장을 같이 키워나간다는 동질감을 가지고 있었다. 이는 당시에는 제조부문의 유통경로 상에서의 파워가 유통부문의 파워에 비해 훨씬 컸고, 따라서 유통부문은 긴밀한 협조를 통해 유통경로 상에서의 파워를 키워나갈 필요가 있었기 때문이었다. 이로 인해 이들 단체들은 당시에는 현재와는 달리 갈등관계보다는 협력관계를 유지하고 있었다.

[그림 3-1] 우리나라의 슈퍼마켓 관련 3 단체

2.2 우리나라 슈퍼마켓의 유형

통계청의 한국표준산업분류에서는 '음·식료품 위주 종합 소매업'을 '슈퍼마켓', '체인화 편의점', '기타 음·식료품 위주 종합 소매업' 등의 3개 유형으로 구분하고 있으며, 이 가운데 광의의 슈퍼마켓의 개념에 포함되는 '슈퍼마켓'과 '기타 음·식료품 위주 종합 소매업'에 대해 다음과 같이 정의하고 있다.

- 슈퍼마켓 : 단일 경영주체가 165㎡~3,000㎡의 면적에 일정한 시설을 갖추고 '체인화 편의점' 이외의 방식으로 음·식료품을 위주로 하여 각종 생활잡화 등을 판매하는 소매상
- 기타 음·식료품 위주 종합 소매업 : 단일 경영주체가 165㎡ 미만의 면적에 일정한 시설을 갖추고 '체인화 편의점' 이외의 방식으로 음·식료품을 위주로 하여 각종 생활잡화 등을 판매하는 소매상

즉, '슈퍼마켓'과 '기타 음·식료품 위주 종합 소매업'은 점포의 면적에서 차이가 날 뿐 업태의 형태는 동일하다. 이처럼 흔히 구멍가게로 불렸던 '기타 음·식료품 위주 종합 소매업'은 규모가 상대적으로 작은 것을 제외하고는 '슈퍼마켓'과 유사하기 때문에 보통 '영세슈퍼'라고 불린다. '영세슈퍼'는 '작다'는 의미의 '영세'와 '크다'는 의미의 '슈퍼'가 결합된

이상한 용어이지만, 우리나라에서는 소비자들 사이에 슈퍼가 '식료품 위주의 생활잡화를 판매하는 소매점'이라는 개념으로 정착되었기 때문에 '영세슈퍼'도 '작은 규모의 식료품 위주의 생활잡화를 판매하는 소매점'을 뜻하는 것으로 자연스럽게 받아들여졌다고 할 수 있다. 또한 통계청의 슈퍼마켓의 개념은 일반 슈퍼마켓과 2000년대 들어 많은 논란의 초점이 되고 있는 대형 슈퍼마켓인 기업형슈퍼마켓(SSM)을 구분하고 있지 않다. 기업형슈퍼마켓의 개념은 다음과 같이 기술될 수 있다.

- 기업형슈퍼마켓 : 대형 유통업체에서 체인형식으로 운영하는 슈퍼마켓으로 흔히 대형슈퍼마켓 (Super Supermarket : SSM)이라고 불리며 일반슈퍼보다 훨씬 큰 1,500㎡~2,500㎡의 규모를 갖추고 있다. 중소슈퍼나 편의점에서 갖추기 어려운 농산물, 축산물, 수산물 등의 신선식품을 중심으로 가공식품, 위생용품, 부엌용품 등의 다양한 품목을 취급한다.

즉, SSM은 운영주체, 운영방식, 규모 등에서 여타 유형의 슈퍼마켓과는 크게 차이가 있다. 따라서 우리나라 슈퍼마켓의 현황을 보다 정확하게 파악하기 위해서는 통계청에서 정의한 슈퍼마켓을 기업형슈퍼마켓과 중형슈퍼로 구분할 필요가 있다. 이와 같은 논의에 따라 본 절에서는 슈퍼마켓을 중형슈퍼, 영세슈퍼, 그리고 기업형슈퍼마켓(SSM)의 세 개 유형으로 구분하였다.

3. 슈퍼마켓 시장의 점포수 및 매출 동향

[그림 3-2]는 중형슈퍼, 영세슈퍼, SSM 등의 2006~2012년 기간 동안의 점포수 추이를 보여주고 있다. 이 기간 동안의 점포수 추이는 다음과 같이 요약될 수 있다.

- 이 기간 동안 전체 슈퍼마켓의 수는 10만4,000여 개에서 8만2,000

여 개로 약 2만2,000개가 줄어들었다. 같은 기간 동안 중형슈퍼와 SSM의 점포수는 약 900개씩 증가한 반면, 영세슈퍼는 약 2만4,000개가 줄어들었다. 즉, 슈퍼마켓 수의 감소는 경영악화로 인한 영세슈퍼의 폐점에 기인하였음을 알 수 있다.

- 이 기간 동안 중형슈퍼의 점포수는 2%대의 낮은 연평균 성장률을 나타낸 반면, SSM은 2012년까지 연평균 25%대의 높은 성장률을 보이면서 2011년에 매장수 1,000개를 돌파하였다. 이러한 추세에 따라 SSM이 차지하는 점포수 비중은 2006년의 0.3%에서 2012년에는 1.6%로 크게 증가하였다. 그러나 2013년부터 유통산업발전법 개정안이 시행되면서 SSM의 신규 출점 증가세는 1% 미만으로 크게 감소하였다.

•• [그림 3-2] 슈퍼마켓 유형별 점포수 추이

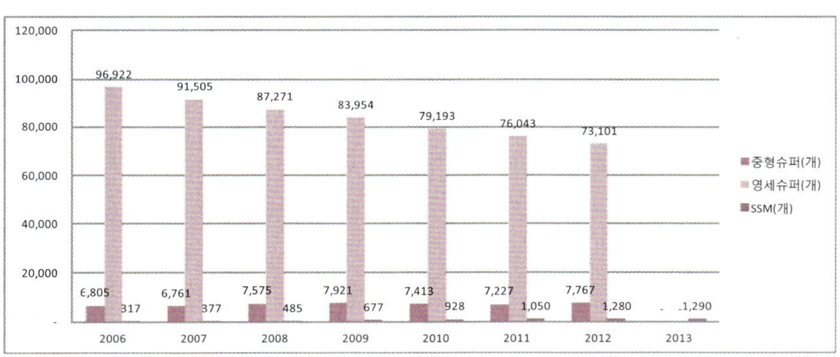

자료 : 통계청, 도소매업조사/서비스산업주요통계.
　　　리테일매거진, "유통산업보고서 : 슈퍼마켓." 2014년 1월호, 44-47. (SSM 2008~2013 통계).
　　　리테일매거진, "유통산업보고서 : 슈퍼마켓." 2010년 1월호, 50-53. (SSM 2006~2007 통계).

2012년 기준으로 슈퍼마켓의 매출액은 33.7조 원으로 우리나라 전체의 소매시장 규모인 365.3조 원의 약 9.2%를 차지하고 있다. 이는 백화점보다는 약 6.7조 원이 많고, 대형마트보다는 약 4조 원이 적은 수준이다. [표 3-1]은 2006~2012년 기간 동안의 슈퍼마켓 유형별 매출액을 나타내고 있다. 이 기간 동안 슈퍼마켓 전체 시장규모는 18.9조에서 33.7조로 연평균 약 10%씩 성장하였다. 특히 2010년대에 들어 편의점과 더불어 '근거리·소량구매'라는 소비자 구매패턴 변화의 수혜를 가장 많이 누리면서 꾸준한 성장세를 보이고 있다. 3개 유형의 슈퍼마켓의 연평균 성장률은 SSM이 약 20%, 중형슈퍼가 약 9%, 영세슈퍼가 약 7%를 기록하였다. 이렇게 SSM이 급성장하면서 전체 슈퍼마켓 매출에서 SSM이 차지하는 비중도 2006년의 12.2%에서 2012년에는 20.8%로 크게 증가하였다.

●● [표 3-1] 슈퍼마켓 유형별 매출액 및 점포수 추이

		2006	2007	2008	2009	2010	2011	2012	2013
매출액	중형슈퍼	10.0조	10.7조	12.1조	13.4조	N/A	16.2조	16.8조	N/A
	영세슈퍼	6.6조	7.2조	7.7조	8.1조	N/A	9.4조	9.9조	N/A
	SSM	2.3조	2.7조	3.5조	4.2조	5.5조	6.1조	7.0조	7.2조
	전체	18.9조	20.6조	24.0조	25.7조	N/A	31.7조	33.7조	N/A
	SSM 비중	12.2%	13.1%	14.6%	16.3%	——	19.2%	20.8%	——

자료 : 통계청. 도소매업조사 (2010년 자료 누락).
　　　 리테일매거진 "유통산업보고서 : 슈퍼마켓" 2014년 1월호, 44-47. (SSM 2008~2013 통계).
　　　 리테일매거진 "유통산업보고서 : 슈퍼마켓" 2010년 1월호, 50-53. (SSM 2005~2007 통계).

4. 기업형슈퍼마켓의 현황

　기업형슈퍼마켓(SSM)은 2000년대 들어 모든 소매업태 가운데 대형마트와 함께 가장 많은 사회적 관심을 불러 일으켰으며, 이로 인해 법규가 개정되는 등의 많은 변화가 발생하였다. 우리나라의 SSM은 1970년대에 등장한 제1기 SSM과 2000년대에 등장한 제2기 SSM으로 구분될 수 있다. 제1기 SSM은 전술한 바와 같이 1970년대에 정부의 유통산업 근대화 정책의 일환으로 등장하였으며, 당시는 유통부문이 제조부문에 비해 열세에 있었던 시기였기 때문에 중소슈퍼와는 갈등관계가 아닌 동반성장하는 관계에 있었다. 이렇게 등장한 SSM은 1990년대 초반까지 새로운 소매업태로서 각광을 받았으나 1990년대 중반에 들어서서 코스트코와 같은 '회원제 창고 도매클럽'과 이마트와 같은 대형마트의 공세에 밀리기 시작하였으며, 1997년에 시작된 외환위기로 경영이 더욱 악화되면서 대부분의 제1기 SSM은 시장에서 퇴출되었다.

　　제2기 SSM은 대형마트의 성장 정체와 관련이 있다. 1993년에 등장한 대형마트가 고성장을 구가하다가 2000년대 중반에 들어 성장세가 둔화되고, 부지확보의 어려움으로 인해 출점이 어렵게 되면서 대형마트를 운영하는 대형 유통업체들이 새로운 돌파구를 찾아서 대형마트보다 작은 규모의 점포를 개설하면서 골목상권에 본격 진출하게 되었는데, 이것이 바로 제2기 SSM의 시작이라고 할 수 있다. 홈플러스의 홈플러스익스프레스는 2004년, 롯데쇼핑의 롯데마트는 2001년(본격적 개시는 2004년), 신세계 이마트의 이마트에브리데이는 2009년에 SSM 시장에 진출하였으며, 이 3개 업체는 1974년 럭키슈퍼마켓으로부터 시작된 GS리테일의 GS슈퍼마켓과 함께 4강 구도를 형성하게 되었다. SSM은 대규모 자본과 최신 경영기법을 무기로 기존 중소슈퍼의 시장을 파고들면서 2012년 현재 점포수 1,280개로 점포점유율 1.6%, 매출 7조 원으로 매출점유율 20.8%를 차지하고 있다.

　　SSM의 성장은 적자생존이라는 자본주의의 논리에서 보면 자연스런 시장 현상이라고도 볼 수 있지만, 현실적으로는 많은 수의 국민의 생업의 장이 되고 있는 중소슈퍼와 전통시장의 생존을 위협하고 있기 때문에 많은 논란의 초점이 되고 있다. 1990년대 중반부터 대형마트의 등장으로 위축되기 시작한 중소슈퍼와 전통시장은 2000년대 중반부터 골목상권을 직접적으로 위협하는 SSM의 등장으로 더욱 큰 타격을 받고 있으며, 이로 인해 SSM은 단순히 경제적인 문제에서 벗어나서 사회적, 정치적인 문제로까지 비화되었다. 이로 인해 유통산업발전법, 대·중소기업 상생협력 촉진에 관한 법률 등이 개정되었고, 이로 인해 신규출점 제한, 영업시간 제한, 의무휴무제 등의 규제가 가해지면서 2012~2013년부터 성장 정체 현상을 보이고 있다.

5. 슈퍼마켓 유형별 경쟁력 강화 전략

　　슈퍼마켓 시장이 인구 고령화와 1~2인 가구의 증가에 따른 근거리·소량 구매 성향에 힘입어 지속적인 성장을 하고는 있지만 여전히 대형마트, 편의점, 헬스&뷰티스토어, 온라인쇼핑 등 다양한 소매업태와 힘겨운 경쟁을 벌이고 있다. 중소슈퍼(중형슈퍼 및 영세슈퍼)의 경우 타 소매업태는 물론, SSM의 급성장으로 인해 많은 타격을 입고 있다. SSM에 비해 자본력, 경영기술, 응집력 등이 부족하기 때문에 이를 보완할 수 있는 대응책이 시급하다. SSM도 다양한 규제로 인해 성장이 거의 정체되고 있기 때문에 이를 극복할 수 있는 대책 마련이 시급한 실정이다. 여기에서는 중소슈퍼와 SSM이 경쟁력 강화를 위해 어떠한 전략을 실행하고 있는가에 대해 기술한다.

5.1 중소슈퍼

중소슈퍼의 경쟁력 강화는 경영자들의 단체인 슈퍼마켓협동조합 차원의 활동과 중소상공인을 육성하려는 정부 차원의 지원 활동으로 나누어질 수 있다. 한국슈퍼마켓협동조합연합회는 2014년 현재 전국 50개의 지역 슈퍼마켓협동조합을 회원으로 하고 있으며, 여기에는 약 3만 개의 중소슈퍼가 가입해 있다. 중소슈퍼의 자체적인 경쟁력 강화 노력은 주로 지역 슈퍼마켓협동조합의 차원에서 이루어지고 있다. 정부 차원의 지원은 물류센터의 건립과 '나들가게'의 육성을 중심으로 이루어지고 있다.

5.1.1 지역 슈퍼마켓협동조합

중소슈퍼의 경쟁력 강화는 공동구매를 통한 가격경쟁력의 확보에 크게 의존하고 있고, 이를 위해서는 물류센터의 건립 및 효율적 운영이 전제되어야 하기 때문에 지역 슈퍼마켓협동조합의 경쟁력 강화를 위한 노력도 물류센터 건립을 중심으로 이루어지고 있다. 즉, 몇몇 지역 슈퍼마켓협동조합은 회원 중소슈퍼로부터 자금을 각출 받아 자체적으로 물류센터를 건립하고, 이를 활용하여 공동구매를 실현함으로써 가격경쟁력을 확보하고 있다. 최근에는 농협에서 설립한 농식품물류센터와의 전속 거래를 통해 과일과 채소의 전 품목을 일괄 공급받음으로써 회원 중소슈퍼의 경쟁력을 강화시키는 지역 슈퍼마켓협동조합의 사례도 나타나고 있다.

5.1.2 정부의 지원

중소슈퍼에 대한 정부의 지원은 물류센터의 건립과 '나들가게' 지원사업으로 나누어질 수 있다.

- 물류센터 건립 : 정부의 지원에 의한 '중소유통 공동도매 물류센터'의 건립은 중소기업청과 지방자치단체의 예산(90%)과 지역 슈퍼마켓 협동조합 부담금(10%)으로 이루어지고 있다. 2014년 현재 전국에 28개가 건립되어 있으며 9개가 건립 중에 있다 ([표 3-2] 참조). 이 과정에서 몇몇 지역 조합이 조합원 수를 부풀리거나 조합 부담금을 내는 것처럼 서류를 꾸며 보조금을 받아낸 뒤 대기업에 운영권을 넘기면서 국고지원금을 유용하거나 지원금을 착복하는 비리가 불거지기도 하였다.

[표 3-2] 전국 중소유통 공동도매 물류센터 건립 현황

시·도	서울	부산	대구	인천	광주	대전	경기	강원	충북	충남	전북	전남	경북	경남
센터	1	3	1	1	1(+1)	1	3(+5)	1	3	1(+1)	5	2	3	1+(2)

자료 : 중소기업청 (괄호 안은 건축 중인 물류센터, 강원 1곳은 운영중단)

- 나들가게 지원사업 : 중소기업청의 '나들가게 육성지원 사업'은 2010년 1월 대형마트와 SSM의 확산으로 경영에 심대한 타격을 입고 있는 중소슈퍼를 지원한다는 차원에서 기획되었다. 나들가게는 '정이 있어 내 집같이 드나들 수 있는, 나들이하고 싶은 가게' 라는 뜻을 담고 있으며, 2014년 초를 기준으로 전국에 약 10,000개가 운영되고 있다. 나들가게로 선정이 되면 POS와 간판을 무료로 설치할 수 있고, 상품구입이나 점포개선에 소요되는 비용을 1억 원 한도 내에서 연 3.75%, 1년 거치 4년 균할분등상환을 조건으로 대출을 받을 수 있다. 또, 개점 이후에는 중소기업청에서 선임한 유통전문 지도위원에게 월 2회씩 5개월간 무료로 컨설팅을 받을 수 있다. 한 연구에서는 중소슈퍼가 나들가게로 전환된 이후에 일평균 매출액, 일평균 내점 고객수, 소비자 만족도 등에서 향상이 있었음을 보여주고 있다.

하지만 나들가게 지원사업이 POS나 간판 설치와 같은 가시적인 성
과가 나타나는 부분에서 더 나아가 점주들의 경영능력을 향상시키기
위한 교육훈련이 보다 체계적으로 이루어져야 하고, 앞에서 언급한
'중소유통 공동도매 물류센터'와의 연계성을 강화함으로써 공동구매
의 효과가 가시화될 수 있도록 보완해나가야 한다는 점들이 지적되
고 있다.

5.2 기업형슈퍼마켓

SSM에 대한 비판적인 사회적 분위기와 법규의 제한으로 인해 2011~2012
년부터 SSM의 신규진출은 크게 어려워졌다. 2013년부터 시행되고 있는 개
정된 유통산업발전법은 전통시장 반경 1km 내의 지역을 '전통상업보존구
역'으로 지정하여 SSM이 출점하는 것을 제한할 수 있도록 규정하고 있
다. 개정 이전에는 500m 이내로 규정되어 있었는데, 거리가 2배로 늘어
나면서 규제 면적이 4배로 확장되었다. 이와 더불어 각 자치단체는 유통
산업발전법에 근거한 조례 개정을 통해 매월 두 번에 걸친 일요일 의무
휴무와 0시~오전 8시(혹은 오전 10시) 영업금지 등을 규정하고 있다. 중
소기업청이 도입하고 있는 사업조정제도도 SSM에게는 큰 부담이 되고
있다. 이 제도는 중소기업의 경영이 대기업에 의하여 위협받을 가능성이
있는 경우에 중소기업청이 이에 개입해 대기업에게 사업진출의 연기, 생
산 품목·수량 등의 축소 등을 권고하는 제도이다. 중소기업중앙회가 대
기업에 의해 경영을 위협받고 있다고 주장하는 중소기업의 신청을 접수하
면 실태조사를 벌인 후 중소기업청에 의견서를 낸다. 중소기업청은 의견
서 접수 이후 90일 내에 답변을 하여야 하며, 이를 통해 대기업에게 최장
6년까지 진출을 연기하거나, 생산 품목·수량 등을 축소할 것을 권고할
수 있다. 이러한 권고는 법적 구속력은 없지만 실질적으로 대기업의 활동
을 규제하는 힘을 가지고 있다. 또한 상생법 (대·중소기업 상생협력 촉
진에 관한 법률)은 대기업의 투자 지분이 50%가 넘는 위탁형가맹점도 사
업조정 대상에 포함시키고 있다.

이러한 규제적인 추세에 대응하기 위한 SSM의 전략은 기존 점포의 흡수와 상품공급점의 확대를 통한 양적확대 전략과 매장별 매출증대과 비용절감을 위한 질적제고 전략으로 나누어볼 수 있다.

5.2.1 양적확대 전략

SSM의 양적확대 전략은 중견 슈퍼마켓의 인수와 상품공급점의 확대로 나누어진다.

- 중견 슈퍼마켓의 인수 : 신규 출점의 어려움을 감지한 주요 SSM은 2011년부터 중견 슈퍼마켓의 인수를 통해 점포수를 늘려나갔다. 예를 들어 롯데슈퍼는 2012년에 CS유통 35개점(CS유통은 직영점인 굿모닝마트 34개와 가맹점형 체인점인 하모니마트 179개점을 가진 유통업체)을 인수하였으며, 이마트에브리데이는 2011년에 킴스마트 53개점, 2012년에 중견슈퍼마켓업체인 SM의 28개 점포와 NS홈쇼핑의 NS마트 22개점을 인수하였다.

- 상품공급점의 확대 : SSM은 규모의 경제를 실현시키기 위한 목적으로 일부 중소슈퍼를 대상으로 상품공급 계약을 체결하여 상품을 공급하고 있으며, 이러한 상품공급점이 2013년 현재 수도권의 420여 개를 비롯하여 전국에 666개에 이르고 있다. 이러한 상품공급점은 사업조정 대상에 포함되지 않기 때문에 SSM은 규제를 받지 않고 그 숫자를 확대해나갈 수 있다. 상품공급점 사업은 SSM이 중소슈퍼를 대상으로 도매상의 역할을 수행한다는 것을 의미한다. 중소슈퍼의 입장에서는 협동조합 물류센터를 통해 조달받는 물량이 10% 수준에도 미치지 못하기 때문에 제조업체에 대해 강력한 가격협상력을 가지고 있는 SSM으로부터 저렴한 가격에 상품을 조달받을 수 있는 이점이 있다. 그러나 SSM의 상품공급점 확대 전략은 여러 가지 문제점들을 만들어내고 있다.

첫째, 상품공급점에 포함되지 않은 대다수 중소슈퍼의 경쟁력이 더욱 약화될 수 있다는 점이다. 2012년을 기준으로 8만개를 상회하는 중소슈퍼 가운데 소수만이 SSM으로부터 상품을 공급받기 때문에 대다수 중소슈퍼의 매출은 더욱 감소하면서 폐점이 가속화될 수 있다. 이러한 이유로 서울시를 비롯한 지방자치단체들과 유통전문가들 사이에는 상품공급점도 SSM과 같이 규제의 대상에 포함시켜야 한다는 의견이 많았지만 개정된 유통산업발전법에는 이 같은 의견이 반영되지 못하였다.

둘째, SSM이 상품공급점에 자사의 상호와 로고의 사용을 허가하고, 유니폼과 POS 등을 지원하면서 실질적인 SSM 점포의 확대로 이어질 수 있다는 점이다. 이는 이른바 '변종 SSM'으로 불리면서 사회적, 정치적으로 큰 이슈가 되었다. 가장 많은 '변종 SSM' 점포를 가지고 있던 이마트는 2013년의 국회 산업통상자원위원회 국정감사를 계기로 상호 및 로고 사용과 유니폼, POS 등의 지원을 포기하였다.

셋째, SSM이 도매상의 역할을 수행함에 따라 중소슈퍼에 상품을 공급하던 지역 슈퍼마켓협동조합, 한국체인사업협동조합 등과 같은 단체와 일반 도매상들의 경쟁력이 더욱 위축될 수 있다는 점이다. 이로 인해 많은 도매상이 시장에서 퇴출되면서 유통업계에서의 빈익빈 부익부 현상이 더욱 가속화될 수 있다. 또한 대형 유통업체의 제조업체에 대한 협상력이 더욱 강화되면서 유통업체가 중소 제조업체뿐만 아니라 대형 제조업체를 종속시킴으로써 국가경제 전반에 걸쳐 부의 집중 현상이 더욱 심화될 수 있다는 점이 지적되고 있다.

SSM은 상품공급점 사업에 대한 세간의 비난을 불식하고, 상품공급점 사업을 더욱 활성화시키기 위해 개별 중소슈퍼 대신 한국슈퍼마켓협동조합연합회와 한국체인사업협동조합 등과 같은 중소슈퍼 단체와 계약을 맺고 이들 단체를 통해 개별 슈퍼마켓에 상품을 공급하는 방안을 모색하고 있다.

5.2.2 질적제고 전략

SSM은 양적확대 전략과 함께 매장당 판매액의 증진을 위해 파격적인 가격할인 행사와 같은 전통적인 방법과 함께 CRM 활동의 강화, 취급 상품군의 확대, 온라인 사업의 강화, 유통경로의 단축 등과 같은 다양한 활동을 전개하고 있다.

- CRM 활동의 강화 : SSM은 고객들의 개별적인 니즈에 부응하기 위해 고객관계관리(CRM) 활동을 강화하고 있다. 맞춤형 DM(direct mail)쿠폰은 이러한 CRM 활동의 일환으로, 축적된 고객DB에 대한 분석을 통해 개별고객의 구매 패턴을 파악하고 이에 적합한 쿠폰을 DM을 통해 제공하는 것을 의미한다. 맞춤형 DM쿠폰은 반응률이 50~60%에 이를 정도로 많은 인기를 끌고 있다. 이외에도 고객DB에 대한 분석을 바탕으로 교차판매, 상향판매, 이탈방지, 로열티제고 등 다양한 CRM 활동을 전개하고 있다.

- 취급 상품군의 확대 : 매장의 면적이 대형마트에 비해 훨씬 적은 SSM은 공간을 크게 차지하지 않는 생활서비스를 중심으로 취급 상품군을 확대해나가고 있다. '알뜰폰'으로 알려진 선불폰은 원래 홈쇼핑과 같은 온라인 채널에서 판매되었지만, 인기를 얻으면서 편의점에서는 물론 SSM에서도 판매되고 있다. 또한 SSM에는 카탈로그를 활용하여 안마의자의 렌탈을 대행하는 서비스까지 등장하였다. 이러한 생활서비스 판매는 고객으로부터 서비스 신청서를 받아 해당 생활서비스를 제공하는 업체에게 전달하는 방식으로 이루어진다. 이러한 유형의 상품군 확대는 공간을 많이 차지하지 않고, 경쟁이 비교적 덜 치열하면서도 높은 수익을 올릴 수 있기 때문에 앞으로도 지속적으로 확대될 것으로 예상되고 있다.

- 온라인 사업의 강화 : SSM은 소비자들의 온라인쇼핑 추세에 부응하기 위해 온라인 사업을 강화해나가고 있다. 온라인 사업은 오프라인

사업에 적용되는 각종 규제를 받지 않는다는 이점도 있다. 온라인 사업의 강화는 온라인쇼핑몰의 리뉴얼, 자동피킹시스템 (automatic picking system : 주문상품을 보관 창고에서 자동으로 선별하는 시스템)의 도입, 고객만족제도 (식품안전 보상제, 배송시간 미준수 보상제, 오배송 보상제 등)의 도입, 소량주문 허용, 취급품목의 확대, 배송지역의 확대 및 배송시간의 단축, 소셜커머스 업체와의 제휴를 통한 할인쿠폰을 발행, 온라인 전용상품 (소형가전, 의류, 잡화 등)의 확대 등의 다양한 형태로 나타나고 있다.

- 유통경로의 단축 : SSM은 주력 상품군인 신선식품에 대해 유통경로의 단축을 통한 비용절감 및 제품품질의 제고에 주력하고 있다. '근교산지형점포' 전략은 점포를 산지 부근에 입점시킴으로써 수확에서 매장 입고까지 걸리는 시간을 대폭 감소 (평균 20시간에서 평균 5시간)시켜서 10~30% 더 저렴한 가격에 보다 신선한 상품을 확보할 수 있도록 하는 것을 의미한다. SSM은 여기에서 더 나아가 보다 신선한 농산물과 축산물의 지속적인 확보를 위해 '계열화사업자'로서의 역할을 강화하고 있다. 흔히 패커(packer)라고 불리는 계열화사업자는 제품의 생산에서 판매에 이르는 과정의 통합을 통해 유통경로를 단축시킴으로써 가격경쟁력을 높이고 신선한 제품을 안정적으로 확보하려는 목적을 가지고 있다. SSM의 계열화사업은 다양한 형태로 이루어지고 있다. 닭고기의 경우 계약농장을 확보하거나 전용 양계장을 확보하여 사육한 닭을 도계 및 가공을 거쳐 들여오고 있으며, 소고기, 돼지고기, 계란 등의 경우에도 친환경 지정 농장에서 생산한 제품을 들여오고 있다 ([글 3-1] 참조). 이를 통해 농가는 안정적인 판로를 확보할 수 있고, SSM은 좋은 품질의 상품을 합리적인 가격에 안정적으로 확보할 수 있게 된다. 또한 농산물 전처리(세척 및 포장)센터나 계란의 선별 및 포장을 위한 센터를 운영함으로써 품질표준화, 비용절감, 안정적 상품확보 등의 효과를 거두고 있다.

[글 3-1] SSM 업체의 한우사육 사례

GS슈퍼마켓은 친환경 인증을 획득한 영농조합법인 민속한우 목장과 손잡고 친환경 한우 키우기에 돌입했다. 민속한우 목장은 3만9,600m^2 대지에 한우 2천 두를 사육하는 국내 최대 규모의 친환경 한우 목장일 뿐 아니라 목장, 도축장, 가공공장까지 HACCP 인증을 받았다. GS리테일은 상위 10%의 우수혈통 송아지만 선별한 뒤 자동화 사육시설과 철저한 위생 관리를 통해 믿을 수 있는 최고급 친환경 한우를 키워낼 계획이다. GS리테일 측은 지정 목장 직거래를 통해 유통단계를 축소함으로써 고객에게 친환경 한우를 저렴한 가격에 제공하고자 업계 최초로 한우를 사육하게 됐다고 밝혔다.

자료 : 한국체인스토어협회 (2013), "2013 유통업체연감," 62.

● **참고문헌**

김인호 (2012), "백화점," in 한국유통포럼, 한국유통산업흐름, 이서원, 48-74.

리테일매거진, "유통산업보고서 : 슈퍼마켓," 2014년 1월호, 44-47.

리테일매거진, "유통산업보고서 : 슈퍼마켓," 2010년 1월호, 50-53.

신세계 미래정책연구소 (2013), 2014년 유통업 전망.

신세계 유통산업 연구소 (2012), 2013 유통업 전망.

임송이, 노화봉, 이성준 (2012), "나들가게 육성지원 중장기 관리방안," 전통
　　　전통시장연구, 5집, 24-34.

지식경제부, 연세대학교 (2011), 유통산업 구조개선을 통한 물가안정방안 연
　　　구: 거시분석, 85-128, 230-248.

한국체인스토어협회 (2012), "2012 유통업체연감," 62-70.

한국체인스토어협회 (2013), "2013 유통업체연감," 58-66.

농민신문, "농협안성농식품물류센터와 전속 거쾌하는 '익산수퍼마켓사업협동
　　　조합'," 2013년 10월 18일.

농민신문, "'SSM 점포수 4년간 3배 급증'… 주요 SSM·대형마트 연간 매출
　　　액 30조 육박," 2012년 10월 10일.

뉴스와이, "동네슈퍼 도우려 만든 물류센터, 되레 대기업이 차지," 2014년 2
　　　월 3일.

아시아투데이, "서울 자치구, 대형마트·SSM 영업시간 제한 '조례 개정',"
　　　2014년 2월 11일.

연합뉴스, "대기업에 동네슈퍼 물류센터 바친 슈퍼마켓협의회," 2014년 2월 3일.

연합뉴스, "변종 기업형 슈퍼마켓 전국에 666개 영업," 2013년 10월 14일.

연합인포맥스, "'변종 SSM 중단' 유통대기업 상품공급점 사업 향배는," 2013
　　　년 11월 4일.

영남일보, "나들가게…간판만 달아주면 끝인가요," 2014년 1월 14일.

이데일리, "변종SSM의 진화..대형유통업체, 슈퍼단체에 상품공급," 2013년
　　　11월 7일.

조선비즈, "기업형 슈퍼마켓도 올 들어 매출 '뚝'," 2013년 6월 19일.

초이스뉴스, "추미애, '이마트 에브리데이, 변종SSM으로 상권 확대'," 2013년
　　　11월 1일.

파이낸셜뉴스, "변종 SSM, 독과점화 우려…강력 규제해야," 2013년 12월 16일.

폴리뉴스, "이마트 에브리데이, '편법' 매장 확장?," 2013년 11월 1일.

한겨레뉴스, "끄떡없는 동네슈퍼들 뒤에 '협동조합 물류센터' 있었네," 2014년 3월 9일.

SBS CNBC, "동네슈퍼의 변신, '나들가게' 확대 운영," 2014년 2월 3일.

슈퍼마켓의 역사, 2010년 3월 29일 등록, cafe.naver.com/matsky/188.

한국체인스토어협회 홈페이지, www.koca.or.kr.

한국체인사업협동조합 홈페이지, www.kvc.or.kr.

Wikipedia, "Supermarket", en.wikipedia.org/wiki/Supermarket.

제 **4** 장 아울렛과 복합쇼핑몰

1. 개관

아울렛과 복합쇼핑몰은 2000년대 이전부터 존재하여 왔지만, 2010년대에 들어 소비트렌드가 변화하면서 향후 유통산업을 이끌 수 있는 소매업태로 주목받고 있다. 즉, 아울렛은 장기불황으로 인해 가격에 민감해진 소비자들의 합리적인 구매행동에 부응할 수 있는 소매업태로 부각되고 있으며, 복합쇼핑몰은 쇼핑과 엔터테인먼트를 함께 즐기고자 하는 몰링(malling)문화에 부응할 수 있는 소매업태로 주목받고 있다 ([글 4-1] 참조). 특히 2010년대에 들어 백화점이 정체 혹은 쇠퇴의 징후를 보이면서 백화점을 운영하고 있는 대형 유통업체들이 백화점의 대안으르 대규모 아울렛과 복합쇼핑몰을 구축하면서 유통업계는 일대 전환기를 맞고 있다.

[글 4-1] 몰링(Malling)의 의미

몰링은 복합쇼핑몰에서 쇼핑뿐만 아니라 여가도 즐기는 소비 행태를 의미한다. 편의성과 즐거움, 감각적 체험을 위한 대형 복합쇼핑몰의 등장으로 몰링을 주로 하는 몰고어(mall-goer)가 소비의 주체로 떠오르고 있다. 쇼핑만을 위해 쇼핑센터를 가는 것이 아니라 가족과 함께 쇼핑도 하고, 패밀리 레스토랑에서 식사도 하고, 게임 코너에서 게임을 하거나 영화를 보는 등 다양한 문화 체험까지 한곳에서 다 할 수 있는 문화가 바로 몰링이다.

자료 : 매일경제 (네이버 지식백과)

2. 아울렛

2.1 아울렛 개관

아울렛은 원래 '제조업체가 과잉 생산품이나 팔리지 않은 재고상품을 싼 가격에 판매하는 직영매장'을 의미했다. 즉, 본래적 의미의 아울렛은 제조업체가 주도하는 '상설할인매장'으로 지금도 의류나 구두와 같은 잡화를 생산하는 많은 제조업체들이 이러한 의미의 아울렛을 운영하고 있다. 이러한 의미의 아울렛은 당연히 단일 브랜드를 취급하고, 규모도 상대적으로 작으며, 상품구색도 정가 상품의 판매상황에 따라 편차가 심하게 나타난다. 이렇게 비교적 소규모로 운영되던 아울렛은 대형 의류 제조업체인 이랜드에 의해 하나의 소매업태로 발전되었다. 매우 많은 브랜드를 보유하고 있는 이랜드는 자사 브랜드를 중심으로 백화점식의 대형 아울렛 매장을 도입함으로써 아울렛이 하나의 소매업태로 자리를 잡을 수 있는 토대를 마련하였다. 2013년 국내 아울렛 시장규모는 약 10조 원으로 추정되고 있다. 이러한 규모는 2013년의 백화점 매출 27조 원의 약 37%에 해당한다. 2010년대에 들어 백화점의 실적은 정체되어 있는 반면, 아울렛은 빠른 속도로 매장을 늘려가고 있기 때문에 향후 2~3년 내에 아울렛 매출이 백화점 매출의 50%를 넘어설 것으로 예상된다.

의류 제조업체의 입장에서 아울렛은 상당히 중요한 역할을 담당하고 있다. 의류 제조업체는 팔리지 않은 재고상품을 자체적인 할인상설매장에서 단기간에 해소하지 못하면 브랜드 이미지에도 부정적인 영향을 미치고, 또한 재고관리, 소각처리 등으로 인한 손실이 발생하게 된다. 따라서 재고상품을 비교적 손쉽게 처분할 수 있는 대형 아울렛의 존재는 재고를 대규모로 처리할 있는 유용한 유통경로가 되고 있다. 또한 최근 들어서는 대형 백화점의 참여 등으로 아울렛의 위상이 높아지면서 아울렛 전용 상품이 개발되는 등 아울렛을 단순히 팔다 남은 재고를 판매하는 장소가 아닌 핵심적인 유통경로로 활용하는 업체들이 증가하고 있다.

아울렛이 각광을 받으면서 롯데백화점, 신세계, 현대백화점 등 대형 유통업체들이 매출이 정체되어 있는 백화점을 대체할 수 있는 대안으로 아울렛 시장에 적극적으로 진출하고 있다. 이렇게 대형 백화점들이 아울렛 시장에 진출하면서 향후에는 이들 백화점 업체들이 아울렛 시장을 주도할 것으로 예상되고 있다. 이러한 예상은 대형 백화점들의 상품 조달능력에 근거하고 있다. 대형 의류 제조업체의 백화점 판매 비중이 40%를 넘어서고 있고, 또한 대형 백화점은 유명 브랜드를 아울렛에 입점시킬 수 있는 경로파워를 지니고 있기 때문에 양적인 측면에서나 질적인 측면에서 소비자들이 원하는 상품을 비교적 수월하게 확보할 수 있다. 아울렛 사업에 가장 적극적인 행보를 보여주고 있는 백화점은 롯데백화점으로 2008년에 아울렛 사업에 진출하여 2014년 현재 7개의 도심형 아울렛과 3개의 교외형 프리미엄 아울렛을 보유하고 있으며, 2012년에는 1조 원, 2013년에는 1조5,000억 원의 매출을 기록하였다.

2.2 아울렛의 유형

현재 대형 유통업체의 아울렛은 두 가지 유형으로 구분될 수 있다. 첫째는 인구 밀집지역에 위치하는 도심형 아울렛이고, 둘째는 주로 중소 도시에 위치하면서 해외 명품을 중심으로 운영되는 교외형 프리미엄 아울렛이다. 이러한 구분은 대형 백화점의 전략에 기인하고 있다. 대형 백화점들은 도심에 위치하면서 해외 브랜드를 중심으로 의류 매장을 운영하고 있기 때문에 해외 명품을 주로 취급하는 프리미엄 아울렛을 도심에서 운영하면 백화점과 상권이 겹치면서 자기시장잠식(cannibalization) 현상이 일어나게 된다. 이를 방지하기 위해 백화점과 상권이 겹치는 도심에서는 주로 국내 브랜드를 중심으로 중저가 상품을 취급하는 아울렛을 운영하고, 도심에서 1시간~1시간30분 정도의 거리에 위치한 중소도시에서는 넓은 부지에 해외 명품 브랜드를 중심으로 하는 프리미엄 아울렛을 운영하고 있다.

2.2.1 도심형 아울렛

이랜드가 아울렛 시장을 개척한 때부터 대형 백화점이 주도하는 교외

형 프리미엄 아울렛이 나타나기 이전까지의 모든 아울렛은 도심형 아울렛
으로 구분될 수 있다. 도심형 아울렛은 대부분 복층의 대형 건물에서 층
별로 구분된 의류중심의 백화점식 상품구색을 갖추고 있다. 가장 많은 매
장을 보유하고 있는 업체는 이랜드리테일로 2014년 현재 19개의 뉴코아
아울렛과 9개의 2001아울렛 매장을 보유하고 있다. 이 외에도 마리오아
울렛, 자루아울렛, 모다아울렛, W몰, 하이힐아울렛, 세이브존 등의 많은
수의 대형 아울렛이 있다. 대형 백화점 중에서는 롯데백화점이 7개 매장을
보유하고 있으며, 2014년에 4개의 매장을 추가로 개장할 예정으로 있다.
추가로 개장할 매장 가운데 광명점은 글로벌 가구 전문업체인 '이케아'의
국내 1호점과 함께 복합단지의 형태로 구축된다. 현대백화점은 2014년에
아울렛 1호점인 가산점을 개점하였으며, 서울 문정동의 가든파이브 등지에
서도 아울렛을 추진하고 있다. 복합쇼핑몰과 교외형 프리미엄 아울렛에 집
중하고 있는 신세계백화점은 도심형 아울렛을 보유하고 있지 않다.

2.2.2 교외형 프리미엄 아울렛

우리나라의 교외형 프리미엄 아울렛은 모두 빅3 백화점 업체들에 의해
만들어지고 있다. 여기에는 주로 국내외의 유명 의류 및 잡화 브랜드 매
장과 식음매장들이 입점해 있다. 프리미엄 아울렛은 1980년대에 영국, 미
국 등지에서 도시 외곽지역에 크게 명품 고가제품을 모아 놓은 쇼핑몰을
조성한 것이 시초이며, 우리나라에서는 신세계가 2007년에 여주에 '신세
계 첼시 프리미엄 아울렛'을 개점하면서 처음 등장하였다. 신세계는 미국
의 세계적 부동산 회사인 사이먼프로퍼티그룹(Simon Property Group)과
의 합작법인인 신세계사이먼을 설립하고 2007년 여주 프리미엄 아울렛,
2011년 파주 프리미엄 아울렛, 2013년 부산 프리미엄 아울렛을 개점하였
다. 이 세 곳에 방문한 사람의 수는 2008년의 250만 명에서 2012년에는
1,000만 명을 돌파하였고 2013년에는 1,250만 명을 기록하였다. 신세계는
2015년 경기 시흥, 2016년 대전과 전남 나주에 프리미엄 아울렛을 추가
로 조성할 예정이다. 롯데백화점은 아시아 최대 규모의 프리미엄 아울렛
인 이천점을 비롯해 김해점, 파주점 등을 보유하고 있으며, 2014년 말에

동부산점을 개점할 예정이다. 현대백화점은 2014년에 연면적 16만5,000m2에 프리미엄 아울렛은 물론, 24,000대 까지 수용할 수 있는 주차공간, 영화관, 테마파크 등의 시설을 갖춘 '김포터미널 프리미엄 아울렛'을 개점할 예정이며, 2015년에는 송도신도시에도 출점할 계획이다.

유명 의류브랜드를 생산하는 제조업체의 입장에서 프리미엄 아울렛은 백화점을 대체할 수 있는 좋은 수단이 되고 있다. 의류업체가 백화점에 입점하기 위해서는 40%에 가까운 수수료를 지급하여야 하고 매장의 운영이나 인테리어에서도 많은 제한이 따르지만 교외형 프리미엄 아울렛에서는 단독매장을 확보하여 개성 있는 매장분위기를 연출할 수 있고, 수수료율도 20%대로 백화점의 수수료율에 비해 훨씬 낮다. 이러한 이점이 있기 때문에 국내외의 많은 유명 브랜드들이 여기에 입점하고 있다.

2.3 아울렛에 대한 우려

아울렛이 빠른 속도로 성장하는 이면에는 아울렛이 아울렛 본연의 기능을 지속할 수 있을 것인지에 대한 의문도 동시에 제기되고 있다. 즉, 아울렛이 운영되기 위해서는 미판매 재고상품이 확보되어야 하는데, 대형 아울렛 매장의 수가 의류의 주 유통경로인 백화점의 수를 초과하는 상황이 되면서 과연 아울렛이 질 좋은 상품을 저렴한 가격에 판매한다는 장점을 유지할 수 있을 것인지에 대한 의구심이 높아지고 있다. 상품 조달의 어려움이 예상되면서 아울렛을 운영하는 대형 유통업체들은 제조업체를 대상으로 아울렛 전용 상품의 개발을 요구하고 있는데, 이렇게 개발된 상품은 백화점 상품에 비해 가격은 물론 품질도 떨어지는 상품일 수밖에 없기 때문에 아울렛 본연의 정체성을 잃어버리는 결과가 초래될 수 있다. 이렇게 되면 현재 빠른 속도로 성장하고 있는 아울렛 시장이 기대와는 달리 지속적으로 성장하지 못하고 몇 년 내에 정체되어 버릴 가능성도 배제할 수 없다.

3. 복합쇼핑몰

복합쇼핑몰은 단순히 쇼핑을 하는데서 벗어나서 쇼핑과 함께 다양한 여가활동을 즐길 수 있는 대규모 상업시설을 의미한다. 복합쇼핑몰에는 의류, 잡화 등을 판매하는 매장은 물론, 영화관, 레저시설, 문화공간, 식당, 공원, 뮤직 스튜디오, 호텔, 병원, 약국, 대형서점, 대형마트 등 다양한 시설이 갖추어져 있어서 쇼핑과 함께 여가를 즐길 수 있다. 아울렛이 품질 면에서 정품과 큰 차이가 없는 상품을 상당히 저렴한 가격에 판매한다는 특성을 지니고 있다면, 복합쇼핑몰은 소비자들이 쇼핑을 하면서 여가도 즐길 수 있는 공간이라는 특성을 지닌다. 복합쇼핑몰은 우리나라에서는 2000년 이후에 건설되기 시작하였으며, 2014년 현재 서울지역에는 코엑스몰(2000년, 삼성동), 아이파크몰(2004년, 용산), 비트플렉스(2008년, 왕십리), 타임스퀘어(2009년, 영등포), 디큐브시티(2011년, 신도림동), 롯데몰(2011년, 김포공항), IFC몰(2012년, 여의도) 등이 있다.

롯데, 신세계, 현대 등 백화점 빅3는 2014년 5월 현재 복합쇼핑몰을 가지고 있는 것은 아니지만, 향후 1~3년 내에 대규모 복합쇼핑몰 건설을 예정하고 있다. 복합쇼핑몰 건설에 가장 적극적인 신세계는 2016년부터 복합쇼핑몰 6개점을 출점할 계획이다. 2016년 하남 유니온스퀘어를 개점하고, 2017년까지 인천 청라국제도시, 대전 구봉지구, 경기도 안성 진사리, 경기 의왕 백운지식문화밸리, 경기 고양 삼송 등에 대규모 교외형 복합쇼핑몰을 지을 예정이다. 하남유니온스퀘어는 부지 11만7,000m^2, 건축 연면적 33만m^{2}에 이르며, 백화점, 패션전문관, 공연 및 전시시설 등이 들어선다. 롯데그룹은 2014년에 잠실 롯데타운 복합쇼핑몰 C2, 부산롯데복합쇼핑몰 등을 개장할 예정이며, 이어서 2017년까지 6개의 복합쇼핑몰을 순차적으로 개점할 계획이다. 이 가운데 인천터미널 부지에 들어서는 대규모 복합쇼핑건물은 지하 4층, 지상 28층으로 영업면적은 4만3000㎡이며, 영패션관, 대형마트, 시네마, 가전전문관 등이 입점한다. 현대백화점은 2015년 경기도 성남시 판교에 '판교 알파돔시티 복합쇼핑몰'을 수도권 최대규모로 지을 예정이며, 2016년에는 경기도 수원시 광교에 복합쇼핑몰을 개점할 예정이다. 이랜드도 2014년에 3~4개의 복합쇼핑몰을 출점할 계획이며, AK도 서울 중심가에 출점할 계획을 가지고 있다.

● 참고문헌

뉴데일리, "'백화점' 지고 '아울렛·복합쇼핑몰' 떠오르나," 2014년 5월 20일.

뉴스토마토, "백화점 1분기 '침울'…믿을건 '아울렛'," 2014년 5월 14일.

비즈니스워치, "[유통업 탈출구]①아울렛에 꽂힌 백화점," 2014년 5월 1일.

서울파이낸스, "빅3 백화점, 아울렛·복합쇼핑몰 출점 '공격행보'," 2014년 1월 14일.

스포츠서울, "신세계 복합쇼핑몰 대공세, 롯데 뛰어넘는다," 2014년 1월 14일.

아주경제, "'롯데·현대·신세계' 빅3, 신성장동력 '복합쇼핑몰·아울렛'," 2014년 4월 22일.

어패럴뉴스, "아울렛, 아웃도어 핵심 유통 부상," 2014년 5월 15일.

어패럴뉴스, "빅3 가세한 아울렛 경쟁… 어디까지 왔나," 2014년 2월 17일.

중앙일보, "유통의 미래, 복합쇼핑몰," 2014년 5월 13일.

중앙일보, "교외형 프리미엄 아울렛," 2014년 4월 2일.

한국경제, "복합몰 전쟁, '공격형' 롯데·신세계 '실속형' 현대…승자는?," 2014년 4월 29일.

한국경제, "롯데, 도심 한 복판에 '나홀로' 아울렛 간판 다는 이유," 2013년 12월 19일.

ELLE (2013), "몰링, 신 라이프스타일," 2013년 8월호.

신세계사이먼 프리미엄 아울렛 홈페이지, www.premiumoutlets.co.kr.

제 **5** 장   편의점

1. 편의점의 개념

편의점 (Convenience Store : CVS)은 "소비자들이 시간과 거리의 제약을 받지 않고 식품이나 잡화 등의 생활용품을 셀프서비스로 편리하게 구매할 수 있는 50~300m^2 규모의 소형 점포"를 의미한다. 편의점의 주된 장점으로는 시간적 편의성, 장소적 편의성, 상품구색의 편의성 등을 들 수 있다.

- 시간적 편의성 : 편의점의 가장 큰 장점은 대부분의 편의점이 연중무휴로 24시간 운영되고 있기 때문에 소비자가 시간의 제약을 받지 않고 언제든 생활용품을 구입할 수 있다는 점이다. 이러한 장점을 바탕으로 편의점은 전기/전화요금 등 공공요금 수납서비스, 택배서비스, 보험료/신문요금 수납서비스, ATM기를 이용한 입출금서비스, 티켓팅서비스, 휴대전화개통서비스 등의 다양한 생활서비스를 제공함으로써 소비자들이 시간적 제약을 받지 않고 일상적인 생활을 영위하는데 도움을 주고 있다.

- 장소적 편의성 : 편의점은 거주 밀집지역, 오피스가, 지하철역 부근 등 소비자와 가까운 곳에 위치하고 있어서 물건을 구입하기 위해 멀리 이동할 필요가 없으며, 따라서 물건을 구입하는데 걸리는 시간을 크게 단축시킬 수 있다.

- 상품구색의 편의성 : 편의점은 소비자들이 일상생활에서 필요한 각종 편의품 (convenience goods)을 소량으로 구입할 수 있도록 상품구색

을 갖춤으로써 소비자가 편의점만 이용해도 일상생활에 큰 불편함을 느끼지 않을 수 있도록 도모하고 있다. 우리나라의 편의점에서 판매되는 상품은 2012년을 기준으로 약 3,900여 개에 이른다. 식품류와 비식품류의 비중은 약 53대 47로 식품류가 약간 더 많다. 식품류 중에서는 가공식품과 우유 등의 일배가공식품이 편의점 전체 매출의 30~32%로 가장 높은 비중을 차지하고 있고, 주류, 신선식품, 과자 등이 뒤를 잇고 있다. 비식품류 중에서는 담배가 비식품류 매출 비중인 47%의 대부분인 약 40%를 차지하고 있으며, 이 외에 잡화, 복권, 문구, 잡지 등이 판매되고 있다. 이와 더불어 앞에서 언급한 다양한 생활서비스를 제공하고 있다. 최근에는 약품판매도 이루어지고 있다. 2011년 7월에 일반의약품에서 의약외품으로 전환된 액상소화제, 정장제, 외용연고제, 파스, 자양강장드링크류 등의 48개 품목과 2012년 11월부터 24시간 개점되는 소매점포에 한하여 판매가 허용된 감기약, 소화제, 해열진통제와 같은 안전상비의약품 13개 품목의 일반의약품 판매를 개시하였다. 최근에는 편의점에서 채소, 야채, 명절선물세트 등과 같이 슈퍼마켓과 직접적으로 경쟁하는 상품의 비율이 높아지면서 SSM의 상품공급점 사업으로 촉발된 '변종 SSM' 논란이 편의점 업계로 확산되고 있다.

2. 편의점의 역사

세계 최초의 편의점은 미국 사우스랜드사(Southland Corporation)가 1927년에 설립한 세븐일레븐(7-Eleven)이다. '세븐일레븐'이라는 이름은 다른 업태의 소매점들보다 훨씬 긴 오전 7시에서 밤11시까지 영업을 한다는 의미를 담고 있다. 사우스랜드사는 1980년대 들어 경영난에 빠지면서 1991년 일본에서 세븐일레븐 체인을 운영하던 일본의 대표적인 유통업체인 이토요카도(伊藤羊華堂)에 의해 인수되었으며, 이후 사명도 사우스랜드에서 7-Eleven, Inc.로 전환되었다. 미국에서 편의점이라는 소매업태가 등장하게 된 것은 대형식료품체인점의 성장과 깊이 관련되어 있다. 1920년대에 크로거(Kroger)나 세이프웨이(Safeway)와 같은 대형식료품체인점들이 크게 성장하면서 점차 임대료가 비싼 도심에서 벗어나서 교외로 점포를 확장하였으며, 조직이 거대화되면서 인력의 원활한 확보 등을 위해 영업시간을 단축시키는 경향을 보였다. 이러한 추세에 따라 도시에 거주하는 소비자들이 집이나 직장 근처에서 시간에 구애받지 않고 편리하게 식료품, 잡화 등 생활필수품을 소량으로 구입할 수 있는 점포를 찾기 어려워졌으며, 이러한 점이 바로 편의점이 성공적으로 등장할 수 있는 배경이 되었다. 초기의 편의점은 주로 식품을 취급하였지만 점차 비식품류로 취급상품을 확대하였으며, 현재는 다양한 생활서비스까지 취급하고 있다.

우리나라 최초의 편의점은 롯데그룹 계열의 편의점 사업체인 코리아세븐이 미국의 사우스랜드사와의 기술도입 계약을 통해 1989년에 개점한 세븐일레븐 서울 올림픽선수촌점이다. 연이어서 1~2년 사이에 K-써클 (1989년, 현재의 씨스페이스), 로손 (1989년), 미니스톱 (1990년), 훼미리마트 (1990년, 현재의 CU), LG25 (1990, 현재의 GS25), 바이더웨이 (1991년) 등 많은 업체들이 시장에 진입하였다. 이 가운데 LG25와 바이더웨이는 토종 편의점이었고, 세븐일레븐, 로손, K-써클 등은 미국계 편의점이었으며, 미니스톱과 훼미리마트는 일본계 편의점이었다. 이들 업체들은 인수합병, 사명변경 등의 과정을 거치면서 현재는 BGF리테일의 CU, 코리아세븐의 세븐일레븐, GS리테일의 GS25, 그리고 한국미니스톱의 미니스톱이 3강1중 체제를 구축하면서 전체 매출액의 90% 이상을 점하고 있다.

우리나라 유통업계의 강자인 홈플러스와 신세계도 각각 2011년과 2014년에 편의점 시장에 진입하였다. 홈플러스는 2014년 초 현재 약 50개의 점포를 가지고 있다. 점포명은 초기에는 '홈플러스365'였으나 지금은 '365플러스'로 개명하였다. 신세계그룹은 2014년 초에 약 90개의 점포를 가지고 있는 독립형편의점인 '위드미'를 인수하면서 편의점 시장에 진출하였다. 이렇게 대형 유통업체들이 편의점 사업에 진입하는 것은 운영하고 있는 대형마트와 기업형슈퍼마켓(SSM)이 유통산업발전법에 따라 영업시간이 규제되고 의무휴일이 적용되면서 매출액이 정체되어 있는 반면, 편의점은 24시간, 365일 영업이 가능하고, 근거리 소량구매가 확산되면서 상대적으로 높은 성장률을 보이고 있기 때문이다. 또한 점포수가 1,000개가 넘는 4대 편의점은 공정거래위원회의 모범거래규약에 따라 신규출점에 제약이 따르는 반면, 신규 진입업체는 이러한 제약 없이 1,000개 까지 점포 개설이 가능하다는 점도 신규 진입을 촉진시키고 있다.

대기업 중심의 편의점들과는 달리 가맹점주의 자율성을 보장하는 형태로 운영되는 독립형 편의점은 현재 약 10개의 가맹본부에 의해 1,500~2,000개의 가맹점이 운영되고 있다. 이러한 숫자는 전체 편의점 수의 6~8%에 불과하지만 2012년 말에 4대 편의점 업체의 추가 출점을 금지하는 조치가 취해지면서 독립형 편의점의 행보가 많은 주목을 받고 있다.

3. 편의점의 점포수 및 매출액 동향

편의점은 1989년에 등장한 이래 외환위기 시기 1~2년을 제외하고는 지속적인 성장세를 구가하여왔다. [그림 5-1]는 2005~2013년의 편의점의 매출액 및 점포수의 추이를 보여주고 있다. 편의점 점포수는 지속적으로 성장하면서 1989년 처음 등장한 이래 18년이 경과한 2007년에 10,000개점을 돌파하였고, 그 이후 불과 4년 만인 2011년에 20,000점을 돌파하여 2013년 현재 약 24,400개의 점포가 운영되고 있다. 점포의 약 51%가 서울, 인천, 경기 등의 수도권에 집중되어 있다. 매출액도 지속적으로 성장하면서 2011년에 10조 원을 돌파하였으며 2013년 현재 12.3조 원에 이르고 있다.

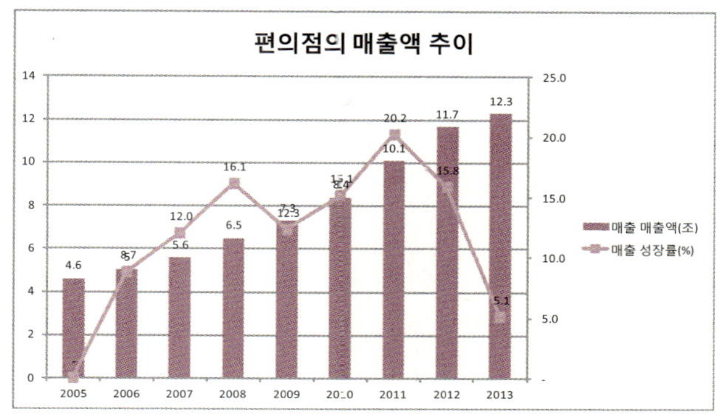

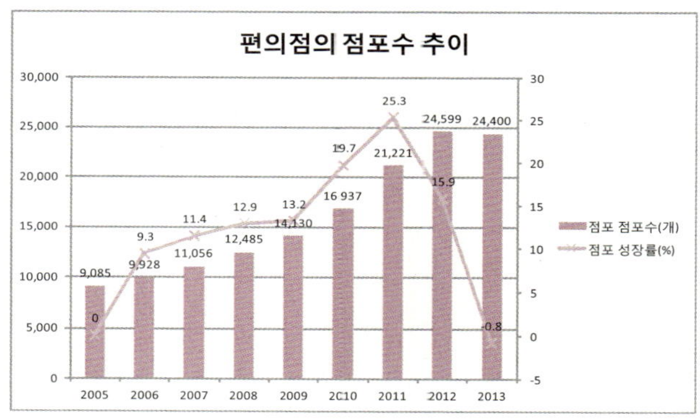

자료 : 리테일매거진, "유통산업보고서 : 편의점" 2014년 1월호, 52~55.
　　　 리테일매거진, "유통산업보고서 : 편의점" 2011년 1월호, 62~65.
　　　 리테일매거진, "유통산업보고서 : 편의점" 2009년 1월호, 66~69.

매출액과 점포수의 추이에서 나타난 특징적인 점들로 다음과 같은 사항들이 지적될 수 있다.

- 첫째, 편의점의 점포수는 이미 포화상태에 이르렀다. 편의점은 통상적으로 2,500명 당 1개이면 포화상태에 이른 것으로 평가된다. 2014년 현재 우리나라의 인구가 약 5,100만 명인 점을 감안하면 우리나라에서의 편의점의 최대 숫자는 약 20,400개가 되는데 2011년에 이미 이를 돌파하였다. 2000대 후반에서 2012년에 이르기까지 점포수의 증가율이 꾸준히 두 자리 숫자를 기록한 것은 사업체의 노력도

있었지만, 그보다는 소자본으로 점포를 운영하고자 하는 사람들이 급증하였기 때문이다. 즉, 경제침체로 실업문제가 좀처럼 풀리지 않으면서 많은 사람들이 소자본으로 개점할 수 있고 상대적으로 안정적이라고 판단되는 편의점 사업에 뛰어들었다. 다른 자영업을 하다가 성공하지 못하고 편의점으로 업종을 바꾸는 사례가 많았고, 여기에 퇴직한 베이비붐 세대, 취업에 성공하지 못한 30대 등도 편의점 사업을 선호하였다. 또한 편의점을 생계유지가 아니라 사업확장의 수단으로 활용하는 사례가 급증하면서 2012년을 기준으로 2개 이상의 복수 가맹점으로 운영되는 점포들이 전체의 10.5% (2,536개)를 차지하고 있다. 그러나 공정거래위원회의 모범거래기준에 의해 대형 편의점 업체들의 추가출점 제한이 본격화된 2013년에는 점포수가 오히려 약 200개 감소하였다. 2014년 이후에도 시장포화와 추가출점 규제의 영향으로 편의점 점포수는 매우 제한적으로 증가하거나 혹은 감소할 것으로 예상되고 있다.

- 둘째, 편의점 전체의 매출액은 2010년대에 들어 더욱 가속화되고 있는 1~2인 가구 증가 추세에 따라 근거리·소량구매 성향이 확산되면서 대형마트와 백화점은 물론 근거리·소량구매의 혜택을 같이 향유하고 있는 슈퍼마켓에 비해서도 훨씬 더 높은 성장률을 구가하였다. 2005~2013년 기간 동안의 편의점의 연평균 매출액 성장률은 약 13%였으며, 이에 비해 대형마트, 백화점, 슈퍼마켓 등의 같은 기간 동안의 매출 성장률은 10%에도 훨씬 미치지 못하였다. 소량구매 추세에 따라 편의점에서는 도시락, 즉석국, 즉석밥, 패스트푸드 (삼각김밥, 샌드위치, 햄버거 등) 등이 모두 높은 성장률을 보이고 있으며, 소포장 과일 및 채소, 소포장 반찬, 간편식, 샐러드, 미니세탁세제 등 1인 가구를 위한 맞춤형 상품을 강화한 특화점포들도 다수 운영되고 있다.

- 셋째, 점포당 수익성이 하락하는 경향을 보이고 있다. 특히 2009년 이후 점포수가 시장규모보다 더 빠른 속도로 증가하면서 점포당 연평균 매출액이 지속적으로 하락하고 있으며 ([그림 5-2] 참조), 이로

인해 부실 점포가 증가하고 있다. 2012년을 기준으로 소규모 자영업자 전체의 부실률 (금융기관에서 대출받은 후 원금을 1개월 이상 연체하거나 이자를 2개월 이상 연체한 경우의 비율) 평균이 5.8%인데 반하여, 편의점은 이보다 훨씬 높은 9.5%를 기록했다. 이러한 추세에 대응하여 특히 점포수를 많이 가지고 있는 빅3 편의점 업체들은 부실점포를 정리하는 한편, 특화점포의 개설, PB상품의 강화 등을 통해 점포당 매출액 증진에 주력하고 있다.

●● [그림 5-2] 편의점 점포당 매출액 추이 (단위 : 억 원)

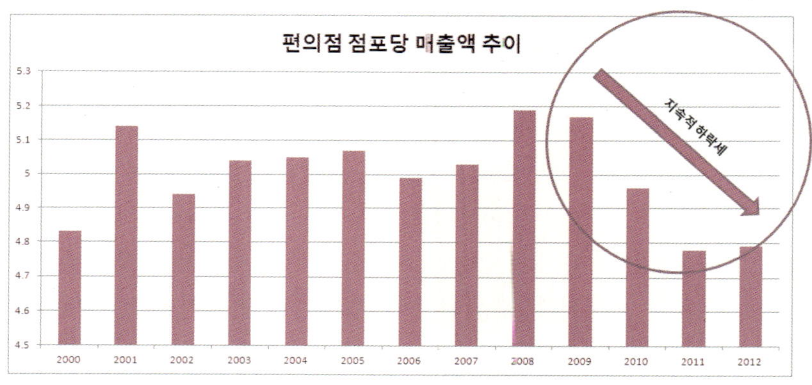

자료 : 신세계 미래정책연구소 (2013), 2014년 유통업 전망.

4. 편의점의 유형

편의점에는 대기업형 편의점, 독립형 편의점, 개인형 편의점 등의 세 가지 유형으로 나누어진다 ([그림 5-3] 참조). 이 가운데 대기업형 편의점과 독립형 편의점은 체인점의 형태로 운영되기 때문에 '체인화 편의점'으로 불린다. 개인형 편의점은 개인이 독자적으로 운영하는 편의점을 의미하는데 그 숫자가 극히 미미하기 때문에 여기에서는 대기업형 편의점과 독립형 편의점을 중심으로 기술한다.

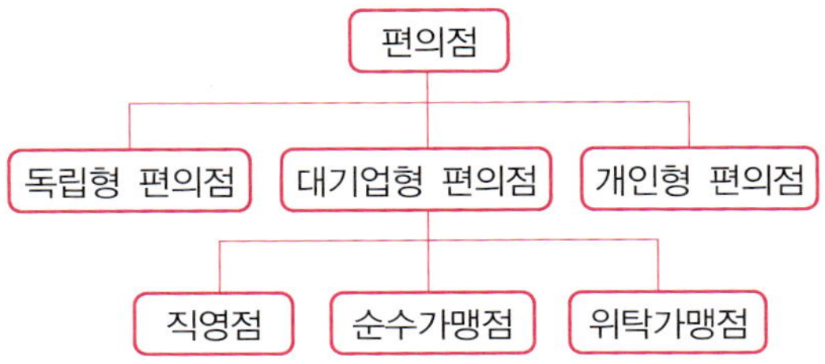

●● [그림 5-3] 편의점의 유형

4.1 대기업형 편의점

대기업형 편의점은 대형 유통업체들이 운영하는 편의점으로 다시 직영점, 순수가맹점, 위탁가맹점으로 구분된다. 직영점은 대형 유통업체가 직접 운영하는 점포로, 유동인구가 많은 지역에 큰 규모를 갖춘 플래그십스토어(flagship store)의 개념으로 운영되면서 직원들과 가맹점주들을 대상으로 하는 교육훈련 장소로 이용되는 경우가 많다. 순수가맹점과 위탁가맹점은 가맹본부인 대형 유통업체와 가맹점주 간의 갑을관계 계약에 의해 운영되는 점포를 의미한다. 한국편의점협회에 따르면 2011년을 기준으로 직영점은 전체 점포의 2~3%에 불과하고 순수가맹점이 약 2/3, 위탁가맹점이 약 1/3을 차지하고 있다. 순수가맹점은 인테리어, 판매설비, 임차보증금, 미판매재고 등을 모두 가맹점주가 책임지는 반면, 위탁가맹점은 모든 부담을 가맹본부가 진다. 대신에 위탁가맹점의 점주는 순수가맹점 점주에 비해 가맹본부에게 훨씬 높은 가맹수수료율이 적용되는 수수료를 지급하여야 한다. 순수가맹점의 경우 매출액에서 매출원가를 뺀 매출총이익의 30~35%를 가맹수수료로 지급하고 있으며, 위탁가맹점의 경우는 이의 2배에 해당하는 60~70%를 가맹수수료로 지급하고 있다. 우리나라의 대표적인 대기업형 편의점으로는 CU, GS25, 세븐일레븐, 바이더웨이, 미니스톱 등이 있으며, 이들 업체가 전체 편의점 매출의 90% 이상을 차지하고 있다. 바이더웨이는 2010년 4월 세븐일레븐을 운영하는 코리아세븐에 인수되었다.

4.2 독립형 편의점

독립형 편의점은 대기업형 편의점과 개인형 편의점의 장점을 결합한 형태로 가맹본부와 가맹점이 갑을관계가 아닌 평등관계를 기반으로 운영되는 편의점을 의미한다. 독립형 편의점의 가맹본부는 대기업형 편의점의 가맹본부와는 달리 대기업이 아니라 편의점 전문 사업체이다. 독립형 편의점이 대기업형 편의점 및 개인형 편의점과 차별화되는 점들을 요약하면 [표 5-1]와 같다. 독립형 편의점은 대기업형 편의점이 가지고 있는 체계적인 물품공급시스템 등을 갖추고 있으며, 동시에 개인형 편의점의 장점인 자율성을 최대한 확보할 수 있는 장점을 가지고 있다. 하지만 물품공급시스템, PB상품 개발능력, 브랜드인지도 등이 대기업형 편의점의 수준에는 미치지는 못하며, 또한 개인형 편의점과 같이 완벽한 자율성을 보장받는 것은 아니다.

●● [표 5-1] 독립형 편의점과 대기업형 편의점 및 개인형 편의점과의 차별점

구 분	내 용
대기업형 편의점과의 차별점	• 대기업형 편의점은 가맹본부에 매출액에서 매출원가를 뺀 매출총이익의 30~70%를 가맹수수료로 지급하는 반면, 독립형 편의점은 가맹수수료가 없음. 사업체에 따라 가맹비나 월정액의 로열티를 받기도 함. • 가맹점주가 운영시간을 자율적으로 정할 수 있음. • 가맹점주는 상품을 반드시 가맹본부로부터 구매하지 않아도 됨.
개인형 편의점과의 차별점	• 가맹본부가 물류센터를 운영하고 있음. • 가맹본부가 매장통합관리시스템을 보유하고 있음. • 가맹본부가 점포관리사원을 두어 지원하고 있음.

독립형 편의점은 2013년을 전후로 대기업형 편의점의 대안으로 많은 주목을 받고 있는데 그 이유로 다음과 같은 두 가지 점이 지적될 수 있다.

• 첫째, 대기업형 편의점에서는 가맹본부와 가맹점이 갑을관계를 형성하면서 을의 위치에 있는 가맹점들이 가맹본부로부터 많은 통제를 받을 뿐만 아니라 경우에 따라서는 불이익을 감수해야 하는 위치에 놓일 수도 있는 반면, 독립형 편의점의 경우는 평등관계를 기초로 하는 상생구조를 가지고 있기 때문에 물류센터로부터의 물품공급의 이

점과 독립성을 동시에 누리면서 편의점을 경영하고자 하는 사람들로부터 많은 환영을 받고 있다. 대기업형 편의점의 가맹본부는 매출액에서 매출원가를 뺀 매출총이익의 일정비율로 정해지는 가맹수수료를 수입의 원천으로 하고 있다. 따라서 수입 증진을 위해서는 '개별 가맹점의 수익'보다는 '전체 가맹점이 창출하는 총매출액'이 더 중요하고, 이로 인해 기존 점포의 인근에 신규점포를 개설한다거나 혹은 가맹점의 특수한 사정을 고려하지 않은 상품을 강매하는 경우도 발생할 수 있다. 극단적인 예로 가맹본부가 적자 점포 인근에 신규점포를 개점하여 두 개의 편의점의 전체 매출액이 기존 적자 점포의 매출액보다 많으면 두 점포가 모두 적자를 보는 상황에서도 가맹본부의 수입은 증가할 수 있다. 즉, 대기업형 편의점은 가맹본부와 가맹점의 이해관계가 충돌할 수 있는 구조를 가지고 있으며, 이로 인해 정부도 편의점의 신규출점을 제한하는 공정거래위원회의 모범거래기준이나 새벽 1~7시를 가맹점의 자율폐점시간대로 정한 '가맹사업법 개정안' 등을 통해 을의 위치에 있는 가맹점주의 권익을 보호하기 위한 조치를 취하고 있다. 이에 반해 독립형 편의점의 경우에는 가맹본부가 가맹점으로부터 가맹비나 월정액의 로열티를 받기도 하지만 수입을 주로 가맹점에 판매하는 상품의 마진에 의존하고 있고, 가맹점이 가맹본부가 아니라 제조업체 대리점이나 도매상 등으로부터도 물건을 구입할 수 있기 때문에 가맹본부는 수입의 증진을 위해 가맹점에게 좋은 상품을 저렴한 가격에 공급하기 위해 노력하여야 하는 구조를 가지고 있다. 우리나라에는 2013년 현재 약 600개의 점포를 가지고 있는 한국IGA를 비롯하여 포시즌마트, 로그인마트, 굿마트, 우린, 게그스토리, 크로스25, 아이앤지25시 등 약 10개의 독립형편의점 사업체가 있다.

- 둘째, 2012년 11월에 공정거래위원회가 1,000개 이상의 점포를 가지고 있는 5개 편의점 (CU, GS25, 세븐일레븐, 바이더웨이, 미니스톱)의 가맹본부에 대해 기존 편의점에서 250m 반경 이내의 지역에서는 추가 출점을 금지하는 모범거래기준을 확정하면서 이러한 규제를 받지 않는 독립형편의점이 더욱 많은 주목을 받고 있다.

5. 편의점 사업에서의 물류

편의점에서 어떠한 상품을 판매할 것인가에 대한 의사결정은 대부분 편의점 가맹본부에 의해 이루어진다. 대기업형 편의점의 경우에는 판매할 물건에 대한 구매의사결정이 100% 가맹본브에 의해 이루어지고, 독립형 편의점의 경우에는 가맹점이 반드시 가맹본부로부터 물건을 사야하는 것은 아니기 때문에 가맹점주는 일부의 물품에 대해 자신의 판단에 따라 가맹본부가 아닌 도매상이나 제조업체 대리점으로부터 구매할 수 있다. 구매에 대한 의사결정을 100% 가맹븐부에서 하는 경우의 물류는 [그림 5-4]와 같이 나타낼 수 있다.

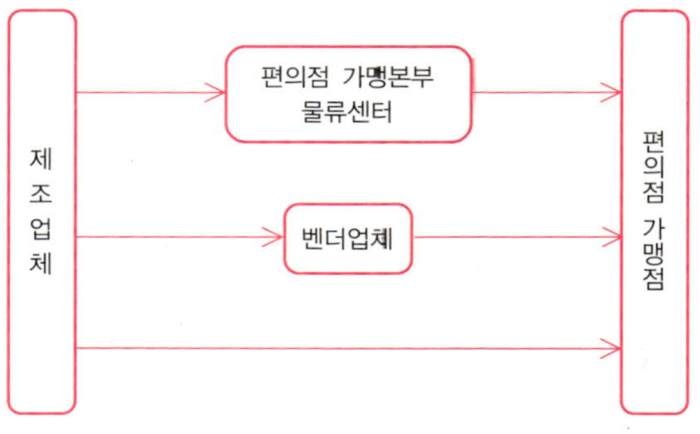

●● [그림 5-4] 편의점 사업에서의 물루

가맹본부는 대부분 제조업체로부터 물건을 구입하지만 일부는 도매상의 역할을 하는 벤더업체로부터 물건을 구입하기도 한다. 벤더업체로부터 물건을 공급받는 경우에는 벤더업체가 가맹본부의 지시에 따라 자사의 물류센터에서 직접 가맹점에 물건을 공급한다. 가맹본부가 제조업체로부터 물건을 구입하는 경우에는 제조업체가 자사의 공장이나 물류센터에서 직접 가맹점에 물건을 배송하기도 하지만, 대부분은 물품은 가맹본부의 물류센터로 납품되고 여기에서 각 가맹점으로 배송된다. 가맹본부가 물류센터를 보유하여야 하는 이유는 제조업체나 벤더엽체에 물류를 의존하면 가맹점의 요구에 순발력 있게 대응하기가 어렵기 때문이다. 편의점의 경쟁력은 가맹본부의 물류센터가 얼마나 다양하고 우수한 제품을 얼마나 경쟁력 있는 가격에 공급할 수 있는가와 직결되어 있기 때문에 물류센터는 가맹본부가 갖추어야 할 가장 중요한 시설이라고 할 수 있다. 평균적으로 물류센터 한 개당 점포 약 300개가 적정선이기 때문에 사업의 확장에 따른 물류센터의 설립은 가맹본부에게 상당한 비용적 부담으로 작용한다.

- 가맹본부의 물류센터 경유 : 한국편의점협회에 따르면 2010년을 기준으로 가공식품, 주류, 과자, 음료 등의 97% 이상, 일배가공식품, 일배생식품, 신선식품, 잡화, 담배 등의 65% 이상이 물류센터를 통해 조달되고 있다. 전체적으로 80% 이상이 물류센터를 통해 공급되고 있으며, 시간이 지나면서 그 비율이 점차 높아지고 있다.
- 벤더업체 경유 : 벤더업체와의 거래는 주로 여러 중소업체에서 생산되는 다양한 제품들을 구매할 필요가 있을 때 이루어진다. 왜냐하면 가맹본부가 여러 업체를 일일이 접촉하기도 어렵고, 해당 분야의 전문성이 부족한 경우에는 전문성을 갖춘 벤더업체를 통해 조달하는 것이 보다 바람직하기 때문이다. 그래서 가맹본부는 상품을 몇 개의 카테고리로 분류하여 복수의 벤더업체를 운용하는 것이 일반적이다. 한국편의점협회에 따르면 2010년을 기준으로 일배생식품, 일배가공식품, 신선식품의 약 1/3과 담배와 잡화류의 약 1/4이 벤더업체를 통해 조달되고 있다.
- 제조업체 직송 : 담배, 일배가공식품, 잡화의 일부가 제조업체에서 직접 가맹점으로 배송되지만 그 비율은 3% 정도에 불과하다.

6. 편의점의 대응전략

앞에서 언급한 바와 같이 편의점은 2000년대 말부터 시장의 정체와 과도한 출점으로 수익성이 악화되기 시작하였으며, 이에 따라 가맹본부와 가맹점 사이의 갈등이 증폭되면서 사회적 문제로까지 비화되었다. 이러한 현상을 해결하기 위해 공정거래위원회는 2012년 12월 1,000개 이상의 점포를 가지고 있는 CU, GS25, 세븐일레븐, 바이더웨이, 미니스톱 등의 5

대 편의점 (이 가운데 바이더웨이는 2010년에 이미 세븐일레븐을 운영하는 코리아세븐에 의해 인수되었기 때문에 사실상 4개 업체)의 과도한 출점을 제한하는 모범거래기준을 발표했다. 모범거래기준의 주요 내용은 기존 편의점에서 250m 반경 내에 같은 브랜드의 신규 점포를 여는 것을 금지하는 것이다. 이러한 환경에서 주요 편의점 업체들은 신규출점에 의한 확장보다는 가맹점의 수익성을 개선시키기 위한 활동에 적극 나서게 되었다. 주요한 활동으로 특화점포의 설립, PB상품의 강화 등을 들 수 있다.

6.1 특화점포의 운영

2010년대에 들어 편의점 업계가 특화점포를 핵심 전략으로 삼으면서 편의점들이 다양한 모습으로 진화하고 있다. 특히 도시 외곽이나 지방을 중심으로 새로운 유망 입지가 나타나면 여기에 입지에 맞는 특화점포들을 설립하고 있다. 특화점포는 입지 여건에 따라 매우 다양한 형태로 나타나고 있다. 카페형, 베이커리형, 슈퍼형, 레스토랑형, 전문용품판매형, 약국병설형, 세탁소병설형 등과 같이 상품구색에 따른 다양한 편의점이 등장하였으며, 주유소와 편의점을 접목하여 차를 탄 채 상품을 구입할 수 있는 드라이브스루형, 편의점과 카페 등을 동시에 운영하는 복층형, 이동차량이 편의점으로 변신하는 트랜스포머형 등 물리적인 공간의 활용형태에 따라서도 다양한 편의점이 등장하고 있다.

6.2 PB상품의 강화

편의점의 상품구색 상의 특징 중의 하나는 다른 소매업태에 비해 PB상품의 비중이 유독 높다는 점이다 ([그림 5-5] 참조). 2013년을 기준으로 CU, 세븐일레븐, GS25 등 편의점 빅3의 PB상품 매출 비중은 28~32%로 10~20% 대인 다른 유통채널에 비해 월등히 높다. 편의점과 함께 PB상품이 가장 활성화되어 있는 대형마트의 PB상품 판매비중도 2013년을 기준으로 약 25% 정도에 머물고 있다.

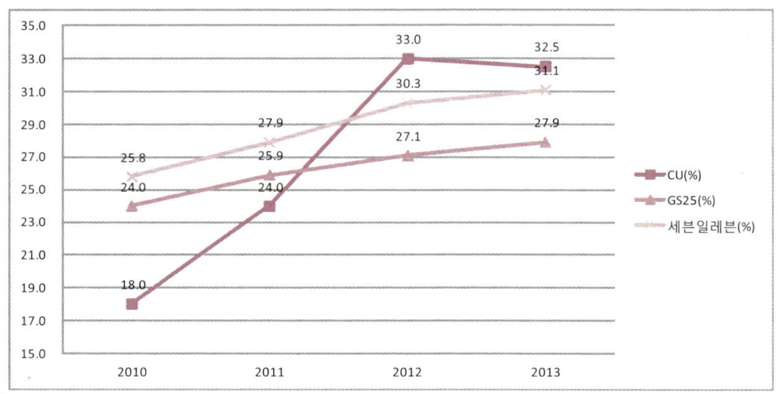

자료 : 이코노믹리뷰, "PB상품 : 편의점 3사 전략, 차근차근 트렌드를 분석하라." 2014년 3월 7일.

편의점은 1989년 설립될 때부터 PB상품을 활발하게 도입하여 왔으며 2010년대 이후에 더욱 가속화되고 있다. 편의점이 PB상품에 주력하는 이유로는 다음과 같은 점들이 지적될 수 있다.

- 점포 이미지의 개선 : 편의점은 PB상품을 통해 상품 가격이 대형마트나 슈퍼마켓에 비해 비싸다는 인식을 불식시킬 수 있다. 편의점은 대형마트나 SSM 등에 비해 규모가 작고, 영업시간이 길기 때문에 비용구조가 불리하고, 따라서 NB상품의 가격이 상대적으로 높은 경향이 있다. 이러한 불리한 점을 PB상품을 통해 불식시킴으로써 소비자들의 방문 빈도를 증가시킬 수 있고, 이로 인해 PB상품뿐만 아니라 NB상품의 매출도 증대시킬 수 있다.

- 편의성의 극대화 : 편의점은 PB상품을 통해 영업시간이 길고 골목 상권에 위치하고 있다는 '편의성'의 장점을 극대화시킬 수 있다. 새벽이나 밤에 끼니를 해결하거나 생필품을 소량으로 구매하기 위해 방문하는 고객들이 주로 구입하는 제품들을 중심으로 PB상품을 개발함으로써 대박상품을 상대적으로 손쉽게 만들어갈 수 있다.

- 수익성의 개선 : PB상품은 NB상품에 비해 수익률이 높고, 따라서 편의점의 수익성을 개선시킬 수 있는 좋은 수단이 된다. 이는 대부

분의 PB상품이 중소 제조업체와의 계약을 통해 납품되는데, 이들 업체와의 계약조건이 NB상품을 공급하는 대형 제조업체와의 계약조건에 비해 훨씬 더 유리하기 때문이다.

- 소비자의 구매성향 변화에 대한 적극적 대응 : PB상품은 장기불황으로 가격에 민감해진 소비자들의 구매 성향 변화에 부응할 수 있는 좋은 수단이 되고 있다. NB상품은 성공적인 신제품의 출시를 위해서는 광고 등의 프로모션비용이 선행되어야 하지만, PB상품은 그렇지 않기 때문에 중소 제조업체와의 협업을 통해 순발력 있게 상대적으로 저렴한 비용으로 소비자의 트렌드에 부응할 수 있는 신제품을 개발할 수 있다는 이점이 있다. 요즈음에는 광고와 같은 프로모션이 없어도 PB상품에 대한 고객들의 긍정적인 경험이 블로그 등의 SNS를 통해 확산되면 매출액이 지속적으로 증가할 수 있다.

- 상품개발의 용이성 : 편의점은 점포수가 많기 때문에 PB상품을 개발하여 일부 점포에서 판매를 해보고 성공적이면 다른 점포로 확산시키는 방법을 취하기가 매우 용이하다. 즉, 대형마트 등에 비해 PB상품의 실패로 인한 리스크가 훨씬 더 적다. 이러한 점 때문에 편의점을 운영하는 업체들은 보다 적극적으로 PB상품 개발에 임할 수 있다.

- 점포 차별화 : PB상품은 점포를 차별화시킬 수 있는 유력한 수단이 될 수 있다. 즉, 모든 경쟁업체에 동일하게 공급되는 NB상품을 통한 차별화에는 명확한 한계가 있기 때문에 편의점 업체들은 경쟁사와의 차별화를 위해 PB상품 개발에 적극 나서고 있다.

현재 편의점에서 판매되고 있는 도시락, 삼각김밥, 샌드위치, 햄버거 등의 간편식은 대부분 PB상품으로 운영되고 있으며, 이 외에도 스넥, 라면, 음료, 생수, 우유 등 다양한 상품군에서 PB상품이 개발되어 있다. 이 과정에서 GS25의 공화춘, 함박웃음맑은샘물, CU의 콘소메맛팝콘, 흰우유, 세븐일레븐의 깊은산속옹달샘물, 갈릭새우칩, 초코별, 미니스톱의 점보닭다리 등과 같은 PB상품들이 매출 순위 상위를 차지하고 있다. 최근에는 PB상품이 식품류에 한정되지 않고 화장지, 스타킹, 화장품 등 생활용품 분야로도 확대되고 있다.

● 참고문헌

리테일매거진, "유통산업보고서 : 편의점," 2014년 1월호, 52-55.

리테일매거진, "유통산업보고서 : 편의점," 2013년 1월호, 60-63.

서봉철. 변명식, 김영이 (2005), 유통의 이해, 195-198.

신세계 미래정책연구소 (2013), 2014년 유통업 전망.

신세계 유통산업 연구소 (2012), 2013년 유통업 전망.

지식경제부, 연세대학교 (2011), 유통산업 구조개선을 통한 물가안정방안 연구: 거시분석, 265-286.

한국체인스토어협회 (2013), "2013년 유통업체연감," 78-85.

한국체인스토어협회 (2012), "2012년 유통업체연감," 92-100.

경향신문, "상비의약품, 편의점·슈퍼선 '1회 1일분'만 살 수 있다," 2012년 11월 22일.

데일리그리드, "대기업 압박서 자유로운 '독립형 편의점' 대안 부상," 2013년 10월 8일.

데일리중앙, "편의점 프랜차이즈 가맹점 수수료 최고 70%," 2012년 9월 4일.

데일리투머로우, "편의점 본사, 가맹점 매출 35% 수수료로 챙겨가," 2012년 10월 8일.

매일경제, "카페형·즉석요리형·베이커리형…튀는 편의점이 장사도 잘되네," 2011년 10월 21일.

매경이코노미, "카페형 편의점이 뜬다…넌 카페 가니? 난 편의점 간다," 제1686호 (2012.12.12~12.18 일자).

머니투데이방송, "신세계 편의점 시장 진출…SSM 등 중소형점포 잇따라 확장," 2014년 1월 3일.

서울경제, "유통업계 PB 전성시대 : CVS(편의점) 유통 부문," 2014년 2월 24일.

세계일보, "긴급구호·휴대폰 개통…편의점은 지금 진화중," 2013년 1월 12일.

연합뉴스, "편의점들이 PB상품에 주력하는 이유는?," 2014년 1월 19일.

이데일리, "'바나나맛 우유' 편의점 1등 상품서 밀려…PB브랜드 '약진'," 2013년 12월 5일.

이코노믹리뷰, "PB상품 : 편의점 3사 전략, 차근차근 트렌드를 분석하라," 2014년 3월 7일.

이투데이, "이마트, 편의점 진출… 시장 지각변동 오나," 2014년 1월 14일.

파이낸셜뉴스, "SSM 규제에 변종체인점 우후죽순," 2014년 3월 8일.

파이낸셜뉴스, "독립형편의점 사업 '갑을' 아닌 상생에 답 있다," 2013년 6월 7일.

제 **6** 장   온라인쇼핑

온라인쇼핑에는 인터넷쇼핑 (종합몰, 전문몰, 대형포탈몰, 오픈마켓, 소셜커머스), TV홈쇼핑, 카탈로그쇼핑 등 다양한 유형이 있다. 이 가운데 상당한 규모의 독자적인 시장을 형성하고 있는 오픈마켓, 소셜커머스, TV홈쇼핑 등에 대해서는 각각 별도의 절에서 기술하고, 본 절에서는 종합몰, 전문몰, 대형포탈몰, 카탈로그쇼핑 등을 중심으로 기술한다. 또한 인터넷쇼핑 가운데 스마트폰 등의 모바일기기를 이용하는 모바일쇼핑에 대해서도 최근 들어 그 중요성이 크게 부각되고 있다는 점을 감안하여 별도의 장에서 기술한다.

1. 온라인쇼핑의 개념과 시장규모

'온라인쇼핑'은 오프라인쇼핑과 대별되는 개념으로, 업계에서는 법률 (예를 들어 '전자상거래 등에서의 소비자보호에 관한 법률')에서 사용되고 있는 용어인 '통신판매'와 유사한 의미로 사용되고 있다. 다만 통신판매가 판매자 관점의 용어인 반면, 온라인쇼핑은 구매자 관점의 용어라는 차이가 있다. 통신판매는 '업체가 소비자에게 인터넷, 카탈로그, TV 등의 비대면 채널의 방법으로 판매에 관한 정보를 제공하여 상품을 판매하는 행위'로 정의될 수 있으며, 같은 맥락에서 온라인쇼핑은 '소비자가 업체로부터 인터넷, 카탈로그, TV 등의 비대면 채널을 이용하여 정보를 제공받아 상품을 구매하는 행위'라고 정의될 수 있다. 전화권유판매도 엄밀한 의미에서는 비대면 채널을 이용한 판매활동이라고 할 수 있지만, 우리나라 법률에서는 이를 통신판매에 포함시키지 않고 방문판매의 범주에 포함시켜 규제하고 있다.

온라인쇼핑은 어떠한 매체를 활용하는가에 따라 세분화될 수 있다. 온라인쇼핑과 관련된 주요 매체로는 인쇄매체, 방송매체, 인터넷 등을 들 수 있다 ([그림 6-1] 참조). 인쇄매체를 이용한 가장 대표적인 온라인쇼핑은 카탈로그쇼핑이며, 방송매체를 이용한 가장 대표적인 온라인쇼핑은 TV홈쇼핑이다. 인터넷을 이용한 온라인쇼핑은 '인터넷쇼핑'이라고 불린다. 인터넷에는 유선인터넷과 무선인터넷이 모두 포함되며, 스마트폰과 같이 이동 중에 무선인터넷이 가동되는 단말기를 이용한 인터넷쇼핑을 '모바일쇼핑'이라고 한다. 인터넷쇼핑은 종합몰, 전문몰, 대형포탈몰, 오픈마켓, 소셜커머스 등의 다양한 유형으로 이루어지고 있다.

●● [그림 6-1] 온라인쇼핑의 유형

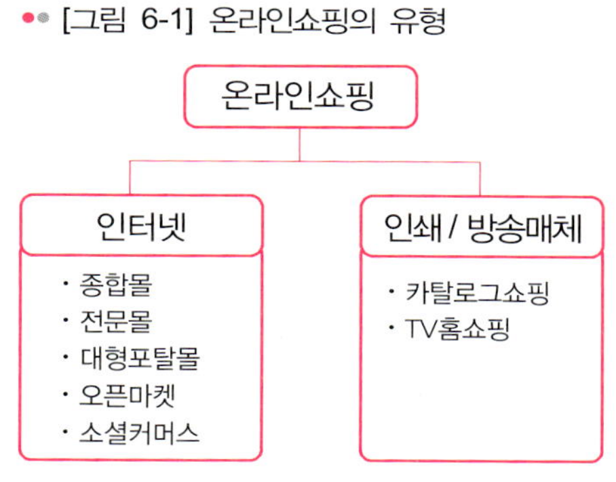

온라인쇼핑이 전체 소매시장에서 차지하는 비율은 꾸준히 증가하는 추세를 보이고 있다 ([표 6-1] 참조). 2013년의 온라인쇼핑 시장규모는 약 54조7,500억 원으로 전체 소매시장 규모인 353조5,196억 원의 약 15.5%를 차지하였다. 이를 2010년의 11.1%, 2011년의 12.0%. 2012년의 13.6%와 비교하면 전체 소매시장에서 차지하는 온라인쇼핑의 상대적 중요성이 빠르게 증가하고 있음을 알 수 있다. 온라인쇼핑을 유형별로 살펴보면 2013년을 기준으로 유선인터넷쇼핑이 온라인쇼핑 중에서 가장 큰 시장규모를 형성하고 있고, 그 다음으로 TV홈쇼핑, 모바일쇼핑, 카탈로그쇼핑 등의 순으로 나타났다. 그러나 성장률의 관점에서 보면 모바일쇼핑이 가장 빠른 속도로 성장하고 있으며, 2~3년 내에 TV홈쇼핑의 시장규모를 추월할 것으로 예상되고 있다.

인터넷쇼핑의 급속한 성장은 주로 인터넷이용자의 증가에 기반하고 있다. 2012년 7월 현재 만 3세 이상 인구의 무선인터넷을 포함한 인터넷이용률은 78.4%이며, 인터넷 이용자수는 3,812만 명으로 나타났다. 인터넷 이용자의 58.3%가 스마트폰 등의 무선단말기로 무선인터넷을 이용하고 있고, 매년 그 비율이 증가하는 것으로 나타났다. 또한 만 12세 이상의 인터넷 이용자의 3분의2에 달하는 63.5%가 최근 1년 이내 인터넷을 통해 상품이나 서비스를 구매(예약 및 예매 포함)한 '인터넷쇼핑 이용자'인 것으로 나타났다. 인터넷쇼핑 이용률은 여성이 70.8%로 남성(57.2%) 보다 크게 높았으며, 연령별로는 20대(90.2%) 및 30대(78.1%) 등 청년층의 이용률이 상대적으로 높았다.

●● [표 6-1] 온라인쇼핑의 시장규모

구분		2010년	2011년	2012년	2013년
소매시장 규모 (원)		306조6,000억	335조5,000억	349조4,000억	353조5,196억
온라인쇼핑 시장규모 (원)		33조9,900억	40조3,800억	47조6,450억	54조7,500억
온라인쇼핑 비중		11.1%	12.0%	13.6%	15.5%
유형	유선인터넷쇼핑	27조2,400억	32조4,800억	37조2,050억	41조1,600억
	모바일쇼핑	3,000억	6,000억	1조7,000억	3조9,700억
	TV홈쇼핑	5조6,800억	6조5,300억	7조9,200억	8조7,300억
	카탈로그쇼핑	7,700억	7,700억	8,200억	8,900억

자료 : 소비시장 규모 : 통계청, 도소매·서비스〉소매판매통계〉소매판매액, www.kostat.go.kr
　　　온라인쇼핑 규모 : 한국온라인쇼핑협회 (2013), 2013 온라인쇼핑 시장에 대한 이해와 전망, 41.

2. 인터넷쇼핑몰의 유형

앞에서 기술한 바와 같이 인터넷쇼핑은 종합몰, 전문몰, 대형포탈몰, 오픈마켓, 소셜커머스 등의 다양한 형태로 이루어지고 있으며, 여기에서는 종합몰, 전문몰, 대형포탈몰에 대해 기술한다.

2.1 종합몰

　종합몰은 다양한 상품을 취급하는 인터넷쇼핑몰로 백화점, 홈쇼핑회사, 대형마트 등의 대형 유통업체들에 의해 운영되고 있다. 롯데백화점은 롯데홈쇼핑과 공동으로 롯데닷컴과 프리미엄 온라인쇼핑 사이트인 엘롯데를 운영하고 있으며, 롯데홈쇼핑은 별도로 롯데아이몰을 운영하고 있다. 현대백화점은 현대홈쇼핑과 공동으로 현대H몰을 운영하고 있으며, 신세계백화점은 신세계몰, AK플라자는 AK몰을 운영하고 있다. 또한 GS홈쇼핑은 GS샵, CJ오쇼핑은 CJ몰, NS홈쇼핑은 NS몰을 운영하고 있다. 백화점과 홈쇼핑회사가 운영하는 종합몰들은 초기에는 상품을 구입하여 판매하는 형태로 운영되었지만 현재는 오프라인에서와 마찬가지로 대부분 상품을 공급하는 사업자로부터의 매출수수료를 수입원으로 하는 형태로 운영된다. 대형마트 3사의 대형마트몰 (이마트몰, 롯데마트몰, 홈플러스몰)은 신선식품 위주의 상품구색과 당일배송 시스템을 앞세워 최근 높은 성장세을 보이고 있으며, 점차 상품 품목을 다양화하고 있다. 대형마트몰은 백화점이나 홈쇼핑회사가 운영하는 종합몰과는 달리 오프라인의 대형마트와 마찬가지로 매출수수료보다는 상품의 구매에 의한 운영이 이루어지고 있다. 비교적 최근에 등장하여 높은 성장세를 보이고 있는 오픈마켓과 소셜커머스도 다양한 카테고리의 상품을 취급한다는 의미에서 종합몰로 분류될 수 있지만, 앞에서 기술한 백화점, 홈쇼핑회사, 대형마트 등에서 운영하는 종합몰과는 차별화되는 비즈니스모델을 가지고 있기 때문에 별도의 절에서 기술한다.

2.2 전문몰

　전문몰은 제한된 카테고리의 상품을 취급하는 인터넷쇼핑몰을 의미한다. 여기에는 인터넷서점몰, 대기업 혹은 중견기업이 운영하는 전문몰, 소규모 전문몰 등이 해당한다. 교보문고, 알라딘, YES24, 인터파크도서 등의 인터넷서점몰은 연간 약 8,000~9,000억 원 정도의 매출실적을 꾸준히 올리고 있다. 패션기업 (삼성에버랜드패션부문, LF 등), 식품기업 (CJ제일제당, 매일유업 등), 전자제품 전문할인점 (롯데하이마트, 전자랜드 등), 문구유통업체 (모닝글로리, 알파 등) 등도 자체적인 전산망 서버를 활용하여 인터넷쇼핑몰을 운영하고 있다. 소규모 전문몰은 약 5만 개 정도가 있으며, 개인사업자가 EC호스팅 (쇼핑몰 사이트를 운영할 수 있도록 서버 환경을 제공하는 전자상거래 전용 서비스)을 활용하여 운영하는 쇼핑몰을 의미한다. 소규모 전문몰에서는 특히 의류와 잡화를 많이 취급하고 있는데, 사업자는 대부분 동대문의류상가 등의 도매상으로부터 물건을 구입하여 판매하고 있다. 즉, 오프라인의 소규모 편집샵(혹은 보세매장)과 동일한 사업모델을 가지고 있다고 할 수 있다. 이러한 소규모 전문몰은 인지도를 확보하고 있지 못한 경우가 대브분이며, 인지도를 확보하기 위해서는 네이버 등의 검색포탈에서 소비자가 검삭어를 입력했을 때 자신의 사이트가 상위에 노출될 수 있도록 노력을 기을여야 한다.

2.3 대형포탈몰

네이버, 다음 등의 포탈사이트들은 직접 인터넷쇼핑몰을 운영하는 것은 아니지만, 트래픽(traffic)을 활용하여 수익을 창출하고 있다. 인터넷 이용자가 포탈사이트를 방문하여 정보를 검색하면 종합몰, 전문몰, 오픈마켓, 소셜커머스 등 여러 인터넷쇼핑몰로부터 제공받은 정보를 이용자에게 전달하고, 매출이 발생하면 해당 인터넷쇼핑몰로부터 구입금액의 약 2%를 수수료를 받는 형태의 사업을 전개하고 있다. 즉, 포탈사이트는 정보전달 경로만 제공하며, 실질적인 거래는 정토를 제공한 종합몰, 전문몰, 오픈마켓, 소셜커머스 등에서 이루어진다. 우리나라 제1의 검색포탈사이트인 네이버는 2012년에 오픈마켓인 네이버샵N을 슬립하였는데, 네이버가 네이버샵N에 참여하는 사업자를 우선적으로 검색결과에 올리는 등의 불공정 거래가 이루어질 수 있다는 이유로 경쟁사들과 첨예한 갈등을 빚으면서 결국 2014년 6월에 네이버샵N 사업을 접는 사례가 발생하기도 하였다.

3. 온라인쇼핑몰의 운영

온라인쇼핑몰의 운영에서 중요한 사항으로 거래업체, 수입원, 상품구색 등을 들 수 있다. 온라인쇼핑몰 가운데 상대적으로 높은 시장규모를 보이고 있는 종합몰, 오픈마켓, 소셜커머스 등을 중심으로 운영 형태를 기술하면 다음과 같다.

- 거래업체 : 종합몰, 오픈마켓, 소셜커머스 등의 온라인쇼핑몰 업체가 상품을 공급받는 업체는 제조업체와 벤더업체의 두 가지 유형으로 나누어질 수 있다. 제조업체는 자사의 제품을 온라인쇼핑몰 업체에 공급하고자 할 때 직접 공급할 수도 있고, 벤더업체에 의뢰할 수도 있다. 벤더업체는 수수료를 받는 조건으로 제조업체로부터 납품대행 업무를 의뢰받을 수도 있지만, 제조업체로부터 상품을 매입하여 납품할 수도 있다. 후자의 경우에 벤더업체는 도매상으로서의 역할을 수행한다고 할 수 있다. 이 경우에 벤더업체는 일반적으로 상품을 미리 제조업체로부터 구입하는 것이 아니라 판매가 이루어진 물량에 대해서만 대금을 지불하고, 물류도 자신의 창고에서 배송하는 것이 아니라 제조업체에서 직접 배송하도록 한다. 규모가 작은 제조업체일수록 직접 납품 업무를 진행하기가 어렵기 때문에 벤더업체에 의뢰하는 경향이 크다는 지적이 많지만, 규모와는 별 상관이 없다는 의견도 있다.

- 수입원 : 종합몰, 오픈마켓, 소셜커머스 등의 온라인쇼핑업체들은 대부분 상품을 구입하여 판매함으로써 마진을 수입원으로 하는 것이 아니라, 상품을 공급한 업체로부터 판매금액의 일정부분을 수수료로 수취하는 수익구조를 가지고 있다. 수수료율은 대체로 소셜커머스가 가장 높고, 그 다음이 종합몰이며, 오픈마켓이 가장 낮은 수준이다. 하지만 오픈마켓의 경우에는 사이트에서 좋은 장소를 차지하기 위한 광고비가 별도로 지출되어야 하기 때문에 부담이 훨씬 적다고 하기는 어렵다. 그렇지만 온라인쇼핑 업체들이 부과하는 수수료율은 오프라

인 백화점이나 홈쇼핑회사가 부과하는 수수료율의 1/2~1/3 수준이다.

- 상품구색 : 상품의 구색으로 보면 오픈마켓의 상품수가 가장 많고, 그 다음이 종합몰이며 소셜커머스에서의 상품수가 가장 적다. 이는 오픈마켓은 모든 사업자나 개인에게 시장이 개방되어 있고, 종합몰이나 소셜커머스에서는 MD(상품기획자)가 상품을 선정하여 올리기 때문이다. 또한 상대적으로 백화점에서 운영하는 종합몰에서는 상품의 가격이 고가이고 오픈마켓이나 소셜커머스에서는 상대적으로 상품의 가격이 저가인 경향이 있지만, 종합몰, 오픈마켓, 소셜커머스 등의 3자가 서로 상대방의 장점을 모방하면서 그 차이는 점차 줄어들고 있다. 또한 우리나라의 대표적인 오픈마켓이나 소셜커머스 업체는 거의 예외 없이 이미지의 제고와 매출향상을 위해 백화점과의 전략적 제휴를 맺고 있으며, 패션명품 등 고가의 상품을 취급하고 있다.

4. 카탈로그쇼핑

카탈로그쇼핑은 홈쇼핑회사, 백화점, 우체국 등이 보내온 상품 카탈로그를 받은 고객이 주로 전화로 주문을 하는 형태의 온라인쇼핑을 의미한다. 카탈로그쇼핑은 미국에서 1880년대 후반에 시작되어 약 130년의 역사를 지니고 있으며, 따라서 인터넷쇼핑, TV홈쇼핑 등 여타 온라인쇼핑의 유형과는 비교가 되지 않을 정도로 역사가 깊다. 등장 초기에 이 시장을 연 대표적인 업체로는 몽고메리워드(Montgomery Ward, 1884), 시어즈로벅(Sears Roebuck, 1887), 슈피겔(Spiegel, 1905) 등이 있다. 이 회사들은 주로 도시로 쇼핑을 나오기 어려운 농촌 거주의 소비자들을 대상으로 상품 카탈로그를 발송하고, 우편으로 주문을 받고, 우편으로 상품을 배송하는 사업을 전개하였다. 카탈로그쇼핑이 우리나라에 등장한 것은 1980년대 중반이며, 당시에는 카탈로그쇼핑이 통신판매를 대표하였기 때문에 이를 수행하는 회사들도 '통신판매회사'로 불렸다. 여타 온라인쇼핑 유형과 비교할 때, 카탈로그쇼핑의 장점으로는 고객들이 언제든지 카탈로그를 다시 꺼내서 원하는 상품만을 골라서 볼 수 있고, 인터넷이나 TV화면에 비해 훨씬 더 선명한 이미지를 즐길 수 있다는 점을 들 수 있다. 반면에 단점으로는 제한된 지면에 2차원적인 비주얼만이 제공되기 때문에 다양한 각도에서의 상품의 모습이나 시연과 같은 동적인 모습을 볼 수 없다는 점을 들 수 있다.

우리나라의 카탈로그쇼핑 시장은 도입된 이후 2002년에 이르는 시기까지 카드결제시스템의 도입, 국내 백화점과 카드사들의 사업다각화를 위한 적극적인 사업전개, 외국계 통신판매회사들의 진입, 대기업들의 시장참여, 홈쇼핑회사들의 시장참여 등을 바탕으로 높은 성장세를 보였다. 그러나 카탈로그쇼핑은 시장규모 1조 원을 넘어섰던 2001년과 2002년을 정점으로 급속한 하강세를 보였다 ([그림 6-2] 참조). 이러한 시장 침체에 가장 크게 작용한 요인으로는 TV홈쇼핑 및 인터넷쇼핑의 활성화와 우편요금 및 종이 가격의 상승으로 인한 비용 증가 등이 지적되고 있다. 이 시기에 대형백화점, 외국계 통신판매 회사, 국내 대기업 등이 카탈로그쇼핑 사업을 포기하였고, 홈쇼핑회사들도 카탈로그 사업부를 축소하였다. 그런데 2000년대 후반부터 카탈로그쇼핑이 조금씩 살아나는 조짐을 보이고 있으며, 이러한 움직임은 경쟁력 있는 상품의 확보와 신규고객 창출 등에서 유리한 위치에 있는 홈쇼핑 업체들에 의해 주도되고 있다.

●● [그림 6-2] 국내 연도별 카탈로그쇼핑 매출 규모

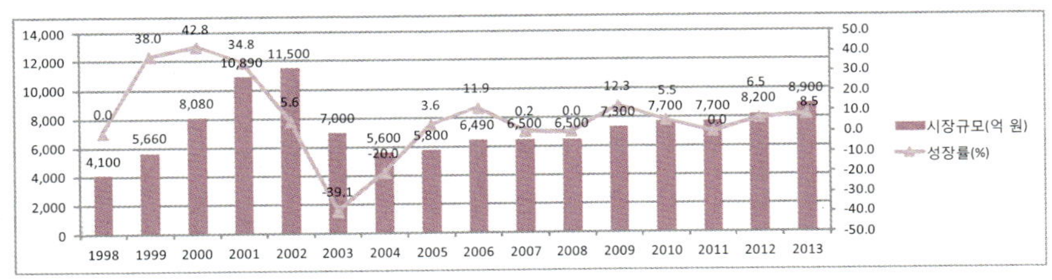

자료 : 한국온라인쇼핑협회 (2008, 2013), 한국경제 (2002년 10월 23일)

●참고문헌

박성진 (2009), 한국의 홈쇼핑, 커뮤니케이션북스, 19-25.

박찬욱 (2014), 고객관계관리, 제1장 'CRM의 개념과 실행 프로세스', 도서출판 청람.

한국온라인쇼핑협회 (2013), 2013 온라인쇼핑 시장에 대한 이해와 전망.

한국정보통신정책연구원 (2012), 2012 Q3 보고서.

한국경제, "카탈로그통판 올 1조4730억 전망," 2002년 10월 23일.

한국온라인쇼핑협회 (2013), 2013 온라인쇼핑 시장에 대한 이해와 전망.

한국온라인쇼핑협회 (2008), 2008 온라인쇼핑 시장에 대한 이해와 전망.

DMC미디어 (2013), 모바일 쇼핑 이용현황 및 전망.

ZDNet Korea, "카탈로그 홈쇼핑 한물 갔다고? '살아있네'," 2013년 5월 23일.

제 7 장 모바일쇼핑

1. 모바일쇼핑의 개념

모바일쇼핑은 스마트폰 등의 모바일기기로 무선인터넷에 접속해 쇼핑을 하는 것을 의미한다. 모바일쇼핑은 모바일커머스(mobile commerce : 이하 M커머스)의 한 영역으로 새로운 쇼핑 유형을 제시하면서 M커머스 시장의 성장을 견인하고 있다. M커머스는 '모바일기기를 이용한 상업적 거래'를 지칭하는 용어이다. 즉, M커머스는 오픈마켓나 소셜커머스 등과 같은 특정 비즈니스 모델을 지칭하는 것이 아니라, 단지 고객과 사업자 간의 거래를 위한 커뮤니케이션 수단이 스마트폰이나 테블릿PC와 같은 모바일기기라는 것을 의미한다. 따라서 신세계몰과 같은 종합몰, G마켓과 같은 오픈마켓, 티몬과 같은 소셜커머스 등의 많은 인터넷쇼핑몰이 유선인터넷은 물론, 모바일인터넷도 활용하고 있기 때문에 모두 M커머스를 실행하고 있는 셈이 된다. M커머스에는 모바일쇼핑 이외에도 모바일금융거래, 모바일광고 등도 포함되며, 따라서 M커머스는 모바일쇼핑보다 광의의 개념이다.

2010년대에 들면서 모바일쇼핑에 대한 관심이 고조되고 있는 이유는 그 규모가 놀라운 속도로 커지고 있기 때문이다. 그 증가 속도가 너무 빨라서 유통업계를 뒤흔들 수 있을 정도의 '패러다임의 전환 (paradigm shift)'이 이루어지고 있다는 견해가 많다. 모바일쇼핑 확산의 기초가 되는 스마트폰 가입자 수의 추이는 [표 7-1]과 같다. 2009년에는 스마트폰 가입자 수가 100만 명에도 미치지 못하였지만, 불과 4년이 경과한 2013년에는 4천만 명을 넘어섰다. 즉, 전체 인구 (약 5,100만)의 약 80%가 스마트폰을 보유하고 있는 셈이다. 이러한 증가속도는 1980년대의 PC

보급속도보다 10배가 빠르고, 1990년대의 인터넷 보급속도보다 2배가 빠르다. 연령별로 보면 스마트폰 주사용계층인 20~30대의 전체 사용자에서 차지하는 비중이 2011년 61.6%에서 2012년에는 42.6%로 감소한 반면, 40~50대의 비중은 2011년 25.5%에서 2012년에는 32.8%로 상승하였다. 즉, 스마트폰의 확산이 도입초기에는 주로 청년층을 기반으로 이루어졌다면, 성숙기에 들어서는 주로 중장년층을 중심으로 이루어지고 있다.

●● [표 7-1] 국내 스마트폰 가입자 추이   (단위 : 명)

2009년	2010년	2011년	2012년	2013년
88만	722만	2,714만	3,630만	4,055만

자료 : 미래창조과학부 (2014), 통계정보)무선통신가입자통계 www.msp.go.kr.
　　　 이주영 (2013), "국내 온라인 쇼핑 시장 현황 및 전망." 방송통신정책, 25 (13), 통권 558호, 96–108.

　모바일쇼핑의 특성은 참여기업, 상품, 가격, 구매과정 등의 측면에서 [표 7-2]과 같이 정리될 수 있다. 먼저 소셜커머스나 오픈마켓은 물론, 백화점, 대형마트, SSM, 홈쇼핑 업체 등의 다양한 유형의 유통업체들이 모바일쇼핑 시장에 참여하면서 채널별로 구분되어 있던 시장의 경계가 점차 사라지고 있다. 취급상품도 모바일쇼핑 초기에는 기저귀, 분유, 티켓, 쿠폰 등의 저관여 규격제품에 한정되는 경향이 있었지만 시간이 지나면서 온라인 및 오프라인 유통업체에서 취급하고 있는 전 품목으로 확대되었다. 2014년 1/4분기 모바일쇼핑 (2조8,930억 원)의 상품군별 비중에 대한 통계청 자료에 따르면, 여행 및 예약서비스(19.1%)와 의류 및 패션 (19.1%)이 가장 높은 비중을 차지했고, 그 뒤를 생활 및 자동차용품 (10.7%), 가전·전자·통신기기 (9.6%), 음식료품 (8.5%) 등이 잇고 있다. 참여기업들은 특히 모바일쇼핑의 가장 큰 장점이라고 할 수 있는 가격 경쟁력을 갖추기 위해 많은 노력을 기울이고 있다. 또한 소비자들은 스마트폰만 가지고 상품정보의 수령, 상품정보의 탐색, 대안평가, 결제 등의 모든 구매의사과정을 수행할 수 있으며, 기업들은 이러한 특성을 고려하여 보다 간편하고 편리한 모바일 구매환경을 조성하기 위해 노력하고 있다. 조사결과에 따르면 소비자들이 모바일쇼핑을 선호하는 가장 중요한 이유는 '시간/장소 제약

없음', '간편한 결제방식', '쇼핑시간 단축' 등이기 때문에 거래의 편의성, 간편성 등을 제고시키려는 노력은 매우 중요한 의미를 지닌다.

●● [표 7-2] 모바일쇼핑의 특성

구분	핵심내용	설명
참여기업	시장의 경계가 없는 치열한 경쟁	• 모바일쇼핑의 활성화에 따라 백화점, 대형마트, TV홈쇼핑, 인터넷쇼핑 등 채널별로 분리되어있던 시장의 경계가 사라지면서 오픈마켓, 소셜커머스, 백화점, 홈쇼핑회사, 대형마트, 인터넷포털, 모바일 플렛폼 사업자, 신생벤처 등 다양한 유형의 업체들이 참여하여 치열한 경쟁을 벌이고 있다.
상품	다양한 상품	• 쿠폰, 티켓, 상품권 등을 중심으로 형성되었던 모바일쇼핑은 현재는 의류, 패션잡화, 가전제품, 화장품, 식품, 가구 등 가격, 품목 등과 거의 무관하게 전 부문에 확산되고 있다.
가격	저렴한 가격	• 소비자들이 오픈마켓이나 소셜커머스 등의 모바일쇼핑몰을 활용하는 가장 중요한 이유는 상품의 가격이 저렴하기 때문이다. 사업자들은 이 점에 주목하여 가격 경쟁력을 확보할 수 있는 방안을 마련하기 위해 노력한다.
구매과정	간소하고 편리한 구매과정	• 모바일쇼핑은 소비자가 인지 – 정보탐색 – 대안평가 – 구매 등의 구매의사결정을 하나의 매체에서 통합적으로 수행할 수 있는 유일한 쇼핑형태이다. 기업은 이 과정을 고객경험의 관점에서 간소화하고 편리하게 구성함으로써 고객 구매의사결정의 모든 단계에 대한 통합적 관리가 가능해진다.

자료: 이보경, 허정욱, 김태진(2013), 모바일커머스 시대, 상거래의 모습은 어떻게 바뀌나.
　　　KT경제경영연구소, Issue&Trend, 1–14.
　　 : DMC미디어(2013), 모바일쇼핑 이용현황 및 향후 시장전망, DMC Report.

2. 모바일쇼핑 시장의 개요

국내의 모바일쇼핑 시장규모는 2010년에는 3,000억에 불과하였으나, 2011년 6,000억 원, 2012년 1조7,000억 원, 그리고 2013년에는 무려 6조5,570억 원으로 급증하였다. 2014년에는 10조 원을 넘어서면서 TV홈쇼핑의 규모를 추월할 것으로 예상되고 있다. 이러한 성장세로 인해 모바일쇼핑이 전체 인터넷쇼핑 시장에서 차지하는 비중도 2010년에는 1.1%의 미미한 수준이었으나 3년이 지난 2013년에는 15배가 넘는 17.0%에 이르렀다 ([그림 7-1] 참조).

그러나 이러한 모바일쇼핑의 성장이 전체 소매시장의 규모 확대로 이어지고 있는 것은 아니다. 즉, 소비자들의 지출규모에는 큰 변화가 없는 상태에서 오프라인쇼핑이나 PC기반의 인터넷쇼핑에서 모바일쇼핑으로 전환하는 소비자들이 급증하면서 모바일쇼핑의 규모가 커지고 있는 것이다. 특히 PC기반 인터넷쇼핑에서 모바일쇼핑으로의 전환 현상이 두드러지게 나타나고 있다). [그림 7-1]에서와 같이 2013년의 모바일쇼핑 규모는 전년 대비 무려 약 4조8,570억 원이 증가한 탄면, PC기반 온라인쇼핑은 오히려 35조5,050억 원에서 31조9,410억 원으로 3조5,640억 원이 감소하였다. 이러한 현상은 모바일쇼핑 및 PC기반 온라인쇼핑 이용자수의 추이에서도 나타나고 있다. 대항상공회의소의 조사자료에 따르면 모바일쇼핑 이용자수는 2012년 상반기 약 651만 명, 2012년 하반기 약 1,076만 명, 2013년 상반기 1,554만 명으로 급증한 반면, PC기반 인터넷쇼핑 이용자 수는 각각 2,989만 명, 2,955만 명, 2,941만 명으로 오히려 줄어드는 추세를 보이고 있다. 2013년 현재 모바일쇼핑 이용자의 수는 PC기반 인터넷쇼핑 이용자 수의 절반을 약간 상회하는 수준이지만 (1,554만 vs 2,941만) 3~4년 내에 모바일쇼핑 이용자의 수가 PC기반 인터넷쇼핑 이용자 수를 추월할 것으로 예상되고 있다. 이러한 전환이 매우 빨리 그리고 대규모로 진행되고 있기 때문에 기업들은 이러한 추세에 적응하기 위해 혼신의 노력을 기울이고 있다.

●● [그림 7-1] 국내 모바일쇼핑 시장규모 추이

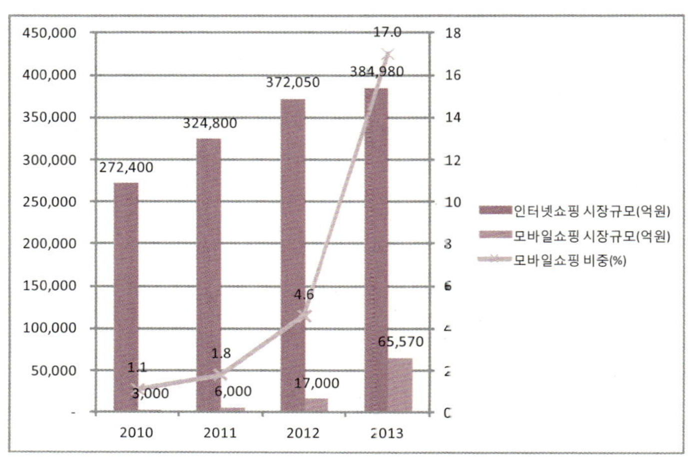

자료 : (2010~2012년) 한국온라인쇼핑협회 (2013), 2013 온라인쇼핑 시장에 대한 이해와 전망, 79, 82.
(2013년) 통계청 (2014), 2014년 1/4분기 온라인쇼핑 동향, 보도자료, 2014년 5월 27일.

3. 모바일쇼핑과 소매업태

3.1 소셜커머스 및 오픈마켓

모바일쇼핑 시장은 대형 유통업체가 아닌 온라인 기반의 유통업체인 오픈마켓과 소셜커머스를 주축으로 성장하여 왔으며, 모바일쇼핑이 시대적 대세로 자리매김하면서 대형 유통업체들이 운영하는 대형마트, 백화점, TV홈쇼핑 등도 이 시장에 진출하여 치열하게 경쟁하고 있다. 전체 모바일쇼핑 시장에서 여러 유형의 소매업태가 차지하는 비중을 살펴보면 2013년을 기준으로 오픈마켓이 약 40%, 소셜커머스가 약 34%를 차지하고 있으며, 그 다음으로 홈쇼핑 13%, 백화점과 대형마트가 각각 2% 정도를 차지하고 있다. 즉, 모바일쇼핑은 오픈마켓과 소셜커머스에 의해 견인되고 있다고 할 수 있다. 또한 소셜커머스의 모바일쇼핑 성장 잠재력이 오픈마켓의 모바일쇼핑 성장 잠재력보다 더 큰 것으로 평가되고 있다. 2013년 현재 티몬, 위메프, 쿠팡 등의 소셜커머스 업체들의 전체매출에서 모바일쇼핑이 차지하는 비중은 60~70%에 이르고 있는 반면, G마켓, 11번가, 옥션 등의 오픈마켓 업체들의 모바일쇼핑 비중은 15~30%에 불과하다. 이는 소비자들이 소셜커머스를 모바일쇼핑을 주력 사업으로 하고 있는 소매업태로 인식하고 있음을 의미하며, 따라서 앞으로도 모바일시장의 성장은 소셜커머스가 이끌어갈 것으로 예상된다. 2013년을 기준으로 소셜커머스의 시장규모 (약 3조 원)는 오픈마켓 시장규모 (약 16.6억 원)의 5분의 1에도 미치지 못하고 있지만, 이러한 격차는 PC기반 인터넷쇼핑이 모바일쇼핑으로 급속히 전환되면서 빠른 속도로 줄어들 것으로 예상되고 있다.

소셜커머스가 모바일쇼핑의 선두주자로 자리매김을 할 수 있었던 것은 소셜커머스가 큐레이션커머스(curation commerce) 방식을 채택하고 있기 때문이다. 큐레이션커머스는 'MD(상품기획자)가 소비자가 관심을 가질만한 소수의 제품을 선별하여 특정기간 동안 저렴한 가격에 추천하는 판매방식'을 의미하며, 이러한 판매방식은 제한된 모바일 화면 크기에 최적이라는 평가를 받고 있다. 소셜커머스의 모바일쇼핑 규모가 놀라운 속도로 증가하는데 자극을 받아 오픈마켓 업체들도 기존의 C2C의 모델과 함께 B2C 방식인 큐레이션커머스를 병행하고 있다.

3.2 대형 오프라인 유통업체

대형마트, 백화점, SSM 등의 대형 오프라인 유통업체의 모바일쇼핑 규모도 급증하고 있다. 이들 소매업태는 2010년대에 들어 정부규제, 장기불황, 해외직구 등으로 인해 성장이 정체 현상을 보이면서 이를 극복하기 위한 수단으로 모바일쇼핑 사업을 강력하게 추진하고 있다. 그 결과 이들 대형 유통업체들의 온라인 매출에서 모바일쇼핑이 차지하는 비중이 2012년에는 5%에도 미치지 못하였지만, 2014년 상반기에는 20~40%로 확대되었다. 홈쇼핑 업체의 모바일쇼핑 규모도 급속하게 증가하고 있다. 홈쇼핑 업체들이 모바일쇼핑 사업을 시작한 2010년에는 전체 매출에서 차지하는 비중이 1%에도 미치지 못하였지만, 2013년에는 10% 내외를 기록하였으며, 2014년 상반기에는 16~20%에 이르고 있다. 이러한 변화에 따라 홈쇼핑의 3대 유통채널이 TV, 인터넷, 카탈르그에서 카탈로그가 모바일로 대체되면서 TV, 인터넷, 모바일로 바뀌었다. 홈쇼핑에서도 오픈마켓과 마찬가지로 소셜커머스가 모바일쇼핑의 강자가 된 비결이라고 할 수 있는 큐레이션 기능을 강화하고 있다. 상품으로는 20~30대 여성이 선호하는 이미용품, 잡화, 의류, 가공식품, 생활용품 등의 매출 비중이 높다.

● 참고문헌

미래창조과학부 (2014), 통계정보>무선통신가입자통계, www.msip.go.kr.

이보경, 허정욱, 김태진 (2013), 모바일커머스 시대, 상거래의 모습은 어떻게 바뀌나, KT경제경영연구소 Issue&Trend.

이주영 (2013), "국내 온라인 쇼핑 시장 현황 및 전망," 방송통신정책, 25 (13), 통권 558호, 96-108.

통계청 (2014), 2014년 1/4분기 온라인쇼핑 동향, 보도자료, 2014년 5월 27일.

한국온라인쇼핑협회 (2013), 2013 온라인쇼핑 시장에 대한 이해와 전망.

DMC미디어 (2013), 모바일 쇼핑 이용현황 및 전망, DMC Report.

경향신문, "소셜커머스, 모바일 시장서 '대약진'," 2013년 12월 11일.

데이터뉴스, "1분기 모바일쇼핑 거래액 2조 9,000억원… 1년 새 156% 증가," 2014년 5월 28일.

조선비즈, "[모바일쇼핑]① 마우스족 주춤한 사이 엄지족이 뜬다…3년간 16배 성장," 2014년 5월 27일.

조선비즈, "[모바일쇼핑]② 모바일쇼핑 강자 소셜커머스·오픈마켓…'작은고 추가 맵다'," 2014년 5월 28일.

조선비즈, "[모바일쇼핑]③ 마트·백화점도 모바일 쇼핑에 피 마르는 전투," 2014년 5월 29일.

조선비즈, "[모바일쇼핑]④ 홈쇼핑 중심축이 바뀐다…취급고 16~20%가 모바일," 2014년 5월 30일.

ATLAS 데일리, "국내 온라인쇼핑, 키워드는 모바일-신선식품-1인가구…모바일커머스 약진 두드러져," 2013년 12월 26일.

제 8 장 TV홈쇼핑

1. TV홈쇼핑 개요

TV홈쇼핑은 '구매자가 TV홈쇼핑 채널을 시청하면서 전화를 이용하여 관심 있는 상품을 주문하고 결제하는 방식의 소매업태'로 정의될 수 있다. 우리나라의 홈쇼핑은 1995년 한국홈쇼핑(현 GS Shop)과 삼구쇼핑(현 CJ오쇼핑)의 2개사로 시작되었으며, 현재는 2001년에 신규 승인을 받은 NS홈쇼핑(농수산홈쇼핑), 롯데홈쇼핑(구 우리홈쇼핑), 현대홈쇼핑 등의 3사와 2011년에 중소기업 전용채널로 추가 승인을 받은 홈앤쇼핑을 포함하여 모두 6개사가 사업을 전개하고 있다 ([표 8-1] 참조). 홈쇼핑 업체는 TV 이외에도 인터넷, 카탈로그, 모바일 등의 매체를 활용하고 있다.

●• [표 8-1] 우리나라의 홈쇼핑 업체

법인명	㈜지에스홈쇼핑	㈜씨제이오쇼핑	㈜현대홈쇼핑	㈜우리홈쇼핑	㈜엔에스쇼핑	㈜홈앤쇼핑
로고	GS SHOP	CJ 오쇼핑	현대홈쇼핑	LOTTE 롯데홈쇼핑	NS NS홈쇼핑	HOME & SHOPPING
개국연도	1995. 08	1995. 08	2001. 11	2001. 10	2001. 09	2012. 01
인터넷몰	gsshop.com	cjmall.com	hmall.com	lotteimall.com	nseshop.com	hnsmall.com

자료 : 한국TV홈쇼핑협회 홈페이지, 홈쇼핑산업〉홈쇼핑 역사, www.kota.re.kr.

TV홈쇼핑의 진행과정은 [그림 8-1]과 같이 나타낼 수 있다. 진행 과정의 중심에는 프로그램공급자 (Program Provider : PP)인 홈쇼핑 업체가 위치한다. 홈쇼핑 업체는 상품을 판매하고자 하는 제조업체나 제조업체의 업무를 대행하는 벤더업체와 함께 상품기획, 방송프로그램 제작 등의 업무를 수행한 후에 방송플랫폼사업자 (종합유선방송국, 위성TV 업체, IPTV 업체)에게 제작된 프로그램의 송출을 의뢰한다. 송출된 프로그램을 시청한 소비자가 전화를 이용하여 상품을 주문하고 대금을 결제하면 홈쇼핑 업체는 택배회사를 통해 상품을 배송한다. 판매 대상의 상품은 일단 제조업체로부터 TV홈쇼핑 업체의 물류센터에 입고된 후 주문 고객에게 배송되는 것이 원칙이다. 이는 제조업체가 직접 소비자에게 배송을 하면 효율성의 관점에서는 보다 유리하지만 홈쇼핑 업체의 입장에서는 배송 상품의 품질이 방송 상품의 품질과 동일한지를 확인할 수가 없기 때문이다. 그렇지만 장기 보관이 어려운 신선식품이나 부피가 큰 가전제품 등은 제조업체에서 직접 배송되기도 한다. 제조업체는 방송편성 서비스를 제공하는 홈쇼핑 업체에게 판매수수료를 지불하고, 홈쇼핑 업체는 송출 서비스를 제공하는 방송플랫폼사업자에게 송출수수료를 지불한다. 판매수수료와 송출수수료에 대해서는 뒤에서 상술한다.

제조업체는 일반적으로 상품기획, 방송프로그램 제작 등의 업무를 스스로 수행하기 보다는 벤더업체와의 협업을 통해 진행한다. 벤더업체의 역할은 관여의 정도에 따라 크게 보조적 역할과 주도적 역할의 두 가지로 구분될 수 있다.

- 보완적 역할 : 보완적 역할은 제조업체가 홈쇼핑 업체와 직거래하는 형태를 취하지만 벤더업체가 홈쇼핑 업체와의 모든 커뮤니케이션을 대행하는 것이다. 제조업체가 직접 홈쇼핑 업체와 커뮤니케이션을 하지 않고 벤더업체에 의뢰하는 이유는 홈쇼핑 방송을 위해 준비해야 하는 업무가 매우 복잡하기 때문에 제조업체가 스스로 진행하기 위해서는 전담직원을 두어야 하는데, 전담직원을 별도로 두는 것보다는 전문성을 지닌 벤더업체를 이용하는 것이 비용적으로나 성공적인 방송 진행을 위해서 더 유리하기 때문이다. 또한 홈쇼핑 업체 MD(상품기획자)의 입장에서도 전문성을 지닌 벤더업체와 업무를 수행하는 것이 훨씬 더 수월하기 때문에 제조업체에게 벤더업체를 지정해줄

것을 적극적으로 요청하기도 한다. 벤더업체는 서비스를 제공하는 대가로 매출액의 3~5%를 운영수수료로 지급받는다.

● 주도적 역할 : 주도적 역할은 벤더업처가 도매업체로서의 역할을 수행하는 것이다. 즉, 벤더업체가 주도조으로 홈쇼핑 상품을 개발하고 제조업체로부터 상품을 구입하여 홈쇼핑 판매를 스스로 수행하는 것이다. 그런데 벤더업체는 전형적인 도매업체와는 달리 제조업체에 대한 상품대금 지불은 판매된 상품에 다해서만 이루어지는 것이 일반적이다. 경우에 따라서는 벤더업체가 제조업체의 상품을 판매하는 것이 아니라 자체적으로 브랜드를 개발하고 제조업체로부터 OEM 방식으로 상품을 공급받아 판매하기도 한다.

[그림 8-1] TV홈쇼핑의 진행 과정

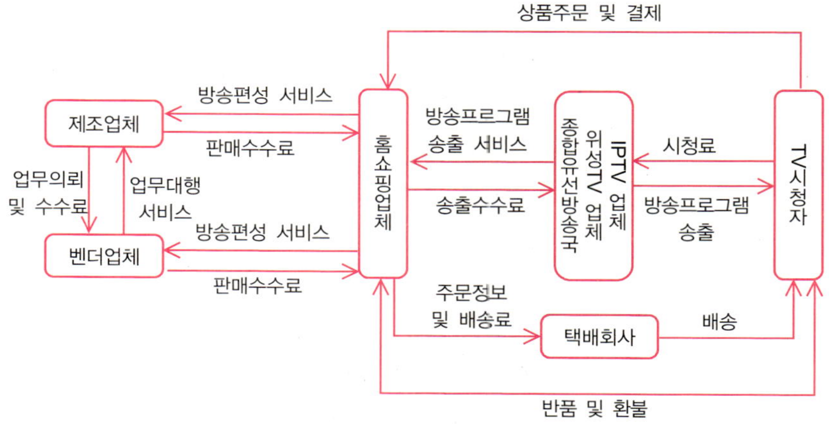

2. 송출 매체 현황

TV홈쇼핑 방송프로그램은 주로 케이블TV를 이용하여 송출되고 있지만 위성TV, IPTV 등을 통해서도 송출되고 있다. 따라서 이러한 매체들이 어느 정도 보급이 되어 있는가는 TV홈쇼핑의 매출과 직결되어 있다.

2.1 케이블TV

케이블TV의 시청가구수의 연도별 추이는 [그림 8-2]와 같다. 1995년에 개막된 케이블 TV의 시청가구수는 2003년까지 초고속으로 성장하다가 2004~2005년의 조정기를 거쳐 2006년부터 정체기를 맞았으며, 2009년에 1,505만으로 정점을 기록한 이후에는 감소 추세를 보이면서 2013년 현재 1,485만 가구를 기록하고 있다. 유형별로 보면 아날로그 TV의 비중이 2006년 까지 거의 100%에 가까웠으나 지속적으로 디지털 TV로 대체되면서 2013년에는 그 비중이 58.5%로 축소되었으며, 앞으로도 이러한 추세는 계속될 것으로 예상되고 있다.

●●● [그림 8-2] 연도별 케이블TV 시청가구수 추이

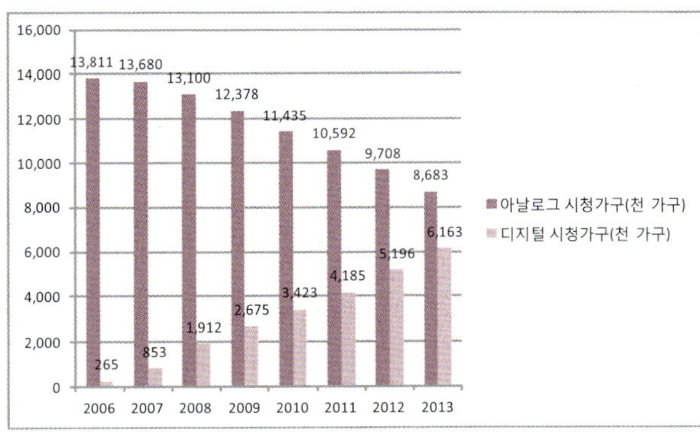

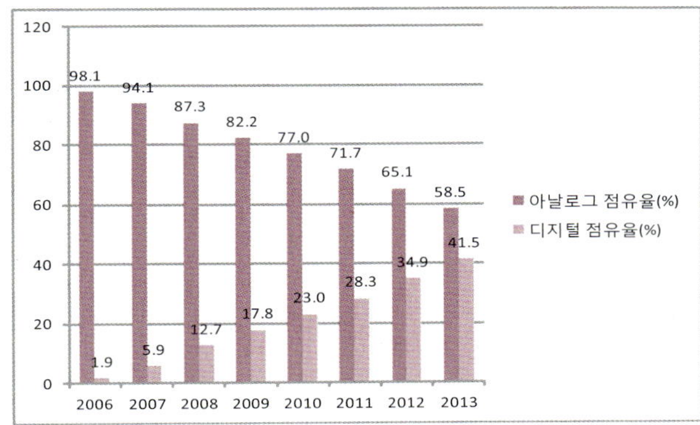

자료 : 한국케이블TV방송협회 홈페이지 자료실, www.kcta.or.kr.

케이블TV의 송출은 각 지역의 종합유선방송국(System Operator : SO)에 의해 이루어지는데, SO는 PP로부터 공급받은 프로그램을 각 지역에서 독점적으로 송출하는 사업을 전개하고 있다. 2013년을 기준으로 우리나라에는 모두 92개의 SO가 있는데, 한 기업이 많은 수의 SO를 확보하면서 MSO (Multiple SO)화 되어가고 있다. MSO 가운데 태광그룹의 계열사인 티브로드(t-broad)가 가장 많은 23개의 SO를 확보하고 있으며, 그 다음으로 CJ헬로비전이 22개사를 확보하고 있다 ([표 8-2] 참조). 시청가구수로 보면 2013년 말을 기준으로 CJ헬로비전이 약 404만으로 가장 많고, 티브로드가 약 334만, 씨앤앰이 약 246만을 확보하고 있다.

●● [표 8-2] MSO별 시청가구수 현황 (2013년 12월 31일 기준)

구분	SO수	시청가구수 (단위 : 천 가구)		
		소계	디지털방송	아날로그방송
티브로드	23개사	3,336 (22.5%)	1,273	2,063
CJ헬로비전	22개사	4,037 (27.2%)	2,017	2,020
씨앤앰	17개사	2,459 (16.6%)	1,537	922
CMB	10개사	1,518 (10.2%)	119	1,399
현대HCN	9개사	1,400 (9.4%)	612	788
개별SO	11개사	2,096 (14.1%)	604	1,492
합계	92개사	14,846 (100%)	6,162	8,684

자료 : 한국케이블TV방송협회 홈페이지 자료실, www.kcta.or.kr.

2.2 위성TV 및 IPTV

우리나라에서 다채널 디지털 위성방송은 2002년에 시작되었으며, (주)한국디지털 위성방송이 스카이라이프(Sky Life)라는 브랜드로 서비스를 제공하고 있다. 위성방송은 3만5,699km 상공에 위치한 무궁화 3호 위성을 통해 전파를 송출하기 때문에 케이블TV처럼 일일이 망을 설치해야 할 필요가 없다. IPTV (Internet Protocol TV)는 초고속 인터넷망을 이용하여 실시간 방송과 주문형 비디오를 동시에 제공하는 서비스를 의미한다. IPTV는 다양한 방송 콘텐츠를 제공한다는 점에서는 케이블TV나 위성TV

와 차이가 없지만, 시청자가 자신이 편리한 시간에 자신이 보고 싶은 프로그램을 선택하여 볼 수 있다는 특징을 지니고 있다. 따라서 IPTV에서는 방송의 주도권을 방송사가 아니라 시청자가 갖게 된다. 이 서비스는 2006년에 시작되었으며 SK의 'BTV', KT의 '올레TV', LG의 'U⁺tv G' 등의 3개 서비스가 있다. 위성TV 및 IPTV 시청가구수의 추이는 [표 8-3]과 같다. 케이블TV 시청가구수가 2006년 이후에 정체 혹은 감소 추세에 접어든데 반하여 위성TV와 IPTV의 시청가구수는 지속적으로 빠르게 성장하고 있다. 2007~2013년의 기간 동안 위성TV 시청가구수는 연평균 약 13%, IPTV 시청가구수는 연평균 약 40%의 성장률을 기록하였다.

[표 8-3] 연도별 위성TV 및 IPTV 시청가구수 동향 (단위 : 천 가구)

		2007	2008	2009	2010	2011	2012	2013
위성TV	가구수	2,150	2,354	2,457	2,830	3,260	3,790	4,420
	성장률	——	9.5%	4.3%	15.2%	15.2%	16.3%	16.6%
IPTV	가구수	1,131	1,590	1,740	3,650	4,890	6,550	8,500
	성장률	——	40.6%	9.4%	109.8%	40.0%	33.9%	29.8%

자료 : 한국온라인쇼핑협회 (2013). 53-54.
머니투데이, "성장세 멈춘 '케이블'…날개단 'IPTV'." 2013년 12월 22일.
박승진 (2009). 한국의 홈쇼핑. 커뮤니케이션북스. 284.

3. 인포머셜과 T커머스

TV홈쇼핑은 6개의 홈쇼핑 업체에 의해서뿐만 아니라 유사홈쇼핑이라고 불리는 인포모셜 업체에 의해서도 이루어지고 있으며, 최근 들어서는 T커머스의 형태로도 진행되고 있다.

3.1 인포머셜

인포모셜(informercial)은 인포메이션(information)과 커머셜(commercial)의 합성어이다. 홈쇼핑 사업을 전개하기를 원하지만 홈쇼핑 채널 사업권을 따내지 못한 업체들이 케이블TV SO로부터 시간대를 일정한 비용을 지급하여 확보한 후, 스스로 제작한 상품광고를 확보한 시간대에 방영하여 판매하기도 하는데, 이러한 방식으로 업무를 수행하는 업체들을 인포모셜 업체 혹은 유사홈쇼핑 업체라고 부른다. 즉, 인포모셜 업체와 홈쇼핑 업체는 주로 케이블TV를 활용하고 있다는 점에서는 유사하지만, 홈쇼핑 업체가 고정 채널을 확보하고 있는 데 반하여 인포모셜 업체는 홈쇼핑 채널 이외의 다양한 채널을 활용하고 있다는 차이가 있다. 현재 우리나라에는 100여 개의 군소업체들 (인포벨, 코리아홈쇼핑, 씨엔텔, 하이센스 등)이 활동하고 있는 것으로 추정되고 있다. SO는 어떠한 채널에서이든 1시간에 8분을 광고에 할애할 수 있으며 이 시간을 인포머셜 업체에 판매하고 있다. 인포모셜은 다양한 길이로 제작될 수 있으며, 인접한 두 시간을 붙여 최장 16분짜리로 제작될 수 있다.

인포머셜 업체는 주로 중소 제조업체의 상품들 가운데 상품성이 있다고 판단되는 제품을 선택하여 광고를 제작하고, 스스로 확보한 케이블TV의 시간대에 광고 프로그램을 방송한다. 판매가 이루어지면 제조업체로부터 판매실적의 일정 비율을 수수료로 지급받는다. 인포모셜 업체는 일반적인 홈쇼핑 업체에 비해 상품개발, 상품생산, 상품판매 등에 훨씬 더 깊게 관여한다. 즉, 상품의 개발에 직접 관여하기도 하고 생산비용을 투자하기도 하며, 더 나아가 자신이 있는 상품에 대해서는 재고부담을 지기도 한다. 또한 인포모셜 업체는 주문 전화를 처리하기 위해 콜센터를 직접 운영하기도 하고 아웃소싱을 주기도 한다. 따라서 인포모셜 업체는 좋은 상품을 만들어낼 수는 있지만 판로가 없는 중소 제조업체에게 좋은 파트너가 될 수도 있다.

3.2 T커머스

T커머스(Television Commerce)는 기존의 TV홈쇼핑이 진화한 형태로 시청자가 일방적으로 제공되는 홈쇼핑 방송을 수동적으로 보면서 전화로 주문하는 것에서 벗어나서 능동적으로 상품정보를 검색하고 전화가 아닌

리모콘을 이용하여 주문도 하고 결제도 하는 서비스를 의미한다. 즉, 기존의 TV홈쇼핑이 한 가지 상품에 대한 정보를 주고 판매하는 '단방향 서비스'인 반면, T커머스는 소비자가 관심 있는 상품의 정보를 선택하여 보면서 쇼핑할 수 있는 '쌍방향 서비스'라는 점에서 차이가 있다.

T커머스 사업자에 대한 승인은 2005년부터 이뤄졌지만 본격적인 사업은 IPTV 시청가구수가 500만 명을 넘어선 2012년부터 이루어지기 시작하였으며, 2013년 현재 T커머스를 이용할 수 있는 시청가구수는 디지털케이블TV 620만, 위성TV 440만, IPTV 850만 등 총 1,910만에 이르고 있다. 이처럼 T커머스는 성장 잠재력이 크기 때문에 많은 사업체들이 이 사업에 진출하고 있다. 현재 미래창조과학부로부터 승인을 받은 업체는 홈쇼핑 5개 업체 (CJ오쇼핑, GS Shop, 현대홈쇼핑, 롯데홈쇼핑, NS홈쇼핑)와 KTH, TV벼룩시장, SK브로드밴드, 화성산업, 아이디지털홈쇼핑 등 10개 업체에 이르고 있다.

T커머스에는 영상연동형과 독립채널형으로 나누어진다. 영상연동형은 소비자가 시청중인 드라마, 영화, 다큐멘터리 등에 등장한 상품에 대한 정보를 즉석에서 검색하여 구매하는 유형이며, 독립채널형은 기존의 홈쇼핑 채널과 마찬가지로 특정 채널에서 다양한 상품들에 대한 방송프로그램을 송출하는 유형이다. 영상연동형은 기대와는 달리 그다지 인기를 끌지 못하고 있으며, 독립채널형이 빠른 속도로 성장하고 있다. 가장 대표적인 독립채널형 T커머스는 KT의 계열사인 KTH가 운영하는 스카이T쇼핑으로 위성TV인 스카이라이프 20번 채널과 IPTV인 올레TV 17번 채널에서 24시간 송출되고 있다. 이 같은 채널형 T커머스는 국내 최초의 독립 채널번호를 이용하는 데이터 쇼핑으로, 송출되고 있는 상품은 물론 송출되지 않은 상품도 주문이 가능하다는 특징은 있지만 무늬만 T커머스일 뿐 기존의 홈쇼핑과 차이가 없다는 비판도 받고 있다.

4. TV홈쇼핑

4.1 시장규모

우리나라 TV홈쇼핑 시장은 1995~2002년의 고도성장기, 2003~2008년의 성장정체기를 거쳐 2009년부터는 제2차 성장기를 맞고 있다. [표 8-4]는 2007~2013년 기간 동안의 매체별 시장규모 추이를 보여주고 있다. 이 기간 동안 TV홈쇼핑 시장은 연평균 14% 이상의 꾸준한 성장세를 보이면서 2013년 현재 8조7,300억 원에 이르는 시장을 형성하고 있다. 대형마트, 백화점, 슈퍼마켓 등의 여타 대표적인 소매업태들이 같은 기간 동안에 마이너스 혹은 5% 미만의 성장률을 보였던 것을 감안하면 TV홈쇼핑의 높은 성장률은 괄목할만한 현상이라고 할 수 있다. 송출 매체별로 살펴보면 케이블TV와 인포머셜의 점유율이 감소 추세를 보이고 있는 반면, 위성TV와 IPTV의 점유율은 크게 증가하였다. 케이블TV의 점유율은 2009년의 90.4%를 정점으로 점차 하락하면서 2013년에는 76.6%를 기록하였으며, 인포머셜의 점유율은 2007년에 11.8%이었으나 2013년에는 1.5%로 급격하게 축소되었다. 인포머셜의 지속적인 매출 감소 이유로는 신상품개발의 부진, 광고시간의 축소, 인터넷쇼핑의 활성화에 따른 가격 경쟁력의 저하 등이 지적될 수 있다. 반면 위성TV의 점우율은 2007년의 4.4%에서 2013년에는 8.2%로 증가하였으며, IPTV의 점유율은 2009년에는 0.2%에 불과하였지만 놀라운 성장을 거듭하면서 2013년에는 위성TV를 앞서며 12.1%를 기록하였다. T커머스는 2009년에 등장한 이래 꾸준히 점유율을 늘려가고 있다.

•• [표 8-4] TV홈쇼핑의 매체별 시장규모 추이　　　　　　　(단위 : 원)

구분		2007	2008	2009	2010	2011	2012	2013
케이블TV (점유율)		3조2,700억 (83.8%)	3조5,100억 (88.0%)	4조2,500억 (90.4%)	4조9,400억 (87.0%)	5조4,300억 (83.2%)	6조3,400억 (80.1%)	6조7,000억 (76.7%)
위성TV (점유율)		1,700억 (4.4%)	1,800억 (4.5%)	2,300억 (4.9%)	3,000억 (5.3%)	4,500억 (6.9%)	6,000억 (7.6%)	7,200억 (8.2%)
IPTV (점유율)		——	——	100억 (0.2%)	2,400억 (4.2%)	4,300억 (6.6%)	7,500억 (9.5%)	1조600억 (12.1%)
T커머스 (점유율)		——	——	100억 (0.2%)	600억 (1.1%)	800억 (1.2%)	900억 (1.1%)	1,200억 (1.4%)
인포머셜 (점유율)		4,600억 (11.8%)	3,000억 (7.5%)	2,000억 (4.3%)	1,400억 (2.5%)	1,400억 (2.1%)	1,400억 (1.8%)	1,300억 (1.5%)
합계	매출	3조9,000억	3조9,900억	4조7,000억	5조6,800억	6조5,300억	7조9,200억	8조7,300억
	성장률	——	2.3%	17.8%	20.9%	15.0%	21.3%	10.2%

자료 : 한국온라인쇼핑협회 (2013), 2013 온라인쇼핑 시장에 대한 이해와 전망. 41.
　　　한국온라인쇼핑협회 (2010), 2010 온라인쇼핑 시장에 대한 이해와 전망. 45.

4.2 홈쇼핑 업체 매출액

[표 8-5]는 6개 홈쇼핑 업체의 판매수수료 기준의 매출액 추이를 보여 주고 있다. 6개 업체의 점유율을 살펴보면 GS홈쇼핑이 2011년까지 마켓리더였으나 2012년에는 CJ오쇼핑이 마켓리더로 나섰으며 2013년에는 2위와의 격차를 더 벌렸다. 롯데홈쇼핑이 현대홈쇼핑과의 격차를 줄여가고, 2011년에 출범한 홈앤쇼핑이 기대 이상의 실적을 올리면서 2012년 이후에는 6개 업체가 2강(CJ오쇼핑과 GS Shop), 2중(현대홈쇼핑과 롯데홈쇼핑), 2약(NS홈쇼핑과 홈앤쇼핑)의 구도를 뚜렷하게 형성하고 있다.

•• [표 8-5] 업체별 매출 추이　　　　　　　(단위 : 원)

업체	2007	2008	2009	2010	2011	2012	2013
CJ오쇼핑 (점유율)	5,188억 (26.9%)	5,424억 (25.8%)	6,442억 (25.1%)	7,112억 (24.6%)	8,947억 (25.9%)	1조773억 (26.6%)	1조2,606억 (27.6%)
GS Shop (점유율)	5,929억 (30.8%)	5,982억 (28.5%)	6,939억 (27.1%)	7,861억 (27.2%)	9,216억 (26.7%)	1조196억 (25.2%)	1조491억 (23.0%)
현대홈소핑 (점유율)	3,631억 (18.8%)	4,140억 (19.7%)	5,157억 (20.1%)	5,814억 (20.1%)	7,116억 (20.6%)	7,605억 (18.8%)	7,999억 (17.5%)

롯데홈쇼핑	2,421억	3,066억	4,341억	5,266억	6,360억	6,701억	7,732억
(점유율)	(12.6%)	(14.6%)	(16.9%)	(18.2%)	(18.4%)	(16.6%)	(16.9%)
NS홈쇼핑	2,109억	2,398억	2,743억	2,858억	2,927억	3,088억	3,471억
(점유율)	(10.9%)	(11.4%)	(10.7%)	(9.9%)	(8.5%)	(7.6%)	(7.6%)
홈앤쇼핑	——	——	——	——	——	2,076억	3,382억
(점유율)						(5.1%)	(7.4%)
합계 금액	1조9,278억	2조1,010	2조5,622억	2조8,911억	3조4,566억	4조439억	4조5,681억
성장률	——	9.0%	22.0%	12.8%	19.6%	17.0%	13.0%

* 공정거래위원회 전자공시시스템, 각사 사업보고서 및 감사보고서, http://dart.fss.or.kr.
* TV, 인터넷, 카탈로그, 모바일 등 온라인쇼핑 전체매출

4.3 홈쇼핑 판매상품

TV홈쇼핑에서는 의류, 화장품, 건강식품, 가전제품, 가공식품 등 다양한 상품이 판매되고 있다. 6개 TV홈쇼핑 업체들의 모임인 한국TV홈쇼핑협회에서는 연도별 히트상품을 [표 8-6]과 같이 제시하고 있다. 2013년에도 건강, 아름다움 등을 중시하는 트렌드가 지속되면서 의류, 화장품, 잡화 등 뷰티/패션제품들이 주류를 이루었다.

●● [표 8-6] 연도별 TV홈쇼핑 히트상품

연도	히트 상품	히트 배경
2010~2012년	웰빙 및 스마트 용품	지속적인 웰빙 및 얼짱 열풍과 함께 스마트 열풍으로 스마트폰 히트 (예 : 팩, 진동 파운데이션, 원액기, 스마트폰 등)
2005~2009년	웰빙 및 얼짱 용품	전국에 불어닥친 웰킹 열풍과 얼짱 열풍에 따른 제품 히트 (예 : 스팀청소기, 황토화장품, 비비크림, 샴푸, 다이어트보조제, 웰빙식품 등)
2000~2004년	가전제품	인터넷의 보편화와 맞벌이 부부 증가 트렌드에 따라 가전제품이 히트 (예 : 컴퓨터, 김치냉장고, 세탁기 등)
1996~1999년	주방용품 및 가정용품	홈쇼핑 초기 단계로 고가의 유명 브랜드 제품보다 대형 유통망을 확보하기 어려운 중소기업의 저가 주방용품 및 가정용품이 히트 (예 : 원적외선 오븐기, 숯불구이기, 돌침대 등)

자료 : 한국TV홈쇼핑협회 홈페이지, 홈쇼핑산업)연도별 히트상품, www.kota.re.kr.

5. 판매수수료와 송출수수료

TV홈쇼핑과 관련하여 가장 많은 사회적 이슈가 되고 있는 것으로 판매수수료와 송출수수료가 있다. '판매수수료'는 제조업체가 판매의 장을 마련해준 TV홈쇼핑 업체에 지급하는 수수료를 의미하고, '송출수수료'는 TV홈쇼핑 업체가 방송망을 빌려준 방송플랫폼사업자에게 지급하는 수수료를 의미한다.

5.1 판매수수료

제조업체가 홈쇼핑회사에게 지불하는 판매수수료의 지급방식은 정률제와 정액제, 그리고 두 개를 혼합한 혼합제 등으로 구분될 수 있다. 대부분은 판매액의 일정 비율로 정해지는 정률제를 기본으로 하고 있지만, 처음 거래하는 상품과 같이 판매액에 대한 예측이 힘든 경우에는 정액제 혹은 혼합제를 채택하고 있다. 2013년을 기준으로 6대 TV홈쇼핑 회사의 평균 판매수수료율은 34.4%였다 ([표 8-7] 참조). 이 가운데 농수산물을 주로 취급하는 NS홈쇼핑과 중소기업제품을 취급하는 홈앤쇼핑의 판매수수료율이 상대적으로 낮은 수준이었다. 이러한 수준의 판매수수료는 꾸준한 '대박' 상품이 아닌 경우에는 손실을 감수하여야 할 정도로 과다하다는 여론이 일면서 이를 시정하고자 하는 공정거래위원회와 홈쇼핑 업계가 갈등을 빚고 있다.

•• [표 8-7] TV홈쇼핑 업체별 평균 판매수수료율　　　　　(2013년 기준, 단위 : %)

회사명	CJ오쇼핑	GS홈쇼핑	현대홈쇼핑	롯데홈쇼핑	NS홈쇼핑	홈앤쇼핑	평균
판매수수료율	36.7	37.9	36.6	35.2	28.6	31.5	34.4

자료 : 씨앤비뉴스, "판매수수료, TV홈쇼핑 'GS'…백화점 '롯데' 가장 높아." 2013년 12월 18일 (공정거래위원회 자료제공)

5.2 송출수수료

프로그램공급자인 TV홈쇼핑 업체가 방송프로그램을 내보내기 위해서는 유료방송사업자인 종합유선방송국(SO), 위성TV 업체, IPTV 업체 등의 방송플랫폼사업자에게 송출수수료를 지불하여야 한다. 송출수수료의 매체별 분포를 보면 2013년을 기준으로 종합유선방송국이 87%, 위성TV 업체가 9%, IPTV 업체가 4%를 차지하고 있으며, 위성TV 업체 및 IPTV 업체의 비중이 점차 높아지고 있다.

그런데 홈쇼핑 업체 간의 SO의 S급 채널을 확보하기 위한 경쟁이 치열해지면서 송출수수료가 급증하고 있다. S급 채널이란 케이블TV의 수십 개 채널 가운데 지상파 사이에 있는 채널을 지칭한다. SBS 5번, KBS2 7번, KBS1 9번, MBC 11번 사이에 있는 6번, 8번, 10번이 S급이다. 홈쇼핑 업계에서는 S급 채널을 확보할 경우 10번 대의 A급 채널에 비해 약 20%의 매출 증가효과가 있는 것으로 코고 있다. SO는 2년을 주기로 S급 채널을 공개입찰을 통해 홈쇼핑 업체를 선정한다. 송출수수료는 2009년에 4,100억 원 수준이었으나 2013년에는 1조 원에 육박하고 있다 ([표 8-8] 참조). 이는 TV홈쇼핑 업체 전채 매출액의 20~25%에 해당하는 많은 액수이다. 판매수수료와 송출수수료를 모두 고려할 때 소비자가 지출하는 구매액을 누가 얼마를 가져가는지를 계산해보면, 예를 들어 TV홈쇼핑 시청자가 10,000원짜리 상품을 구매하면 이 중에서 제조업체가 6,500원, TV홈쇼핑 업체가 판매수수료로 약 3,500원을 가져가고, 3,500원 가운데 700~900원 정도를 종합유선방송국이 송출수수료로 가져가는 구조를 가지고 있다.

과도한 판매수수료를 없애기 위해서는 홈쇼핑 채널의 수를 늘려야 한다는 제조업체들의 주장에 대해서 홈쇼핑 업체와 일부 전문가들은 홈쇼핑 채널의 증가는 S급 채널 확보를 위한 홈쇼핑 업체들 간의 경쟁을 더 격화시켜 송출수수료를 더 높게 만들고, 홈쇼핑 업체는 송출수수료의 부담을 판매수수료를 높임으로써 제조업체에게 전가하며, 결국에는 가격 인상으로 소비자의 부담이 증가하기 때문에 홈쇼핑 채널의 수를 증가시키는 것은 판매수수료에 대한 적절한 정책 방안이 될 수 없다고 주장한다. 결론적으로 홈쇼핑 채널의 수를 늘리는 것으로 송출수수료 문제를 근본적으로 해결할 수는 없을 것으로 보인다. 사정이 이렇다 보니 송출수수료 문제를 시장의 원리에만 맡겨 놓을 수는 없으며, 종합유선방송국이 정부의 허가와 승인에 의해 독점적으로 사업을 전개하는 구조이기 때문에 정부가 주도적으로 소비자의 입장에서 송출수수료를 검증하여 적정한 액수를 설정하는 것이 바람직하다. 즉, 정부의 합리적인 정책적 결정이 이루어져야 판매수수료도 안정화될 수 있고, 소비자의 부담도 경감될 수 있을 것으로 판단된다.

●● [표 8-8] 송출수수료 연도별 추이

연도	2009	2010	2011	2012	2013
송출수수료	4,100억	4,900억	6,400억	8,800억	9,800억
증가율	——	19.5%	30.6%	37.5%	11.4%

자료 : 머니투데이, "홈쇼핑 송출수수료 1조 육박…'신규 홈쇼핑 부작용'." 2014년 3월 26일, 한국TV홈쇼핑협회 자료 제공.

6. TV홈쇼핑 업체의 MD의 역할

TV홈쇼핑은 대중매체를 활용하여 제한된 시간에 특정 상품을 판매하는 것이기 때문에 오프라인이나 인터넷에서와는 확연히 다른 상품 개발이 이루어져야 한다. 오프라인에서 잘 팔리는 제품이라고 하더라도 가격경쟁력을 확보하고 상품을 차별화하기 위해서는 포장단위를 바꾼다거나 포장을 단순화 하는 등의 방법을 통해 다른 채널의 제품과 차별화되면서 가격 경쟁력을 확보할 수 있는 홈쇼핑 전용상품을 개발하여야 한다. 이와 더불어 방송이 이루어지기 위해서는 방송컨셉 설정, 영상물 제작, 방송소품 확보, 쇼호스트 선정 등의 업무가 이루어져야 한다. 홈쇼핑업체의 MD(Merchandiser : 상품기획자)가 바로 이러한 업무들을 수행한다. 즉, MD는 방송상품 선정, 상품기획 및 개발, 방송프로그램 제작 및 진행 등

홈쇼핑의 전 과정을 책임지는 역할을 수행한다 ([그림 8-3] 참조).

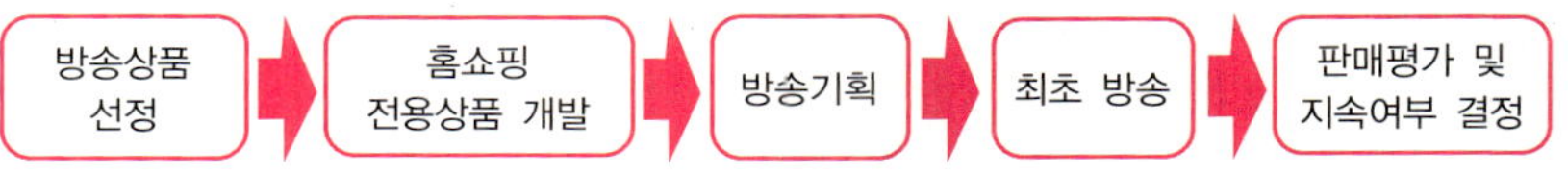

••• [그림 8-3] TV홈쇼핑 업체 MD의 역할

MD는 이러한 과정에서 상품을 공급하는 제조업체와 상품개발, 생산, 재고관리, 상품배송, 반품처리 등에 대해 논의하게 된다. 그런데 앞에서 언급한 바와 같이 홈쇼핑에 대한 전문성과 자체적인 조직을 가지고 있지 못한 제조업체는 이러한 업무를 스스로 수행하기 보다는 TV홈쇼핑 전문 벤더업체에 의뢰하여 수행하도록 하는 것이 일반적이다. 일반적으로 TV 홈쇼핑이나 인터넷쇼핑에서의 벤더업체는 TV홈쇼핑업체나 인터넷쇼핑몰 등의 소매 유통업체에 자신들의 특화된 상품을 공급하는 도매업체를 지칭 한다. 벤더업체는 상품에 대한 전문성을 가지고 있어야 성공적으로 사업 을 전개할 수 있기 때문에 특정 카테고리 (예를 들어 식품, 생활용품, 가 전, 의류 등)에 특화하는 것이 일반적이다.

● 참고문헌

박성진 (2009), 한국의 홈쇼핑, 커뮤니케이션북스, 152-166.

박진 (2012), "TV홈쇼핑," in 한국유통포럼, 한국 유통산업흐름, 이서원.

이종원, 박민성 (2011), 홈쇼핑 시장 환경변화에 따른 정책개선 방안 연구, 정보통신정책연구원, 정책연구 11-50.

하이투자증권 (2012), 홈쇼핑 송출수수료 시장 확대의 명과 암 : 최대 수혜주는 '스카이라이프', 2012/03/12 산업브리프.

한국온라인쇼핑협회 (2013), 2013 온라인쇼핑 시장에 대한 이해와 전망, 46-62.

경향신문, "TV홈쇼핑 판매수수료가 백화점보다 높다," 2014년 4월 20일.

머니투데이, "홈쇼핑, 송출수수료 1조 육박…'신규 홈쇼핑 부작용'," 2014년 3월 26일.

머니투데이, "성장세 멈춘 '케이블'…날개단 'IPTV'," 2013년 12월 22일.

서울신문, "돈 되는 T커머스… 독 오른 홈쇼핑," 2013년 11월 29일.

씨앤비뉴스, "판매수수료, TV홈쇼핑 'GS'…백화점 '롯데' 가장 높아," 2013년 12월 18일.

아시아경제, "롯데홈쇼핑 2013년 히트상품 1위, '아이오페'," 2013년 12월 18일.

전자신문, "홈쇼핑 송출수수료의 비밀, 왜 계속 오르나," 2013년 5월 27일.

조선비즈, "T커머스(TV와 리모컨 이용해 상품 구매하는 서비스) 폭발 성장… 年初보다 매출 10배 증가," 2013년 9월 17일.

조선일보, "홈쇼핑 매출 25%(5000억원) 삼키는 케이블 TV," 2011년 4월 12일.

케이벤치, "'스카이T쇼핑', 오!포인트 제휴 서비스 실시," 2014년 5월 29일.

제 **9** 장   오픈마켓

1. 오픈마켓 시장 개요

오픈마켓(open market)은 '판매를 원하는 모든 사업자들에게 개방(open) 되어 있는 온라인 시장(market)'을 의미한다. 미국에서는 오픈마켓 대신에 '장터'를 의미하는 '마켓플레이스(market place)'라는 용어를 사용하고 있다. 오픈마켓은 2000년대 후반 이후브터 우리나라의 온라인쇼핑 시장을 주도하고 있으며, 현재 소셜커머스와 함께 가장 높은 성장률을 보이고 있다. [그림 9-1]은 2007~2013년의 오픈마켓 시장규모 추이를 나타내고 있다. 이 기간 동안 오픈마켓은 연평균 약 17%의 성장률을 기록하였으며, 백화점, 대형마트, 슈퍼마켓 등 많은 오프라인 소매업태들이 고전을 면치 못하고 있는 2010년대에도 10% 내외의 높은 성장률을 기록하고 있다.

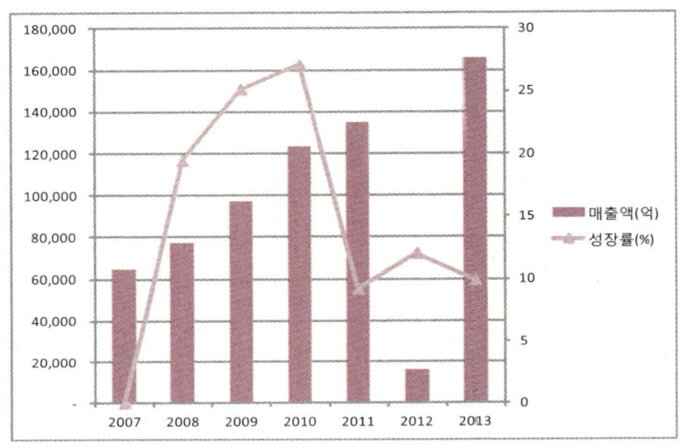

●● [그림 9-1] 우리나라의 연도별 오픈마켓 시장규모

자료 : 한국온라인쇼핑협회 (2013), 2013 온라인쇼핑 시장에 대한 이해와 전망, 78–79.
　　　한국온라인쇼핑협회 (2010), 2010 온라인쇼핑 시장에 대한 이해와 전망, 88–89.

　　오픈다켓은 모든 사업자들에게 개방되어 있기 때문에 제조업체, 도매상, 소매상, 수입업체, 개인사업자 등 다양한 유형의 사업자가 참여하고 있으며 그 수도 엄청나게 많다. 따라서 오픈마켓에는 동일한 상품에 대해서도 가격 등의 거래조건이 다른 다양한 상품들이 올라온다. 예를 들어 G마켓에서 선글라스를 검색하면 약 23만 개의 상품이 올라오고 냉장고를 검색하면 약 7만 개의 상품이 올라온다 (2014년 5월30일 기준). 비슷한 상품을 놓고 수많은 사업자들이 경쟁을 하고 있기 때문에 고객들의 선택을 받기 위해서는 자연히 가격경쟁이 치열해질 수밖에 없다. 오픈마켓 업체가 경쟁력을 확보하기 위해서는 가능한 한 많은 사업자들이 다양한 상품을 낮은 가격에 등록하도록 만들어야 한다. 그런데 사업자들은 많은 사람들이 검색하는 오픈마켓 업체를 선호하기 때문에 이미 시장을 선점하고 있거나 혹은 시장 진입 이전에 이미 대규모 고객기반을 확보하고 있는 업체가 아니면 오픈마켓을 운영하기가 힘들다. 그래서 이 시장에서는 몇몇 대형 업체들이 시장을 거의 대부분 차지하고 있다. 중국의 경우에는 오픈마켓 1위 업체인 타오바오(淘寶)가 오픈마켓 시장의 90% 이상을 장악하고 있으며, 미국에서는 이베이(eBay)가, 일본에는 라쿠텐(樂天)이 절대적으로 높은 시장점유율을 차지하고 있다.

　　우리나라에는 1개 기업이 독점적인 지위를 차지하고 있지는 않으며, 상위 3개사(G마켓, 11번가, 옥션)가 치열한 경쟁을 벌이고 있는 양상이다. 2013년을 기준으로 상위 3개 업체의 시장점유율은 각각 35%(G마켓), 30%(11번가), 28%(옥션) 였다. 나머지 시장점유율을 네이버샵N(약 5%)과 인터파크(약 2%)가 차지하고 있는데, 2012년에 시장에 진입한 네이버샵N은 우리나라 제1의 검색포탈 업체인 네이버가 오픈마켓을 겸업함으로써 불공정한 경쟁이 루어지고 있다는 논란이 지속되면서 결국 2014년 6월을 기점으로 사업을 접었으며, 우리나라의 오픈마켓 시장을 개척한 인터파크는 쇼핑보다는 도서, 티켓, 투어 등의 부문을 강화하면서 오픈마켓에서의 시장점유율이 지속적으로 감소하고 있다. 우리나라 오픈마켓 시장에도 다국적 기업들의 진출이 활발하게 이루어졌다. 세계 최대 오픈마켓 업체인 이베이가 2001년 옥션을 인수한 데 이어, 2009년 4월에는 당시 국내 1위의 업체인 G마켓도 인수하였다. 또한 향후에는 세계 전자상거래의 쌍두마차라고 할 수 있는 미국의 아마존과 중국의 타오바오, 그리고 일본의 라쿠텐 등이 빠른 시일 내어 우리나라 오픈마켓 시장에 진출할 것으로 예상되고 있다.

•• [그림 9-2] 우리나라의 빅3 오픈마켓 업체

2. 오픈마켓의 운영

오픈마켓이 소셜커머스, 종합쇼핑몰, 오프라인 전문점 등과 같은 다른 유형의 소매업태와 구별되는 점은 오픈마켓 업체가 판매에 대한 책임을 지지 않으면 단지 사업자에게 판매를 할 수 있는 장소와 결제시스템과 같은 전산인프라를 제공하는 역할만을 수행한다는 것이다. 이렇게 매매를 중개하는 역할만을 수행한다는 의미어서 오픈마켓은 '중개(仲介)몰'이라고도 불린다. 오픈마켓은 사업자가 어떠한 방식으로 상품을 조달하는지에 대해서는 관여하지 않으며, 재고관리, 상품배송, 반품처리 등과 같은 판매와 관련한 모든 책임을 사업자가 진다. 오픈마켓의 이러한 유통경로 상의 특성은 소셜커머스와의 비교를 통해 [그림 9-3]과 같이 나타낼 수 있다.

•• [그림 9-3] 오픈마켓과 소셜커머스에서의 유통경로의 비교

오픈마켓에서의 유통경로　　　　　　소셜커머스에서의 유통경로

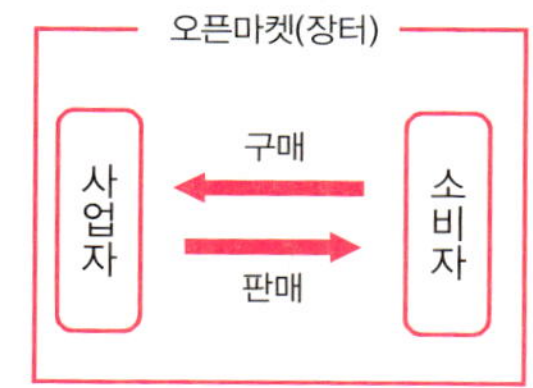

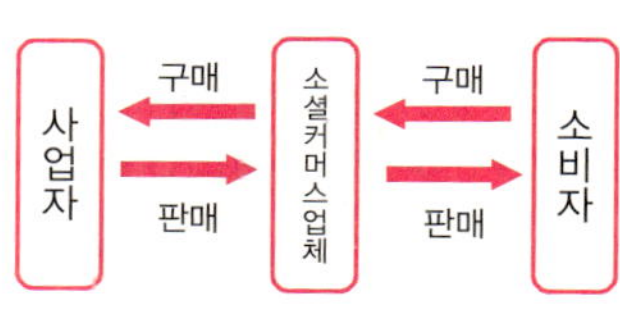

　　소셜커머스에서는 사업자로부터 상품을 구매한 소셜커머스 업체가 소비자에게 상품을 판매하는 B2B2C 형태의 거래가 이루어지지만, 오픈마켓에서는 사업자가 오픈마켓 업체*에게* 상품을 판매하는 것이 아니라 오픈마켓 업체가 벌려놓은 장소*에서* 소비자에게 직접 상품을 판매하는 C2C 형태의 거래가 이루어진다. 오픈마켓의 주요 수입원은 종합몰이나 소셜커머스에서와 마찬가지로 판매금액의 일정 비율로 수취하는 판매수수료이다. 대형가전은 약 5%, 소형가전, 생활용품 등은 약 10%, 마진율이 높은 의류는 약 15~20%의 수수료를 지불한다. 이러한 수준의 수수료율은 홈쇼핑이나 백화점 등의 수수료율과 비교하면 2분의1~3분의1 수준이고, 종합몰이나 소셜커머스에서의 수수료율보다도 낮은 수준이지만 사업자들의 입장에서는 치열한 가격 경쟁을 하여야하기 때문에 큰 부담이 된다. 이에 비해 중국 1위의 오픈마켓 업체인 타오바오는 특이하게 판매수수료를 포함한 일체의 수수료를 무료로 하는 파격적인 전략을 실행하고 있다.

　　오픈마켓 업체는 중개자로서의 역할만을 수행하지만 위조품, 배송지연 등과 같은 문제가 발생하면서 오픈마켓도 이러한 사안에 대해 방관자적인 자세만을 취하기는 점점 더 어려워지고 있다. 따라서 오픈마켓 업체들도 소비자 신뢰의 구축을 통해 경쟁력을 강화하기 위해 판매자 공인인증제도, 위조품보상제, 무료반품제, 배송지연보상제, 연중무휴 24시간 콜센터 등의 제도를 도입하는 추세를 보이고 있다.

　　오픈마켓에서는 대부분의 상품이 취급되지만 의류 및 패션상품의 매출비중이 상대적으로 높은 편이다. 그러나 점차 식품, 생활용품, 유아용품 등과 같은 마트상품의 비중이 높아지고 있다. 또한 최근에는 저가이미지에서 탈피하기 위해 백화점과의 제휴를 통해 고가의 상품들도 같이 취급하거나 병행수입 업체와의 제휴를 통해 수입명품관을 운영하는 등의 경향을 브이고 있다.

　　사업자가 오픈마켓에서 성공하기 위해서는 낮은 가격을 제시하는 것도 중요하지만 소비자가 검색을 하였을 때 워낙 많은 상품들이 나오기 때문에 자신의 상품이 상위 페이지에 노출될 수 있도록 하는 것이 훨씬 더 중요하다. 오픈마켓 업체는 누적판매액, 거래기간, 신뢰도, 상품평 등을 기준으로 각 사업자를 평가하고 이를 통해 노출순위를 결정한다. 또한 오픈마켓 업체는 이러한 순위와는 관계 없이 다양한 형태의 광고상품을 개발하여 사업자에게 판매한다. 따라서 사업자는 가격책정은 물론, 광고전략, 실적관리, 상품평 관리 등을 해나가야 하는데 전문성을 가지고 있지 못한 일반사업자의 경우에는 스스로 이러한 업무를 해나가기가 쉽지 않다. 이러한 경우에 사업자는 전문 벤더업체에 의뢰하여 이러한 업무를 수행하도록 하기도 한다. 이렇게 오픈마켓에서는 사업자가 좋은 위치를 차지하기 위한 비용을 별도로 지출하여야 하기 때문에 수수료율이 종합몰이나 소셜커머스에 비해 저렴하다고 해도 전체적인 부담이 더 적다고 하기는 어렵다.

3. 오픈마켓의 변화

오픈마켓은 소셜커머스의 급속한 성장을 목격하면서 '소셜커머스 따라잡기'에 적극 나서고 있다. 이러한 움직임의 핵심은 두 가지로 요약될 수 있다. 첫째, 단순히 거래를 중개하는 역할에서 탈피하여 소셜커머스에서와 같이 소비자의 선호에 부합하는 상품을 제안하는 큐레이션커머스를 병행하는 사업 모델을 도입하고 있다는 점과 둘째, 모바일쇼핑의 거래규모가 확산됨에 따라 소셜커머스에 비해 약세라고 할 수 있는 모바일 부문을 강화하고 있다는 점이다. 이러한 추세에 따라 예를 들어 G마켓은 'G9', 11번가는 '쇼킹딜', 옥션은 '올킬' 등과 같이 카테고리별로 주력 상품을 선별해 일정기간 높은 할인율로 판매하는 '큐레이션커머스'를 적극 도입하고 있다. 이처럼 오픈마켓이 소셜커머스의 사업모델을 따라하고, 소셜커머스 또한 오픈마켓의 사업모델인 배송상품 위주의 쇼핑에 집중하면서 오픈마켓과 소셜커머스의 경계가 점차 모호해지고 있다 ([그림 9-4] 참조).

●● [그림 9-4] 오픈마켓과 소셜커머스의 접근

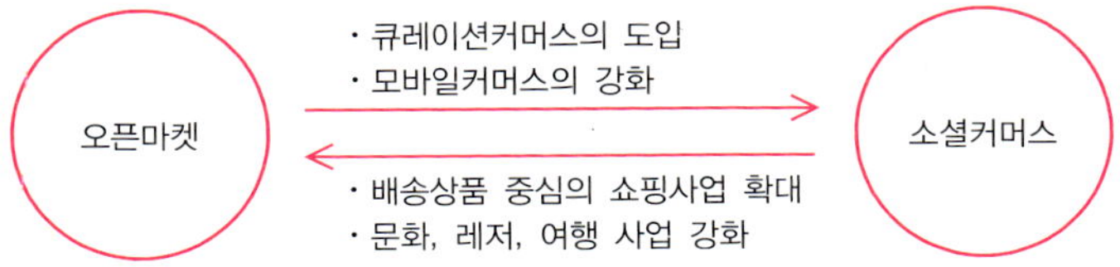

오픈마켓

소셜커머스

· 큐레이션커머스의 도입
· 모바일커머스의 강화

· 배송상품 중심의 쇼핑사업 확대
· 문화, 레저, 여행 사업 강화

● 참고문헌

지식경제부, 연세대학교 (2011), 유통산업 구조개선을 통한 물가안정방안 연구: 거시분석, 147-165.

한국온라인쇼핑협회 (2010), 2010 온라인쇼핑 시장에 대한 이해와 전망, 88-89.

한국온라인쇼핑협회 (2013), 2013 온라인쇼핑 시장에 대한 이해와 전망, 78-79.

디지털타임스, "오픈마켓 '큐레이션 커머스' 증심 헤쳐모여," 2014년 1월 7일.

매일경제, "의심 많은 중국인들 속에서 '타오바오' 어떻게 성공했을까," 2013년 1월 11일.

머니위크, "오픈마켓 '네이버의 5%' 누가 차지할까," 2014년 5월 23일.

미디어잇, "3조 원대로 몸집 커진 소셜커머스 인기 비결은?," 2013년 12월 10일.

이데일리, "G마켓, 위조품 200% 보상 '수입명품관' 오픈," 2013년 10월 31일.

이코노믹리뷰, "글로벌 거대 전자상거래 업체 진출 가속, 국내시장 위기인가," 2014년 5월 27일.

한국경제, "18조 오픈마켓 지각변동…고민에 빠진 네이버," 2014년 5월 27일.

한국경제, "이베이 제친 '오픈마켓 1위' 타오바오 비결…판매 수수료 없애고 '보증제'로 소비자 신뢰 얻어," 2011년 10월 20일.

CEO스코어데일리, "모바일쇼핑 1위 11번가, 큐레이션커머스 '쇼킹딜' 앱 출시," 2014년 1월 21일.

SBS CNBC, "소셜커머스 따라잡기…오픈마켓의 변신," 2014년 1월 16일.

제 **10** 장　　소셜커머스

1. 소셜커머스 개관

소셜커머스(social commerce)는 2010년대에 들어서 모든 소매업태 가운데 가장 급속한 성장세를 보이고 있다. 우리나라에 2010년에 등장한 소셜커머스는 2010년에는 시장규모가 500억 원에 불과하였지만, 이듬해인 2011년에 1조원, 2012년에 2조원을 달성하였으며, 2013년에는 3조원으로 성장하면서 전체 약 35조 원의 전자상거래 시장에서 약 9%를 차지하였다. 2010년 말에는 100여 개의 업체가 서비스를 제공하였으나 치열한 경쟁을 거치면서 2013년에는 티몬, 쿠팡, 위메프(위메이크프라이스) 등의 빅3와 약 10여 개의 군소업체로 재편되었는데, 빅3 업체가 시장을 삼분하며 대부분의 시장을 장악하고 있다. 2012년부터는 이 시장의 성장잠재력을 확인한 CJ, 신세계, 현대 등의 대기업 계열회사들이 진입하고 있다.

소셜커머스라는 용어는 야후(Yahoo!)가 2005년 11월에 공동장바구니, 구매자평가 등과 같은 '온라인 공동구매 도구'를 지칭하기 위해 사용하기 시작하였으며, 본격적인 사업의 전개는 2008년 미국 시카고에서 출발한 온라인사이트 '그루폰(Groupon)'에 의해 이루어졌다. 그루폰의 설립자 앤드류 메이슨(Andrew Mason)은 '일정 수량 이상의 구매가 이루어지지 않으면 거래가 취소되며, 거래가 취소되면 판매자는 그루폰에 한 푼의 비용도 지불하지 않는' 형태의 비즈니스모델을 개발하였다. 앤드류 메이슨은 자사의 입주 건물 1층에 위치한 피자점과 '피자 2판을 1판 가격으로 제공한다'는 최초의 거래를 성사시켰고, 20여 명의 사람들이 이 상품을 구입했다. 이를 계기로 그루폰을 찾는 구매자와 판매자들이 폭발적으로 증가하면서 그루폰은 본격적으로 성장하게 되었다.

이처럼 초기의 소셜커머스는 음식점, 커피숍, 공연 등 지역기반의 서비스 상품에 대한 공동구매로 시작되었다. 공동구매에서는 주어진 시간 내에 일정 수량 이상의 구매가 확보되지 않으면 거래가 이루어지지 않는다. 왜냐하면 판매자의 입장에서 낮은 가격을 제시할 수 있는 이유는 많은 물량을 한꺼번에 판매할 수 있다는 메리트가 있기 때문이다. 이로 인해 특정 상품을 구매하고자 하는 구매자는 해당 상품에 대한 홍보를 통해 공동으로 구매할 수 있는 사람을 찾으려는 노력을 기울여야 하고, 당시에 이러한 홍보 수단으로 유용하게 사용된 것이 바로 소셜커머스 태동기에 활성화되기 시작한 트위터, 페이스북 등과 같은 소셜네크워크서비스(SNS)였다. 소셜커머스가 SNS의 활성화를 계기로 더욱 빨리 성장할 수 있었던 것도 바로 이러한 이유에서였다.

우리나라에서의 소셜커머스도 초기에는 음식점, 공연, 커피숍 등 서비스 상품을 중심으로 하는 지역상품을 대상으로 사업을 전개하였다. 원어데이(one-a-day)몰이라고도 불렸던 소셜커머스는 하루에 한 가지씩 음식점, 공연 티켓, 항공권 등의 서비스 상품을 반값으로 할인한 티켓을 제공하고, 고객들로 하여금 공동구매의 형식으로 구매하도록 하는 비즈니스를 전개하였다. 그렇지만 지역기반 상품의 판매에 의존하는 성장에 한계가 드러나면서 점차 오픈마켓이나 종합몰에서와 같이 배송상품을 중심으로 하는 '쇼핑'에 집중하게 되었으며, 이와 더불어 오픈마켓이 선점한 문화·여행·레저 등의 분야에도 진출하게 되었다. 그 결과 소셜커머스 시장이 형성되기 시작한 2010년에 10% 미만이었던 '쇼핑'의 비중은 2013년 상반기에 이미 70%를 넘어섰으며, 반대로 지역기반 상품 판매의 비중은 20% 미만으로 떨어졌다. 새롭게 진출한 문화·여행·레저 분야의 사업도 호조를 보이면서 매출 비중이 10% 수준을 넘어섰다. 이러한 과정을 거치면서 소셜커머스는 태동기에서와는 달리 공동구매나 SNS와는 직접적인 관련성을 거의 갖지 않는 모습으로 변화하였다. 하지만 소비자의 선호에 부합하는 소수의 상품을 제안하는 큐레이션커머스(curation commerce) 방식은 그대로 유지하고 있다. 큐레이션커머스에 대해서는 아래의 '소셜커머스의 특징'에서 상술한다.

2. 소셜커머스의 특성

종합몰이나 오픈마켓 등 여타 전자상거래 유형과 비교할 때 소셜커머스는 다음과 같은 특징을 지니고 있다.

첫째, 소수의 상품을 낮은 가격에 판매한다.

소셜커머스는 백화점, 가두점 등의 오프라인 채널에 비해 낮은 가격으로 상품을 공급한다는 점에서는 오픈마켓과 공통점을 지니고 있지만, 가격을 낮추는 방식과 제공되는 상품의 숫자에 있어서는 크게 차이가 난다.

- 가격을 낮추는 방식 : 오픈마켓에서는 판매자들 간의 치열한 경쟁을 통해 상품가격의 하락을 유도하지만 소셜커머스에서는 판매자와의 협상을 통해 상품가격이 정해진다. 따라서 전형적인 오픈마켓에서는 MD(상품기획자)의 역할이 크지 않지만 소셜커머스에서는 상품카테고리별로 좋은 상품을 공급할 수 있는 판매자를 발굴하고, 이들과 가격조건 등에 대해 협상하는 MD의 역할이 매우 중요하다.
- 상품의 숫자 : 오픈마켓에서는 3~4천만 개, 종합몰은 7~8백만 개의 대단히 많은 숫자의 상품들이 올라오지만, 이에 비해 소셜커머스에서는 업계 1, 2위 업체의 경우 매일 3,000~4,000개 정도의 상품을 올리며, 올라온 상품은 대체로 3~4일 정도의 기간이 지나면 삭제되기 때문에 만개 정도의 상품이 올라온다. 오픈마켓의 구매자는 자신이 원하는 상품이 얼마에 판매되고 있는지를 탐색하는 과정을 거쳐 구매여부를 결정하지만, 소셜커머스에서는 주로 사이트의 MD가 선정한 상품을 구매할지의 여부를 결정하는 방식으로 구매여부를 결정한다. 즉, 소셜커머스는 고객들에게 상품을 추천해주는 역할을 하고 있

다고 할 수 있으며, 이러한 의미에서 소셜커머스는 큐레이션커머스
(curation commerce : 미술관의 큐레이터가 전시를 기획하듯이 특정
분야의 전문가 즉, MD가 제품을 직접 선별하여 고객에게 추천하는
방식의 상거래)의 형태를 띠고 있다. 따라서 소셜커머스에서는 오픈
마켓에 비해 훨씬 더 용이하게 구매 여부를 결정할 수 있으며, 이러
한 의미에서 소셜커머스의 거래방식은 시간의 가치를 중시하는 현대
인의 라이프스타일에 보다 적합한 거래방식이라고 할 수 있다.

둘째, 스마트폰을 이용한 판매비중이 높다.

소셜커머스의 성장은 스마트폰의 활성화와 관련이 깊다. 왜냐하면 소셜
커머스는 시간이 부족한 현대인들이 이동 간에 스마트폰을 이용하여 MD
가 추천하는 상품을 검색하여 구매하는데 적합하기 때문이다. 상대적으로
오픈마켓이 주로 인터넷을 기반으로 성장한 반면 소셜커머스는 주로 스마
트폰을 기반으로 성장하였다. 이로 인해 2013년 말을 기준으로 우리나라
의 대표적인 오픈마켓의 모바일 판매비중은 15% 내외에 머무르고 있는
반면, 소셜커머스의 모바일 판매비중은 60%에 이르고 있다 ([표 10-1] 참조).

•• [표 10-1] 주요 온라인 마켓별 모바일 거래규모 (2013년 1월1일~12월11일 기준)

구분	업체명	누적 거래액	모바일 누적거래액	비중
오픈마켓	G마켓	5조원	7,000~8,000억원	14~16%
	11번가	4조6,000억원	7,000~8,000억원	13~15%
	옥션	4조5,000억원	7,000~8,000억원	13~15%
소셜커머스	티켓몬스터	1조원	6,000억원	60%
	쿠팡	1조원	6,000억원	60%

자료 : 경향신문, "소셜커머스, 모바일 시장서 '대약진'," 2013년 12월11일.

3. 소셜커머스의 운영

소셜커머스에 물건을 판매하는 사업자는 제조업체와 벤더업체로 구분될 수 있다. 벤더업체는 제조업체의 의뢰를 받아 납품을 대행하고 수수료를 수취하는 소극적인 방식의 영업활동을 하기도 하고, 제조업체로부터 매입을 하여 판매하거나 혹은 상품을 기획하여 OEM 방식으로 제조업체에서 생산한 제품을 판매하기도 한다. 소셜커머스는 판매하는 상품을 사입(仕入 : 많은 양의 상품을 돈을 주고 매입하는 것)하는 것이 아니라 종합몰이나 오픈마켓 등과 마찬가지로 특정매입의 형태로 구입한다. 특정매입은 들여온 물건 중에 팔린 부분에 대해서만 정산을 하고 팔리지 않은 상품은 반품하는 매입형태를 의미한다. 또한 팔린 물건에 대해 정산을 할 때 판매금액의 일정비율을 수수료로 수취하는데 이것이 바로 소셜커머스의 수입원이 된다. 수수료율은 상품카테고리에 따라 달라지는데 이는 상품 카테고리에 따라 마진율이 크게 차이가 나기 때문이다. 수수료율은 백화점의 수수료율보다는 낮지만 종합몰이나 오픈마켓보다는 높은 편이다. 소셜커머스에서는 검색을 통한 목적구매보다는 제안에 대한 즉석구매가 더 많이 이루어지기 때문에 중저가 제품을 위주로 판매가 이루어지지만 최근에는 소셜커머스에 대한 인식 제고와 판매 제고를 위해 점차 패션명품 등 고가 상품의 판매가 이루어지고 있다. 또한 PB상품의 개발을 통해 제품의 기획단계에서부터 참여함으로써 벤더업체 등에 돌아가는 유통마진을 절감하려는 노력도 이루어지고 있다.

● 참고문헌

경향신문, "소셜커머스, 모바일 시장서 '대약진'," 2013년 12월 11일.
미디어잇, "3조 원대로 몸집 커진 소셜커머스 인기 비결은?," 2013년 12월 10일.
스포츠서울, "소셜커머스 톱3, 모바일서 다음, 네이트 등 포털 앞서," 2014년 1월 26일.
전자신문, "소셜커머스 서비스 모델 급변…'공동구매'에서 '오픈마켓' 접목 모델로," 2013년 6월 10일.
한경Business, "시장 규모 3000억 원…선두 경쟁 치열," 2011년 4월 27일, 803호.

제 11 장   전통시장

1. 전통시장의 개념

우리나라의 법률 ('전통시장 및 상점가 육성을 위한 특별법'과 '유통산업발전법')은 전통시장을 다음과 같은 두 개 유형의 시장(등록시장 및 인정시장) 가운데 '상업기반시설이 노후화되어 개/보수 또는 정비가 필요하거나 유통기능이 취약하여 경영개선 및 상거래의 현대화 촉진이 필요한 장소'로 정의하고 있다.

- 등록시장 : 3,000m^2 이상의 면적 등의 요건을 갖추어 대규모점포로 등록된 시장
- 인정시장 : 1,000m^2 이상의 면적과 50개 이상의 점포 등의 요건을 갖추었으면서 지방자치단체장이 등록시장과 같은 기능을 수행하고 있다고 인정한 시장

그런데 등록시장이나 인정시장은 아니지만 시, 군, 구에서 전통시장의 기능을 행하고 있다고 임의로 분류한 미등록/미인정시장이 다수 존재하고 있다. 미등록/미인정시장은 상인회의 부재, 점포수 부족 등을 이유로 정부와 지자체의 각종 지원에서 배제되어 왔으며, 이로 인해 전통시장의 쇠퇴에 따른 매출감소율이 등록시장 및 인정시장에 비해 훨씬 높게 나타나고 있다. 2012년을 기준으로 전체 전통시장 1,511개 가운데 등록시장이 53.0%, 인정시장이 36.1%, 미등록/미인정시장이 10.9%를 차지하고 있다. 전통시장은 개설주기를 기준으로 상설시장, 정기시장, 상설/정기시장으로

나누어지는데, 2012년을 기준으로 각각 전체시장의 67.5%, 16.5%, 16.0%를 차지하고 있다.

2. 전통시장의 현황

2.1 매출액 추이

전통시장은 1970~1980년대에는 백화점과 쌍벽을 이루는 가장 주된 소매업태였으나 1970년대 초에 시작된 정부의 유통근대화 정책에 따라 슈퍼마켓이 성장하면서 위축되기 시작하였으며, 1990년대 초에 등장하기 시작한 대형마트가 식료품과 생활용품의 주력 유통경로로 성장하면서 급격히 쇠퇴하였다. 또한 2000년대 중반부터는 골목상권을 주무대로 하는 대형슈퍼마켓(SSM)이 활성화되면서 쇠퇴는 가속화되었다. 이와 더불어 식료품과 잡화를 주로 취급하면서 곳곳에 산재해 있는 편의점과 2000년대 들어 급속한 성장세를 보이고 있는 종합몰, 전문몰, 오픈마켓, 소셜커머스 등의 온라인쇼핑도 전통시장의 위축에 일조하고 있다. [표 11-1]은 2005~2012년의 전통시장 매출액 추이를 보여주고 있다. 소상공인시장진흥공단에서 격년으로 실시하고 있는 전통시장 실태조사에 따르면 전체 전통시장의 수는 2005년의 1,660개에서 2012년에는 1,511개로 7년 동안 약 150개가 감소하였으나, 미등록/미인정시장이 등록시장이나 인정시장으로 전환되면서 등록시장과 인정시장의 합은 오히려 1,221개에서 1,347개로 10.3% 증가하였다. 등록시장과 인정시장의 매출은 그 수가 증가하였음에도 불구하고 같은 기간 동안 27.3조 원에서 20.1조 원으로 26.4%나 감소하였다.

•◦ [표 11-1] 전통시장의 수와 매출 규모

구분		2005	2006	2007	2008	2009	2010	2011	2012	2013
시장수	전체	1,660개	1,610개	——	1,550개	——	1,517개	——	1,511개	——
	등록시장+인정시장	1,221개	1,293개	——	1,247개	——	1,283개	——	1,347개	1,372개
	미등록/미인정 시장	449개	317개	——	303개	——	234개	——	164개	——
매출액 (등록+인정)		27.3조	24.9조	22.5조	22.3조	22.0조	21.4조	21.0조	20.1조	19.9조

* 자료 : 중소기업청 제공 자료, 통계청 전통시장·상점가 및 점포경영 실태조사.

이러한 통계 수치는 전통시장 1개당 평균 매출액이 급감하였다는 것을 의미한다. [그림 11-1]은 시장당 일평균 매출액, 시장당 일평균 고객수, 평균 구매액의 추이를 보여주고 있다. 2005~2012년의 기간 동안 시장당 일평균 매출액은 5천8백만 원에서 22.4%가 줄어든 4천5백만 원으로 급감하였다. 그런데 동 기간 동안 시장당 일평균 고객수는 오히려 1,782명에서 2,824명으로 무려 58.5%나 증가하였다. 이는 시장당 일평균 매출액이 감소한 주된 요인이 방문 고객수의 감소 때문이 아니라 방문한 고객들의 평균 구매액이 급속하게 감소하였기 때문이라는 것을 의미한다. 동 기간 동안 방문 고객의 평균 구매액은 32,556원에서 15,943원으로 51.0% 감소하였다. 이러한 현상에 대한 이유로는 여러 가지가 지적될 수 있다. 첫째, 장기적인 경기불황으로 서민들의 씀씀이가 크게 줄었다는 의미로 해석될 수 있다. 둘째, 전통시장 활성화를 위한 다각적인 노력이 집객에 는 성공을 거두었지만, 상품구색이나 판매촉진 등과 같은 마케팅 측면에 서는 미흡한 점이 많았다는 의미로도 해석될 수 있다. 고객들의 평균 구매액이 감소하는 원인에 대한 면밀한 분석은 전통시장 활성화 전략의 수립을 위해 최우선적으로 이루어져야 하는 중요한 과제라고 할 수 있다.

●● [그림 11-1] 시장당 일평균 매출액, 시장당 일평균 고객수, 평균 구매액 추이

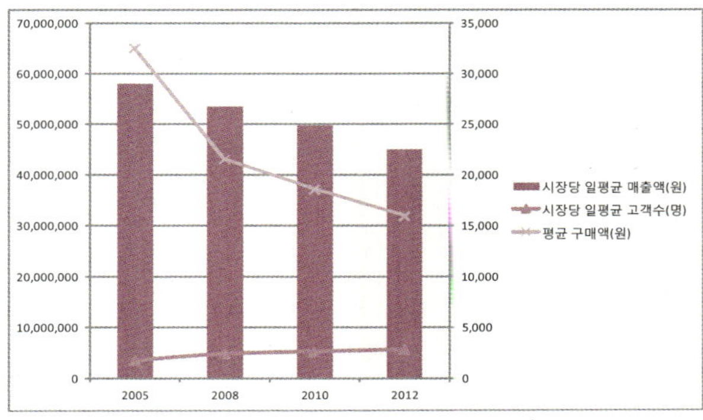

자료 : 통계청, 전통시장·상점가 및 점포경영 실태조사.

2.2 시장규모 및 업종별 점포현황

점포수를 기준으로 한 전통시장의 규모는 2012년을 기준으로 점포 100개 미만인 소형시장이 전체 전통시장의 66.5%를 차지하고 있고, 점포수 100~499개인 중형시장이 30%를 차지하였다 [표 11-2] 참조. 이에 비해 점포수 500~999개인 중대형시장은 36개인 2.3%, 점포수 1,000개 이상의 대형시장은 18개인 1.2%에 불과하였다. 점포의 업종별 점유율을 살펴보면 2012년을 기준으로 의류/신발이 26.0%로 가장 높은 비율을 차지하였고, 농산물 (15.1%), 음식점업 (10.3%), 수산물 (9.2%), 가공식품 (7.6%), 가정용품 (5.9%), 축산물 (4.4%), 근린생활서비스 (4.3%) 등으로 나타났다.

●● [표 11-2] 점포수 기준의 시장규모

	2006	2008	2010	2012
전체시장수	1,610개	1,550	1,517	1,511
대형시장	1.4	1.5	1.3	1.2
중대형시장	3.3	2.5	2.7	2.3
중형시장	33.5	30.8	31.6	30.0
소형시장	61.8	65.3	64.3	66.5

자료 : 통계청 전통시장·상점가 및 점포경영 실태조사.
주) 1. 대형시장 : 시장 내 점포수 1,000개 이상
　　2. 중대형시장 : 시장 내 점포수 500개~999개
　　3. 중형시장 : 시장 내 점포수 100개~499개
　　4. 소형시장 : 시장 내 점포수 100개 미만

3. 전통시장의 중요성

이처럼 경쟁력을 상실해가고 있는 전통시장은 시장논리의 관점에서만 보면 점차 사라져가는 것이 자연적인 현상이라고 할 수 있다. 하지만 전통시장은 여러 가지 측면에서 쇠퇴를 방치할 수 없는 중요성을 지니고 있으며, 이로 인해 정부도 법규의 제정, 정책적 지원 등을 통해 전통시장의 경쟁력 강화를 위한 다각적인 방안을 모색하고 있다. 전통시장의 중요성은 지역공동체, 사회적 안정, 지역경제 등의 관점에서 살펴볼 수 있다.

3.1 지역공동체 관점의 중요성

전통시장은 지역사회의 정서와 전통을 간직하고 있는 장소이자 주민들이 정보를 교류하고 친분을 돈독히 하는 장소로서의 역할을 수행하여왔다. 대형마트, SSM, 편의점, 백화점 등에서 쇼핑을 할 때는 물건을 사고파는데 필요한 대화를 제외하고는 거의 대화가 이루어지지 않지만 전통시장에서는 고객과 상인 간에 또한 고객들 간에 다양한 사회적, 경제적, 정치적 주제를 대상으로 하는 대화가 활발히 오간다. 이로 인해 전통시장은 지역의 여론을 형성시키는 중요한 장소가 되고 있다. 그래서 선거철만 되면 정치인들은 전통시장을 방문하여 여론을 청취하고, 전통시장 육성을 위한 대책을 내놓는다. 또한 전통시장에서는 지역의 특산물이나 역사 등을 기반으로 하는 다양한 문화행사가 펼쳐지고, 순대, 떡복기, 국밥, 전 등 주머니가 가벼운 서민들이 부담 없이 즐길 수 있는 다양한 먹거리가 제공된다. 그래서 전통시장은 단순히 물건을 사고파는 장소가 아니라 주민들이 정서를 순화하고 생활의 활력을 제공받는 지역공동체의 중심지로서의 성격을 지니고 있다.

3.2 사회적 안정 관점의 중요성

전통시장을 시장논리만으로 바라볼 수 없는 또 다른 이유는 전통시장이 많은 사람들의 생업의 기반이 되고 있기 때문이다. 전통시장에는 점차 줄어들고는 있지만 2012년 현재 약 20만 개의 점포에서 35만 명이 넘는 사람들이 점포주, 점포 종업원, 노점상으로서 생업을 이어가고 있다 ([표 11-3] 참조). 따라서 전통시장의 몰락은 대량의 실업자가 발생한다는 것을 의미하고, 이는 지역경제의 쇠락은 물론 양극화의 심화로 인한 사회적 혼란으로 이어질 수 있다.

●● [표 11-3] 전통시장의 점포 및 상인 수

구분	2005	2006	2008	2010	2012
점포 수 (개)	239,200	225,725	207,329	201,358	204,237
시장상인 수 (명)	396,229	352,646	362,960	359,375	354,146

자료 : 통계청, 전통시장·상점가 및 점포경영 실태조사.

3.3 지역경제 관점의 중요성

전통시장의 몰락은 지역 경제의 쇠퇴로 이어질 수 있다. 이는 전통시장이 몰락하면 여기에서 생업을 영위하고 있는 상인은 물론, 지역에 뿌리를 내리고 있는 중소 제조업체, 서비스 업체, 도매상, 중소 금융기관 등의 도산으로 이어질 수 있기 때문이다. 이와 함께 지방자치단체의 세수기반 또한 취약해진다. 전통시장이 빠져나간 자리를 대형 유통업체들이 대체하지만 이로 인해 소득이 역외로 빠져나가면서 지방경제는 더욱 타격을 받을 수 있다.

4. 전통시장 쇠퇴의 원인

4.1 내부적 요인

전통시장의 쇠퇴를 가져온 시장 내부의 요인으로 취약한 가격경쟁력, 상인들의 노령화, 공동체의식·서비스정신·마케팅능력 등의 부족, 시설의 노후화, 시장운영의 낙후성 등을 들 수 있다.

4.1.1 취약한 가격 경쟁력

전통시장의 상인들은 규모가 영세하기 때문에 구매량이 작고 또한 재고를 쌓아둘 수 있는 창고 등의 시설도 갖추고 있지 못하기 때문에 대량 구매를 통해 가격경쟁력을 확보하기가 어렵다. 2012년을 기준으로 공동물류창고를 가지고 있는 전통시장은 전체의 5.8%에 불과하였다. 이로 인해 상인들은 제조업체와의 직거래보다는 대부분 도매상을 통해 물건을 구입하고 있으며 ([표 11-4] 참조), 따라서 막강한 협상력을 바탕으로 제조업체와 직접 거래하고 있는 대형마트, SSM, 편의점 등의 대형 유통업체에 비해 가격 경쟁력에서 열세에 있다.

●● [표 11-4] 전통시장 점포의 상품매입처

	2006	2008	2010	2012
도매상	78.8	75.5	76.6	79.3
저조업체	18.9	21.9	21.9	18.4
해외수입	2.3	2.6	1.6	2.3

자료 : 통계청, 전통시장·상점가 및 점포경영 실태조사.

4.1.2 상인들의 노령화

전통시장의 쇠퇴로 인하여 도전의식과 기업가 정신을 갖춘 젊은 창업자의 전통시장 진입이 이루어지지 않으면서 전통시장 상인들의 노령화가 가속화되고 있다. 전통시장 내 점포의 업력(業歷)은 2006년의 12.4년에서 2012년에는 14.8년으로 증가하였고, 점주의 평균 연령도 같은 기간에 51.6세에서 55.0세로 증가하였다 ([표 11-5] 참조). 이처럼 후계자에게 대물림을 하지 않고 자신의 대(代)에서 사업을 접으려는 노령화한 상인들이 많아지면서 시장의 활기가 떨어지고 있다. 상인들의 연령이 고령화되면서 고객들의 연령도 고령화되는 추세를 보이고 있다. 젊은 창업자가 활발히 진입하지 않으면서 젊은 고객들의 전통시장 활용도 늘어나지 않고 있는 것이다. 이는 시간이 갈수록 전통시장의 미래가 더욱 어두워진다는 것을 의미하기 때문에 매우 심각하게 받아들여져야 하는 문제라고 할 수 있다.

•• [표 11-5] 전통시장 점포의 업력과 점주의 평균 연령

구분	2006	2008	2010	2012
점포 업력	12.4년	13.0년	14.8년	14.8년
점주 평균 연령	51.6세	52.9세	53.7세	55.0세

자료 : 통계청 전통시장·상점가 및 점포경영 실태조사.

4.1.3 공동체의식·서비스정신·마케팅능력 등의 부족

전통시장의 상인들은 자신만의 노하우와 노력을 바탕으로 상점을 이끌어왔다는 자부심을 가지고 있는 경우가 많아서 공동구매, 공동판촉 등 다른 상인들과의 협업에 익숙하지 않다는 점도 경쟁력을 약화시키는 원인이 되고 있다. 또한 서비스 정신이나 마케팅능력의 부족도 경쟁력을 약화시키는 원인이 되고 있다. 중소기업청이 지원하는 '상인대학' 등의 교육 프로그램을 통해 점포경영 선진화, 고객응대 기법 등에 대한 교육이 이루어지고는 있지만 소비자들의 높아지고 있는 의식수준을 따라잡지 못하고 있다.

4.1.4 시설의 노후화

전통시장의 시설은 쾌적한 환경에서 쇼핑을 하기를 원하는 소비자 트렌드를 따라잡기에는 아직 역부족이다. 정부의 지원으로 아케이드, 주차장, 화장실, 휴게실, 가로등, 도로포장 등의 시설이 갖추어지고는 있지만, 아직도 타 소매업태의 수준에는 훨씬 디치지 못하고 있다. 2012년을 기준으로 주요시설 보유율을 살펴보면 화장실 86.8%, 고객주차장 51.3%, 아케이드 48.0%, 휴게실 11.1% 등으로 나타나고 있다.

4.1.5 시장 운영의 낙후성

정찰가격제 미정착, 무자료거래, 반품서비스 미흡, 신용카드 사용 미도입 등으로 인해 고객의 편의성과 신뢰성이 저하되고 있는 것도 경쟁력 약화의 원인이 되고 있다. 2012년을 기준으로 가격표시제 51.7%, 원산지표시제 63.5%, 교환/환불 63.6%, 신용카드단말기 57.3%, 택배서비스 36.5%, 쇼핑카트 8.9%, 콜센터 5.2% 등으로 나타났다. 또한 전통시장은 정보화 추진 수준이 낮아서 온라인쇼핑 등을 적극적으로 활용하지 못하고 있으

며, 정보의 체계적인 수집이 이루어지지 않으면서 데이터에 근거하는 객관적이고 과학적인 시장 운영이 이루어지지 못하고 있다. 2012년을 기준으로 인터넷쇼핑몰 운영 1.1%, 시장홈페이지 운영 7.3%, POS 설치 6.5% 등으로 정보화 수준이 극히 낮은 것으로 나타나고 있다.

4.2 외부적 요인

전통시장의 쇠퇴를 촉발시킨 가장 주된 외부적인 요인으로는 소비자 트렌드의 변화와 대형 유통업체의 성장 등을 들 수 있다.

4.2.1 소비자 트렌드의 변화

전통시장의 가장 큰 장점 중의 하나는 접근이 용이하다는 점이다. 그런데 소득의 향상에 따라 소비자들이 자동차를 보유하게 되면서 물리적인 거리의 중요성이 크게 줄어들었다. 이로 인해 집 근처의 전통시장보다는 차량을 이용해 대형마트, SSM, 대형 쇼핑센터 등에서 물건을 구입하는 경향이 커지고 있다. 시간의 가치를 중시하는 소비자의 트렌드도 전통시장을 위축시키고 있다. 이는 특히 온라인쇼핑으로 가시화되고 있다. 아침에 대형 유통업체의 종합몰 등에서 신선식품을 구입하면 오후에 배달이 되어 저녁식사 준비가 가능한 환경이 조성되면서 전통시장의 물리적 근접성이라는 장점은 크게 희석되었다. 또한 쾌적한 쇼핑 환경과 다양한 선택 대안을 선호하는 경향도 전통시장의 경쟁력을 약화시키고 있다. 정감이 오가는 대화와 다양한 볼거리, 먹거리 등을 제공하는 전통시장보다는 편리한 주차시설, 깨끗한 매장 환경, 다양한 상품구색 등을 갖춘 대형마트, SSM, 복합쇼핑몰 등에서의 쇼핑을 선호하는 경향이 커지고 있다.

4.2.2 대형 유통업체의 성장

대형마트, SSM, 편의점 등의 대형 유통업체의 성장은 전통시장의 쇠락을 가져온 가장 직접적인 원인으로 작용하고 있다. 이러한 대형 유통업체 성장의 이면에는 1970년대에 시작된 유통근대화 정책과 1990년대 말에 도입된 여러 가지의 유통정책들이 있다. 당시에 도입된 주된 유통 정책은 다음과 같다.

- 유통근대화 정책 : 정부는 1974년에 일정한 요건을 갖춘 기업을 '슈퍼체인 적격업체'로 지정하여 체인화를 유도하였다. 이를 계기로 미도파, 한화, 한양, 해태, 삼양, 럭키, 신세계 등의 많은 기업들이 슈퍼마켓 사업에 진출하였는데, 이것이 현재의 기업형슈퍼마켓(SSM)의 효시라고 할 수 있다. 또한 정부는 1975년에 중소상인의 조직화·협동화 사업을 추진하기 위해 제조업체로부터 상품을 공급받아 슈퍼마켓에 공급하는 연쇄점본부를 육성하는 정책을 개시하였다. 이러한 유통근대화 정책에 힘입어 1970~1980년대에 중대형 슈퍼마켓이 크게 성장하였다.
- 유통시장 전면 개방 : 1996년에 유통시장이 전면 개방되면서 외국자본에 의해 설립되는 점포의 수와 면적에 대한 규제가 폐지되었다. 이를 계기로 다국적 대형 유통업체들이 우리나라에 대거 진입하였다.
- 대규모 점포 설립의 허가제에서 등록제로의 전환 : 1997년에 도입된 이 정책으로 인해 대형 유통업체들은 손쉽게 매장을 늘려갈 수 있게 되었다.
- 오픈프라이스 제도의 도입 : 1999년에 도입된 오픈프라이스 제도는 제조업체가 소비자 권장가격을 정할 수 있는 권한을 폐지하고 유통업체가 상품판매가격을 자율적으로 정할 수 있도록 하는 것을 주된 내용으로 하고 있다. 이 제도를 계기로 대형 유통업체들은 그간 유통경로에서 우위를 점하고 있었던 대형 제조업체에 대해 힘의 우위를 갖게 되었다.

1990년대 말에 도입된 여러 가지의 유통정책들의 중심에는 대형마트가 있었다. 1996년에 유통시장이 전면 개방되면서 마크로, 월마트, 까르프 등의 다국적 유통업체들의 대형마트가 우리나라에 설립되었으며, 이에 대응하여 우리나라의 대형 유통업체들도 대형화를 서두르게 되었다. 1997년 대규모 점포의 설립이 허가제에서 등록제로 전환되고, 1999년 오픈프라이스 제도가 도입되면서 대형 유통업체들은 급속하게 점포를 늘려나갔다. 대형마트는 2002년에 점포수 200개를 돌파하였고, 이어서 2005년에 300개, 2009년에 400개, 2014년에 500개를 돌파하였다. 이로 인해 경쟁력을 갖추지 못한 전통시장과 중소슈퍼는 큰 타격을 입고 매출이 급감하였다. 대형마트를 운영하는 대형 유통업체들은 2000년대 중반에 들어 성장세가 둔화되고, 부지확보의 어려움으로 인해 출점이 어렵게 되면서 새로운 돌파구를 찾아 대형슈퍼마켓(SSM)의 설립을 통해 골목상권에 본격 진출하게 되었다. 이로 인해 전통시장과 중소슈퍼의 쇠퇴는 가속화되었다.

정부는 2000대 초부터 전통시장에 대해 관심을 갖기 시작하면서 시설현대화 사업에 착수하는 한편, 건축물 용적률과 과밀부담금에 대한 특례조치 등을 실행함으로써 재개발, 재건축 등을 촉진하기 위해 노력하였다. 그러나 이러한 정책들은 전통시장의 자생력을 확보해주기에는 역부족이었다. 전통시장의 쇠락이 가속화되면서 사회적 문제로까지 파급되자 2013년에는 유통산업발전법을 개정하여 대형마트와 SSM을 대상으로 신규출점 제한, 영업시간 제한, 의무휴무제 등의 규제를 가하게 되었다. 그러나 이러한 규제에도 불구하고 전통시장의 쇠락은 지속되고 있다. 이는 대형마트와 SSM에 대한 규제의 반사이익이 전통시장이나 중소슈퍼로 가기 보다는 편의점이나 온라인쇼핑 등으로 가고 있기 때문인 것으로 분석되고 있다. 24시간 연중무휴로 운영이 되면서 2013년 현재 전국에 24,400개의 점포가 있는 편의점은 가공식품이나 잡화는 물론 신선식품까지 그 영역을 확대하면서 전통시장과 중소슈퍼를 압박하고 있으며, 2010년대에 들어 폭발적으로 성장하고 있는 온라인쇼핑도 신선식품 등의 비중을 늘리면서 전통시장과 중소슈퍼의 부활에 부정적으로 작용하고 있다.

5. 전통시장에 대한 지원

5.1 전통시장에 대한 지원의 개요

전통시장을 부흥시키기 위한 중앙정부, 국회, 지차체 등의 지원은 시설현대화 지원, 경영선진화 지원, 홍보 및 고객유치 활동의 전개, 제도개선 및 주변환경 규제 등의 다양한 형태로 이루어지고 있다 ([표 11-6] 참조).

●● [표 11-6] 전통시장에 대한 지원 유형 구분

구분	세부 방안
시설현대화 지원	• 주차 지원 (주차장 설치, 발레파킹 서비스 도입 등) • 아케이드 설치 및 관리 • 리모델링 (간판, 좌판, 진입로 정비, 전기시설 등 상가 환경 개선) • 고객편의시설 설치 (종합안내소, 고객쉼터, 화장실, 카트대여소 등)
경영선진화 지원	• 경영개선을 위한 상인교육 강화 및 상인조직 육성 • 청년상인 창업지원 • 공동마케팅 도입 – 공동구매, 공동판매 및 배달서비스 • 전통시장 인터넷 판매망 구축 • 시장별 차별화된 이미지와 브랜드화 • 가격표시제, 원산지 표시제 도입 • 신용카드 사용촉진 및 카드 가맹점 확대 • 유통정보시스템 도입 • 명절, 계절별 이벤트, 쿠폰제 등 선진 경영기법 도입 • 고객서비스 강화 및 교환/환불시스템 개선
홍보 및 수요창출을 통한 고객유치	• 지역문화와 연계한 문화시장 조성 • 방송, 인터넷, 전단지 등의 매체를 활용한 홍보 • 학교, 기업 등과의 연계 (자매결연) • 온누리 상품권의 판매 확대 및 전자상품권 발행 • '전통시장 가는 날' 지정
제도개선 및 주변환경 규제	• 대형마트, SSM의 출점 제한, 의무휴무, 개점시간 제한 • 사업조정제도 강화

자료 : 조달호 (2012), "서울시 전통시장 현황 및 활성화 방안." 서울시정개발연구원, Working Paper. 89.

이러한 다양한 형태의 지원은 2004년에 제정된 '전통시장 및 상점가 육성을 위한 특별법'을 계기로 중소기업청을 중심으로 이루어지고 있다. 중소기업청은 지방자치단체나 문화체육관광부와의 협업을 통해 시설현대화, 경영선진화, 문화관광형시장 육성 등의 사업을 전개해 오고 있다.

이 가운데 '문화를 통한 전통시장 활성화 시범사업'을 의미하는 문전성시 프로젝트는 침체된 전통시장에 문화의 숨결을 불어넣어 시장을 문화체험 공간이자 일상의 관광지로 활성화하기 위한 목적으로 2008년부터 중소기업청과 문화체육관광부가 추진한 사업이다[글 11-1] 참조). 2008년부터 2013년까지 117억여 원의 예산을 투입하여 총 27개 전통시장을 지원하였다.

[글 11-1] 수원 못골시장의 문전성시 프로젝트

"여기는 못골 방송국, 우리도 라디오 스타" : 수원 못골시장은 대를 이어 장사를 하는 젊은 상인들이 많이 있다. 이들 상인들은 부모님이 만들어놓은 영역 안에서 반복되는 일상과 노동에 지쳐서 삶의 즐거움을 찾지 못하고 하루하루를 무기력하게 살아가고 있었다. 무기력함에서 벗어나기 위해서는 이들에게 동기를 부여하는 일이 필요했고, 이를 위해서 못골온에어 프로그램을 시작했다. PM단은 못골시장의 대를 잇는 상인들을 중심으로 라디오 DJ 양성교육을 시작하였고, 개국하였다. 일주일에 2회 못골시장의 내부 스피커를 통해서 라디오 방송을 진행했다. 상인들은 자신들의 이야기를 들려주는 DJ가 되기도 하고 엔지니어가 되기도 한다. 못골온에어가 전파를 탄 이후에 시장의 이야기에 귀 기울이는 사람들이 많이 생겼으며, 참여한 젊은 상인들이 자존감을 회복하고 전통시장의 주역으로 성장하게 되었다.

못골온에어 진행을 위해서 상인들의 이야기를 수집하는 과정이 있었다. 이야기와 문화를 파는 시장이라는 테마로 시작된 문전성시 사업의 특성상 시장 상인들의 이야기를 수집하고 편집했다. 복싱선수를 둔 은하잡곡 아줌마, 못골시장 모든 상인의 아들이 하는 쉼터분식, 뮤지컬 배우가 있는 은실이네 야채가게 등의 이야기를 만들었다. 이러한 이야기는 단행본으로 발간되기도 하였으며, 시장을 찾는 고객들과 함께 일하는 상인들에게 라디오를 통해서 퍼져나간다. 못골온에어는 우선 상인들과 소통한 후 지역 사회와 호흡하는 프로그램도 구상하였다. 지역의 장애우들을 위한 라디오 체험 교육프로그램도 개발하여 진행하였으며, 지역주민들을 모아 초청한 사랑방 모임도 실시하였다. 또한 단순히 시장 내에서만 듣는 라디오가 아니라 보이는 라디오 시스템을 구축하였으며 아프리카 TV등을 통해 인터넷으로 송출하기도 했다.

라디오 DJ로 활동하는 상인들은 자신의 목소리로 방송을 하면서 생활에 활기를 얻었다. 매일 똑같던 생활에서 벗어나서 새로운 삶을 살고 있다고 말하는 상인들은 주체적으로 진행할 자신의 영역을 찾고 그것을 꾸려 나가는 과정에서 활기를 찾게 되었다. 또한 시장에 대해서 잘 알지 못했던 상인들과 지역민들은 시장은 물론 시장에서 함께 일하고 있는 상인들의 이야기에 귀 기울이게 되었으며, 서로를 이해하고 소통하는 좋은 계기가 되었다. 현재도 못골온에어는 상인들이 주도하는 라디오 프로그램으로 못골시장에서 계속되고 있다.

자료 : 문전성시사업단 (2012), 문전성시 대표 프로그램 99선, 문화체육관광부, 46-47.

법규 제정과 제도의 강화를 통한 지원도 활발하게 이루어지고 있으며, 가장 대표적인 것으로는 유통산업발전법, 사업조정제도, 대·중소기업 상생협력 촉진에 관한 법률 등을 들 수 있다.

- 유통산업발전법 : 2013년부터 시행도고 있는 개정된 유통산업발전법은 전통시장 반경 1km 내의 지역을 '전통상업보존구역'으로 지정하여 대형마트와 SSM이 출점하는 것을 제한할 수 있도록 규정하고 있다. 개정 이전에는 500m 이너로 규정되어 있었는데, 거리가 2배로 늘어나면서 규제 면적이 4배로 확장되었다. 이와 더불어 각 지방자치단체는 유통산업발전법에 근거한 조례 개정을 통해 매월 두 번에 걸친 일요일 의무휴무와 0시~오전 8시(혹은 오전 10시) 영업금지 등을 규정하고 있다.

- 사업조정제도 : 사업조정제도는 대기업에 의하여 중소기업의 경영이 위협받을 가능성이 있는 경우에 중소기업청이 이에 개입해 대기업에 사업진출의 연기나 생산 품목·수량 등의 축소를 명하는 제도다. 중소기업청은 대기업의 진출을 최장 6년까지 연기하거나, 생산 축소를 권고할 수 있다.

- 대·중소기업 상생협력 촉진에 관한 법률 : 이 법률은 대기업의 투자 지분이 50%가 넘는 위탁형 가맹점도 사업조정 대상에 포함시키고 있다.

5.2 전통시장 지원 정책에 대한 평가와 발전방향

이러한 다양한 지원정책이 실시되면서 많은 성공사례가 나타나고는 있지만, 전통시장 전체의 매출은 여전히 지속적인 감소세를 보이고 있다. 이에 대해 다양한 원인들이 지적될 수 있다.

첫째, 정부, 지자체 등의 전통시장에 대한 적극적인 관심과 지원이 너무 늦게 시작되었다는 점을 들 수 있다. 유통업체의 대형화에 의한 전통시장과 영세상인의 몰락이 충분히 예견되었음에도 불구하고 전통시장에 대한 지원이 대형슈퍼마켓이나 대형마트가 이미 상당한 정도로 성장한 2000년대 들어 본격화되었기 때문에 그 효과가 두드러지게 나타나지 못하였다. 대기업이 운영하는 대형슈퍼마켓은 1980년대에 이미 크게 성장하여 전통시장을 압박하고 있었고, 1990년대 들어서는 대형마트가 급속하게 성장하였다. 즉, 대형 유통업체들이 확고하게 자리를 잡고 있었던 2000년 대는 전통시장에 대한 지원정책이 단기적으로 크게 효과를 나타낼 수 있는 시장 환경이 아니었다. 더욱이 우리나라의 소매시장이 성숙기에 들면서 성장률이 저하된 것도 지원정책의 효과가 두드러지게 나타나지 못하게 되는 원인으로 작용하였다.

둘째, 정부의 지원정책이 전통시장의 강한 추진의지를 이끌어낼 수 있는 방향으로 전개되지 못하였다. 전통시장에 대한 지원이 효과를 발휘하기 위해서는 첫째, 상인회와 시장상인들의 단결과 자발적인 참여가 전제되어야 하고 둘째, 개별 전통시장의 특수성을 감안한 지원이 이루어져야 한다. 그런데 정부의 지원정책은 대부분 개별 전통시장의 자율성과 특수성을 고려하지 않고 지원사업, 지원대상, 사업구역, 예산집행방법 등을 일방적으로 결정하는 하향식으로 실행되었기 때문에 상인회와 시장상인들의 적극적인 의지를 이끌어내지 못하였다. 이로 인해 정부의 지원이 전통시장의 부흥을 위한 '마중물'로서의 역할을 하지 못하고 단기적인 '이벤트'로 그치는 경우가 많았다.

셋째, 시간이 많이 걸리고 보다 섬세함이 요구되는 지원에는 상대적으로 소홀하였다는 점이 지적될 수 있다. 상인들의 의식개혁이나 경영마인드의 고취, 판매촉진이나 공동구매 등을 위한 방법론의 습득 등은 단기적으로 가시적인 효과가 나타나기 어렵다. 이를 위해서는 꾸준한 투자는 물론 상인회와 상인들에 대한 설득과 교육이 지속적으로 이루어지면서 전통시장의 발전을 위해서는 무엇이 중요하고 어떠한 일들을 추진해나가야 하는지에 대한 공감대가 형성되어야 한다. 이러한 분야에 대한 투자는 단기적으로 효과가 나타나지 않기 때문에 지자체나 정부부처 등 지원 실적을 평가받아야 하는 지원주체로서는 어려움이 있지만, 이러한 기반이 없이는 시설현대화나 문전성시 등을 위한 투자가 매출로 이어지지 않기 때문에 어렵지만 지속적인 관심을 가지고 꾸준히 지원을 해나가야 한다.

앞으로의 정부의 지원정책은 선별적으로 이루어질 필요가 있다. 상인회와 시장상인들의 의지와 단결력은 물론, 개별 전통시장이 제안하는 발전전략의 실효성과 현실성을 면밀하게 평가하여 선별적으로 지원함으로써 정부의 지원이 '마중물'로서의 역할을 수행할 수 있도록 하여야 한다. 또한 정부의 지원은 장기적인 안목에서 전통시장의 경쟁력을 강화시켜줄 수 있는 방향으로 전개되어야 한다. 현재 전통시장이 가지고 있는 가장 큰 문제점 중의 하나는 대형마트 등에 비해 가격경쟁력이 취약하다는 점을 들 수 있다. 가공식품이나 생활용품은 물론 신선식품에 있어서도 전통시장은 가격경쟁력을 갖추지 못하고 있다. 일부 상인들은 발품을 팔아 도매시장이나 산지에서 물건을 구입하여 경쟁력 있는 가격으로 물건을 판매하고 있지만, 이는 극히 일부에 불과하다. 가격 경쟁력 확보의 중심에는 물류센터가 있는데, 규모의 경제를 갖춘 물류센터의 구축은 개별 전통시장이 해결할 수 있는 수준을 벗어난다. 정부는 전통시장의 물류센터 구축을 지원함으로써 전통시장이 자생력을 갖출 수 있도록 지원하는 것이 바람직하다.

● 참고문헌

김성수 (2012), "전통시장," in 한국유통포럼, 한국유통산업흐름, 이서원, 120-159.

문전성시사업단 (2012), 문전성시 대표 프로그램 99선, 문화체육관광부, 46-47.

송기철 (2012), "사례조사로 본 전통시장의 의미와 활성화 방안," 서울경제, 4월호, 1-11.

임형섭 (2006), "재래시장 활성화 방안에 관한 연구," 광주전남발전연구원, 정책연구 2006-13.

조달호 (2012), "서울시 전통시장 현황 및 활성화 방안," 서울시정개발연구원, Working Paper.

지식경제부, 연세대학교 (2011), 유통산업 구조개선을 통한 물가안정방안 연구: 거시분석, 129-146.

경기신문, "누구를 위한, 무엇을 위한 정부인가," 2013년 11월 11일.

디지털타임스, "ICT 전통시장 및 문화관광형시장 등 전통시장 지원," 2014년 3월 18일.

머니위크, "'영업시간 제한' 그후…전통시장-대형마트 '동반몰락'?," 2014년 3월 6일.

연합뉴스, "대형마트·전통시장 매출액 추이," 2011년 3월 17일.

중앙일보, "북적! 북적! 와글~ 와글~ 경기도 전통시장!!," 2014년 2월 28일.

한겨레, "전통시장·소상공인 활성화 어떻게 할까," 2014년 3월 25일.

제 **12** 장　다단계판매

1. 다단계판매의 개념

1.1 다단계판매의 정의와 장단점

다단계판매(Multi Level Marketing: MLM)는 '소비자와의 대면접촉을 통해 상품을 판매하는 인적판매의 일종으로 소비자인 동시에 판매원인 회원이 자신의 판매 실적뿐만 아니라 자신의 하위에 위치한 판매원들의 판매 실적에 대하여도 수당을 수령하는 형태의 소매업태'로 정의될 수 있으며, 네트워크마케팅, MLM, 회원직접판매 등 다양한 명칭으로 불리고 있다. 다단계판매에서의 '다단계'는 판매원들이 직급에 따라 계층구조를 이루고 있다는 의미에서 붙여졌다. 다단계판매는 1940년대에 미국에서 창안되었으며, 우리나라에는 1980년대 중반에 도입되었다. 다단계판매는 여타 소매업태와 비교하여 다음과 같은 장점을 지니고 있다.

- 다단계판매는 무점포 인적판매이기 때문에 점포개설비, 점포유지비, 광고비 등이 소요되지 않으며, 도매상이나 소매상과 같은 유통경로를 거치지 않고 소비자에게 직접 판매하는 구조이기 때문에 유통마진도 절감시킬 수 있다 ([그림 12-1] 참조). 이러한 비용절감을 통해 소비자에게 우수한 품질의 상품을 보다 저렴하게 공급하면서도 보다 많은 수익을 실현할 수 있다.
- 기업은 판매원을 별도로 고용할 필요가 없기 때문에 고정 인건비가 발생하지 않고 매출의 증가에 따라 조직이 비대해지는 현상도 방지

할 수 있다.

- 다단계판매에서는 소비자를 찾아다니는 형태의 영업이 이루어지기 때문에 점포판매에 비해 훨씬 더 적극적으로 시장을 개척해나갈 수 있다.

●● [그림 12-1] 다단계판매에서의 유통경로

| 제조업체 | ⇨ | 다단계판매 업체 | ⇨ | 판매원 | ⇨ | 소비자 |

* 다단계판매 업체가 생산시설을 갖추고 있는 경우에는 제조업체와 다단계판매 업체가 일치함

다단계판매가 이러한 장점을 가지고 있기 때문에 우수한 품질의 상품을 생산하고 있지만 유통망 구축에 많은 자금을 투자할 여유가 없는 중소기업에게 매우 유용하게 사용될 수 있다. 중소기업은 스스로 다단계판매 업체가 되어 사업을 전개할 수도 있지만 이는 실제로는 매우 어려운 일에 속한다. 왜냐하면 중소기업 제품의 판매원이 해당 제조업체에서 생산되는 몇몇 개의 상품만을 가지고는 충분히 수익을 창출하기가 어렵고, 또한 중소기업은 제한된 예산과 인력 때문에 판매원 조직을 관리해 나가기가 힘들기 때문이다. 그래서 중소기업이 다단계판매를 활용하는 경우에는 다단계판매 조직을 구축하고 있는 업체에게 상품을 판매하거나 혹은 판매를 의뢰하는 형태로 사업을 전개하는 경우가 훨씬 더 많다. 이는 중소기업이 다단계판매 업체를 자사의 판매조직과 같이 활용한다는 것을 의미한다.

반면에 다단계판매는 일반 소비자가 판매원이 되고, 판매원의 수입이 자신의 판매액은 물론 자신의 하위에 위치해 있는 판매원들의 판매액에도 의존하고 있기 때문에 일반기업의 판매조직에서 나타나지 않는 다음과 같은 문제점들이 발생할 수 있다.

- 다단계판매에서는 판매원이 소비자를 대상으로 하는 상품 판매보다

는 하위 판매원의 모집에 더 주력할 가능성이 있다. 이렇게 되면 실질적인 판매는 이루어지지 않으면서 판매원 조직만 비대해지는 결과가 초래되고, 결국에는 판매원 조직이 활기를 잃고 유명무실하게 되어버릴 가능성이 있다.

- 다단계판매에서는 전문성을 지니지 않은 소비자가 기존 판매원의 권유에 의해 판매원으로 전환되는 것이기 때문에 이 과정에서 정보의 왜곡, 사행심 조장, 강박적인 분위기에 의한 가입, 공정하지 않은 계약 등의 문제가 발생할 수 있다.

다단계판매에서는 이러한 문제가 발생할 수 있는 개연성이 높기 때문에 정부에서도 '방문판매 등에 관한 법률' 등을 통해 규제를 강화하고 있으며, '다단계판매업체 정보공개 제도'의 도입을 통해 선의의 피해자가 발생하지 않도록 노력하고 있다. 업계에서도 한국직접판매협회 등과 같은 단체를 중심으로 다단계판매에 대한 홍보를 강화하고 회원사를 대상으로 교육프로그램을 운영하는 등 건전한 상거래가 이루어질 수 있도록 노력하고 있다.

1.2 방문판매, 후원방문판매, 다단계판매의 구분

우리나라의 '방법판매 등에 관한 법률'에서는 방문판매, 후원방문판매, 다단계판매, 전화권유판매, 계속거래 및 사업권유거래 등의 5개 판매유형을 특수판매로 구분하고, 각각에 대해 규제조항들을 두고 있다. 즉, '방법판매 등에 관한 법률'은 일상적으로 흔히 방문판매라고 불리고 있는 소매업태를 방문판매, 후원방문판매, 다단계판매의 세 개의 유형으로 구분하고 있다. 세 유형 모두 판매원이 대리점이나 영업소와 같은 사업장 이외의 장소에서 소비자에게 권유하여 계약의 청약을 받거나 혹은 계약을 체결하여 제품이나 서비스를 판매한다는 점에서는 공통점을 지니고 있지만, 판매조직의 구조나 판매원의 수당체계 등에 있어서는 큰 차이점을 가지고 있다 ([그림 12-2] 참조).

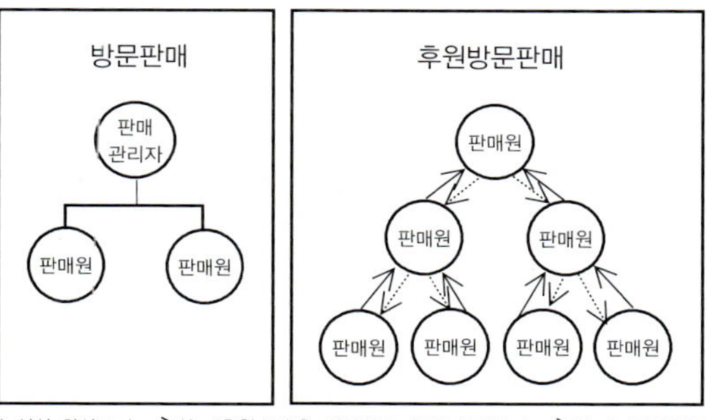 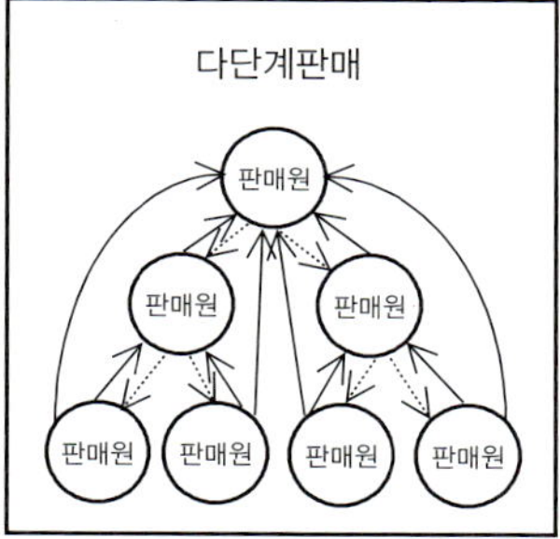

[그림 12-2] 방문판매, 후원방문판매, 다단계판매의 개념도

* 실선 화살표 (──▶)는 '후원수당'을 의미하고, 점선 화살표 (┄┄▶)는 '가입권유'를 의미함.

방문판매, 후원방문판매, 다단계판매는 다음과 같은 두 가지 기준에 의해 구분될 수 있다.

- 판매원과 업체와의 관계 : 첫 번째 기준은 판매원이 자신이 판매하는 상품을 공급하는 업체와 어떠한 관계를 가지고 있는가에 대한 것이다. 방문판매에서의 판매원은 업체와 고용계약을 맺고 활동하며, 판매관리자를 제외한 모든 판매원은 자신의 실적에 따라서만 수입이 결정된다. 보험사의 대리점이 이러한 유형의 대표적인 사례라고 할 수 있다. 대리점의 판매관리자는 판매원인 보험설계사의 실적에 따라 자신의 수입이 크게 영향을 받기 때문에 보험설계사의 수를 늘리기 위해 많은 노력을 기울인다. 보험설계사도 자신의 지인을 자신이 소속된 대리점에 소개할 수는 있지만 기본적으로 자신의 수입은 오직 자신의 실적에 따라서만 결정된다. 보험설계사들 간에는 상하관계가 존재하지 않으며 수평적인 관계를 유지한다.
이와는 달리 후원방문판매나 다단계판매의 판매원은 기존 판매원을 통해서만 판매원으로서의 자격을 취득할 수 있고, 기존 판매원의 하위 판매원으로 배속되며, 기존 판매원에게 자신의 판매액의 일정비율을 후원수당으로 지급하여야 한다. 또한 하위 판매원도 모집활동을 통해 자신의 하위에 판매원을 둘 수 있다. 이러한 확장 과정은 이론적으로는 무한대로 이루어질 수 있다. 그래서 후원방문판매나 다단계판매의 판매원 조직은 방문판매의 수평적인 판매원 조직과는 달리 상하관계가 뚜렷한 삼각형의 조직을 형성하게 된다. 후원방문판매 업체나 다단계판매 업체는 판매원을 모집하는 활동에는 관여하지 않지만 판매원의 후원수당 체계, 판매원의 직급 등과 같은 판매조직과 관련한 정책을 정하고, 우수 판매원의 관리, 판매원에 대한 제품교육 등과 같은 업무를 수행한다.

● 후원수당의 대상 : 두 번째 기준은 후원방문판매와 다단계판매의 구분에 대한 것으로, 특정 판매원에 대한 후원수당이 바로 하위의 판매원의 실적에 의해서만 결정되는 경우에는 후원방문판매가 되고, 그렇지 않고 자신보다 하위에 위치한 모든 판매원들의 실적에 따라 결정되면 다단계판매가 된다. 따라서 다단계판매의 경우에는 자신이 직접 소개한 판매원뿐만 아니라, 자신이 소개한 판매원이 소개한 판매원, 또 그 사람이 소개한 판매원 등 자신을 정점으로 형성된 판매조직에 속한 모든 판매원들의 실적에 따른 후원수당을 수령한다.

후원방문판매나 다단계판매는 방문판매에 비해 과장광고, 강압적인 판매행위 등으로 인해 소비자 피해가 발생할 가능성이 보다 크기 때문에 훨씬 더 엄격한 법률적 규제를 받고 있다. 즉, 방문판매 업체는 해당 구청 혹은 시청에 신고만 하면 사업이 가능하지만, 후원방문판매 업체나 다단계판매 업체는 해당 구청 혹은 시청에 등록을 하여야 하며, 더욱이 다단계판매 업체의 경우에는 3억 원 이상의 자본금을 확보하여야 등록을 할 수 있다. 또한 후원방문판매 업체와 다단계판매 업체는 다음과 같은 3대 규제를 받는다. 다만 후원방문판매 업체의 경우에는 최종소비자에 대한 판매비중이 70% 이상이면 3대 규제가 면제된다.

첫째, 판매원에게 지급되는 후원수당은 다단계판매는 총 매출액의 35%, 후원방문판매는 총 매출액의 38%를 초과할 수 없다.
둘째, 판매 상품의 가격은 160만원을 초과할 수 없다.

셋째, 소비자피해 보상보험에 반드시 가입하여야 한다. 즉, 직접판매공제조합이나 특수판매공제조합 중 1개의 조합에 가입하여 보험료를 납부하여야 한다.

1.3 다단계판매와 피라미드판매와의 차이점

다단계판매는 흔히 피라미드판매와 동일시되면서 사회적인 지탄의 대상이 되는 경우가 많다. 그렇지만 다단계판매는 합법인 반면에 피라미드판매는 불법이라는 큰 차이가 있다. 다단계판매와 피라미드판매의 차이는 [표 12-1]과 같이 정리될 수 있다. 피라미드판매에서는 판매원의 수입이 다른 판매원을 얼마나 많이 모집해오는가에 의해서만 결정되기 때문에 상품은 그다지 중요하지 않고, 그래서 대개 상품의 품질이 좋지 않고, 상품 구색도 몇 가지에 불과하다. 또한 피라미드판매 업체는 판매원에게 교육비, 가입비, 초도 상품구입비 등을 명목으로 초기 가입비용을 과도하게 부담시킴으로써 판매원이 자신의 투자비용을 회수하기 위해 주변의 지인들을 무리하게 판매원으로 가입시키려는 노력을 기울이게 만든다. 또한 소비자의 피해를 보상하기 위한 정책도 가지고 있지 않다. 이에 반해 다단계판매에서는 판매원의 수입이 일반 소비자를 대상으로 하는 판매의 성과에 따라 결정되기 때문에 기본적으로 상품이 경쟁력을 갖지 못하면 다단계판매 업체는 판매조직을 유지할 수 없다. 따라서 다단계판매 업체는 우수한 품질의 다양한 상품을 공급하기 위한 노력을 기울이지 않으면 안 된다. 또한 앞에서 언급한 바와 같이 정부는 소비자피해 보상을 위해 다단계판매업체의 공제조합 가입을 의무화하고 있다. 실제로 2개 공제조합의 하나인 특수판매공제조합은 2012년에 소비자피해 412건에 대해 12억 1,300만 원의 보상금을 지급했다.

●● [표 12-1] 다단계판매와 피라미드판매의 비교

구분	다단계판매	피라미드판매
상품	• 다양한 상품구색 • 양호한 품질의 중저가 소비재	• 상품의 종류 매우 제한적 • 품질이 좋지 않은 고가 내구재
판매원 수입	• 자신 및 하위 판매원의 판매액	• 판매액이 아닌 회원모집에만 의존
가입비용	• 없거나 매우 소액	• 가입비, 교육비, 상품 구매비 등 과도한 가입비용 발생
재고부담	• 강제적인 재고부담 없음	• 강제적인 재고부담 규정
조직 가입	• 가입 및 탈퇴가 자유로움	• 탈퇴가 자유롭지 못함
업무 형태	• 부업으로 유도	• 전업으로 유도
소비자피해 보상	• 공제조합에 소비자피해 보상보험 가입 의무화	• 소비자피해 보상보험 가입 규정 없음

이렇게 다단계판매와 피라미드판매는 합법과 불법이라는 현격한 차이가 있음에도 불구하고 판매원의 조직구조나 판매방식 등에서 유사성이 있기 때문에 일반인들은 물론, 언론에서도 이를 구별하지 않고 사용하는 경우가 많다. 그래서 피라미드판매 업체에 의한 불법행위가 보도되면 모든 다단계판매 업체들이 피해를 입는 현상이 반복되고 있다. 다단계판매 업체와 후원방문판매 업체들로 구성된 한국직접판매협회에서는 이러한 현상을 타개하기 위해 다단계판매라는 용어 대신에 '회원직접판매'라는 용어를 개발하고 이를 보급시키기 위해 노력하고 있다. 하지만 이러한 노력에도 불구하고 용어상의 혼란은 지속되고 있다.

2. 다단계판매 시장 현황

다단계판매 시장의 규모는 2004년에 4조5,000억 원으로 정점을 찍었으나, 설립 6년 만에 암웨이를 추월하여 업계 1위를 차지하고 있었던 JU네트워크가 2005년에 사기혐의로 사회적 물의를 일으키면서 성장세에 있던 다단계판매 업계 전체에 큰 타격을 입혔다. 이로 인해 2005~2007년에는 다단계판매 시장 규모가 급격히 위축되면서 2007년의 매출액은 2004년 매출액의 40%에 불과한 1조8,000억 원을 기록하였다. 2007년 이후 시장이 회복되면서 2007~2012

년에 이르는 시기에는 연평균 약 13%의 높은 성장률을 기록하였으며, 2012
년 현재 약 3조3,000억 원의 시장을 형성하고 있다 ([그림 12-3] 참조).

●● [그림 12-3] 다단계판매 매출액 추이 　　　　　　　　　　　　　　(단위: 억 원)

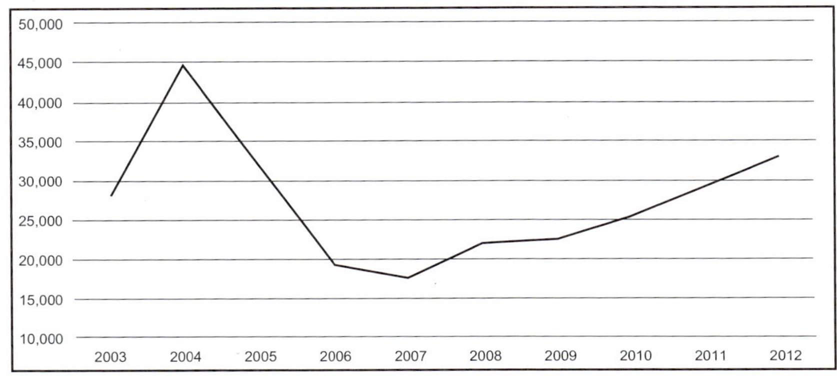

자료 : 공정거래위원회 (2013), "2012년도 다단계 판매업자 매출액, 후원수당 등 주요정보 공개," 보도자료.

다단계판매 업체의 수도 꾸준히 증가하고 있다, 2008년에는 62개 이었
으나, 2009년 71개, 2010년 67개, 2011년 79개, 2012년 94개 등으로 지
속적인 증가세를 보이고 있다. 94개 업체 가운데 직접판매공제조합 소속
은 42개사, 특수판매공제조합 소속은 52개사이다. 두 개의 공제조합은 소
비자피해 보상을 위한 목적으로 설립되었으며, 직접판매공제조합에 가입
되어 있는 업체들의 규모가 특수판매공제조합에 가입되어 있는 업체의 규
모보다 훨씬 더 크다는 차이가 있다. 다단계판매 시장은 상위업체들의 점
유율이 매우 높다는 특징을 보이고 있다. 2012년을 기준으로 모두 외국계
인 상위 3개사 (한국암웨이, 한국허벌라이프, 뉴스킨코리아)의 매출액 합
계(약 1조9,666억 원)는 전체 매출액 (약 3조3,000억 원)의 약 60%를 차
지하고 있다. 특히 한국암웨이는 2012년에 1조가 넘는 매출액을 기록하면
서 점유율이 30%를 넘었다. 다단계판매 업체들이 주로 취급하는 품목은
건강식품, 화장품, 통신상품, 생활용품 등으로 나타나고 있다. 이 가운데 건
강식품, 화장품, 생활용품 등은 동시에 취급하고 있는 업체들이 많지만 통
신상품을 취급하는 업체들은 통신상품에만 집중하는 경향을 보이고 있다.

판매원의 수도 꾸준히 증가하고 있다. 2009년 340만 명에서, 2010년 357만 명, 2011년 415만 명, 2012년 470만 명으로 증가하였다. 2012년을 기준으로 판매원 470만 명 가운데 후원수당을 수령한 판매원은 전체의 약 25.2%인 118만2천 명이었으며, 액수로는 1조668억 원으로 전체 매출액의 약 32.3%를 차지하였다. 후원수당을 수령한 판매원들의 수령금액은 매우 큰 차이를 보이고 있다. 2012년에 후원수당을 수령한 118만2천 명의 상위 1% (11,741명)의 1인당 연간 평균 수령액은 5,406만 원인데 반해, 나머지 99%인 약 117만 명의 1인당 연간 평균 수령액은 40만5천원에 불과하였다. 이는 상위 1% 미만의 판매원이 1년간 지급받은 후원수당(5,924억 원)이 나머지 판매원 99%가 지급받은 후원수당(4,744억 원) 보다 훨씬 많았다는 것을 의미한다.

3. 다단계판매 업체의 상품조달 경로

우리나라 다단계판매 업체의 상품조달 경르는 [그림 12-4]와 같이 나타낼 수 있다. 자체 생산시설로부터 조달하는 경로, 해외 및 국내 OEM공장으로부터 조달하는 경로, 해외업체로부터 수입한 수입업체로부터 조달하는 경로, 국내 벤더업체로부터 구입하는 죵로, 국내 제조업체와 직거래하는 경로 등 다양한 경로가 활용되고 있다.

●● [그림 12-4] 다단계판매 업체의 매입 형태

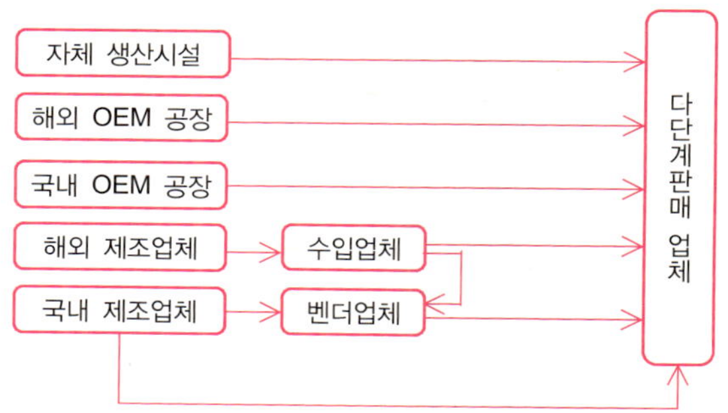

　어떠한 경로를 활용하는가는 다단계판매 업체가 외국계인지 국내계인지의 여부와 업체의 규모 등에 의해 큰 차이를 보이고 있다. 주로 건강기능식품과 화장품을 취급하고 있는 외국계 상위 업체들은 외국 본사에 제품 개발을 위한 R&D 센터는 반드시 가지고 있지만, 생산시설은 가지고 있는 경우도 있고 그렇지 않은 경우도 있다. 암웨이나 허벌라이프와 같이 본국(미국)에 생산시설을 가지고 있는 경우에는 대부분 자체적으로 생산하거나 혹은 중국, 베트남 등 세계 여러 나라에서 OEM을 통해 생산한 상품을 수입하고 있다. 또한 우리나라 공장에서도 일부 OEM으로 상품을 생산하여 조달하기도 한다. OEM으로 제품을 생산하는 경우에는 OEM 공장에 제품의 원료를 공급하여 상품을 제조하게 하는 방식을 취하고 있다. 뉴스킨과 같이 생산시설을 가지고 있지 않은 경우에는 OEM으로 생산한 원료를 또 다른 제조업체에 공급하여 OEM으로 제품을 생산하고 있다. 본국의 공장을 많이 이용하지만 여러 나라에서 생산하여 수입하고 있으며, 역시 우리나라에서도 일부 OEM 생산을 하고 있다. 이처럼 상위 외국계업체들의 경우 60~80%의 제품을 본국에 위치하고 있는 자체공장이나 세계 각지의 OEM공장을 통해 수입을 해오고 있기 때문에 관세, 물류비용, 본사로열티 등의 추가적인 부담이 발생하며, 이로 인해 수입제품들의 가격은 국내에서 생산된 동일한 종류의 동일한 용량의 제품에 비해 2~3배 높게 책정되는 경향을 보이고 있다.

　규모가 상대적으로 작은 우리나라의 다단계판매 업체들은 화장품, 건강기능식품, 통신상품, 생활용품 등 다양한 제품을 취급하고 있지만 주로 생활용품에 주력하는 경향을 보이고 있다. 앨트웰 등과 같이 생산시설을 갖추고 있는 경우도 있지만 이는 매우 드문 경우이고 대부분은 국내에서 OEM을 통해 상품을 생산하여 조달한다. OEM을 활용하지 않고 해외 제조업체로부터 수입을 하거나 혹은 국내 제조업체로부터 상품을 조달하여 판매하기도 하지만 이러한 방식으로 상품을 조달하면 첫째, 가격경쟁력을 확보하기가 어렵고 둘째, 자사 브랜드를 홍보하지 못하고 단순 판매업체로 머물 수 있기 때문에 사용되는 경우가 드물다.

●참고문헌

노규수 (2012), 다단계 판매에 대한 연구, 조선대학교 대학원 법학과 박사학위논문. 보도자료.

공정거래위원회 (2013), "2012년도 다단계 판매업자 매출액, 후원수당 등 주요정보 공개," 보도자료.

공정거래위원회 (2012), "'방문판매 등에 관한 법률 시행령·시행규칙 개정안' 입법예고,"

공정거래위원회 (2011), "지난해 다단계시장 매출액은 증가, 판매원 수당은 평균 77만원," 보도자료.

지식경제부, 연세대학교 (2011), 유통산업 구조개선을 통한 물가안정방안 연구: 거시분석, 249-264.

뉴스핌, "공정위, 방판법 개정…변종 다단계도 규제," 2012년 8월 16일.

아주경제, "직판조합 '직접판매산업의 현안과 발전방안' 포럼 개최," 2013년 9월 16일.

이코노미조선, "국내 다단계판매 시장 돌풍 일으킨 애터미," 2012년 11월 97호.

주간한국, "사상 최대 다단계 사기사건 재평가될까," 2013년 11월 18일.

헤럴드경제 (2012), 다단계업체 5곳 올해 1분기에 폐·휴업, 4월19일.

한국직접판매협회 홈페이지, www.kdsa.or.kr.

한국특수판매공제조합 홈페이지, www.mlmunion.or.kr.

제 13 장　　H&B스토어

1. H&B스토어의 개념

우리나라의 헬스&뷰티스토어(Health&Beauty Store : 이하 H&B스토어)는 미국에서 시작된 드럭스토어(Drug Store)가 우리나라의 환경에 맞게 변형된 소매업태를 지칭한다. 우리나라 H&B스토어의 개념을 명확하게 하기 위해 먼저 미국과 일본에서의 드럭스토어가 어떻게 성장하였는지에 대해 살펴보고, 드럭스토어가 우리나라에 도입되면서 어떻게 변화하였는지에 대해 기술한다.

1.1 미국과 일본에서의 드럭스토어의 성장

드럭스토어는 미국의 찰스 R. 월그린 (Charles R. Walgreen)이 1901년에 약국을 세우면서 시작되었다. 미국의 드럭스토어는 약국을 찾는 고객들에게 원스톱쇼핑의 편의성을 제공하기 위해 의약품 이외에 화장품, 식품, 음료, 잡화 등 다양한 상품을 취급하는 한편, 근접성을 강화하고 규모의 경제를 실현하기 위해 점포의 수를 늘려나갔다. 1990년대에는 월마트, K마트 등과 같은 대형마트와 슈퍼마켓이 드럭스토어의 주력제품인 의약품 분야로 상품구색을 확장하자 드럭스토어 업체들은 차별화를 위해 조제약(전문의약품) 부문을 강화하는 전략을 전개하였다. 또한 대로변 단독출점의 확대, 24시간 영업, 드라이브쓰루(drive-through) 서비스, 1시간 사진현상 서비스, 택배 서비스 등을 통해 고객 편의성을 강화시켜 나갔다. 이러한 과정을 통해 미국의 드럭스토어는 전문성과 편의성을 동시에 갖춘 특색 있는 소매업태로 자리를 잡으면서 슈퍼마켓과 대형마트에 이어 3번째로 규모가 큰 소매업태로 성장하였다. 월그린(Walgreen)과 CVS로 대표되는 미국의 드럭스토어는 조제약과 일반의약품은 물론, 비타민, 화장품, 식품, 주류, 음료, 생활잡화 등 다양한 상품을 취급하고 있지만, 조제약이 매출비중의 70% 이상을 차지하고 있다. 즉, 미국의 드럭스토어는 다양한 상품을 취급하고 있음에도 불구하고 의약품을 중심으로 전문성과 편의성을 추구하는 '약국체인'이라고 할 수 있다.

일본의 드럭스토어는 1970~1980년대에 일반의약품을 취급하는 대형마트의 성장으로 인해 경영이 악화된 약국 경영자들이 미국의 드럭스토어를 견학하여 운영방법 등을 도입하면서 시작되었다. 본격적인 성장은 현재 일본 최대의 드럭스토어 체인인 '마츠모토키요시'가 1987년에 '건강한 사람이 미용과 건강을 위하여 이용하는 점포'라는 콘셉트의 광고를 통해 약국이 가지고 있던 기존 이미지를 변화시키는데 성공하면서 이루어지기 시작하였다. 그런데 조제약을 중심으로 하는 매출구조를 가지고 있는 미국의 드럭스토어와는 달리 일본의 드럭스토어는 헬스, 뷰티, 식품, 잡화 등의 다양한 유형의 상품들이 비교적 고른 매출분포를 보이고 있다. 가장 높은 판매 비중을 차지하고 있는 4개 상품 카테고리 (일반의약품, 식품, 화장품, 일용잡화)의 매출비중은 각각 10~20% 수준으로 비슷하고, 조제약의 매출비중은 5% 정도에 불과하다. 일본 드럭스토어는 식품이나 일용잡화와 같이 마진폭은 작지만 원스톱쇼핑을 가능하게 해주는 상품들을 통해 집객을 유도하고, 일반의약품이나 화장품 등 마진폭이 큰 상품들의 판매를 통해 이익을 실현해 가고 있다. 일본 최대의 드럭스토어 체인인 마츠모토키요시가 점포 간판에 드럭스토어를 표방하고는 있지만 앞에서 기술한 바와 같이 일본의 드럭스토어는 조제약에 초점을 두고 있는 미국식 드럭스토어와는 상당히 다른 특성을 보이고 있다. 그래서 일본에서는 드럭스토어를 '의약품, 화장품 중심의 건강과 미용과 관련된 상품과 가정용품, 가공식품 등 편의상품을 셀프서비스 방식으로 판매하는 업태'로 정의하고 있다.

1.2 우리나라에서의 드럭스토어의 성장

우리나라의 드럭스토어 시장은 CJ가 1999년 말에 올리브영 신사역점을 개설하면서 시작되었다. 2000년대 들어 코오롱웰케어의 W스토어(2004), GS의 왓슨스(2005), 농심 메가마트의 판도라(2011), 신세계 이마트의 분스(2012), 롯데쇼핑의 롭스(2013) 등의 업체들이 시장에 진입하였으며, 2013년 현재 약 6,000억 규모의 시장을 형성하고 있다. 이 가운데 CJ올리브영, W스토어, GS왓슨스의 빅3 업체가 95% 이상의 매출을 점유하고 있다. 우리나라에서의 드럭스토어 사업은 뷰티상품을 중심으로 하는 H&B스토어와 의약품을 중심으로 하는 드럭스토어의 두 가지 방향으로 전개되고 있다.

- H&B스토어 : 첫째는 의약품은 거의 취급하지 않고 화장품 등의 뷰티상품을 중심으로 점포를 운영하는 유형으로 우리나라 업계 1위인 CJ올리브영(Olive Young)과 업계 3위인 GS왓슨스(Watsons)가 이러한 유형에 해당한다. 이 유형은 의약품을 거의 취급하지 않기 때문에 드럭스토어라고 불리기보다는 H&B스토어로 불리는 것이 타당하다. 우리나라 H&B스토어는 화장품이 매출의 약 60%를 차지하고 있다. 이 유형을 기준으로 우리나라, 미국, 일본의 드럭스토어를 주력 상품을 기준으로 비교하면 [그림 13-1]과 같이 나타낼 수 있다. 미국형 드럭스토어와 일본형 드럭스토어는 의약품의 매출 비중이 상당히 높다는 점에서 공통점이 있으며, 우리나라의 H&B스토어와 일본형 드럭스토어는 화장품의 매출 비중이 상당히 높다는 공통점을 가지고 있다. 그러나 우리나라의 H&B스토어와 미국형 드럭스토어 간에는 주력 상품에서의 공통점을 찾기 어렵다. 이러한 의미에서 일본형 드럭스토어가 미국형 드럭스토어와 한국형 H&B스토어의 중간 지점에 위치하는 형태를 취하고 있다고 할 수 있다.

●● [그림 13-1] 한국, 미국, 일본 드럭스토어의 주력 상품 비교

미국형 드럭스토어	일본형 드럭스토어	한국형 H&B스토어
조제약 중심	일반의약품, 화장품, 식품, 일용잡화 등 고른 분포	화장품 중심

우리나라의 H&B스토어는 화장품을 중심으로 식품, 음료, 일용잡화 등의 다양한 상품을 취급하고 있기 때문에 주변의 화장품점, 약국, 중소슈퍼 등과 경쟁관계를 형성하게 된다. 이로 인해 H&B스토어도 대형마트, SSM, 편의점 등과 함께 대기업이 골목상권을 침해하고 있다는 비판에서 자유롭지 못한 상황에 있다.

• 드럭스토어 : 둘째는 의약품을 중심으로 하면서 화장품, 식품 등을 취급하는 유형으로 미국형 드럭스토어와 유사한 유형이라고 할 수 있다. 업계 2위인 코오롱웰케어의 W스토어와 2011년에 시장에 진입한 농심 메가마트의 판도라가 이러한 유형에 속한다. W스토어는 경영 여건이 악화되면서 조제약 이외의 상품에도 관심을 가지고 있는 약국들과의 제휴를 통해 시장을 확장하고 있으며, 경영의 효율성을 높이기 위해 2012년에는 W스토어 시스템 내에서 전문의약품까지 관리할 수 있는 통합시스템을 구축하였다. 농심 메가마트의 판도라도 약국과 결합된 복합매장의 형태로 운영되고 있다. 이러한 유형의 드럭스토어는 화장품, 식품 등의 매출 비중이 상대적으로 낮고, 기존의 약국을 기반으로 성장하고 있기 때문에 H&B스토어에 비해 주변 상권과의 마찰은 훨씬 덜한 편이다.

2. 매출액 및 점포수 추이

우리나라의 H&B스토어(드럭스토어 포함)는 1999년에 시작되었지만

도입초기에는 '의약품과 화장품, 식품, 잡화 등의 상품이 결합된 점포'라는 개념이 소비자들에게는 매우 생소하였기 때문에 매출 성장이 매우 느리게 이루어졌다. 도입된 지 8년이 지난 2007년에도 매출액은 900억 원 정드에 불과하였다. 그러나 매출액 1,000억 원을 넘어선 2008년부터 2013년에 이르는 시기에는 연평균 40%를 상회하는 높은 성장률을 보이고 있다 ([그림 13-2] 참조). 이러한 성장률은 모든 오프라인 소매업태를 통틀어서 가장 높은 수준이다. 점포의 수도 2008년에는 119개에 불과하였으나 2013년에는 5배가 넘는 621개로 증가하였다. 2013년을 기준으로 점유율 1위인 CJ올리브영이 과반수가 훨씬 넘는 370개 (점유율 60.0%)를 보유하고 있고, 이어서 코오롱웰케어의 W스토어가 140개 (22.5%), GS왓슨스가 88개 (14.2%)를 보유하고 있다. 점포 확장 방법에 있어서 W스토어는 약국을 대상으로 하는 가맹점 체제를 도입하고 있는 반면, GS왓슨스는 순수 직영점 체제로만 점포를 내고 있다. CJ올리브영도 GS왓슨스와 같이 1999년 회사 설립 이후 100% 직영 방식으로만 점포를 운영하였으나 공격적인 점포확장을 위해 2010년 10월부터 본격적으로 가맹 사업을 전개하고 있다.

●● [그림 13-2] 매출액 및 점포수 추이

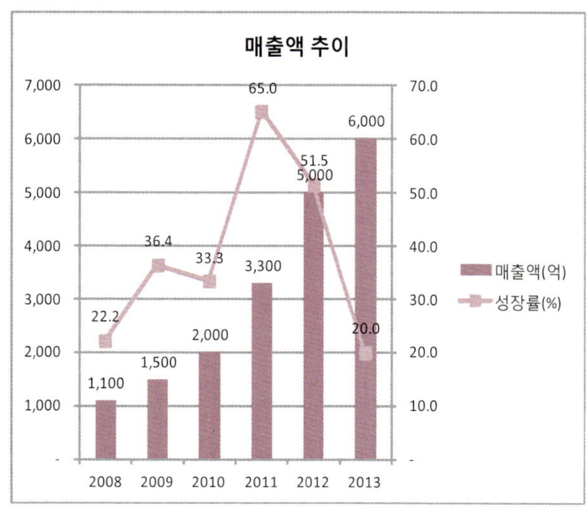

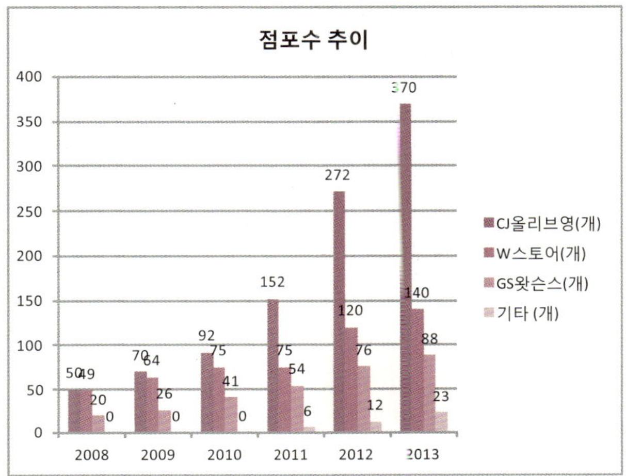

자료 : 리테일매거진 "유통산업 보고서 : H&B 전문점" 2012, 2013, 2014 1월호.
매일신문, "미용·건강·잡화 '원스톱 쇼핑'…약국 0닌 약국 국내서도 인기!"
2012년 10월 12일

　H&B스토어가 2000년대 후반 이후 빠르게 성장하고 있는 데는 업체들의 뷰티사업 강화, 근거리·소량구매의 확산, 건강과 미용에 대한 관심 증대, 규제법규의 부재, 의약품 판매에 대한 규제 완화 등 여러 가지 원인들이 작용하고 있다.

- 업체들의 뷰티사업 강화 : 주요 H&B스토어 업체들이 사업초기의 부진을 털어내기 위해 화장품을 중심으로 하는 뷰티사업을 적극적으로 강화한 것이 시장 성장의 결정적인 계기가 되었다. H&B스토어는 홈쇼핑에 진출했었거나 백화점 등에서 철수한 경쟁력 있는 중소 화장품 회사들의 제품을 취급함으로써 비교적 손쉽게 화장품 부문을 강화할 수 있었으며, 시간이 지나면서 PB상품 개발, 독자 수입브랜드의 확보 등을 통해 기존 화장품 체인점들과의 차별화를 도모하고 있다. H&B스토어의 화장품 매출 규모가 커지면서 아모래퍼시픽, LG생활건강 등의 대형 화장품 제조업체들도 H&B스토어 전용상품을 개발하여 공급에 나서고 있다.
- 근거리·소량구매의 확산 : 고령화와 1~2인 가구의 증가로 근거리,

소량구매가 확산됨에 따라 H&B스토어도 편의점과 슈퍼마켓과 더불어 이러한 추세의 혜택을 보고 있다.

- 건강과 미용에 대한 관심 증대 : 소득향상, 여성의 사회참여 증가, 수명연장 등의 사회 현상의 변화로 인해 건강한 삶과 아름다운 외모 등에 대한 관심이 높아지면서 건강식품, 화장품 등에 대한 수요가 증가하고 있다.

- 규제법규의 부재 : 대형마트, SSM`, 편의점 등 대기업이 운영하는 주요 소매업태 가운데 H&B스토어만이 법규의 규제를 받지 않고 있다는 점도 성장에 크게 영향을 미치고 있다. 대형마트와 SSM은 유통산업발전법 개정안에 따라 전통시장 반경 1km 이내 출점제한, 영업시간 제한, 의무휴무제 등의 규제를 적용받고 있고, 편의점 역시 기존점포 250m 이내 신규점포 출점 제한의 규제를 받고 있는 반면, H&B스토어는 신규출점이나 영업방식에 있어서 아무런 규제도 받지 않고 있다. 그러나 H&B스토어가 '소규모 SSM'화 하면서 골목상권을 침해하고 있다는 비판이 일고 있으며 이에 따라 H&B스토어의 신규출점을 제한하는 법규가 제정될 수 있다는 예측도 나오고 있다.

- 의약품 판매에 대한 규제 완화 : 의약품을 약국에서만 판매하도록 하고 있는 규제를 완화한 것도 H&B스토어의 활성화에 도움을 주고 있다. 2011년 7월에 액상소화제, 정장제(整腸濟), 외용연고제, 파스, 자양강장드링크류 등 48개 일반의약품이 의약외품으로 전환되면서 H&B스토어, 편의점, 슈퍼마켓 등의 일반소매점에서도 판매되고 있다. 2012년 11월부터는 감기약, 소화제, 해열진통제와 같은 안전상비의약품 13개 품목의 일반의약품에 대해서도 소매점포에서의 판매를 허용하고 있지만, 24시간 개점되는 소매점포에서만 판매할 수 있다는 제한 때문에 H&B스토어에서는 판매되지 않고 있다.

3. H&B스토어의 발전 전략

매장수가 늘어나면서 H&B스토어 시장의 전체 매출은 급격하게 성장하였지만 점포당 매출액은 증가하는 추세를 보이다가 2011년을 피크로 다시 점차 감소하는 추세를 보이고 있다 ([표 13-1] 참조). 또한 경쟁이 심화되면서 과도한 할인 경쟁 등으로 매출액뿐만 아니라 점포의 수익성도 감소하는 추세를 보이고 있다.

●● [표 13-1] 점포당 연평균 매출액 추이

연도	2008	2009	2010	2011	2012	2013
점포당 평균 매출액(원)	9.2억	9.4억	9.6억	11.5억	10.4억	9.7억

이러한 현상을 극복하기 위해 CJ올리브영과 GS왓슨스 등 뷰티상품을 중심으로 하는 H&B스토어는 수익성이 높은 화장품을 대상으로 경쟁력 있는 PB상품의 개발과 자사의 점포에서만 판매되는 우수 브랜드의 확보에 주력하고 있다 ([글 13-1] 참조). 최근에는 특히 우수한 코스메슈티컬(코스메틱과 메디컬의 합성어) 브랜드, 더모코스메틱(피부를 의미하는 더미톨로지와 코스메틱의 합성어) 브랜드 등으로 불리는 약국화장품 (의약용화장품으로도 불림) 브랜드를 확보함으로써 원브랜드숍, 멀티브랜드숍 등과 같은 화장품전문 체인점들과의 차별화를 꾀하고 있다.

[글 13-1] H&B스토어의 PB상품 개발 및 단독상품 확보

뷰티케어용품이 40% 이상을 차지하는 H&B 전문점들은 자사에서만 판매하는 뷰티 PB 와 독자 브랜드 유치에 힘을 쏟고 있다. 올리브영은 2012년에 신자연주의 브랜드로 재탄생한 '식물나라,' 패션매거진 엘르걸과 함께 연구 개발한 메이크업 브랜드 '엘르걸' 등 다양한 PB를 출시하였으며, 2013년에도 남성 화장품 '엑스티엠 스타일 옴므'와 색조화장품 'P.디렉션,' 기초화장품 '보'를 신규 PB 화장품으로 개발했다. GS왓슨스도 2013년에 매장 내 PB 상품 구성비를 10%로 높였다. 또한 이 두 업체는 국내에서 독점 판매하는 수입브랜드도 늘렸다. 올리브영에서는 '로리아 핸드크림'과 '미스티안 미스트' 같은 수입 단독상품이 인기를 모았다. 올리브영 관계자는 "이들 제품은 병행수입으로 판매되기도 하지만 국내 법인을 통해 수입되는 제품들은 올리브영에서만 단독 취급하고 있다"고 말했다. 특히 의약기술을 기반으로 한 코스메슈티컬 (코스메틱+메디컬) 브랜드의 활약이 두드러지고 있다. 올리브영에서는 112년 전통의 독일 브랜드 '유세린'의 대표 상품인 '하이알루론 필러 아이크림'이 베스트셀러가 됐다. 이 제품은 피부과 의사들이 주름 개선 시술에 사용하는 히알루론산 성분을 추가한 아이크림이다. GS왓슨스에서는 '피지오겔'이 히트상품으로 뽑혔다. '피지오겔'은 피부 보습력을 개선시켜 주는 제품으로 글로벌 제약기업인 글락소스미스클라인(GSK)의 제품이다.

자료 : 리테일매거진, "유통산업 보고서 : H&B 전문점," 2013년 및 2014년 1월호.

● 참고문헌

소상공인시장진흥공단 (2012), "드럭스토어(drugstore) 현황," 소상공인 이슈페이퍼, 2012-09호, www.seda.or.kr/Download?tbname=TB_REPORT.

염민선 (2012), "드럭스토어," in 한국유통포럼, 한국유통산업흐름, 이서원, 160-177.

경향신문, "상비의약품, 편의점·슈퍼선 '1회 1일분'만 살 수 있다," 2012년 11월 22일.

데일리팜, "약 없는 드럭스토어 현실적 위협…주변 약국 '흔들'," 2014년 1월 7일.

리테일매거진, "유통산업 보고서 : H&B 전문점," 2012, 2013, 2014년 1월호.

매일경제, "'디셈버24 철수, 분스 출점중단' H&B 전문점 침체, 2014년은?," 2013년 12월 9일.

매일신문, "미용·건강·잡화 '원스톱 쇼핑'…약국 아닌 약국 국내서도 인기," 2012년 10월 12일.

머니위크, "드럭스토어 시대, 본격 열리나," 2013년 1월 4호, 14-16.

메트로신문, "더블유스토어, 4월 한 달 간 '내 몸이 맑아지는 습관' 프로모션 실시," 2014년 4월 2일.

뷰티누리, "'H&B숍'은 소매점 매출 하락 영향 끼치는 주범," 2013년 9월 24일.

뷰티한국, "멀티숍, 화장품 업계 블루칩 부상," 2013년 8월 13일.

뷰티한국, "헬스&뷰티숍, '이제는 규모의 전쟁'," 2013년 6월 22일.

약업신문, "약국 있는 드럭스토어 '판도라' 다음 행보는?," 2013년 9월 3일.

약업신문, "더블유스토어 '구의 쉐르빌점' 오픈," 2010년 4월 29일.

이코노미세계, "새 국면 맞는 대한민국 드럭스토어," 2012년 7월 26일.

코스메틱매니아뉴스(CMN), "CJ올리브영, 업종전환 지원 프로그램으로 '성공 창업 견인'," 2012년 7월 23일.

SBS CNBC, "'우후죽순' 드럭스토어에 눈물 짓는 골목상권," 2014년 2월 13일.

제 14 장　균일가샵

1. 균일가샵의 도입

균일가샵은 '생활용품 중심의 상품을 3~6개의 정해진 저가격으로 판매하는 점포'를 의미한다. 우리나라에서의 균일가샵은 1990년대 후반에 천냥마트, 천냥하우스, 미스터1000 등 일본의 '100엔샵'을 모방한 점포들이 다수 생겨나면서 시작되었다. 균일가샵이 등장한 1990년대 후반은 우리나라가 외화위기로 인해 극심한 불황을 겪던 시기로 소비자들은 보다 저렴한 가격으로 상품을 구매하려는 성향을 가지고 있었으며, 이로 인해 이른바 '천냥 백화점'은 크게 인기를 끌었다. 그러나 당시의 균일가샵들은 꾸준히 성장하지 못하고 2000년대 초반에 대부분 시장에서 사라졌다. 그 가장 주된 요인으로 두 가지가 지적될 수 있다.

- 첫째, 균일가샵은 업태의 특성상 싼 값에 상품을 공급받을 수 있어야 하고 이를 위해서는 규모의 경제가 전제되어야 하는데 당시에 이 사업에 진입하였던 대부분의 업체들은 규모의 경제를 실현할 만큼 자본력을 갖추지 못하고 있었다.
- 둘째, 규모의 경제를 실현할 수 없기 때문에 자연히 값이 저렴하면서도 품질이 좋은 제품을 꾸준히 공급할 수 없었다. 초기에는 균일가샵들이 제조업체로부터 팔리지 않은 재고상품 등을 조달하여 영업을 할 수 있었지만 이러한 방법으로는 꾸준히 품질 좋은 제품을 저렴한 가격에 조달할 수 없었다.

　　우리나라 균일가샵의 모델이었던 일본의 '100엔샵'은 다이소산업, 세리아, 칸두, 왓츠 등의 '빅4' 업체를 중심으로 꾸준히 성장하면서 2013년을 기준으로 6~7조 규모의 시장을 형성하고 있다. 현재 우리나라에서 활동하고 있는 균일가샵은 다이소(다이소아성산업), 에코마트(이랜드그룹), 롯데마트999(롯데마트) 등이 있지만, 이 가운데 다이소가 우리나라의 균일가 상품 시장을 대표하고 있다고 할 수 있다.

2. 균일가샵 업체

2.1 다이소

　　현재 우리나라의 다이소는 '다이소아성산업'이라는 업체에 의해 운영되고 있다. 다이소아성산업의 모기업은 1988년에 설립된 '한일맨파워'라는 이름의 기업으로 일본의 '다이소산업'에 상품을 공급하는 사업을 전개하고 있었다. 이러한 배경을 발판으로 한일팬파워의 설립자는 1992년에 '아성산업'을 설립하고 1997년 천호동에 '아스코이븐프라자'라는 이름의 10평짜리의 균일가 생활용품샵을 개점하였다. 2001년에는 일본 제1의 균일가샵 업체인 '다이소산업'이 아성산업에 34%의 지분 참여를 하면서 아성산업은 '다이소아성산업'으로 개명되었다. 이를 통해 '아성산업'은 영세성에서 벗어나면서 본격적인 성장의 발판을 마련할 수 있었다. 다이소아성산업은 설립 이래 매우 빠른 속도로 성장하면서 2013년 현재 전국에 930개의 매장을 보유하고 있으며, 이를 통해 약 7,465억 원의 매출을 올리고 있다 ([그림 14-1] 참조). 다이소의 연간 매출은 국내 균일가샵 시장 전체의 70% 이상을 차지하고 있다.

●● [그림 14-1] 다이소의 연간 매출 추이

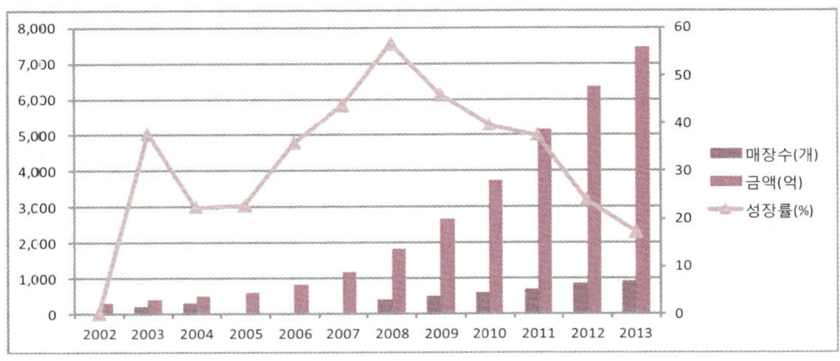

자료 : 금융감독원 전자공시시스템, http://dart.fss.or.kr.
다이소아성산업 홈페이지, www.daiso.co.kr

다이소의 특징은 상품, 가격, 유통, 점포관리 등의 측면에서 다음과 같이 기술될 수 있다.

● 상품 : 다이소아성산업이 빠른 속도로 성장할 수 있었던 가장 주된 이유는 저렴하지만 품질이 좋은 제품을 꾸준히 공급할 수 있는 능력을 갖추고 있기 때문이다. 이러한 능력은 모기업인 '한국맨파워'가 일본 '다이소산업'에 상품을 납품하면서 쌓아온 노하우가 있었기 때문에 가능하였다고 할 수 있다. 다이소는 주방용품, 욕실용품, 문구, 인테리어용품, 정리/수납용품, 원예용품, 청소용품, 미용용품, 공구, 완구, 식품, 방향제 등 생활용품을 위주로 다양한 상품을 취급하고 있다. 현재 다이소는 총 3만여 종의 제품을 취급하고 있으며, 매월 600여 종의 신상품을 출시하고 있다. 다이소의 운영주체인 다이소아성산업은 상품 개발에만 집중하고, 생산은 100% OEM을 통해 조달되고 있다. OEM 생산은 한국을 포함하여 35개국의 3,600개 업체에 의해 이루어지고 있으며, 35개국 가운데 우리나라와 중국의 비중이 가장 높다. 국내 OEM 업체들은 대부분 중소 제조업체이며 따라서 다이소의 성장은 우리나라 중소 제조업체의 활성화에도 크게 기여하고 있다고 평가할 수 있다.

- 가격 : 다이소의 상품 가격은 500원, 1,000원, 1500원, 2000원, 3,000원, 5,000원 등의 6가지이며, 이 가운데 1,000원 상품이 약 50%, 2,000원 상품이 약 30%로 전체의 80% 이상을 1,2천 원짜리 상품이 차지하고 있다. 가격 책정은 원가에 마진을 붙이는 방법을 쓰는 것이 아니라 특정 상품에 대해 소비자가 만족할 수 있는 가격이 얼마인지를 판단하여 결정한 후, 이를 생산하기 위해 제반 경비를 절약할 수 있는 방법을 모색한다. 이러한 가격 책정 방식으로 인해 이익률도 자연히 낮아질 수밖에 없다. 현재 다이소의 이익률은 1%에도 미치지 못하고 있다. 책정할 수 있는 가격이 정해져 있기 때문에 가격 인상 요인이 발생하였을 때 가격을 올리기도 매우 어렵다. 예를 들어 1,000원 짜리 상품의 가격인상 요인이 발생하여 가격을 올리려면 1,500원으로 올려야 하는데 이는 50%의 가격 인상을 의미하기 때문에 실행하기가 매우 힘들고, 따라서 가격을 인상하기 보다는 디자인의 단순화, 불필요한 기능의 제거 등과 같은 방법을 통해 원가를 절감함으로써 가격 인상요인을 극복하려는 유인을 갖게 된다.

- 유통 : 다이소는 OEM을 통해 제조업체로부터 직접 상품을 조달하고 있기 때문에 유통경로도 매우 단순하고 유통비용도 크게 소요되지 않는다 ([그림 14-2] 참조). 원활한 물류를 위해 2012년 12월에 연면적 32,000여 평의 첨단자동화 물류센터인 '남사허브 물류센터' (경기도 용인시 처인구 남사면 소재)를 준공하여 운영하고 있다 ([사진 14-1] 참조).

[그림 14-2] 다이소 상품의 유통경로

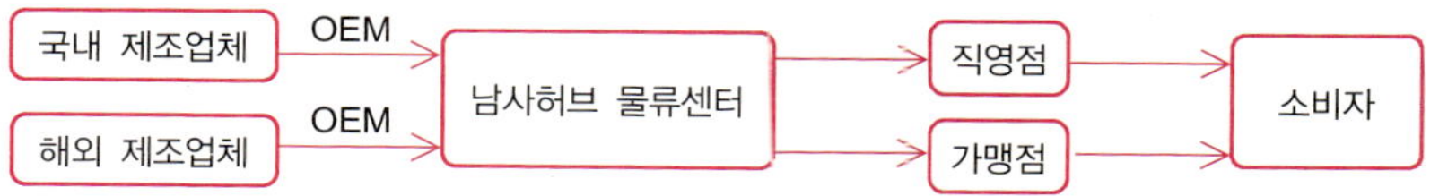

- 점포관리 : 매장 면적은 평균 500m² 정도이며 '싸구려 점포'의 인식을 주지 않기 위해 깔끔하고 밝은 분위기를 연출하고 있다. 전국의 930개 점포 가운데 85% 이상이 직영점으로 운영되고 있다. 이렇게 직영점 비율이 높은 것은 점포가 비교적 크기 때문에 소자본의 개인이 투자하기에는 무리가 따르기 때문이다. 최근에는 매장 크기를 두 배 수준으로 키워서 현재의 3만 개 정도의 제품 종류를 8만 개 수준으로 늘린다는 계획을 가지고 있다.

2.2 그 밖의 균일가샵

2005년에 설립된 이랜드그룹의 에코마트는 1,000~3,000원의 생활용품을 판매하는 균일가샵으로 전국에 41개의 매장을 가지고 있으며, 매장의 다수가 이랜드의 아울렛 매장 내에 샵인샵의 형태로 입점해 있다. 원예용품, 주방용품, 욕실용품, 청소용품, 수납용품, 팬시용품 등의 생활용품을 취급하고 있다.

락앤락은 2012년에 균일가 브랜드 'P&Q'를 출시하였다. 가격은 1,000원, 1,500원, 2,000원, 4,000원, 5,000원, 6,000원 등으로 책정되어 있으며, '다양한 디자인과 화려한 칼라의 고품질 생활용품'을 브랜드 콘셉트로 하고 있다. 상품으로는 주방용품, 식기, 위생용품, 수납용품, 욕실용품, 세탁용품 등 다양한 생활용품을 취급하고 있다. 그런데 P&Q는 별도의 매장을 가지고 있는 것은 아니며, 기존의 락앤락 직매장 및 가맹점, 인터넷몰, 대형마트 등에서 판매되고 있다. 즉, P&Q는 '점포 브랜드'가 아닌 '상품 브랜드'이고, 또한 유통업체가 아닌 제조업체에 의해 만들어졌다는 점에서 유통업체가 만든 균일가샵인 다이소나 에코마트와는 큰 차이가 있다.

롯데마트999는 SSM인 롯데슈퍼에서 운영하는 신선식품 위주의 균일가 마트로 식재료를 소량으로 포장하여 판매한다. 판매가는 990원, 1,990원, 2,990원 등의 세 가지를 정해놓고 있다. 롯데마트999는 1인 가구의 증가에 따라 많은 식재료를 한꺼번에 구입하기 보다는 필요할 때마다 소량으로 구입하기를 선호하는 학생이나 직장인들을 타겟으로 하고 있다. 롯데마트999는 생활용품이 아닌 식품을 위주로 하고 있다는 점에서 전형적인 균일가샵이라고 할 수는 없다.

[글 14-1] 하드디스카운트 스토어

초저가 소매업태로 균일가샵 이외에 하드디스카운트 스토어가 있다. 하드디스카운트 스토어는 대부분의 상품을 PB상품으로 구성하여 대형마트보다도 20~30% 더 싼 가격에 상품을 판매하는 소매업태를 의미한다. 하드디스카운트 스토어는 균일가샵과 함께 가장 대표적인 초저가 소매업태이지만 우리나라에서는 아직 뿌리를 내리지 못하고 있다. 그러나 유럽의 경우에는 가장 유력한 소매업태 중의 하나이며, 그 가운데에서도 독일의 알디(Aldi)가 가장 유명하다. 우리나라에서는 NS홈쇼핑이 2006년에 독일의 알디를 벤치마킹하여 '700마켓'을 론칭하였으나 상품구색의 어려움으로 인해 2010년에 일반 슈퍼마켓으로 전환하였으며, 명칭도 NS마트로 변경하였다. 즉, 저가를 유지하기 위해서는 PB상품을 활발하게 개발할 수 있어야 하는데 이것이 원활하게 이루어지지 않으면서 하드디스카운트스토어로서의 특성을 살리는데 한계를 보였다. NS마켓은 2012년에 당시 점포확대를 적극 모색하고 있던 SSM인 이마트에브리데이에 의해 22개점이 인수되었다.

● 참고문헌

지식경제부, 연세대학교 (2011), 유통산업 구조개선을 통한 물가안정방안 연구: 거시분석, 65-84.

동아비즈니스리뷰, "한국 다이소의 고속성장 비결," 131호 , 2013년 6월 15일.

매일경제, "다이소, 제조업체와 직거래 정직한 가격," 2014년 2월 5일.

아주경제, "1% 영업이익? 1000원짜리로도 1조 매출 가능해," 2014년 4월 7일.

월간중앙, "'결혼 빼놓고는 다 쉬워요' 나홀로족이 사는법," 2014년 2월호.

이코노믹리뷰, "균일가 시장 1조원 시대…대형화·해외진출·싱글족 전략," 2013년 7월 24일.

파이낸셜뉴스, "락앤락 P&Q 브랜드 새로운 도전, 가격·품질 모두 만족한 생활용품," 2012년 12월 24일.

한국경제, "천원짜리로 매출 1조, 불가능하다고?…다이소의 멈추지 않는 도전," 2013년 8월 12일.

헤럴드경제, "신선 균일가 매장 '마켓999' 니즈 충족," 2013년 7월 18일.

다이소아성산업 홈페이지, www.daiso.co.kr.

락앤락 홈페이지, www.locknlockmall.com.

에코마트 공식블로그, http://blog.naver.com/eco_gro.

롯데마트 홈페이지, 회사소개, www.company.lottesuper.co.kr

02

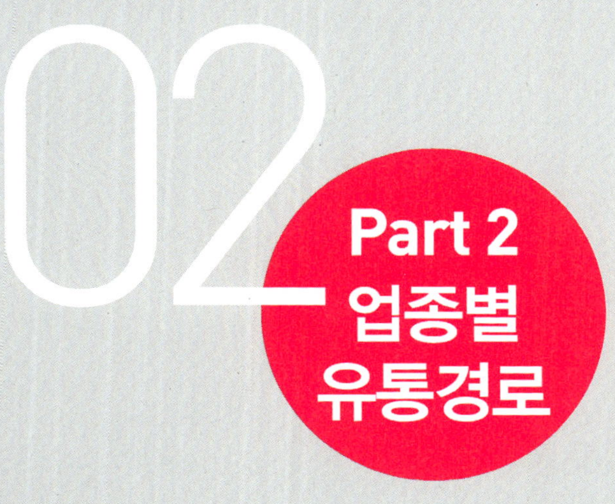

제 15 장　가공식품

1. 가공식품의 개념

가공식품은 '농산물, 축산물, 수산물 등을 활용하여 원재료의 맛을 더욱 제고시키는 동시에 조리간편성, 휴대편의성, 저장성 등을 향상시킬 수 있도록 변형시킨 식품'으로 정의된다. 가공식품은 여러 가지 기준에 의해 구분될 수 있다. 먼저 원료에 따라서는 농산가공식품, 축산가공식품, 수산가공식품으로 나누어진다. 가공기술적인 면에서는 ① 통조림·병조림 (참치, 닭가슴살 등), ② 건조가공식품 (김, 미역 등), ③ 절임가공식품 (김치류, 젓갈 등), ④ 설탕절임가공식품 (딸기잼, 유자차 등), ⑤ 훈연가공식품 (햄, 소시지 등), ⑥ 냉동가공식품 (냉동만두 등), ⑦ 발효식품 (고추장, 된장, 간장 등), ⑧ 레토르트가공식품 (카레, 하이스 등), ⑨ 냉동건조식품 (커피, 프림 등), ⑩ 인스턴트식품 (라면, 과자, 햄버거용 고기 등) 등으로 구분된다. 또한 가공식품은 보관온도에 따라 상온식품과 저온(냉장, 냉동)식품으로 구분할 수 있다. 저온제품을 취급하기 위해서는 냉장고, 냉동고, 냉장차, 냉동차 등을 갖추어야 하기 때문에 대리점, 도매상 등은 상온식품만을 취급하는 곳, 저온식품만 취급하는 곳, 동시에 취급하는 곳 등으로 구분된다.

2. 가공식품 유통경로

가공식품의 유통경로는 [그림 15-1]과 같이 나타낼 수 있다. 도매상 역할을 하는 경로구성원으로는 전속대리점, 도매상, 식자재업체, 벤더업체 등이 있고, 소매상 역할을 하는 경로구성원으로는 중소슈퍼, 식당, 대형마트, SSM, 편의점, 종합몰, 오픈마켓, 소셜커머스 등이 있다. 가공식품의 유통경로는 가공식품을 생산하는 제조업체의 규모에 따라 크게 달라진다.

- 대형 가공식품 제조업체 : CJ제일제당, 풀무원, 대상, 매일유업, 동서식품 등 대형 가공식품 제조업체의 주력 유통경로는 전속대리점과 대형 유통업체이다. 그래서 대형 가공식품 제조업체의 영업사원들은 전속대리점을 관리하는 영업사원, 대형 유통업체 본사의 구매부서를 담당하는 영업사원, 대형 유통업체의 매장에서 판매를 관리하는 영업사원 등의 3가지 유형으로 나누어진다. 또한 대형 제조업체는 생산품을 공장에서 대형 유통업체의 매장에 직배송하거나 자체 물류센터를 활용해서 전속대리점의 창고나 대형 유통업체의 물류센터로 배송한다.
- 중소 가공식품 제조업체 : 중소 가공식품 제조업체의 주력 유통경로는 도매상과 식자재업체이며, 물류에 있어서도 직접 물류센터를 구축하기는 어렵기 때문에 거래하는 도매상이나 식자재업체가 물류를 대행하는 것이 일반적이다. 도매상은 주로 중소슈퍼, 전통시장 점포, 식당 등에 납품을 하며, 식자재업체는 식당, 학교, 기업, 관공서, 군부대 등에 납품을 한다.

생활용품과 마찬가지로 가공식품의 유통환경도 대형 유통업체 중심으로 변화하고 있다. 특히 대형마트와 SSM의 급속한 성장은 중소슈퍼, 전통시장의 축소를 가져왔으며, 이에 따라 중소슈퍼와 전통시장을 대상으로 상품을 공급하는 전속대리점이나 도매상의 축소를 불러오고 있다. 가공식품의 주력 경로구성원이라고 할 수 있는 전속대리점, 도매상, 식자재업체, 대형 유통업체, 온라인 채널 등에 대해 기술한다.

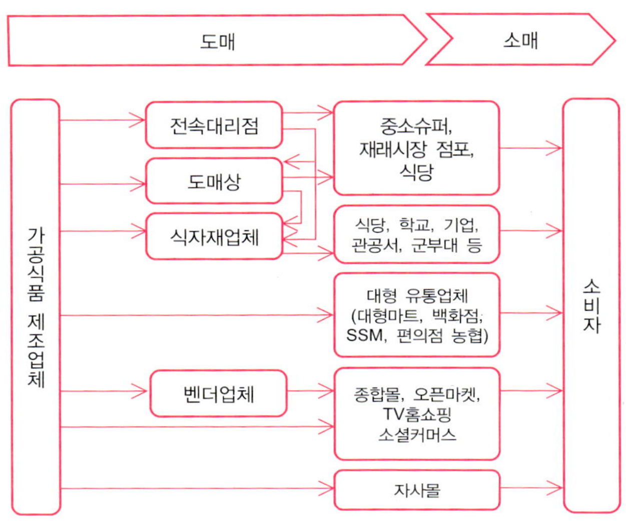

2.1 전속대리점

전속대리점은 한 개 제조업체의 상품만을 취급하는 대리점을 의미한다. 전속대리점은 한 회사의 제품만을 가지고 수익을 창출할 수 있어야 하기 때문에 CJ제일제당, 풀무원, 대상, 사조산업, 매일유업, 남양유업, 오뚜기, 하림, 동서식품 등 각 제품 카테고리에서 높은 시장점유율을 차지하고 있는 대기업들에 의해 운영된다. 전속대리점은 한 회사의 제품만을 취급하는 것이 원칙이지만 중소슈퍼 등 거래처에 대한 일괄적인 상품공급을 위해 다른 제조업체의 상품을 일부 취급하기도 한다. 전속대리점은 서울지역의 경우 구 단위로 1~2개를 운영하는 것이 일반적이며, 자체적인 창고 시설을 갖추고 중소슈퍼, 전통시장 점포, 식당, 도매상 등에 상품을 공급한다. 하나의 전속대리점이 특정 가공식품 제조업체의 모든 제품을 취급하는 것은 아니고, 특정 제품군만을 취급하는 경우가 많다. 특히 저온식품을 취급하기 위해서는 냉장고, 냉동고, 냉장차, 냉동차 등을 갖추어야 하기 때문에 제조업체는 전속대리점을 상온식품 (밀가루, 설탕, 조미료,

양념류, 캔제품, 면류 등)을 취급하는 대리점과 냉장 및 냉동식품 (두부, 콩나물, 김치, 만두 등)을 취급하는 대리점으로 구분하여 운영하기도 한다. 또한 대리점을 특정 제품군별 (예를 들어 우유업체의 경우 우유대리점, 치즈대리점, 분유대리점 등)로 특화하여 운영하기도 한다.

2.2 도매상

도매상은 제조업체와는 완전히 분리되어 있는 독립적인 업체이다. 도매상은 제조업체는 물론, 전속대리점, 수입업체 등 다양한 경로를 통해 상품을 구매하며, 이를 중소슈퍼, 전통시장의 점포, 식당, 더 작은 규모의 도매상 등에 납품한다. 전속대리점을 운영하고 있는 제조업체는 도매상에 상품을 공급하지 않기 때문에 도매상이 상품을 공급받는 제조업체는 중소 혹은 영세 제조업체에 한정된다. 대형 제조업체의 전속대리점과 도매상은 판매처(주로 중소슈퍼)가 겹치기 때문에 경쟁관계에 있으며, 따라서 대형 제조업체의 전속대리점은 도매상에 물건을 정기적으로 공급하지는 않지만 단기적으로 많은 물량을 할인된 가격에라도 처분하여야 할 필요가 있을 때에는 도매상에 판매하기도 한다 ([글 15-1] 참조). 또한 대형마트 등 대형 유통업체도 단기적인 매출증진을 위해 필요한 경우에는 도매상에 상품을 판매한다. 이러한 상품들은 전속대리점의 공급가격보다 훨씬 싼 가격에 중소슈퍼나 식당 등에 공급된다. 서울지역에서는 청량리 식품도매시장이나 영등포 식품도매시장이 가공식품 도매상들이 모여 있는 단지로 유명하다. 도매상도 전속대리점과 마찬가지로 상온식품을 취급하는 도매상, 저온식품을 취급하는 도매상, 상온상품과 저온상품을 모두 취급하는 도매상으로 구분된다. 그런데 최근에 실시된 조사에 따르면 중소 슈퍼마켓이나 식당이 가공식품을 가장 많이 주문하는 곳은 전속대리점이나 도매상이 아니라 중간상인과 같은 개인업자인 것으로 나타나고 있다. 이들 중간상인들은 전속대리점이나 대형 유통업체들이 단기적인 매출 증진을 위해 싸게 판매하는 상품을 확보하여 차량에 싣고 다니면서 중소 슈퍼마켓이나 식당 등에 판매한다. 즉, 이들은 점포를 가지고 있는 도매상은 아니지만 실질적으로는 도매상의 역할을 수행하고 있다고 할 수 있다.

[글 15-1] 가공식품 도매상의 상품 공급원

대리점 체제는 각 사에서 대리점을 통제하고, 또 좀 더 많은 자사 물건을 취급하게 하기 위해 장려금이나 판매지원금을 지급하는 것이 일반적이다. 대리점들은 목표량을 판매해야 장려금이나 판매지원금 또는 본사로부터의 다양한 혜택을 받을 수 있기 때문에 '청량리 식품도매시장', '화곡동 유통단지', '영등포 식품도매시장', '식품전문 유통 및 덤핑업체' 등에 덤핑 판매하는 사례들도 많다. '청량리 식품도매시장'이나 '영등포 식품도매시장'은 라면, 주스, 음료수, 분유, 기저귀, 설탕, 식용유, 생수 등 각종 생필품 및 식자재를 전문으로 취급하는 도매단지이다. 대형음식점에 식품을 납품하는 중간상인부터 동네마트에 이르기까지 고객층이 다양하며, 라면 등 가공식품의 경우 권장소비자 가격의 50% 이상 저렴하게 구매할 수 있다. 이렇게 저렴하게 구입할 수 있는 이유는 대부분의 식품업체 대리점이나 영업사원들로부터 덤핑 제품을 공급받기 때문이다. 월말과 연말 또는 식품업체의 가격인상 전에는 대리점이나 영업사원들을 통한 재고물량의 유입이 많다.

자료 : 모영일, 김병성 (2012), 도매시장 완벽분석, 앤써북, 99.

2.3 식자재업체

식자재업체는 제조업체, 전속대리점, 도매상 등으로부터 상품을 공급받아서 학교, 식당, 병원, 관공서, 공장, 회사, 군부대 등에 식자재를 납품한다. 대기업에서 운영하는 식자재업체는 직접 가공식품 제조업체로부터 구매하는 경우가 많은 반면, 중소규모의 식자재업체는 제조업체는 물론, 전속대리점, 도매상 등의 다양한 경로를 통해 구매한다. 식자재업체는 다양한 식자재를 일괄적으로 공급하는 것이 가능하도록 하기 위해 일반적으로 상온식품과 저온식품을 모두 취급한다. 2000년대 들어 CJ프레시웨이, 풀무원 푸드머스, 현대그린푸드, 대상베스트코, 신세계푸드 등 대기업들의 식자재시장 진출이 늘어나면서 영세규모 식자재업체의 입지가 좁아지고 있다. 이러한 대형 식사재업체들은 단체급식사업을 병행하는 경우가 많으며, 규모가 큰 학교, 병원, 기업 등을 대상으로 입찰을 통해 단체급식사업을 전개하면서 식자재를 자체적으로 조달한다. 따라서 중소 식자재업체가 큰 기업이나 대형 병원 등을 상대로 식자재를 공급하는 것은 매우 어렵다.

2.4 대형 유통업체

대형 유통업체들의 구매 의사결정은 본사에서 일괄적으로 이루어지기 때문에 대형 가공식품 제조업체의 대형 유통업체에 대한 영업은 유통업체 본사를 대상으로 이루어진다. 즉, 대형 유통업체 본사와의 협상을 통해 공급물량과 공급가격이 정해지며, 상품은 제조업체의 창고에서 대형 유통업체의 물류센터로 입고된 후에 여기에서 각 지점으로 배송된다. 대형마트, 백화점, SSM, 편의점 등의 대형 유통업체가 가공식품 제조업체의 전체 도매매출에서 차지하는 비중은 약 35% 정도인 것으로 알려져 있으며, 그 가운데에서도 이마트, 홈플러스, 롯데마트 등 대형마트의 비중이 가장 크다. 그런데 이러한 비율은 대형 유통업체와 거래하기 어려운 중소 및 영세 가공식품 제조업체를 모두 포함하였을 경우이고, 대형 가공식품 제조업체만을 놓고 보면 대형 유통업체에 대한 의존도는 훨씬 높으며, 시간이 갈수록 더욱 높아지는 추세를 보이고 있다. 예를 들어 한 대형 가공식품 제조업체의 빅3 대형마트 의존도는 3~4년 전의 60%에서 2013년 현재 약 70%까지 상승하였다.

2.5 온라인 채널

가공식품 분야에서 가장 중요한 온라인 채널은 종합몰 가운데 이마트, 홈플러스, 롯데마트 등 대형마트가 운영하는 인터넷몰(모바일 포함)이다. 특히 최근 들어 인터넷과 스마트폰을 이용하여 장을 보는 소비자들이 급증하면서 대형마트의 온라인판매 비중이 꾸준히 증가하고 있다. 온라인채널에는 대형마트 인터넷몰 이외에도 백화점이나 홈쇼핑회사의 종합몰, 오픈마켓, 소셜커머스, 식품전용몰, TV홈쇼핑 등이 있으며, 대형 가공식품 제조업체는 자사(自社)몰도 구축하고 있다. 이러한 온라인채널 가운데 자사몰은 제조업체가 직접 운영하면서 소비자에게 판매하지만 그 외의 온라인채널에 대해서는 제조업체가 수많은 인터넷몰들을 일일이 상대하기가 어렵기 때문에 벤더업체를 통해 거래하는 것이 일반적이다.

3. 과자의 유통경로

업계에서의 과자의 개념에는 비스켓, 쿠키, 스낵류 뿐만 아니라 빙과류, 캔디, 초콜릿, 껌 등도 포함된다. 국내 과자시장은 건과류 4개 업체 (해태제과식품, 크라운제과, 롯데제과, 오리온)와 빙과류 4개 업체 (해태제과식품, 롯데제과, 빙그레, 롯데삼강)가 대부분의 시장점유율을 차지하는 과점체제를 이루고 있다. 과자의 유통경로는 다른 가공식품의 유통경로와는 상당한 차이가 있다 ([그림 15-2] 참조).

●● [그림 15-2] 과자의 유통경로

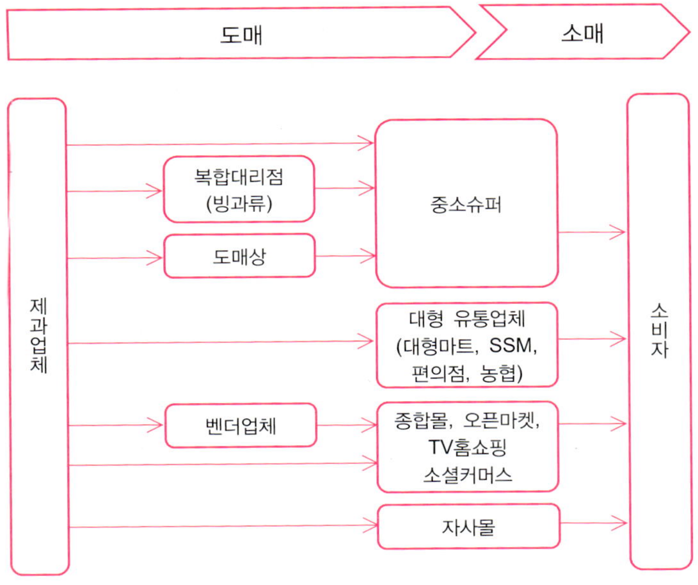

과자의 유통경로가 다른 가공식품의 유통경로와 특히 차이가 나는 것은 대형 과자 제조업체의 중소슈퍼 대상의 유통경로이다. 앞에서 기술한 바와 같이 대형 가공식품 제조업체는 전속대리점을 통해 중소슈퍼에 상품을 공급하지만 대형 과자 제조업체의 경우에는 복합대리점을 활용하는 빙과류를 제외하고는 제조업체 영업사원이 직접 중소슈퍼를 상대로 영업활

동을 전개한다. 즉, 롯데제과, 오리온, 해태제과식품, 크라운제과 등 대형 과자 제조업체는 지사 혹은 영업소에 소속된 영업사원이 판매차량을 이용하여 직접 중소슈퍼에 상품을 공급하고 있다. 아이스크림을 포함한 빙과류의 유통을 위해 대리점을 활용하는 이유는 빙과류를 취급하기 위해서는 냉동고, 냉동차 등의 설비를 갖출 필요가 있기 때문이고, 전속대리점이 아니라 복합대리점의 형태를 취하는 것은 대리점이 한 제과업체의 제품만을 취급하여서는 일정 수준의 수익을 올리기 힘들기 때문이다. 과자의 경우도 여타 가공식품과 마찬가지로 전체 매출에서 대형 유통업체가 차지하는 비중이 점차 높아지고 있다. 특히 대형마트의 비중이 약 30%에 이르고 있으며, SSM과 편의점을 합한 비중도 약 30%에 이르고 있다. 이러한 추세에 따라 중소슈퍼의 비중은 점점 더 측소되고 있다.

●참고문헌

모영일, 김병성 (2012), 도매시장 완벽분석, 앤써북, 95-101.
최병욱, 전창곤, 김동훈 (2012), 가공식품 유통구조 개선방안, 한국농촌경제연
　　　　구원, 53-101.
한국비즈니스정보 (2013), 대한민국 유통지도, 어바웃어북, 84-87.

제 16 장 생활용품

1. 생활용품의 개념

생활용품이라고 하면 일상생활에서 사용되는 소모성 제품들로 신체관리용품(샴푸, 린스, 비누, 칫솔, 치약, 보습제, 염모제, 기저귀 등), 의복관리용품(세제, 섬유유연제, 표백제, 탈취제 등), 부엌용품(주방세제, 랩, 고무장갑, 위생팩, 위생장갑, 물티슈 등), 청소용품(락스, 걸레, 마대 등), 욕실용품(화장지, 샤워타월 등) 등을 의미한다. 생활용품은 가공식품과 함께 흔히 일용소비재 혹은 FMCG (Fast Moving Consumer Goods)로 분류된다. 생활용품은 주류나 의약품 등과는 달리 유통에 대한 정부의 규제가 덜하고, 가공식품 등에 비해서는 유통기간도 상대적으로 길며, 소비자들의 구매 패턴도 빠르게 바뀌기 때문에 유통경로의 변화가 가장 심한 업종 중의 하나라고 할 수 있다.

2. 생활용품의 유통경로

생활용품의 유통경로는 가공식품의 유통경로와 매우 유사하다. 그 이유로는 생활용품과 가공식품은 모두 그 종류가 매우 다양하고, 구매 주기가 비교적 짧으며, 대형마트나 슈퍼마켓 등의 소매업태들이 생활용품과 가공식품을 동시에 취급하고 있다는 등의 공통점을 지니고 있기 때문이다. 생활용품의 유통경로는 [그림 16-1]과 같이 나타낼 수 있다.

가공식품의 유통경로와 마찬가지로 생활용품의 유통경로도 제조업체의 규모에 따라 크게 달라진다. LG생활건강, 아모레퍼시픽, 애경산업, 피죤, 무궁화, CJ라이온, 유한킴벌리 등의 대형 제조업체의 주력 유통경로는 전속대리점을 경유하는 경로, 대형 유통업체(대형마트, SSM, 편의점, 헬스&뷰티스토어, 하나로마트, 하나로클럽 등)를 경유하는 경로, 인터넷몰 등의 온라인 경로로 나누어진다. 대형 제조업체의 각 유통경로의 비중은 업체나 상품에 따라 차이는 있지만 대체로 전속대리점이 약 20%, 온라인 경로가 약 20~25%, 대형마트가 약 25~30%, 그리고 SSM, 헬스&뷰티스토어, 편의점, 하나로마트, 하나로클럽, 기업체 특판 등이 나머지 30~35%를 차지하고 있다. 이 가운데 전속대리점 경로와 대형마트, SSM 등의 비중은 정체 상태에 있으며, 상대적으로 헬스&뷰티스토어, 편의점, 온라인 경로 등의 비중이 높아지고 있다. 반면에 중소 제조업체의 경우에는 전속대리점을 둘 수 있는 여력이 없고, 대형 유통업체와의 거래가 어렵기 때문에 주로 도매상을 거쳐 중소슈퍼에 판매한다. 온라인경로는 구축 단계에서 큰 규모의 투자가 필요하지 않고, 소량의 판매도 얼마든지 가능하기 때문에 대형 제조업체는 물론 중소 제조업체들도 활발하게 활용하고 있다.

●● [그림 16-1] 생활용품의 유통경로

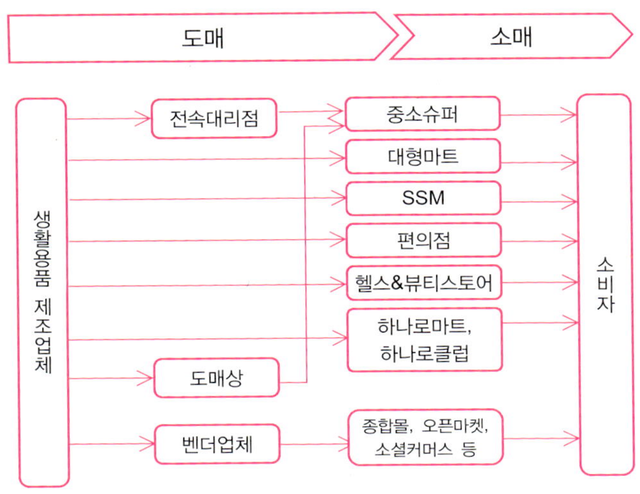

2.1 전속대리점

전속대리점은 특정 제조업체의 제품만을 취급하며 대부분 중소슈퍼에 판매한다. 전속대리점은 대형 유통업체, 온라인 경로 등의 취급 비중이 증가하면서 점차 축소되는 경향이 있지만 제조업체의 입장에서는 수익성이나 마케팅전략의 측면에서 매우 중요하다. 대형 유통업체와의 관계에서 제조업체는 을(乙)의 위치에 있기 때문에 가격 협상에서도 불리하고 신제품 론칭 등의 마케팅 전략을 구사함에 있어서도 여러 가지 제약이 따른다. 반면에 전속대리점과의 관계에 있어서는 제조업체는 갑(甲)의 위치에 있기 때문에 공급가격 조건을 보다 우리하게 가져갈 수 있고 다양한 마케팅 전략을 구사하는 것도 상대적으로 용이하다. 즉, 대형 제조업체의 입장에서는 대형마트 등의 대형 유통업체의 비중이 커지면 커질수록 수익성이 악화될 수 있는 가능성이 높아지기 때문에 전속대리점 체제를 유지하기 위해 많은 노력을 기울인다. 제조업체는 전속대리점의 관리를 위해 지역별로 영업조직을 구성하고 여기에 소속된 영업사원으로 하여금 전속대리점을 담당하도록 하고 있으며 통상적으로 한 명의 영업사원이 5~10개의 전속대리점을 관리한다. 전속대리점 담당 영업사원들은 주로 본사 지원 정책을 해당 대리점에 맞게 구성하여 제안하거나 전속대리점 육성의 차원에서 목표치 및 이를 달성하기 위한 방법을 제시하는 활동 등을 전개한다.

2.2 대형마트

대형마트는 대형 제조업체가 생산하는 생활용품의 유통경로에서 가장 중요한 위치를 점하고 있다. 대형마트의 구매품목, 판촉행사 등에 대한 의사결정은 여타 대형 유통업체 (SSM, 편의점, 백화점, 헬스&뷰티스토어 등)와 마찬가지로 80~90%가 본사에서 중앙집중적으로 이루어진다. 즉, 본사에서 공급업체와의 협의를 통해 구매물량, 구매품목, 구매가격 등 구매에 대한 의사결정 뿐만 아니라, 주기적으로 실시되는 판촉행사를 실행하기 위한 행사품목, 행사품목단가, 행사위치 등과 같은 판촉활동과 관련한 의사결정이 이루어진다. 대형 생활용품 제조업체는 각 대형마트별로 영업팀 (이마트팀, 홈플러스팀, 롯데마트팀)을 구성하고 여기에 소속된 영업사원으로 하여금 대형마트 본사의 구매부서를 담당하도록 하고 있다. 이들 영업사원은 대형마트 본사의 구매부서를 대상으로 가격, 품목, 판촉행사 등에 대해 협상하는 업무를 수행한다. 또한 제조업체는 대형마트의 각 매장을 담당하는 영업사원을 별도로 배치하고 있다. 이들은 각 매장에서 재고 관리 및 매장진열 관리, 본사 판촉행사 진행 지원, 매장 특화 판촉행사 기획 및 진행, 자사 파견 판촉사원 관리 등의 업무를 수행한다. 그렇지만 대형 제조업체는 SSM, 편의점, 헬스&뷰티스토어 등 여타 대형 유통업체에는 이러한 매장담당 영업사원을 별도로 배치하지 않는다.

2.3 온라인경로

생활용품 제조업체들은 2000년대 중반까지 대형마트, 전속대리점 등 오프라인 경로에 집중하여 왔으나 2000년대 이후 온라인 시장이 오프라인 시장보다 빠른 속도로 성장하는 추세에 따라 점차 온라인경로의 비중을 높이고 있다. 그 결과 생활용품 시장에서 온라인 채널이 기여하는 비중은 2006년에는 10%에도 미치지 못하였으나 2012년에는 24%까지 증가하였다. 제조업체는 종합몰, 전문몰, 대형포탈몰, 오픈마켓, 소셜커머스 등의 다양한 온라인몰과 직접 거래하기 보다는 생활용품에 특화하고 있는 벤더업체를 통해 거래하는 것이 일반적이다. 이렇게 하는 이유는 제조업체가 수많은 온라인몰과 직접 거래하는 것이 비용적인 측면이나 효과성의 측면에서 바람직하지 않기 때문이다.

2.4 여타 소매업태

여러 소매업태 가운데 생활용품 시장에서 차지하는 비중을 꾸준히 높여가고 있는 소매업태로 헬스&뷰티스토어와 편의점을 들 수 있다. CJ올리브영이나 GS왓슨스 등의 헬스&뷰티스토어는 2008년부터 2013년에 이르는 시기에 연평균 40%를 상회하는 높은 성장률을 보이고 있는데, 이는 모든 소매업태 가운데 가장 높은 성장률이다. 헬스&뷰티스토어의 주력 취급제품은 화장품이지만 이와 함께 바디케어, 헤어케어 등과 같은 신체관리용품도 같이 취급하고 있으며, 이러한 신체관리용품의 판매도 빠른 속도로 증가하고 있다. 편의점은 점포수 (2013년 기준 24,400개)가 포화상태에 이르면서 성장이 정체되고 점포의 수익성이 악화되는 현상을 보이고 있다. 이러한 상황에서 편의점 본부는 점포당 매출액을 증가시키기 위한 다양한 전략들을 실행하고 있는데 그 전략 중의 하나로 생활용품의 취급비중을 점차 높여가고 있다. 즉, 1인 가구의 증가에 따라 이들을 대상으로 원스톱쇼핑이 가능하도록 하기 위해 다양한 생활용품을 과거보다 더 많이 취급하고 있으며, 다양한 프로모션 행사도 실행하고 있다.

2.5 도매상

도매상은 여러 회사의 다양한 제품들을 모두 취급하며 주로 중소슈퍼를 대상으로 판매한다. 상품은 중소 제조업처로부터 직접 확보하기도 하지만 대형 제조업체의 전속대리점이나 대형마트 등에서 싼 가격에 나오는 상품들을 확보하기도 한다. 일정 장소에 위치한 점포에서 슈퍼마켓 점주나 일반 소비자들에게 상품을 판매하기도 하지만 일정 지역에서 슈퍼마켓을 방문하며 영업활동을 전개한다. 도매상은 대형마트와 SSM의 성장, 온라인경로의 활성화 등으로 인해 중소슈퍼가 쇠퇴함에 따라 그 비중이 점차 축소되고 있다.

● 참고문헌

김지원 (2013), "개인용품·생활용품 채널의 다변화 : 채널 다변화 시대, 아직
　　도 영업에만 의존하는가," 리테일메거진, 9월호, 126-129.
한국비즈니스정보 (2013), 대한민국 유통지도, 어바웃어북, 218-221.

제 **17** 장 가전제품

1. 우리나라 가전시장 개관

가전(家電)제품은 가정에서 주로 사용되는 전자제품을 의미하며, TV, 냉장고, 세탁기, 에어컨, 김치냉장고 등의 5더 가전을 위시하여 전기밥솥, 선풍기, 다리미, 가습기, 공기청정기, 헤어드라이어, 오디오, 제습기, 정수기, 가스레인지, 식기세척기 등 수많은 유형의 제품이 이에 포함된다. 그러나 통상적으로 노트북, 테블릿PC, 프린터 등과 같은 컴퓨터 관련 제품이나 핸드폰, 전화기, 내비게이션 등과 같은 통신기기는 가전제품의 범주에 포함시키지 않는 것이 일반적이다.

국내 가전제품 제조업체로는 빅2에 해당하는 삼성전자와 LG전자가 있고, 그 외에 동부대우전자, 웅진코웨이, 위니아만도, 리홈쿠첸, 신일산업, 한경희생활과학, 동양매직 등 많은 수의 중견업체들이 있다. 삼성전자와 LG전자는 주로 대형가전을 중심으로 다양한 품목의 가전제품을 생산하고 있으며, 중견업체들은 대부분 몇 개의 품목에 특화하여 생산하고 있다. 해외 가전제품 제조업체로는 필립스, 파나소닉, 소니, 도시바, 샤프, 히타치, 하이얼, 미츠비시 등이 우리나라에 국내법인을 두고 본사로부터 제품을 수입하고 있으며, 영국의 다이슨이나 독일의 브라운과 같은 업체들은 공식수입업체를 두고 제품을 수입하고 있다.

통계청은 [그림 17-1]에서와 같이 가전제품의 시장의 규모를 제시하고 있다. 2007~2013년 기간 동안 가전제품은 연평균 약 5.5% 성장하면서 2013년 현재 약 16조7,751억 원 규도의 시장을 형성하고 있다. 이는 2013년 전체 소매시장 규모 (353조5,196억 원)의 약 4.7%에 해당한다.

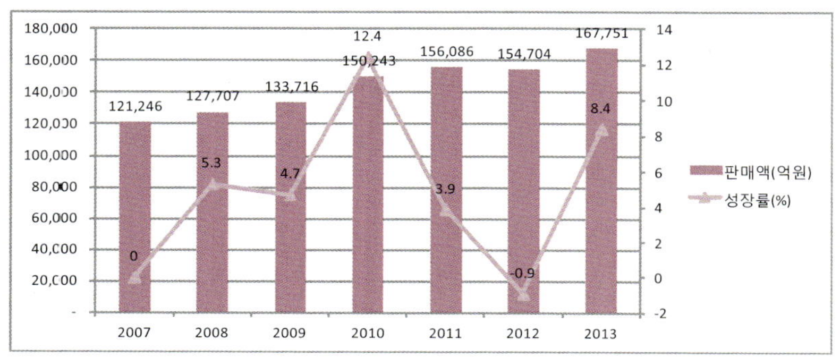

•• [그림 17-1] 가전제품의 판매액 및 성장률 추이

자료 : 통계청, 국내통계〉도소매·서비스〉소매판매통계〉소매판매액〉재별 및 상품군별 판매액.
　　　통계청, 국내통계〉도소매·서비스〉소매판매통계〉소매판매액지수〉재별 및 상품군별 판매액 지수.

2. 가전제품 유통 변천사

우리나라의 가전제품 유통은 시간의 흐름에 따라 많은 변화를 겪어왔다. 가전제품의 유통은 대형 제조업체의 전성기, 가전전문 양판점의 급속 성장기, 가전유통 빅4 업체의 정립기 등의 세 시기로 나누어볼 수 있다.

● 대형 제조업체의 전성기

1970년대에서 1990년대 중반에 이르기까지 가전제품의 유통은 대형 제조업체에 의해 주도되었다. 당시의 빅3인 삼성전자, LG전자, 대우전자 등은 대부분 자영업자와의 계약에 의해 설립되는 전속대리점을 통해서 자사의 제품을 판매하였다. 전속대리점을 통한 가전제품 판매액이 1980년대 후반에는 전체 시장의 90% 이상을 차지하였고, 1990년대 중반까지도 80% 이상을 차지하고 있었다. 이처럼 이 시기에는 대형 가전제품 제조업체들이 수직적 전방통합을 통해 제조와 유통을 모두 장악하고 있었다.

● 가전전문 양판점의 급속 성장기

1990대 후반에 가전제품의 유통경로에 급격한 변화를 가져오는 두 가지 사건이 발생하였다.

첫째, 1997년에 IMF 외환위기가 발생하였다. 이로 인해 경기가 급속히 쇠퇴하면서 5,000여 개로 늘어난 가전업체 전속대리점들의 경영이 크게 악화되었다.

둘째, 1990대 후반에 정부의 유통정책에 큰 변화가 있었다. 먼저 1997년에 대형 유통매장의 설립이 허가제에서 등록제로 전환되면서 대형 유통업체들이 손쉽게 매장을 늘려갈 수 있는 환경이 조성되었다. 또한 1999년에는 오픈프라이스(open price) 제도가 도입되었다. 이 제도는 제조업체가 가지고 있던 소비자 권장가격을 설정할 수 있는 권한을 없애고 유통업체가 상품 판매가격을 자율적으로 정할 수 있도록 하는 것을 주된 내용으로 하고 있다. 이러한 제도 변화를 계기로 롯데하이마트나 전자랜드와 같은 가전전문 양판점과 이마트나 홈플러스와 같은 대형마트들은 제조업체의 간섭에서 벗어나서 대량구매를 무기로 낮은 가격에 제품을 확보하여 경쟁력 있는 가격에 판매할 수 있게 되었다. 유통에서의 영향력 감소를 우려한 대형 가전 제조업체들은 대형 유통업체에 대해 납품을 거부하는 등의 조치를 취하기도 하였으나 대형 유통업체들은 이에 대응하여 국내의 중견 제조업체나 해외 제조업체로부터 저렴한 가격에 제품을 확보하는 방법으로 경쟁력을 강화시켜 나갔다. 이러한 과정을 거쳐 대형 유통업체들은 제조업체에 대해 유통경로 상에서 힘의 우위를 확보하게 되었다.

이러한 사건들이 발생하면서 1990년대 중반에 5,000여 개에 이르던 제조업체 전속대리점의 수는 2000년에는 2,000여 개로 급감하였다. 이에 반해 가전전문 양판점은 크게 성장하였다. 우리나라의 가장 대표적인 가전전문 양판점인 롯데하이마트는 1990년대 중반까지 매장이 30개에 불과하였으나 공격적인 투자를 통해 1999년 말에는 200여 개의 매장을 보유하게 되었다. 또한 1999년에 6,860억 원이던 매출액이 2000년에는 1조 1,191억 원, 2001년에는 1조4,863억 원으로 불과 2년 만에 매출이 2배 이상 급증하였다. 유통에서의 우위가 크게 흔들리게 된 제조업체 빅2인 삼성전자와 LG전자는 전속대리점의 숫자를 줄이는 한편, 고급스러운 이미지의 대형 직영점 (각각 리빙프라자와 하이프라자) 설립을 통해 대형 유통업체와의 차별화를 시도하기 시작하였다. 빅3의 한 축이었던 대우전자는 1999년 대우그룹이 해체되면서 사세가 급격히 약화되었다.

● 가전유통 빅4 업체의 정립기

2000년을 전후로 급격한 변화를 경험한 가전 유통업계는 점차 안정화되면서 2000년대 중반부터는 제조업체 빅2가 운영하는 유통망 (삼성전자판매주식회사 및 하이프라자)과 가전전문 양판점 빅2 (롯데하이마트 및 전자랜드)등 양대 유통망이 힘의 균형을 이루어가는 양상을 보이고 있다. [표 17-1]을 살펴보면 시간이 지나면서 가전전문 양판점 빅2의 매출액이 4개 업체 전체 매출액에서 차지하는 비중은 53~55% 수준에서, 빅2 제조업체 유통망의 경우는 44~46% 수준에서 안정화되는 경향을 보여주고 있다. 그러나 가전전문 양판점 내부적으로는 롯데하이마트가 2008년의 금융위기에도 불구하고 2009년에 매출액을 약 1조1,700억 원 증가시키면서 4개 업체 전체 매출액에서 차지하는 비중을 35~36% 수준에서 46~47% 수준으로 크게 향상시킨 반면, 전자랜드는 15~16% 수준에서 7~8% 수준으로 크게 위축되었다.

[표 17-1] 빅4 업체의 매출액 추이 (단위 : 원)

구분		2007	2008	2009	2010	2011-	2012	2013
가전양판점	롯데하이마트	1조4,253억 (35.7%)	1조4,920억 (35.1%)	2조6,628억 (47.2%)	3조 523억 (47.0%)	3조4,106억 (47.4%)	3조2,211억 (47.0%)	3조5,191억 (46.6%)
	전자랜드	6,433억 (16.1%)	6,606억 (15.5%)	6,105억 (10.8%)	5,447억 (8.4%)	5,349억 (7.4%)	4,924억 (7.2%)	5,484억 (7.3%)
	합계	51.8%	50.6%	58.0%	55.4%	54.8%	54.2%	53.9%
제조업체	삼성전자판매	1조1,854억 (29.7%)	1조3,147억 (30.9%)	1조4,632억 (25.9%)	1조7,294억 (26.7%)	1조8,506억 (25.7%)	1조8,387억 (26.8%)	2조 207억 (26.7%)
	하이프라자	7,434억 (18.6%)	7,843억 (18.4%)	9,022억 (16.0%)	1조1,616억 (17.9%)	1조3,987억 (19.4%)	1조3,053억 (19.0%)	1조4,668억 (19.4%)
	합계	48.3%	49.3%	41.9%	44.6%	45.1%	45.8%	46.1%
총합		3조9,974억	4조2,516억	5조6,417억	6조4,880억	7조1,948억	6조8,575억	7조5,550억
성장률		——	6.4%	32.7%	15.0%	10.9%	−4.7%	10.2%

* 자료 : 금융감독원 전자공시시스템, http://dart.fss.or.kr.

3. 가전제품의 유통경로

우리나라 가전제품의 유통경로는 [그림 17-2]와 같이 나타낼 수 있다. 우리나라 가전제품의 유통경로는 제조업체 빅2인 삼성전자 및 LG전자를 중심으로 하는 유통경로, 가전전문 유통업체 빅2인 롯데하이마트와 전자랜드를 중심으로 하는 유통경로, 그리고 이 외의 여타 유통경로 등으로 나누어볼 수 있다.

•• [그림 17-2] 우리나라 가전제품 유통경로

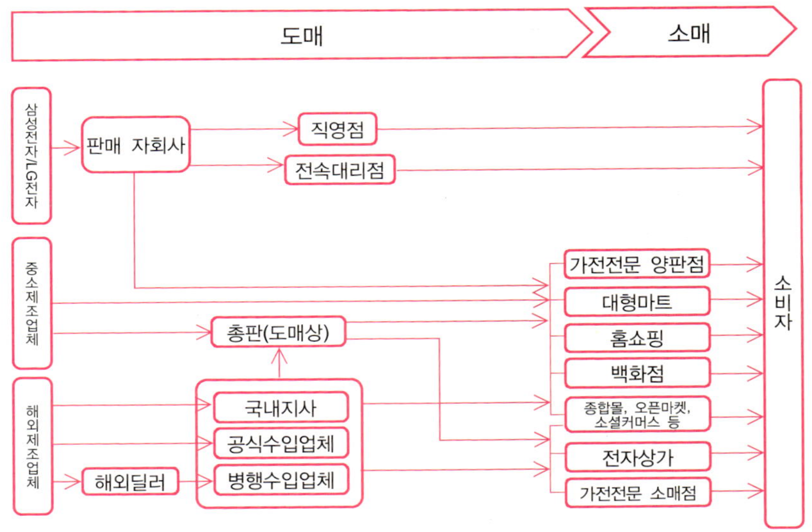

3.1 제조업체 빅2 중심의 유통경로

가전제품 제조업체 빅2인 삼성전자와 LG전자의 유통은 자체적으로 구축한 직영점과 전속대리점을 중심으로 이루어지고 있다.

● 삼성전자 : 삼성전자는 2013년 말에 국내 판매를 담당하던 자회사 '리빙프라자'를 설립 15년 만에 '삼성식 유통망 구축'을 다짐하며

'삼성전자판매주식회사'로 개명하였다. 삼성전자판매주식회사는 2014년 4월 현재 '디지털프라자' 516개, '모바일스토어' 119개, 컴퓨터정보전문점 31개 등을 운영하고 있다. 2013년의 매출액은 2조207억 원으로 전체 가전제품 시장 (16조7,751억 원)의 12.0%를 점하고 있다.

- LG전자 : LG전자의 경우에는 자회사인 하이프라자가 가전 전문점인 베스트샵(Best Shop)을 운영하고 있으며, 2014년 4월 현재 전국에 331개의 매장을 가지고 있다. 2013년의 매출액은 1조4,668억 원으로 전체 가전제품 시장 (16조7,751억 원)의 8.7%를 점하고 있다.

삼성전자와 LG전자의 매장은 직영점과 전속대리점으로 구분되는데 직영점의 비율이 좀 더 높은 편이고 지속적으로 직영점의 비율을 높여가고 있다. 삼성전자와 LG전자의 직영점이나 전속대리점에서는 대부분 자사에서 생산한 제품을 판매하지만 원스톱 쇼핑을 위해 자사에서 생산하지 않는 품목들을 국내 중견업체나 해외업체로부터 구입하여 판매하기도 한다. 또한 삼성전자판매주식회사와 하이프라자는 가전전문 양판점, 백화점, 대형마트 등에도 제품을 공급하고 있다.

최근 들어 삼성전자와 LG전자가 직영점을 중심으로 자체적인 유통망의 구축에 더욱 적극적으로 임하고 있는 것은 가전전문 양판점의 성장과 직접적인 관련이 있다. 특히 롯데하이마트가 2010년을 전후로 시장점유율을 급격히 상승시켰고, 또한 2012년에는 우리나라 유통업계의 최강자인 롯데에 인수되면서 성장이 가속화될 수 있는 가능성이 커지고 있기 때문이다. 유통에서 힘을 잃으면 제조업체의 입장에서는 유통업체와의 가격협상력이 떨어져서 수익성이 악화될 수밖에 없기 때문에 자체적인 유통망 강화를 위해 치열하게 노력하고 있는 것이라고 볼 수 있다.

3.2 가전전문 양판점 중심의 유통경로

롯데하이마트나 전자랜드와 같은 가전전문 양판점은 대형 제조업체의 직영점이나 전속대리점과는 달리 다양한 제조업체의 상품을 취급한다. 즉,

빅2 업체인 삼성전자와 LG전자의 제품은 물론, 많은 수의 국내 중견 제조업체와 해외 제조업체의 제품을 추급하고 있다.

- 롯데하이마트 : 1987년에 '한국신용유통'이라는 이름으로 설립된 롯데하이마트는 1999년에 '하이마트'라는 이름으로 재출범하였으며, 2012년에는 롯데그룹에 매각되면서 '롯데하이마트'로 개명되었다. 2014년 4월 현재 전국에 398개의 직영 매장을 가지고 있으며, 롯데그룹에 인수된 2012년부터 롯데그룹 자회사 간의 시너지 창출을 위해 롯데마트 내에 샵인샵의 형태로 입점하는 사례가 늘고 있다. 2013년의 매출액은 3조5,191억 원으로 전체 가전제품 시장 (16조7,751억 원)의 21.0%를 점하고 있다. 롯데하이마트는 이른바 '카테고리킬러'로 현재 삼성전자, LG전자, 동양매직, 신일산업, 위니아만도 등의 국내업체와 소니, 브라운, 하이얼, 도시바, 필립스 등의 외국업체를 합쳐 110여 개 업체로부터 제품을 공급받고 있다.
- 전자랜드 : 1963년에 설립된 전자랜드는 2014년 4월 현재 전국에 100개의 매장을 가지고 있다. 2013년의 매출액은 5,484억 원으로 전체 가전제품 시장 (16조7,751억 원)의 3.3%를 점하고 있다. 전자랜드는 가격이 가장 중요한 경쟁력 강화 요인이 된다고 보고 2013년 초부터 매장을 창고형 할인매장으로 전환하고 있으며, 사명도 '전자랜드 프라이스킹 (Price King)'으로 개명함으로써 '가격 경쟁력이 있는 매장'으로서의 이미지를 부각시키고 있다. 창고형 할인매장을 지향하는 만큼 제품을 공급받는 업체의 수는 67개 정도로 롯데하이마트에 비해 상대적으로 적은 편이다.

3.3 여타 유형의 유통경로

앞에서 기술한 바와 같이 빅2 제조업체와 빅2 가전전문 양판점이 우리나라 가전 유통의 주축을 형성하고 있지만 그 외에도 다양한 유통경로가 존재한다. 도매상의 역할을 수행하는 총판과 수입업체가 있으며, 가전전

문 양판점 이외의 주요한 소매업태로 대형마트, 온라인쇼핑, 전자상가 등이 있다

- 총판과 수입업체 : 먼저 도매상을 역할을 하는 유통경로 구성원으로 총판과 해외 브랜드를 수입하는 국내법인, 공식수입업체, 병행수입업체 등이 있다. 총판은 국내 중소 제조업체나 수입업체로부터 제품을 확보하여 다양한 소매업체에 판매한다. 수입업체도 총판에 상품을 공급하기도 하지만 주로 직접 다양한 소매업체에 판매한다.

- 대형마트 : 가전제품은 대형마트에서 신선식품, 가공식품, 생활용품에 이어 4번째로 매출 비중이 높으며 전체 매출의 약 8~10%를 차지하고 있다. 2013년의 대형마트 매출액은 약 38조원이었으며, 따라서 3~3.8조원의 가전제품 매출이 발생한 것으로 추정할 수 있다. 대형마트는 주로 가격을 위주로 경쟁을 하기 때문에 저가의 중소기업 제품을 많이 취급하는 경향이 있다. 최근에는 대형마트들이 가전제품 판매의 전문성을 높이기 위해 자체적으로 운영하던 가전코너를 샵인샵의 형태로 입점하는 가전전문 유통업체로 대체시키는 경향을 보이고 있다. 롯데하이마트를 인수한 롯데그룹은 2012년 말부터 2014년 상반기에 이르는 시기에 가전코너를 가지고 있던 98개 매장을 모두 롯데하이마트로 전환시켰다. 홈플러스도 2014년 4월 현재 삼성전자의 디지털프라자나 LG전자의 베이트샵을 입점시킬지의 여부를 검토하고 있다.

- 전자상가 : 용산전자상가, 테크노전자상가 등의 전자상가는 1980년대 중후반에 형성되기 시작하였으며, 한 곳에서 수백 개의 매장을 볼 수 있다는 장점 때문에 크게 각광을 받았다. 그러나 2000년대에 들면서 대형 가전전문 양판점이 증가하고 온라인 쇼핑이 활성화되면서 상품구색, 쇼핑 편의성, 품질에 대한 신뢰성, 가격 경쟁력 등을 상실해 감에 따라 쇠락의 길을 걷고 있다.

- 오픈마켓, 소셜커머스 : 불황이 장기화되면서 상대적으로 가격이 저렴한 오픈마켓이나 소셜커머스가 가전제품의 유통채널로도 부상되고

있다. 밥솥, 청소기, 다리미, 전기요 등과 같은 소형 가전뿐만 아니라
AS보증 등의 제도 도입으로 신뢰도가 향상되면서 냉장고 등과 같은
대형가전으로 점차 취급품목이 확장되고 있다.

● 참고문헌

서울대 투자연구회 (2011), 기업분석 보고서 : 롯데하이마트, 2011년 10월 21일.
조용수 (2003), "산업분석 : 국내 가전제품 유통시장의 특징," NICE 신용정
　　　보, Special Report, 3-6.
한국비즈니스정보 (2013), 대한민국 유통지도, 어바웃어북, 116-119.
동아닷컴, "대형마트 가전매장 성형 붐," 2013년 10월 22일.
내일신문, "불황먹고 쑥쑥 크는 '소셜커머스'," 2012년 11월 13일.
매일경제, "대형마트 가전매장이 달라진다." 2014년 4월 10일.
머니투데이, "숍인숍vs창고형…가전유통은 변신중," 2014년 4월 2일.
아주경제, "오픈마켓 디지털 가전 매출 '중소기업이 대세'," 2013년 12월 30일.
전자신문, "내수가전유통 사상최대 실적…전년의 역성장 극복하며 두 자릿수
　　　성장," 2014년 1월 13일.
전자신문, "'매장수=매출' 공식 깨진다…삼성·롯데하이마트·전자랜드 가전
　　　유통 전략 차별화," 2013년 12월 31일.
전자신문, "소셜커머스, 전자제품 판매 성장… 신규 유통채널로 자리 잡는다,"
　　　2012년 11월 13일.
한겨레, "가전유통 '양판점 전성시대'…제조사들 긴장," 2010년 5월 10일.
한국경제, "삼성디지털프라자, 제품이상 확인 등 판매 후 섬세한 고객관리,"
　　　2014년 1월 9일.
SBS뉴스, "홈쇼핑 매출 비중, 패션 '뜨고' 가전 '지고'," 2013년 12월 10일.
금융감독원 전자공시시스템, http://dart.fss.or.kr.
통계청, 국내통계>도소매·서비스>소매판매통계.
삼성전자판매 홈페이지, www.samsungsales.co.kr
롯데하이마트 홈페이지, www.himart.co.kr/index.jsp

제 18 장   휴대폰

1. 이동통신서비스 및 휴대폰 시장의 개요

소비자들이 휴대폰을 구입하는 것은 이동통신서비스를 이용하기 위한 것이기 때문에 휴대폰과 이동통신은 바늘과 실과 같은 매우 밀접한 관계를 맺고 있다. 이러한 밀접한 관계는 휴대폰의 유통경로에도 결정적인 영향을 미치고 있다. 따라서 휴대폰의 유통경로를 이해하기 위해서는 휴대폰 제조업체는 물론, 이동통신서비스 시장에 대한 이해도 병행되어야 한다.

1.1 이동통신서비스 시장 개요

이동통신서비스를 제공하는 이동통신사는 크게 MNO (Mobile Network Operator: 이동통신망사업자)와 MVNO (Mobile Virtual Network Operator: 가상이동통신망사업자)로 나누어진다. MNO는 주파수를 보유하고 있는 이동통신사로 우리나라에는 SKT, KT, LGU$^+$ 등의 3개사가 있다. MVNO는 MNO로부터 통신망을 임대하여 이용자에게 자체 브랜드로 이동통신서비스를 제공하는 사업자를 의미한다. 현재 MVNO는 통신망 사용료로 매출액의 40%를 MNO에게 지급하고 있다. MVNO는 이동통신 사업자 간의 경쟁을 활성화하기 위한 목적으로 2011년 7월에 도입되었으며 2014년 4월 현재 CJ헬로비전, 아이즈비전, 스페이스네트 등 28개 업체가 사업을 전개하고 있다.

1.1.1 MNO 서비스

흔히 '이동통신서비스'라고 불리는 MNO 서비스의 가입자 수는 지속적으로 증가하면서 2013년 2월을 기준으로 우리나라 인구수 (2014년 4월 현재 5,119만 명)보다 많은 5,502만 명에 이르고 있다 ([그림 18-1] 참조). MNO 3사의 시장점유율을 살펴보면 연도에 따라 약간의 변화는 있었지만 SKT 50%, KT 30%, LGU$^+$ 20%의 수준에서 안정화 되는 경향을 보이고 있다.

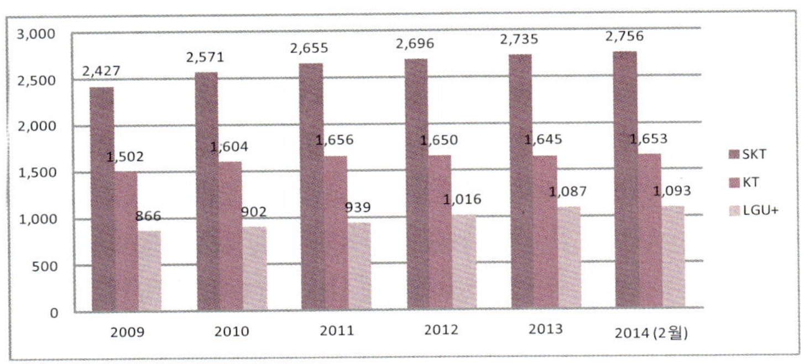

●●[그림 18-1] 우리나라 이동통신 가입자의 연도별 추이 (단위 : 만 명)

자료 : 한국통신사업자연합회(KTOA), http://stat.ktoa.or.kr.

1.1.2 MVON 서비스

MVNO 서비스는 통신망 관리를 위한 비용이 소요되지 않기 때문에 MNO 서비스와 동일한 통화품질을 유지하면서도 통신요금을 낮출 수 있다. MVNO 서비스의 요금은 MNO 서비스 요금 대비 20~30% 정도 저렴하다. 그래서 MVNO가 제공하는 이동통신서비스는 '알뜰폰'이라고 불린다. 그러나 MVNO 서비스에서는 MNO 서비스와는 달리 무제한 데이터 요금제가 지원되지 않기 때문에 3G 데이터를 많이 사용하는 이용자에게는 오히려 통신 요금이 더 많이 부과될 수 있다. 알뜰폰 가입자 수는 2011년 12월에는 약 40만 명에 불과하였으나 2012년 12월에는 약 128만, 2013년 12월에는 약 249만 명으로 급증하였으며, 2014년 4월 말 기준으로 약 307만 명을 기록하면서 전체 이동통신시장 가입자의 약 5.2%

를 차지하고 있다. MVNO 가운데 1위 업체인 CJ헬로비전이 약 60만 명의 가입자를 확보하고 있다. 통신망 기준의 시장점유율은 KT 47%, SKT 43%, LGU$^+$ 10%를 차지하고 있으며, MVNO 가입자가 늘어나면서 MNO 업체들도 자회사나 사업부의 설립을 통해 MVNO 사업에 진출하고 있다.

1.2 휴대폰 시장 개요

앞에서 살펴본 바와 같이 이동통신 시장은 완전히 포화된 상태이기 때문에 신규고객의 진입에 의한 휴대폰 수요는 그다지 많지 않지만 기존 가입자에 의한 교체수요가 발생하면서 연간 약 2,500만 대 정도가 꾸준히 판매되고 있다. 최근 주력 기종인 스마트폰의 가격이 80~100만원에 이르고 있는 점을 감안하면 휴대폰 시장의 규모는 약 20~25조가 된다고 할수 있다. 1위의 휴대폰 제조업체인 삼성전자의 휴대폰 시장점유율은 스마트폰이 등장하기 전인 2000년대 중반까지는 50% 수준이었으나, 스마트폰이 등장하면서 지속적으로 상승하면서 2012년에는 70%대까지 상승하기도 하였다. 2013년 현재 삼성전자 60%, LG전자 20%, 팬택 15%, 애플 5%의 시장점유율을 보이고 있다. 소니, 모토로라, 노키아 등 애플 이외의 해외 제조업체들은 우리나라 휴대폰 시장에서 존재감이 거의 없는 수준이다.

2. 휴대폰의 유통경로

휴대폰의 유통경로는 [그림 18-2]와 같이 나타낼 수 있으며, MNO 휴대폰과 MVNO 휴대폰의 유통경로는 전혀 다른 양상을 보이고 있다.

•• [그림 18-2] 휴대폰의 유통경로

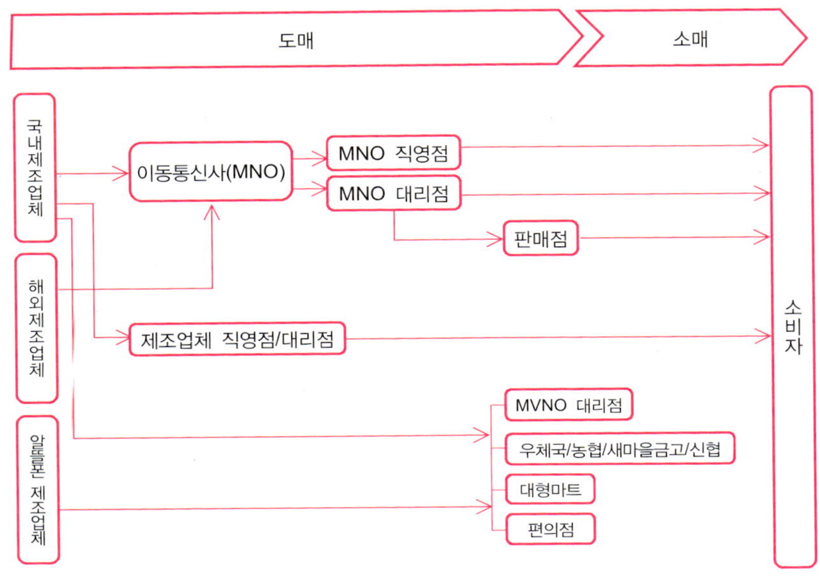

2.1 MNO 휴대폰의 유통경로

우리나라에 이동통신서비스가 도입된 것은 1984년으로 약 30년의 역사를 지니고 있다. 이동통신서비스가 도입된 이래 '단말기 자급제'가 시작된 2012년 5월까지 이동통신사에 등록된 휴대폰만을 판매할 수 있도록 되어 있었기 때문에 소비자는 이동통신서비스에 가입하거나 번호이동을 하면서 휴대폰을 구입하게 되었고, 따라서 자연히 이동통신사가 휴대폰 유통에서 주도적인 역할을 수행하여 왔다. 단말기 자급제는 소비자가 휴대폰을 먼저 구입한 후에 통신사와 요금제를 선택을 할 수 있도록 허용하는 제도 ([글 18-1] 참조)로 휴대폰 제조업체의 유통경로 상에서의 영향력을 강화시킬 수 있는 가능성을 가지고 있다. 하지만 휴대폰의 가격이 소비자가 어떠한 요금제의 통신상품을 구매하는가에 따라 달라지는 관행이 바뀌지 않았고, 이로 인해 대부분의 소비자들이 통신상품을 구매하면서 휴대폰을 같이 구입하고 있기 때문에 휴대폰 유통경로 상에서의 이동통신사의 영향력은 여전히 절대적이다.

[글 18-1] 단말기 자급제

단말기 자급제는 이용자가 자신이 원하는 휴대폰을 구입한 후에 이동통신사와 요금제를 선택하여 가입하는 것을 허용하는 제도로 2012년 5월에 도입되었다. 이 제도는 블랙리스트(black list) 제도라고도 불리는데 이는 도난당하거나 분실된 휴대폰만 아니면 어떤 휴대폰이든 등록해 사용할 수 있다는 의미에서 붙여졌다. 따라서 이 제도 하에서는 이동통신사의 대리점이나 판매점뿐만 아니라 가전제품 대리점, 대형마트, 인터넷 쇼핑몰, 해외 등지에서 구입한 휴대폰도 유심(USIM)만 꽂으면 바로 이용할 수 있다. 이 제도는 SKT, KT, LGU$^+$ 등 MNO 서비스뿐만 아니라 알뜰폰을 제공하는 MVNO 서비스에도 적용된다. 이 제도가 도입되기 이전에는 이동통신사가 식별번호(IMEI)를 직접 관리하면서 자사에 등록한 휴대폰만 소비자에게 판매할 수 있도록 하는 화이트리스트(white list) 제도가 적용되고 있었다.

자료 : 한국정보통신진흥협회 홈페이지, www.checkimei.kr.

휴대폰의 주력 유통경로는 휴대폰 제조업체→이동통신사→직영점/대리점→판매점→소비자의 경로이며, 경로구성원 가운데 이동통신사가 가장 주된 역할을 수행하고 있다. 이동통신사는 주기적으로 일정 물량의 휴대폰을 제조업체에게 주문을 하면 제조업체는 이동통신사에 휴대폰을 납품하고, 이동통신사는 대리점에 휴대폰을 공급하며, 이렇게 공급된 휴대폰은 대리점에서도 판매되지만 주로 판매점에 공급되어 판매된다.

- 직영점 : 직영점은 이동통신사에서 직접 운영하는 점포로 이동통신업계에서는 '지점'이라고 불리고 있다. 직영점은 그 숫자는 작지만 규모가 크고 시설이 잘 갖추어진 플래그십스토어(flagship store)의 개념으로 운영된다. 직영점은 매출보다는 제품을 체험할 수 있는 공간을 제공하는 등의 활동을 통해 브랜드 이미지를 제고시키는 것을 주목적으로 하고 있다. SKT의 경우 5대 광역시에는 서울지역 8개를 포함하여 모두 17개의 직영점을 두고 있다. 직영점은 숫자도 작고, 주로 통신요금이나 AS 등과 관련된 업무를 수행하기 때문에 휴대폰의 유통에서 중요한 역할을 하고 있는 것은 아니다.

- 대리점 : 대리점은 특정 이동통신사와 위탁판매 계약을 맺고 해당 이동통신사의 상품만 판매하는 점포를 의미한다. 점포의 간판에는 주로 '공식(인증) 대리점'이라는 명칭을 쓰고 있다. 대리점은 가두점이 주류를 이루지만 전자상가, 가전전문 양판점 등에도 들어가 있다. 대리점에는 이동통신사의 전산망이 연결되어 있기 때문에 가입, 해지, 요금납부, 기기변경, 멤버십 등 이동통신사의 서비스를 거의 모두 제공할 수 있다. 2013년 현재 우리나라에는 약 8,000여 개의 이동통신 대리점이 있다. 대리점의 수입은 관리수수료와 판매수수료로 구성된다. 관리수수료는 이동통신사의 고객관리 업무를 대행하는 대가로 받는 수수료를 의미하며, 자신의 대리점에서 이동통신서비스에 가입한 고객이 매월 납부하는 통신요금의 5~8%를 4~5년간 지급받는다 (SKT는 4년, KT와 LGU$^+$는 5년). 예를 들어 최근 4년 이내에 가입한 고객이 5,000명이고 이 가운데 한명도 중간에 이탈하지 않았으며, 고객들의 월평균 통신요금이 40,000원이라고 가정하면 대리점이 수취하는 관리수수료는 월 1,000~1,600만원이 된다. 관리수수료는 대리점의 가장 주된 수입원이기 때문에 대리점은 휴대폰의 판매보다는 가입자 유치에 주력하고 있다. 판매수수료는 일종의 보너스(bonus)로 개통 휴대폰, 요금제, 부가서비스 등에 대해 이동통신사가 설정한 목표치의 달성여부에 따라 지급되는 장려금이다.

휴대폰 제조업체인 삼성전자와 LG전자는 자사 제품의 유통경로인 디지털프라자, 모바일스토어 (이상 삼성전자), 베스트샵 (LG전자)에도 휴대폰을 공급하고 있다. 이들 점포에서는 휴대폰을 판매하면서 이동통신서비스 가입이나 번호이동 서비스도 제공하고 있는데, 이는 이들 점포가 이동통신사의 대리점 자격을 가지고 있기 때문이다.

- 판매점 : 판매점은 대리점과 계약을 맺고 가입자유치, 휴대폰판매 등의 업무를 수행하는 점포를 의미한다. 대부분의 판매점은 3개 이동통신사 (SKT, KT, LGU$^+$)의 대리점과 모두 계약을 맺고 있으며, 휴대폰을 직접 개통시킬 수 없기 때문에 계약을 맺고 있는 대리점을 통해 개통서비스를 제공한다. 즉, 대리점이 이동통신사의 영업조직으로서

의 역할을 하고 있다면, 판매점은 대리점의 영업조직으로서의 역할을 하고 있다고 할 수 있다. 따라서 대리점의 입장에서는 최대한 많은 수의 능력 있는 판매점과 계약을 맺는 것이 성공적인 영업의 관건이 된다. 대리점의 수가 최근 몇 년간 8,000여 개에서 안정화되어 있는 반면에 판매점은 2007년 8,770여 곳에서 2013년에는 2만3,000여 곳으로 6년 만에 3배 가까이 급증하였다.

대리점이 수입을 주로 관리수수료에 의존하고 있는 반면, 자체적인 고객 기반을 가질 수 없는 판매점은 수입을 거의 휴대폰의 판매에 의존하고 있다. 즉, 판매점에서 이동통신서비스에 가입한 고객은 판매점의 고객이 아니라 판매점과 계약을 맺고 있는 대리점의 그객이 되고, 따라서 통신요금의 일정 비율로 정해지는 관리수수료는 판매점이 아니라 대리점의 수입이 된다. 판매점의 수입은 휴대폰의 판매에 따른 마진과 대리점으로부터의 보조금에 의존하고 있다. 대리점의 입장에서는 판매점에서의 휴대폰 판매가 활성화되어야 가입자의 수도 증가하기 때문에 대리점은 보조금을 자신이 취하기보다는 판매점에 전달함으로써 판매를 독려하는 쪽을 선택한다. 경우에 따라서는 대리점은 가입자를 증가시키기 위해 이동통신사의 보조금에 대리점에서 자체적으로 조성한 보조금을 추가적으로 판매점에 제공하기도 한다. 대리점과 판매점의 관계에 있어서는 여러 대리점과 계약할 수 있는 위치에 있는 판매점보다는 이동통신사와 직접적인 계약관계에 있으면서 판매점에 공급되는 단말기의 가격이나 수량, 보조금의 규모 등에서 영향력을 행사할 수 있는 대리점이 힘의 우위를 점하고 있다. 대리점에서 판매점에 공급된 휴대폰이 팔리지 않을 경우에는 100% 반품이 가능하다. 따라서 판매점은 대리점으로부터 휴대폰의 판매를 위탁받아 판매하는 위탁판매점이라고 할 수 있다.

2.2 알뜰폰의 유통경로

알뜰폰은 삼성전자, LG전자, 팬택 등 대형 휴대폰 제조업체는 물론 프리피아, 아이리버 등의 알뜰폰 전문 제조업체에 의해서도 생산되고 있다.

알뜰폰의 유통은 앞에서 기술한 '단말기 자급제'의 영향을 크게 받고 있다. 소비자는 MVNO 가입과는 별도로 알뜰폰을 구입할 수 있기 때문에 인터넷 등을 통해서 휴대폰을 저렴하게 구입한 후 MVNO 사업체와 요금제를 선택하여 가입할 수 있다. 알뜰폰의 유통은 제조업체에서 MVNO 대리점, 우체국, 농협(하나로클럽 및 하나로마트), 새마을금고, 신협(신용협동조합), 수협, 대형마트, 편의점 등에 공급함으로써 이루어지고 있다. MVNO 1위 업체인 CJ헬로비전의 경우 2014년 4월 현재 전국에 57개의 대리점을 가지고 있으며, 일부 다른 MVNO들도 대리점을 운영하고 있지만 그 수는 3만 개가 넘는 MNO의 대리점 및 판매점 수에 비하면 비교할 수 없을 정도로 적다. 이러한 유통망의 부족 현상은 이마트, 홈플러스 등의 대형마트와 우체국이 알뜰폰 가입서비스 시장에 가세하면서 크게 개선되었다. 특히 우체국이 2013년 9월부터 226개 지점에서 알뜰폰 개통서비스와 함께 알뜰폰 판매를 시작하면서 유통망이 크게 확장되었으며, 이를 계기로 농협, 새마을금고, 신협, 수협, 편의점 등에서도 개통서비스와 함께 알뜰폰을 판매하고 있다. 또한 CJ알뜰폰과 SK알뜰폰을 중심으로 알뜰폰을 취급하는 MNO 판매점들이 증가하고 있다.

3. 보조금 논란

휴대폰의 판매와 관련하여 보조금을 둘러싼 논란이 끊임없이 제기되고 있다. 보조금은 이동통신사가 신규가입 혹은 번호이동을 활성화시키기 위해 소비자의 휴대폰 구입 비용의 일부를 보조해 주는 금액을 의미한다. 따라서 보조금 제도는 일종의 가격할인이기 때문에 소비자들의 입장에서는 긍정적으로 받아들여질 수 있다. 그런데 보조금 문제로 인해 MNO 업체와 휴대폰 제조업체에 대해 과징금, 업무정지 등의 징계가 해마다 반복되고 있으며 이를 해결하기 위한 법규가 입안되어 국회의 심의를 기다리고 있다. 여기에서는 먼저 보조금의 개념에 대해 기술하고, 이로 인해 파생되는 문제점들과 보조금에 대한 규제에 대해 기술한다. 이어서 이를 해결하기 위해 입안된 '단말기 유통법'에 대해서 기술한다.

3.1 보조금의 개념

소비자가 휴대폰을 구입하면서 받는 보즈금은 이동통신사가 제공하는 보조금과 휴대폰 제조업체의 장려금으로 구성된다. 그 비율은 6:4 정도로 이동통신사의 보조금이 제조업체의 장려금보다 좀 더 많은 비중을 차지하고 있는 것으로 알려져 있다. 미래창조과학부나 방송통신위원회 등의 정부기관은 이동통신 3사와 제조업체 3사가 보조금이 많은 휴대폰일수록 소비자의 휴대폰 구매를 촉진시키는 효과가 크다는 점을 이용하여 가격을 부풀려서 높게 설정하고, 이러한 방법으로 마련한 보조금을 대리점을 통해 소비자에게 지급하여 온 것으로 파악하고 있다. 이러한 과정은 [그림 18-3]과 같이 나타낼 수 있다. 휴대폰 제조업체는 이동통신사에 공급하는 휴대폰의 가격을 정상적인 수준보다 높게 책정하여 장려금을 조성하고, 이를 이동통신사에 지급한다 (경우에 따라서는 대리점 권한을 가지고 있는 자체 유통망, 예를 들어 디지털프라자나 베스트샵 등에 직접 지급하기도 한다). 이동통신사도 대리점에 공급하는 출고가를 제조업체로부터 공급받은 가격보다 높게 책정하여 보조금을 조성하고, 이를 제조업체의 장려금과 함께 대리점에 제공한다. 대리점은 다시 판매점에 휴대폰의 판매를 위탁하면서 보조금을 제공하고, 판매점은 소비자에게 휴대폰을 판매하면서 보조금을 지급한다.

•• [그림 18-3] 보조금의 조성 및 집행 과정

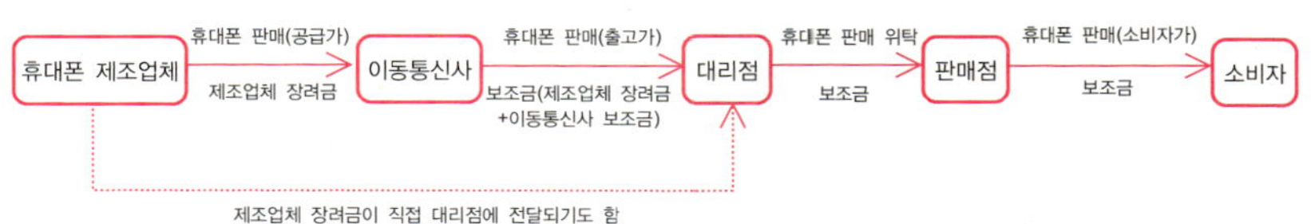

3.2 보조금의 문제점

보조금 관행은 휴대폰의 판매를 촉진시킴으로써 시장을 활성화시킨다는 측면은 있지만 다음과 같은 여러 가지 부작용을 발생시키고 있다.

- 과도하게 높은 휴대폰 가격 : 보조금을 조성하기 위해서는 휴대폰 가격을 높여야 하기 때문에 소비자는 과도하게 높은 휴대폰 가격을 부담하여야 한다. 우리나라의 고급 휴대폰 가격은 OECD 국가 중에서 가장 비싸다.

- 시장의 불안정성 초래 : 보조금의 규모는 이동통신사 간의 경쟁 상황이나 제조업체 간의 경쟁 상황, 그리고 대리점 점주나 판매점 점주의 의도에 따라서 크게 달라질 수 있으며, 이러한 이유로 동일한 휴대폰의 가격이 구매 시점, 구매 점포, 구매 통신상품 등에 따라 크게 달라지는 현상이 발생하면서 시장의 불안정성을 키우고 있다.

- 보조금 미지급에 의한 소비자 피해 : 보조금이 실제로 소비자에게 지급되지 않는 일이 발생하고 있다. 즉, 통신상품에 대해 잘 알지 못하는 소비자들을 대상으로 복잡한 설명을 통해 실제로는 지급되지 않은 보조금이 지급되는 것처럼 기만하는 경우도 발생하고 있다.

- 과소비의 조장 : 보조금을 수단으로 소비자에게 휴대폰의 교체를 권하는 영업활동이 이루어지면서 꼭 필요하지도 않음에도 불구하고 휴대폰을 교체하는 경우가 많다. 또한 이동통신사는 비싼 약정요금 상품을 중심으로 보조금을 지급하고, 제조사는 최신의 고가 휴대폰을 중심으로 장려금을 지급하는 경향이 있기 때문에 소비자는 보조금을 얻기 위해 비싼 약정요금 상품과 비싼 휴대폰을 구입하게 될 가능성이 높으며, 이로 인해 과소비가 조장되는 환경이 조성되고 있다.

- 보조금의 차별적 지급 : 보조금의 재원은 결국 소비자가 부담하는 단말기 구입 금액과 통신요금에 의해 조성되는데 보조금의 혜택은 일부 고객에게만 집중적, 차별적으로 주어지고 있다. 젊은층에 비해 상대적으로 통신상품에 대한 정보에 어두운 중장년층이 손해를 보는 경우가 많다. 또한 이동통신사 간의 치열한 경쟁으로 인해 번호이동 고객에게 많은 보조금을 지급하는 경우가 많이 때문에 충성고객보다는 철새고객을 우대하는 결과가 초래되고 있다.

3.3 보조금에 대한 규제와 징계

막대한 예산이 소요되는 보조금이 많은 문제들을 야기하면서 이동통신 이용자들의 혼란과 이용자 차별 논란이 끊이지 않았으며, 이로 인해 정부는 2010년 10월부터 단말기 보조금 상한제를 실시해 27만 원 이상의 보조금을 지급하지 못하도록 규제하고 있다. 즉, 정부는 보조금의 실체는 인정하지만 과도하게 지급되어서는 안 된다는 입장을 가지고 있다. 이를 위반한 이동통신사와 공급가를 과도하게 책정한 제조업체에 대해 영업정지, 과징금 등의 징계가 해마다 이어지고 있지만, 보조금의 관행은 여전히 사라지지 않고 있다 ([글 18-2] 참조).

[글 18-2] 이동통신사와 휴대폰 제조업체에 대한 징계

공정거래위원회는 휴대폰 가격을 부풀린 후 보조금을 지급하여 '고가 휴대폰'을 '할인 판매'하는 것처럼 소비자를 기만한 통신3사 및 휴대폰제조3사에 대해 시정명령과 과징금 총 453억3천만 원을 부과했다. 통신3사와 제조3사는 보조금이 많은 휴대폰이 소비자 유인효과가 크다는 점을 이용하여 기존관행과는 달리 보조금을 감안하여 휴대폰 가격을 높게 설정하고, 가격을 부풀려 마련한 보조금을 대리점을 통해 소비자에게 지급해왔다.

자료 : 공정거래위원회 (2012), "휴대폰 가격을 부풀린 후 할인해 주는 것처럼 소비자를 기만하는 관행에 - 통신3사와 휴대폰제조3사의 불공정행위에 과징금 총 457억7천만 원 부과," 2012년 3월 15일, 공정위홈페이지>공정위뉴스>정책소식>소비자정책.

3.4 단말기 유통법

정부가 보조금의 상한선을 정하였음에도 불구하고 불법적인 판매 행위가 반복됨에 따라 정부는 근원적인 해결을 위해 '단말기 유통법' (정식 명칭은 '이동통신단말기 유통구조 개선 법안')을 만들어 입법하려는 시도를 하고 있다. 이 법안은 보조금을 투명하게 공개한다는 것을 골자로 하고 있으며, 구체적인 내용은 다음과 같이 요약될 수 있다.

- 보조금의 차별적 지급 금지 : 소비자의 가입유형 (번호이동, 신규가입, 기기변경 등), 구입 장소나 시간, 구입한 통신상품 등에 따른 차별적인 보조금 지급이 금지된다. 특정 휴대폰에 보조금을 몰아주는 행위도 금지된다. 이를 통해 시간이나 장소에 따라 휴대폰의 가격이 달라지는 것을 방지할 수 있다. 또한 번호이동에 비해 기기변경에 대해 지급하는 보조금이 적어서 장기 가입자가 오히려 손해를 보는 상황을 방지할 수 있으며, 소비자가 보조금을 얻기 위해 고가 요금제를 선택하는 일을 없앨 수 있다.

- 보조금 공시 : 이동통신사는 휴대폰에 실리는 보조금을 홈페이지 등을 통해 투명하게 공시하여야 한다. 이를 통해 이용자는 휴대폰별 출고가, 보조금, 출고가에서 보조금을 차감한 판매금액 등을 확인할 수 있다. 대리점과 판매점에서는 이동통신사가 공시한 보조금의 15% 범위 내에서 소비자에게 보조금을 추가로 지급할 수 있다.

- 보조금과 연계한 고가 요금제 강제 제한 : 대리점과 판매점은 서비스 약정시에 적용되는 요금 할인액을 마치 보조금인 것처럼 설명하거나 표시해 소비자를 현혹시키는 행위를 할 수 없다.

- 제조업체 장려금 조사대상 포함 : 휴대폰 제조업체도 휴대폰 판매량, 출고가, 매출액, 장려금 규모 등의 자료를 정부에 제출해야 한다. 이는 보조금의 조성이 이동통신사와 휴대폰 제조업체 모두에 의해 이루어지고 있음에도 불구하고, 법령의 미비로 인해 제조업체에 대해서는 보조금과 관련한 제재를 가할 수 없었다는 점을 보완하기 위한 조치이다.

이 법안이 통과되면 이동통신사들이 보조금을 활용하여 가입자를 유치하는 일이 어려워지며, 제조업체 또한 장려금을 휴대폰 판촉을 위해 활용하기가 어려워진다. 그렇게 되면 가격이 안정화되면서 소비자들의 휴대폰 구입에 있어서 가격 이외의 요소들의 중요성이 커지게 된다. 결국 제조업체들은 장려금의 조성이 아니라 휴대폰의 품질 개선을 위해 더욱 노력하여야 하고, 이동통신사도 통신상품의 품질 향상과 서비스 질의 제고를 통해 경쟁력을 확보하려는 노력을 더욱 기울여야 한다. 즉, 이 법안은 이동통신상품과 휴대폰 시장의 건전한 성장을 위한 발판이 될 수 있다. 또한 소비자는 보조금을 받기 위해 대리점이나 판매점에서 휴대폰을 구입하지 않아도 되기 때문에 휴대폰을 판매하는 장소가 늘어나면서 휴대폰을 판매하는 소매업태간의 경쟁이 활성화될 수 있다. 즉, 유명무실화 되어 있는 '단말기 자급제'가 실제로 실행될 수 있는 환경이 조성될 수 있다. 정부는 2013년에 이 법안을 국회에서 통과시키려고 하였으나 휴대폰 제조업체의 반발 등으로 인해 2014년 6월 현재에도 통과되지 못하고 있다.

● 참고문헌

공정거래위원회 (2012), "휴대폰 가격을 부풀린 후 할인해 주는 것처럼 소비자를 기만하는 관행에 - 통신3사와 휴대폰제조3사의 불공정행위에 과징금 총457억7천만원 부과," 2012년 3월 15일, 공정위홈페이지>공정위뉴스>정책소식>소비자정책.

미래창조과학부, 방송통신위원회 (2013), "단말기 유통구조 개선법(안)에 대한 제조사의 입장과 관련된 기사에 대해 다음과 같이 설명합니다," 설명자료, 2013년 11월 18일.

한국비즈니스정보 (2013), 대한민국 유통지도, 어바웃어북, 120-123.

뉴스1, "韓휴대폰 시장규모 하락세…2017년 15위로 밀릴듯," 2014년 3월 31일.

동아닷컴, "치킨집보다 흔한 스마트폰 판매-대리점, 끝내…," 2013년 6월 3일.

디지털데일리, "삼성전자, 디지털프라자 보조금 펑펑…영업정지는 이통사가?," 2013년 11월 20일.

부산일보, "'가입자 확대 절호 기회' 알뜰폰 사업자 잰걸음," 2014년 3월 19일.

아시아경제, "쉽게 풀어본 보조금 미스터리 : ① 대리점과 판매점은 다르다," 2014년 3월 15일

아시아경제, "쉽게 풀어본 보조금 미스터리 : ② 같은 폰 100만원 차이…보조금이 뭐에요?," 2014년 3월 15일

아시아경제, "쉽게 풀어본 보조금 미스터리 : ③ 과연 얼마까지가 '불법 보조금'," 2014년 3월 19일.

아시아경제, "팬택, 11월 휴대폰 18만대 판매…4분기 흑전 파란불," 2013년 12월 3일.

월간앱스토리, "휴대폰 보조금, 끝나지 않은 전쟁," 2013년 7월호.

전자신문, "'단말기 유통법' 논란…삼성·LG도 발목 잡힐라," 2013년 11월 18일.

주간동아, "알뜰폰 '가자, 400만 명으로'," 2014년 2월 10일.

지디넷코리아, "진통 끝낸 단통법, 보조금 난리 잡을까," 2014년 2월 27일.

지디넷코리아, "휴대폰 보조금, 해외서는 왜 논란이 없을까," 2014년 2월 22일.

지디넷코리아, "'대호갱 시대'…보조금 무엇이 문제인가," 2014년 2월 8일.

충청투데이, "이통사 대리점 '갑의 횡포'… 판매점에 할당 압박," 2013년 6월 10일.

커넥팅랩, "국내 영업 새판 짜는 삼성전자, 그 이유는?," 2014년 1월 23일,

www.connectinglab.net.

한국아이닷컴, "이통사 영업정지 45일… 13일부터 번호이동 못한다," 2014년 3월 7일.

한국일보, "보조금 반영하니… 국내 휴대폰값, OECD 중 최고," 2013년 11월 28일.

IT동아, "1년 논의 중인 '단말기 유통법', 안녕하신가요?," 2014년 2월 21일.

M이코노미, "이동통신사 공정경쟁 선언, 그리고 보조금의 진실," 2014년 4월 23일.

YTN라디오, "이통사 영업정지, 이럴 땐 기본료가 절반밖에 안 되는 알뜰폰," 2014년 3월 17일.

한국정보통신진흥협회 홈페이지, www.checkimei.kr.

제 19 장   국산차

1. 국산차 시장의 개요

　우리나라의 국산차는 1982~1985년의 성장 준비 단계, 1986~1988년의 본격적 양산 단계, 1987~1996년의 대중화 단계를 거치면서 급속한 성장세를 구가하였으나, 외환위기가 있었던 1997년 이후부터는 내수시장이 성숙시장으로 전환되면서 수요가 정체되는 현상을 보이고 있다. 2007년 이후의 판매 추이를 살펴보면 2009년에는 금융위기를 겪으면서 성장세에 있던 수입차가 마이너스 성장을 하는 동안 반사이익을 누리면서 성장률이 20%를 넘기도 하였으나 2011~2013년의 기간에는 지속적으로 마이너스 성장을 기록하였다 ([그림 19-1] 참조). 2011~2013년의 기간 동안 수입차 거래대수는 대폭(49.0%) 상승하고, 중고차 거래대수도 소폭(1.6%)이지만 상승하였던 것에 비하면 대조적인 현상이라고 할 수 있다. 우리나라의 자동차 제조업체에는 현대자동차, 기아자동차, 르노삼성자동차, 한국GM, 쌍용자동차 등의 5개 사가 있다. 전체 내수시장에서의 점유율은 2014년을 기준으로 현대자동차가 47~48%, 기아자동차가 32~33%로 현대자동차그룹이 운영하는 양사의 점유율 합계가 약 80%에 이르고 있다.

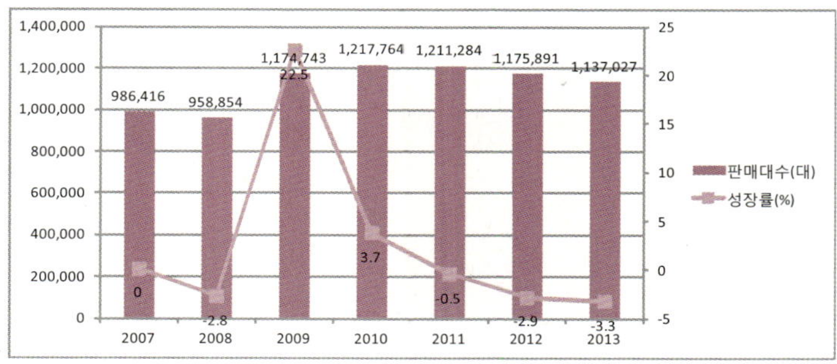

●● [그림 19-1] 국산차의 연도별 판매 추이

* 승용차 판매 기준 (버스, 트럭, 특장차 불포함)
자료 : 한국자동차산업협회, 조사통계, http://www.kama.or.kr.

2. 국산차의 유통경로

2.1 국산차 유통경로 개관

국산차의 유통경로에는 직영점, 전속대리점, 딜러 등이 있다 ([그림 19-2] 참조). 우리나라의 5개 자동차 제조업체 가운데 현대자동차, 기아자동차, 르노삼성자동차는 직영점과 전속대리점의 이원체제를 운영하고 있고, 쌍용자동차는 전속대리점만을 운영하고 있으며, 한국GM은 광역딜러(총판) 체제를 운영하고 있다.

●● [그림 19-2] 국산차의 유통경로

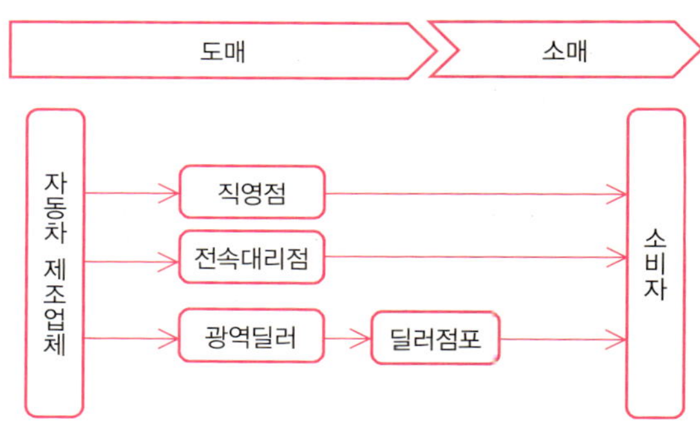

국산차 제조업체의 점포 유형과 수는 [표 19-1]과 같다.

●● [표 19-1] 제조업체별 유통경로 및 점포의 수

자동차 제조업체	직영점 수	전속대리점 수	딜러점포 수	합계
현대자동차	437(52.5%)	396(47.6%)	——	833
기아자동차	339(46.1%)	397(53.9%)	——	736
르노삼성자동차	95(48.2%)	102(51.8%)	——	197
쌍용자동차	——	699(100%)	——	699
한국GM	——	——	291	291

* 각 사의 홈페이지 (2014년 4월 기준)

2014년을 기준으로 현대자동차는 5개 제조업체 가운데 가장 많은 833개의 점포를 운영하고 있으며, 이 가운데 직영점이 52.5%를 차지하고 있다. 기아자동차는 두 번째로 많은 736개의 점포를 운영하고 있으며, 직영점이 46.1%를 차지하고 있다. 르노삼성자동차는 95개의 직영점과 102개의 전속대리점을 운영하고 있으며, 쌍용자동차는 전속대리점만 699개를 운영하고 있다. 국산차 제조업체들이 직영점과 함께 전속대리점을 운영하고 있는 이유는 전속대리점이 다음과 같은 이점을 가지고 있기 때문이다.

- 첫째, 시장의 수요변화에 따른 신속한 대응이 용이하다. 즉, 수요의 변화에 따라 직영점의 수를 조절하는 것보다 전속대리점의 수를 조절하는 것이 더 용이하다.
- 둘째, 직영점의 개설과 운영에 소요되는 인테리어 비용, 점포 임대료, 관리운영비 등의 비용을 줄일 수 있다.
- 셋째, 전속대리점 영업사원에 대한 보상이 판매에 따른 커미션에 주로 의존하고 있어서 동기부여가 상대적으로 용이하다.

한국GM은 전국을 15개의 지역으로 구분하고 5개(아주모터스, 삼화모터스, 대한모터스, SS오토, 스피드모터스)의 광역딜러(총판)에게 2~5개의 지역을 담당하도록 하고 있으며, 이 5개의 광역딜러(총판)가 전국에 291개의 딜러점포를 두고 있다. 그러나 한국GM의 딜러는 미국의 딜러와는

매우 다르다. 미국의 딜러는 자동차를 구입하여 자신의 책임과 전략에 따라 판매하지만 한국GM의 딜러는 자동차를 구입하는 것이 아니라 판매에 대한 수수료를 수령한다. 이러한 점에서는 다른 국산차 제조업체들이 운영하고 있는 전속대리점과 유사하다. 다만 광역딜러는 규모가 상당히 있는 업체인 반면 전속대리점은 그 규모가 매우 영세하다는 차이가 있다.

2.2 국산차 유통경로의 특징

국산차 유통경로의 특징으로는 제조업체에 의한 수직적 통합, 영업사원의 이원화, 신차 판매 단일기능 등을 들 수 있다 ([그림 19-3] 참조).

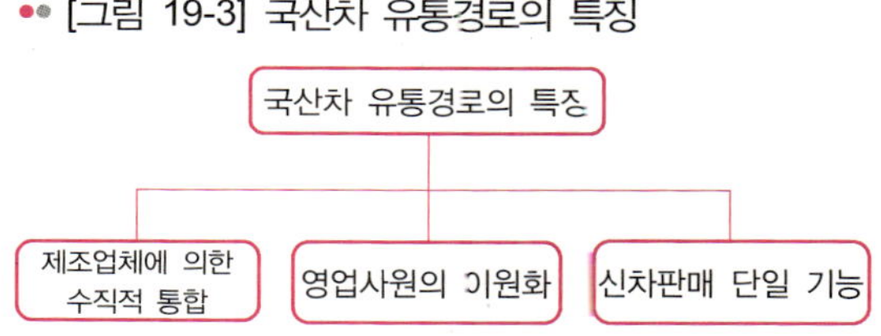

●● [그림 19-3] 국산차 유통경로의 특징

- 제조업체에 의한 수직적 통합 : 국산차 유통경로의 가장 큰 특징은 딜러체제를 구축하고 있는 한국GM을 제외하고는 제조업체가 소비자에게 직접 자동차를 판매하는 수직적 통합을 구현하고 있다는 점이다. 이러한 수직적 통합은 제조업체의 소비자 직접 판매를 금지하고 있는 미국, 유럽 등에서의 자동차 유통경로와는 판이하게 다르다. 현대자동차 등 우리나라의 주요 자동차 제조업체들은 자사에서 직접 운영하는 직영점과 계약에 의한 전속대리점의 이원적인 유통경로를 가지고 있다. 전속대리점은 형식적으로는 본사와 독립되어 있는 법인체이지만 실제로는 제조업체에 의해 거의 완벽하게 통제되고 있는 유통경로이다. 전속대리점은 제조업체로부터 자동차를 구입하여 판매하는 것이 아니라 본사에서 공급하는 자동차의 판매를 대행하는 역할을 수행하고 판매에 따른 판매수수료를 수령한다. 또한 매장의 디자인 등도 본사에서 정한 통일된 안에 따라야 하고, 가격도 전속대

리점의 의지에 따라 설정할 수 없으며, 본사의 정책과 상반되는 판촉활동도 수행할 수 없다. 외관상 직영점과 전속대리점은 상대적으로 직영점의 매장보다 2배 정도 넓다는 점 이외에는 차이가 거의 없다.

- 영업사원의 이원화 : 주요 국산차 제조업체들이 직영점과 전속대리점의 이원체제를 갖춤에 따라 영업사원의 유형도 이원화되어 있다. 직영점의 영업사원과 전속대리점의 영업사원의 신분은 완전히 다르다. 직영점의 영업사원은 제조업체의 정규직원으로 여타 부서의 직원들과 동일한 인사, 급여, 복리후생 시스템의 적용을 받으며, 보상체계는 성과급보다는 고정급의 비중이 훨씬 더 높다. 반면에 전속대리점의 영업사원은 전속대리점주와의 고용계약에 의해 채용되며 전속대리점에서 정한 인사, 급여, 복리후생 시스템의 적용을 받는다. 보상체계는 고정급보다는 커미션과 같은 성과급의 비중이 훨씬 더 높다. 따라서 전속대리점의 영업사원은 수입의 증진을 위해서는 판매활동에 진력하여야 하고, 따라서 자동차 판매왕 등과 같은 고실적 영업사원은 예외 없이 전속대리점 영업사원 중에서 나온다.

- 신차 판매 단일기능 : 국산차 직영점이나 전속대리점은 거의 대부분 정비나 중고차 매매기능을 가지고 있지 않다. 이러한 점에서는 신차 판매와 더불어 정비, 부품판매, 중고차매매, 할부금융, 보험 등의 다양한 업무를 수행하는 일본의 딜러와 크게 차이가 난다. 이러한 특성을 지니게 된 것은 시장이 팽창하던 1990년대 중반에 이르기까지 제조업체가 판매보다는 생산에 중점을 두고 있었고, 또한 차량정비나 중고차매매가 영세 자영업자의 고유업종이 되면서 자동차 제조업체의 진입이 금지되어 있었기 때문이다. 현재 국산차 제조업체들은 유통망과는 별도로 직영 정비센터나 지정 협력업체를 통해 정비 서비스를 제공하고 있으며, 중고차 매매에는 전혀 관여하고 있지 않다. 그러나 한국GM이 운영하는 광역딜러 체제에서는 광역딜러가 정비센터를 운영하면서 정비서비스를 제공하고 있다.

2.3 미국과 일본의 자동차 유통경로

국산차 유통경로에 대해 보다 잘 이해하기 위해서는 미국과 일본에서
의 자동차 유통경로를 살펴볼 필요가 있다.

2.3.1 미국의 자동차 유통경로

미국 대부분의 주에서는 프랜차이즈 관련 법규를 통해 자동차 제조업
체가 직접 소비자에게 자동차를 판매할 수 없으며 오직 딜러에게만 판매
할 수 있도록 하고 있다. 딜러는 제조업체로부터 완전히 독립되어 있는
사업체로 제조업체로부터 자동차를 구입하여 자신의 책임과 전략에 따라
자동차를 판매한다. 즉, 판매마진이 이들의 수입원이 된다. 가격책정, 판
매촉진, 고객관리 등 판매와 관련한 모든 활동을 자신의 책임 하에 수행
하며, AS, 정비, 할부금융 등의 업무도 독자적으로 수행한다. 예를 들어
딜러는 대량구매를 협상카드로 하여 제조업체로부터 차량 가격을 할인받
기도 하고, 소비자를 대상으로 구형모델에 대한 과감한 할인행사를 전개
하기도 한다. 또한 미국의 자동차 딜러는 여러 개의 점포를 운영하기도
하고, 여러 제조업체의 자동차를 동시에 취급하기도 한다. 제조업체의 입
장에서는 판매가 딜러의 노력에 의해 크게 좌우되기 때문에 능력 있는
딜러를 영입하고, 이들을 대상으로 효율적인 영업활동을 위한 교육훈련을
실시하며, 장려금 등과 같은 동기부여 시스템을 도입하는 등의 활동을 전
개하고 있다. 이렇게 제조업체와 딜러는 협력관계를 유지하여야 하지만,
공급가격, 프로모션 지원 등을 양자 간의 협상에 의해 결정하여야 하기
때문에 특히 판매가 원활하게 이루어지지 않는 시기에는 언제든 갈등이
표면화될 수 있는 관계에 있다고 할 수 있다.

2.3.2 일본의 자동차 유통경로

일본의 자동차 유통경로는 미국의 딜러 시스템을 벤치마킹하여 도입되
었으나 구체적인 형태는 미국과 상당히 다르다. 일본 자동차 유통경로의
특징으로는 광역딜러 시스템, 딜러와 제조업체와의 밀접한 관계, 다기능

점포 등을 지적할 수 있다.

- 광역딜러 시스템 : 미국에서도 딜러가 여러 개의 점포를 갖기도 하지만 일본은 광역딜러라는 제도를 통해 한 딜러가 여러 점포를 통해 자동차를 판매하는 체제가 정착되어 있다. 일본의 자동차 제조업체는 생산하고 있는 모델들을 유사성을 기준으로 몇 개의 제품군으로 구분하고 각 제품군에 대해 일정 지역에서 독점적으로 판매할 수 있는 권한을 광역딜러에게 부여한다. 광역딜러는 보통 우리나라의 도에 해당하는 현(縣)에서 독점적인 판매권한을 부여받으며 해당 지역에 여러 개의 점포를 개설하여 판매권을 부여받은 제품군의 자동차를 판매한다. 따라서 해당 제조업체가 5개의 제품군을 운영하고 있다면 동일한 지역에서 활동하는 해당 제조업체의 광역딜러는 5개가 된다. 예를 들어 토요타자동차는 제품군을 5개(토요타, 토요페트, 코롤라, 네츠, 렉서스)로 구분하여 전국의 약 300개의 광역딜러에게 판매권을 부여하고 있으며, 이들 광역딜러는 평균 15개 내외의 점포를 통해 자동차를 판매하고 있다. 이렇게 한 지역에서 활동하는 동일 제조업체의 광역딜러 간에는 제품군이 다름에도 불구하고 점포간 가격 경쟁을 유발함으로써 수익성을 떨어뜨리는 요인이 되기도 한다. 이러한 부작용을 해소하기 위해 일부 제조업체들은 제품군을 없애거나 숫자를 줄여서 점포들 간의 불필요한 경쟁이 발생하지 않도록 하고 있다.

- 딜러와 제조업체와의 밀접한 관계 : 제조업체는 광역딜러와 매우 밀접한 관계를 형성하고 있다. 제조업체는 광역딜러에 자본을 투자하기도 하고 저리의 융자를 제공하기도 한다. 또한 직원을 파견하여 협업을 하기도 하고, 광역딜러 직원을 대상으로 하는 교육훈련이나 경영지도 등을 실시하기도 한다. 이처럼 제조업체와 광역딜러는 밀접한 관계를 형성하고 있기 때문에 여러 제조업체의 자동차를 취급하는 경우가 많은 미국의 딜러와는 달리 한 제조업체의 자동차만을 취급한다.

- 다기능 점포 : 우리나라의 자동차 직영점이나 전속대리점이 신차판매 기능만 수행하고 있는 것과는 달리 일본의 자동차 딜러는 신차판매와 함께 중고차판매, 할부금융, 보험, 부품판매, 정비서비스 등의 다양한 기능을 수행하고 있으며, 딜러의 수익의 3분의 1 정도가 신차판매 이외의 다양한 서비스로부터 창출되고 있다. 따라서 우리나라의 경우에는 차량을 판매한 후에 영업사원과 고객과의 접촉이 지속적으로 이루어지기 힘든 환경인 반면, 일본의 경우에는 고객에게 차량에 관한 서비스를 지속적으로 제공함으로써 고객관계관리가 자연스럽게 이루어질 수 있는 사업 환경을 갖추고 있다.

● 참고문헌

김현철, 최상철 (2006), 사례로 배우는 일본유통, 법문사, 104-110.

정연승, 허정관 (2011), "국내 자동차 유통구조의 발전전략 연구 : 한미일 시장간 비교를 중심으로," 한몽경상연구, 22 (1), 111-136.

한국비즈니스정보 (2013), 대한민국 유통지도, 어바웃어북, 148-151.

경상일보, "현대車 내수점유율 두달째 하락세," 2014년 4월 2일.

국제신문, "현대·기아차 신차효과가 무색, 3월 내수 점유율 70%대 주춤," 2014년 4월 2일.

머니투데이, "대우차판매 '아깝네'…한국GM 총판사 모두 흑자," 2011년 4월 27일.

연합뉴스, "현대차 美 딜러 판매 역량 '넘버 원'," 2011년 9월 19일.

쌍용자동차 홈페이지, www.smotor.com

현대자동차 홈페이지, www.hyundai.com

기아자동차 홈페이지, www.kia.com

르노삼성자동차 홈페이지, www.renaultsamsungm.com

한국GM 홈페이지, www.gm-korea.co.kr

한국자동차산업협회 홈페이지, www.kama.or.kr

제 **20** 장 수입차

1. 수입차 시장 개관

우리나라의 수입차 시장이 개방된 것은 1987년이다. 이 해에 한성자동차(메르세데스-벤츠), 효성물산(우아디, 폴크스바겐), 한진(볼보), 코오롱상사(BMW) 등이 5개 브랜드의 판매를 개시하였지만, 메르세데스-벤츠만 10대 팔리는데 그쳤다. 이듬해인 1988년에는 동부, 두산, 기아, 금호, 쌍용 등의 기업들이 가세하면서 수입 브랜드의 수가 11개로 확대되었으며, 그 수가 점차 늘어나면서 2014년 현재 25개의 수입 브랜드가 판매되고 있다.

시장개방 초기에 수입차 시장은 '자동차 수입은 국내 자동차 산업의 위축, 외화낭비, 과소비, 계층간 위화감 조성 등을 초래한다'는 사회적 인식으로 인해 크게 성장하지 못하였다. 시장개방 6년이 지난 1993년까지 2천대 미만에 머물던 수입차 시장은 1994년부터 급격히 증가하기 시작하였다. 국내 자동차 판매대수가 100만대를 돌파하면서 미국 등으로부터의 통상압력이 거세졌으며, 이로 인해 우리나라는 1995년에 관세, 취득세, 특소세, 자동차세 등을 인하하였고, 판매대리점과 광고시간 등에 대한 규제도 폐지하였다. 이를 계기로 수입차 판매가 폭발적으로 증가하면서 1996년에는 1만대를 넘어섰다. 그러나 1997년의 IMF 외환위기 여파로 수입차 판매가 급감하면서 1998~1999년에는 다시 2천대 수준으로 떨어졌다. 2000년대 들어서는 금융위기가 발생한 2009년에 마이너스 성장을 기록하기도 하였으나 전반적으로 꾸준한 성장세를 보였다 ([그림 20-1] 참조). 특히 2010~2013년의 기간 동안에 국내산 자동차 판매가 마이너스 성장을 기록한 반면, 수입차는 연평균 26%의 높은 성장률을 기록하였다. 그러면서 자연히 전체시장에서 수입차가 차지하는 점유율도 상승하였다. 2002년에는 판매대수 1만대를 다시 돌파하면서 처음으로 점유율 1%를 넘어섰고, 2007년에는 5%, 2012년에는 10%를 돌파하였다. 2013년의 점유율은 12.1%를 기록하였으며 2014년에는 15%를 넘어설 것으로 예상되고 있다.

수입지역별로 보면 개방초기에는 미국산 자동차와 유럽산 자동차의 판매대수가 비슷한 수준을 유지하였으나 2000년대 들면서 격차가 크게 벌어지기 시작하였으며, 2013년 현재 미국산 자동차는 2001년이 되어서야 수입되기 시작한 일본산 자동차보다도 훨씬 판매량이 적다. 2013년에 유럽산 자동차는 78.5%의 압도적인 점유율을 차지하였으며, 일본산 자동차와 미국산 자동차가 각각 14.1%와 7.4%를 기록하였다. 유럽 각 국가의 점유율을 살펴보면 독일 67.5%, 영국 7.3%, 프랑스 2.1%, 스웨덴 1.3%, 이탈리아 0.3%의 순으로 나타났다. 즉, 2013년 기준으로 우리나라 수입차의 약 3분의 2가 BMW, 아우디, 폴크스바겐, 메르세데스-벤츠 등을 보유한 독일에서 수입되고 있음을 알 수 있다.

●● [그림 20-1] 수입차 및 국산차의 연도별 판매 추이

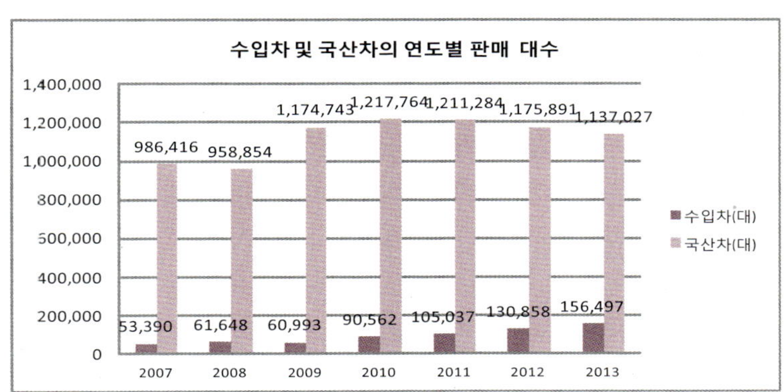

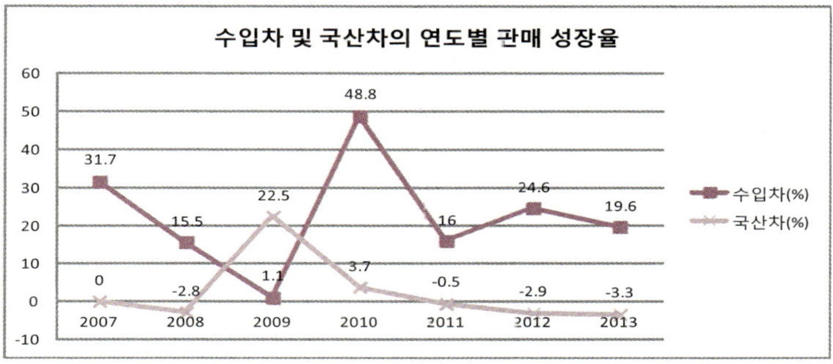

* 승용차 판매 기준 (상용차 불포함)
자료 : 한국자동차산업협회, 조사통계, www.kama.or.kr.
　　　한국수입자동차협회, 자료실)브랜드통계/국가통계, www.kaida.co.kr.

2. 수입차의 유통경로

　수입차의 유통경로는 [그림 20-2]와 같이 나타낼 수 있다. 수입차의 유통경로는 공식수입업체 경로, 국내지사 경로, 병행수입업체 경로의 3가지 유형으로 나누어진다.

●● [그림 20-2] 수입차의 유통경로

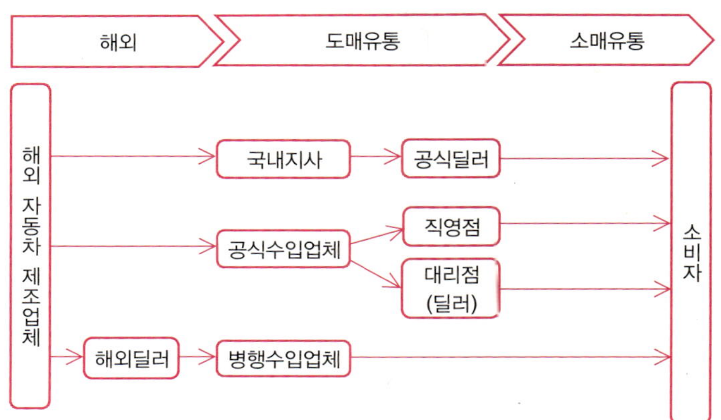

• 공식수입업체 경로 : 공식수입업체(official importer) 경로는 해외 자동차 제조업체가 선정한 공식수입업체가 직수입해서 직영점이나 대리점을 통해 판매하는 경로이다. 공식수입업체가 직영점과 함께 대리점(딜러)을 운영하는 이유는 전국을 모두 직영점만으로 커버하려면 너무 많은 자금이 소요되기 때문이다. 이 경로에서는 공식수입업체가 수입은 물론, 판매와 AS 등의 모든 업무를 수행한다. 우리나라에서 시장개방 초기에는 공식수입업체가 주도적인 역할을 수행하였으나 시장 규모가 커짐에 따라 해외 자동차 제조업체들의 국내지사 설립이 증가하면서 공식수입업체는 대부분 공식딜러로 전환되었다. 해외 자동차 제조업체가 공식수입업체 경로와 국내지사 경로를 병행하여 운영하는 경우는 없다.

• 국내지사 경로 : 국내지사 경로는 해외 자동차 제조업체가 현지법인인 국내지사를 설립하고, 이 국내지사가 차량을 수입하여 자사에서 선정한 공식딜러에게 판매하는 경로이다. 1995년에 국내지사를 설립한 BMW, 포드, 크라이슬러 등을 필두로 지금은 많은 제조업체들이 국내지사를 설립하여 운영하고 있다. 국내지사는 자체적인 판단에 따라 차종을 결정하여 수입하는 것이 아니라 공식딜러로부터 주문을 받은 차량을 수입하여 공급한다. 공식딜러는 판매뿐만 아니라 AS도 제공하여야하기 때문에 전시판매장과 더불어 정비센터도 보유하고 있어야 한다. 해외 제조업체의 국내지사는 판매규모가 커질수록 공식딜러의 수를 늘려나가는 것이 보통이다. 2013년에 3만3천여 대를 판매하여 수입차 판매 1위를 기록한 BMW코리아의 경우 2014년 초현재 전국적으로 8개의 공식딜러 (코오롱모터스, 한독모터스, 도이치모터스, 바바리안모터스, 신호모터스, 그랜드모터스, 동성모터스, 내쇼날모터스)를 두고 있으며, 이 공식딜러들은 35개 전시판매장과 38개 정비센터를 운영하고 있다.

• 병행수입업체 경로 : 병행수입업체 경로는 외국 자동차 제조업체와 수입계약을 맺지 않은 병행수입업체가 해외딜러로부터 차를 수입하

여 판매하는 경로이다. 병행수입업체는 주로 독일과 미국에 지사를 두고 현지 딜러로부터 싸게 나온 차량이나 혹은 희소성이 있는 모델을 수입하여 판매한다. 병행수입업체는 인터넷이나 광고 등을 통해 확보한 고객으로부터 미리 주문을 받은 후 수입해서 공급하기도 하고, 소량의 차량을 수입한 후에 판매할 고객을 찾기도 한다. 병행수입업체는 대부분 영세하고 판매규모도 작기 때문에 별도의 매장을 갖고 있는 경우는 거의 없다. 병형수입업체가 공급하는 차량의 가격은 공식 딜러에 비해 약 15~20% 저렴하다. 우리나라에서 병행수입업체가 존재할 수 있는 가장 주된 이유는 수입차 가격이 외국에 비해 훨씬 높게 형성되어 있었기 때문이다. 소비자의 입장에서 병행수입은 가격 경쟁력이 뒤지는 공식딜러를 자극하여 가격을 인하하게 하는 순기능적인 역할을 하기도 한다. 그러나 병형수입업체는 대부분 영세하여 품질보증과 AS가 매우 취약하다는 약점을 가지고 있어서 구입자들이 피해를 볼 수 있는 소지를 안고 있다. 최근 들어 수입차의 가격이 인하되면서 병형수입업체의 입지가 점차 좁아지고 있으며, 이로 인해 병행수입은 수입차 시장에서 큰 역할을 하지 못하고 있다. 대기업으로서는 SK네트웍스가 유일하게 2007년에 병행수입 사업을 시작하였다. 이 회사는 자체 전시장도 가지고 있었고, 병형수입업체의 큰 약점인 AS를 산하의 자동차 정비조직인 스피트메이트 지점을 활용하였다. 그러나 수익성이 악화되면서 사업개시 2년 만에 철수하였다. 병행수입업체는 미국에서는 1990년대 중반에, 일본에서는 2000대 초반에 사라졌다.

● 참고문헌

한국비즈니스정보 (2013), 대한민국 유통지도, 어바웃어북, 152-155.

모터매거진, "2013 한국 자동차 시장 분석," 2013년 12월호.

오토데일리, "BMW, 한국서 독주체제 구축…대구 등 일부지역 복수딜러 도입, 올해 총 10개 전시장 추가," 2014년 1월 3일.

오토타임즈, "수입차 시장 진단① -국내 수입차 역사는?," 2012년 6월 2일.

이비뉴스, "수입차 시장 급성장…SK네트웍스, 사업 철수 왜?," 2011년 6월 14일.

탑라이더, "수입차 개방 25주년 행사…점유율 10%까지 역사 둘러보니," 2012년 7월 17일.

TV조선, "최고급 고급 수입세단의 판매량 증가 '전국 수입차 점유율 15%에 달해'," 2014년 2월 20일.

한국수입자동차협회, 수입차상식>수입차역사, www.kaida.co.kr.

한국수입자동차협회, 수입차상식>유통경로, www.kaida.co.kr.

한국수입자동차협회, 자료실>브랜드통계/국가통계, www.kaida.co.kr.

한국자동차산업협회, 조사통계, www.kama.or.kr.

제 21 장   중고차

1. 중고차 시장 현황

우리나라의 연간 중고차 거래대수는 지속적으로 증가하고 있다. 2007년에는 중고차와 신차를 포함한 전체 연간 거래대수의 58.5%인 약 181만 대이었으나 2010년에 200만 대를 돌파하였고, 2011년에는 300만 대를 돌파하였으며, 2013년 현재는 전체 거래대수의 68.0%인 약 330만 대에 이르고 있다. 중고차의 평균가격에 대한 정확한 통계치는 없지만 중고차 시장에서 가장 많이 거래되는 가격대가 500~1,000만 원 정도인 점을 감안하여 평균 가격을 700만 원으로 가정하던 우리나라에는 2013년을 기준으로 약 23조 원 규모의 중고차 시장이 형성되어 있는 셈이 된다. 반면에 연간 신차 거래대수가 전체 거래대수에서 차지하는 비중은 2007년의 41.5%에서 2013년에는 약 10%가 줄어든 32.0%를 기록하였다 ([그림 21-1] 참조).

•• [그림 21-1] 중고차 및 신차거래 다수 연도별 추이

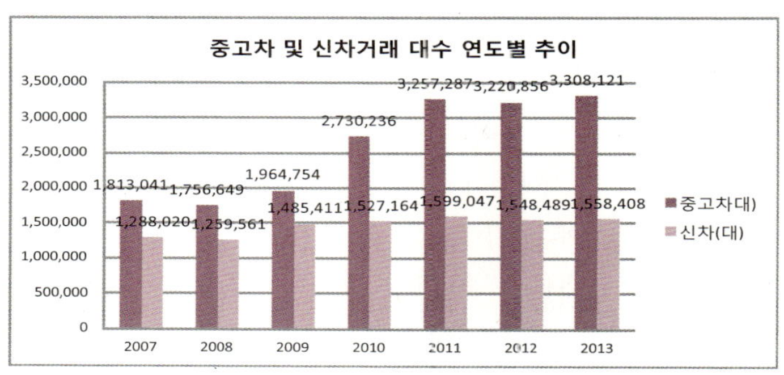

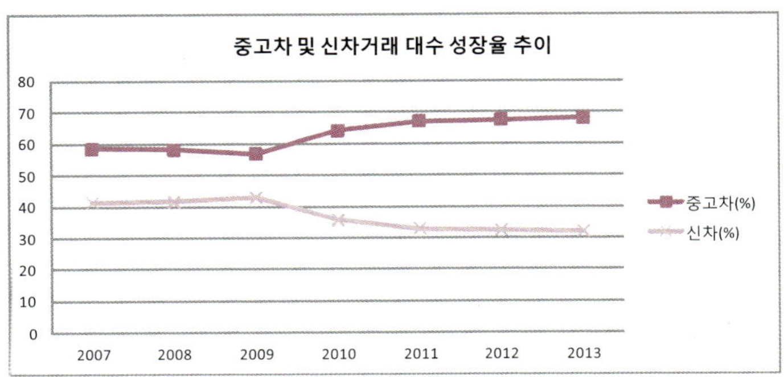

자료 : 국토교통부 보도자료
* 중고차거래 대수는 연도별 자동차 이전등록 수치에서 증여, 상속 등으로 이전된 차량을 제외한 수치 사용

이처럼 중고차 거래대수가 증가하고 있는 데는 자동차 등록대수의 증가, 자동차 품질의 향상, 중고차 거래의 안전성 제고 등의 여러 가지 요인들이 작용하고 있다.

- 자동차 등록대수의 증가 : 우리나라의 자동차 등록대수는 1985년에 100만 대를 넘어섰고, 1997년에는 1,000만대를 돌파하였다. 2013년 말 현재의 자동차 등록대수는 약 1,940만 대에 이르고 있으며, 2015년 상반기 중에 2,000만 대를 돌파할 것으로 예상되고 있다. 자동차 등록대수의 증가는 자연스럽게 중고차 거래규모의 증가로 이어지고 있다.

- 자동차 품질의 향상 : 국산 자동차의 품질이 향상되면서 수명이 길어졌다는 점도 중고차 거래의 활성화에 기여하고 있다. 중고차를 구입해도 적어도 몇 년간은 큰 고장 없이 탈 수 있다는 소비자들의 인식이 중고차 거래를 활성화시키고 있다.

- 중고차 거래의 안전성 제고 : 중고차 구입은 번거롭고 속기 쉽다는 인식이 불식되고 있는 점도 중고차의 거래를 활성화시키고 있다. 인터넷의 발전으로 소비자들도 관심이 있는 특정 차량에 대한 다양한 정보를 수집할 수 있어서 매매상사나 딜러와의 거래에서도 정보에서 뒤지지 않고 협상에 임할 수 있다. 정부도 중고차 매매상사에 대해 판매하는 차량에 대한 보증책임을 부과함으로써 부당한 거래가 이루어지지 않도록 하고 있으며, 매매상사도 품질보증제도 등을 도입함으로써 소비자들이 안심하고 구입할 수 있도록 하기 위해 노력하고 있다.

2. 매매상사와 딜러

중고차의 거래에서는 중고차 매매상사와 중고차 딜러가 핵심적인 역할을 수행한다. 매매상사는 중고차 매매단지 내에 사무실과 전시장을 가지고 있으며, 차량을 매입하여 판매하거나 판매를 위탁받아 거래를 성사시키는 역할을 수행한다. 매매상사는 80% 이상이 개인상사의 형태로 운영되고 있으며, 규모가 상대적으로 큰 법인상사는 수도권, 광역시 등에 집중되어 있다. 매매상사를 개설하기 위해서는 일정한 요건을 갖추어서 시, 군, 구의 관련 관청에 등록하여야 한다. 주된 등록 요건으로는 전시장 및 사무실의 확보가 있다. 먼저 매매상사로 등록하기 위해서는 $660m^2$ 이상의 차량 전시장을 확보하여야 한다. 다만 매매상사 5개 이상이 공동으로 전시장을 사용하는 경우에는 각 매매상사에 대해 전시장 확보 면적을 $660m^2$의 30%인 $198m^2$의 범위 내에서 완화시킬 수 있다. 또한 매매상사는 전시장과 붙어있거나 같은 건물에 위치한 사무실을 가지고 있어야 한다. 이처럼 매매상사를 운영하기 위해서는 전시장과 사무실을 가지고 있어야 할 뿐만 아니라 다량의 차량을 구입하여야 하기 때문에 상당한 자금력을 가지고 있어야 한다. 매매상사의 수는 2008년에 4천 개를 넘어섰으며, 2013년 현재 4,760개에 이르고 있다 ([표 21-1] 참조).

●● [표 21-1] 자동차 매매상사 수의 연도별 추이

연도	2007	2008	2009	2010	2011	2012	2013
수(명)	3,905	4,073	4,116	4,286	4,524	4,603	4,760
증가율	——	4.3%	1.1%	4.1%	5.6%	1.7%	3.4%

자료 : 국토교통통계누리, 통계마당〉분야별통계〉수송일반, stat.molit.go.kr.

매매상사들은 매매단지 내의 같은 건물어 입주해 있는 매매상사들을 중심으로 조합을 결성하고 있다. 예를 들어 장안평매매단지에는 장안평자동차매매사업조합, 강남매매단지에는 강남자동차매매사업조합 등이 결성되어 있다. 그러나 동일한 매매단지에 복수의 조합이 결성되어 있는 경우도 많다. 이러한 조합들은 다시 모여서 연합회를 결성하고 있다. 우리나

라에는 전국자동차매매사업조합연합회와 중앙자동차매매사업조합연합회 등의 2개 연합회가 있으며, 이 두 개의 연합회에 전국 매매상사의 약 80%가 가입해 있다. 연합회의 가장 큰 기능은 자동차 딜러 업무를 하려는 사람들에게 딜러 자격증이라고 할 수 있는 '매매사원증'을 발급하는 것이다. 2013년 말 현재 우리나라에는 33,878명의 중고차 딜러들이 활동하고 있다. 그런데 딜러의 역할을 하고 있는 사람들 가운데에는 매매사원증을 갖지 않고 활동하는 사람들도 상당수에 이르고 있다.

차량의 매매는 판매자와 실수요자 혹은 판매자와 매매상사와의 계약 체결을 통해서만 이루어지도록 되어 있기 때문에 중고차 딜러는 중고차 매매계약 체결의 당사자가 될 수 없다. 따라서 딜러가 중고차 매매 업무를 원활하게 수행하기 위해서는 반드시 특정 매매상사에 소속되어야 한다. 이처럼 딜러는 형식적으로는 특정 매매상사의 사원 신분으로 매매상사의 사무실을 이용하기도 하지만 실제로는 매매상사로부터 월급을 받는 것도 아니고 매매상사 대표의 업무지시를 받으면서 업무를 수행하는 것도 아니다. 즉, 딜러는 개별사업자와 같이 자신의 의지에 따라 자유롭게 중고차 대매와 관련한 활동을 수행한다. 딜러는 중고차 판매자나 실수요자를 소속되어 있는 매매상사와 연결시켜 거래가 성사될 수 있도록 노력을 기울이지만, 그 밖에도 판매를 위탁받은 중고차를 소속되어 있는 매매상사와는 전혀 관계없이 실수요자를 섭외하여 판매를 중개하기도 하고, 혹은 자신이 소속되어 있는 매매상사 이외의 다른 매매상사에 연결시켜 판매를 성사시킬 수도 있다. 또한 자신이 직접 구매하고 싶은 중고차는 자신이 비용을 부담하여 구입한 후 매매상사의 명의로 계약을 체결할 수도 있으며, 다른 매매상사가 보유하고 있는 차량 중에 판매하고 싶은 차량이 있으면 해당 매매상사의 양해 하에 구매자를 물색하여 판매를 성사시킬 수도 있다. 이러한 자율적인 자동차 딜러들의 활동은 매매상사의 입장에서도 자사에 소속되어 있는 딜러에만 의존하지 않고 다수의 딜러들과의 협업을 통해 거래를 활성화시킬 수 있다는 이점이 있다. 즉, 중고차 매매시장은 시설과 자금, 그리고 계약체결 당사자로서의 법적 지위를 가지고 있는 매매상사와 자금력은 부족하지만 영업력과 활동성이 뛰어난 딜러가 공생하고 있는 시장이라고 할 수 있다.

3. 중고차 거래의 유형

중고차 거래는 판매자와 실수요자 간의 거래인 '직거래'와 중고차 매매 상사와 실수요자 간의 거래인 '매매상사거래'로 나누어질 수 있다. 직거래 는 중고차 매매계약에서 판매자와 실수요자가 계약의 주체가 되는 거래를 의미하고, 매매상사거래는 매매계약에서 매매상사와 실수요자가 계약의 주체가 되는 거래를 의미한다. 즉, 직거래와 매매상사거래의 구분은 계약 의 주체가 누가 되는가에 따른 다분히 법률상의 구분이라고 할 수 있다. 직거래는 다시 순수직거래와 위탁거래로 나누어진다 ([그림 21-2] 참조). 순수직거래는 판매자가 실수요자를 스스로 찾아서 이루어지는 거래를 의 미하고, 위탁거래는 매매상사나 딜러가 판매자의 위탁을 받은 후에 실수 요자를 찾아서 판매자와 연결시켜주는 형태로 이루어지는 거래를 의미하 며 중개, 알선 등으로도 불린다. 위탁거래에서는 매매상사나 딜러가 주도 적인 역할을 수행하지만 중고차의 명의가 매매상사나 딜러에게 이전되는 것은 아니기 때문에 여전히 직거래로 구분된다. 이처럼 매매상사나 딜러 는 판매자에게 중고차를 구입하여 실수요자에게 판매하는 역할을 수행하 기도 하고, 경우에 따라서는 판매자로부터 판매를 위탁받아 거래가 이루 어질 수 있도록 조력하는 역할을 담당하기도 한다. 매매상사나 딜러가 중 고차를 구입하여 판매하는 경우에는 판매마진이 수입이 되고, 위탁거래의 경우에는 위탁수수료가 수입이 된다.

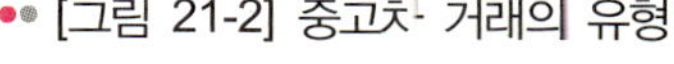

[그림 21-2] 중고차 거래의 유형

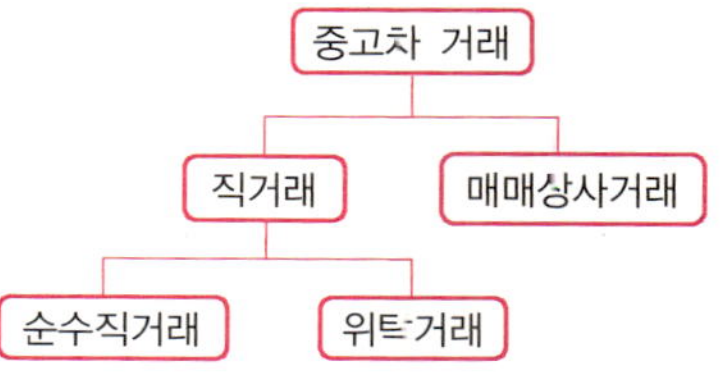

직거래와 매매상사거래의 비율을 보면 시간이 지날수록 직거래가 줄어 들고 매매상사거래가 증가하는 추세를 보이고 있다 ([표 21-2] 참조). 1998

년에는 직거래가 61.0%를 차지하였으나, 10년 후인 2008년에는 44.6%로 감소하였으며, 2013년 현재는 40.2%로 더욱 감소하였다.

•• [표 21-2] 중고차의 직거래 및 매매상사거래 비율의 변화 추이

	2007	2008	2009	2010	2011	2012	2013
합계	1,813,041	1,756,649	1,964,754	2,730,236	3,257,287	3,220,856	3,308,121
매매상사거래	1,038,554 (57.3%)	972,494 (55.4%)	1,075,799 (54.8%)	1,612,841 (59.1%)	1,868,122 (57.4%)	1,872,332 (58.1%)	1,976,643 (59.8%)
직거래	774,487 (42.7%)	784,155 (44.6%)	888,955 (45.2%)	1,117,395 (40.9%)	1,389,165 (42.6%)	1,348,524 (41.9%)	1,331,478 (40.2%)

자료 : 국토교통부 보도자료
* 연도별 자동차 이전등록 수치에서 증여, 상속 등으로 이전된 차량을 제외한 수치 사용.

이처럼 시간이 지나면서 매매상사거래의 비중이 높아지고 있는 데는 여러 가지 요인이 작용하고 있다.

- 첫째, 중고차를 사고 팔수 있는 중고차 매매단지가 증가하면서 접근성이 높아졌다. 현재 전국에는 약 200여 개의 매매단지가 산재해 있어서 소비자는 먼 거리를 이동하지 않고도 다양한 차량들을 직접 볼 수 있다.
- 둘째, 소비자들은 구매 이전에 인터넷을 통해 다양한 정보를 입수할 수 있기 때문에 매매상사나 딜러가 제공하는 정보에만 의존하지 않아도 되고, 이로 인해 소비자와 매매상사(혹은 딜러) 간의 정보의 비대칭성에 기인하는 손실이 대폭 줄어들었다.
- 셋째, 매매상사는 자동차의 성능을 미리 점검하여 물건을 내놓고, 또한 일정 기간 동안 품질을 보증하기 때문에 소비자는 구매에서 오는 위험을 줄일 수 있다. 또한 최근에는 정부가 거래의 투명화를 통해 중고차 거래를 활성화시키려는 노력을 지속적으로 기울이고 있으며, 이러한 노력에 의해 소비자의 매매상사거래에 대한 불안감이 감소하고 있다.

3. 중고차의 유통경로

앞에서 논의한 중고차 거래의 유형에 따라 중고차의 유통경로는 순수직거래 유통경로, 위탁거래 유통경토, 매매상사거래 유통경로 등으로 구분될 수 있다 ([그림 21-3] 참조).

●● [그림 21-3] 중고차의 유통경로

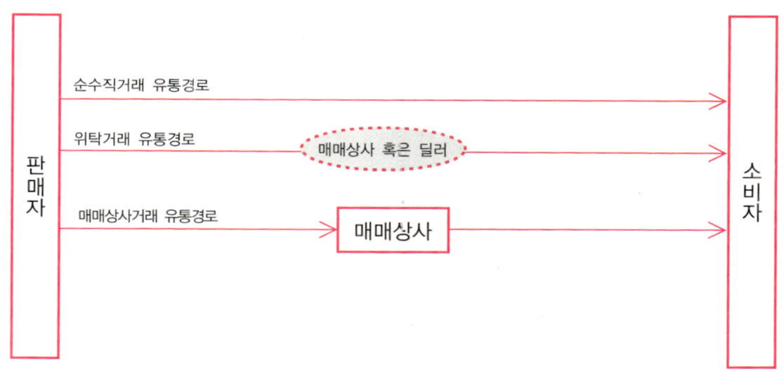

* 위탁거래 유통경로에서 매매상사 혹은 딜러는 경로 구성원은 아니지만 매매 성사의 주요한 역할 수행

3.1 순수직거래 유통경로

순수직거래 유통경로는 판매자가 매매상사나 딜러의 개입 없이 실수요자와 직접 거래하는 유통경로를 의미한다. 순수직거래에서는 판매자가 스스로 구매자를 찾아야 한다. 구매자를 찾는 데는 다음과 같은 다양한 방법이 사용될 수 있다.

- 자신이 알고 있는 지인
- 주변 지인들의 소개
- 각 차종별 인터넷 카페 : 각 차종별로 동호인들이 참여하는 인터넷 카페가 활성화되어 있는 경우가 많으며, 여기에 게시판 등을 통해 구매자를 찾는 방법이 많이 사용되고 있다.

- 인터넷 중고차매매사이트 : SK엔카, 보배드림, 오토인사이드 등의 인터넷 중고차매매사이트를 활용하는 방법도 많이 사용되고 있다. 이러한 사이트의 직거래 기능을 활용하여 차량의 사진과 사양, 판매자의 연락처 등을 올려서 구매자를 찾는 방법으로 일정액의 수수료를 지급하여야 하지만 중고차를 구매하려는 많은 사람들이 보기 때문에 비교적 빨리 구매자를 찾을 수 있다는 장점이 있다. SK엔카의 경우에는 단순히 광고를 할 수 있는 공간을 임대하는 것에서 넘어서서 팔거나 사려는 사람들을 대상으로 차를 진단하여 보증서를 발행해주고, 오류가 있을 시에는 보상을 해주는 유료 보증서비스 (파는 경우는 대당 5만원, 사는 경우는 배기량에 따라 7~20만원)를 제공하고 있다.

순수직거래는 명의이전 비용, 위탁 수수료 등 각종 비용을 절감시킬 수 있기 때문에 판매자나 실수요자 모두에게 금전적으로 이득이 될 수 있지만, 대부분 차량의 상태에 대한 정확한 정보 없이 거래가 이루어지기 때문에 구매자의 입장에서는 상당한 위험부담을 감수하여야 하는 단점이 있다. 현행 자동차관리법에 따르면 중고차 매매상사는 거래 시에 의무적으로 한국자동차진단보증협회가 지정하는 자동차 정비공장에서 '중고자동차 성능·상태점검기록부'를 발급받아 첨부해야 하지만, 개인 간의 직거래에서는 점검기록부 첨부가 의무사항이 아니기 때문에 구매자는 구입한 차량에 문제가 생길 경우에 법적인 보호를 받을 수 없다. 점검기록부는 제조업체, 차량번호, 연식, 최초등록일 등의 기본정보는 물론 차량 내외부의 이상 유무를 표시해 놓은 차량진단서이다. 판매자와 실수요자 간에 거래 조건에 대한 합의가 이루어지면 '자동차양도증명서(양도인·양수인 직접 거래용)'를 작성하여 구청에 제출하면 된다.

3.2 위탁거래 유통경로

위탁거래 유통경로는 판매자가 매매상사나 딜러에게 판매를 위탁하여 거래가 이루어지는 경로를 의미한다. 순수직거래 유통경로와 마찬가지로 위탁거래 유통경로에서도 거래는 판매자와 실수요자 간에 이루어지기 때문에 매매상사나 딜러는 경로 구성원은 아니지만 거래를 성사시키는 주된 역할을 수행한다. 차량 소유자가 매매상사나 딜러에게 자신의 차량을 팔아줄 것을 위탁하면 매매상사나 딜러는 보험개발원 사이트에 접속하여 차량의 사고이력을 확인하고 정비소에서 약식 진단을 한 후 차량 소유자와 차량의 가격을 협의한다. 가격에 대한 합의가 이루어지면 매매상사나 딜러는 중고차매매사이트 등에 차량 정보를 올려서 구매자를 찾는다. 거래가 성사되면 판매자로부터 위탁수수료를 받을 수 있고, 또한 차량 소유자와 합의한 가격 이상의 가격으로 거래를 성사시킴으로써 그 차액을 수입으로 취할 수 있다. 판매자가 판매를 위탁하는 경우에는 판매자와 매매상사 혹은 딜러 간에 위탁수수료 등을 명기한 '자동차 매매알선 위탁 계약서'를 작성하여야 하지만 실제로 이러한 계약서 없이 거래가 이루어지는 경우가 대부분이다. 즉, 위탁거래를 하는 경우에 이를 위탁거래로 신고하지 않고 순수직거래로 위장함으로써 세금을 탈루하고 과도한 위탁수수료를 받는 문제가 발생하고 있으며, 정부는 이러한 현상을 방지하기 위해 자동차양도증명서에 위탁받은 자를 명기하도록 하고 위탁수수료의 상한선을 정하는 등의 조치를 취하고 있다.

3.3 매매상사거래 유통경로

매매상사를 통한 거래는 2013년을 기준으로 전체 중고차 거래의 약 60%를 차지하고 있다. 중고차 매매시장에서 매매상사는 판매자로부터 자동차를 구입하여 실수요자에 판매하는 핵심적인 역할을 수행한다. 매매상사가 직접 판매자와 구매자를 물색하기도 하지만 대부분의 영업활동은 소속되어 있는 딜러에 의해 이루어진다. 중고차를 판매하고자 하는 차량 소유자와 접촉한 딜러는 사고조회, 약식 차량진단 등을 거쳐 소유자와 가격에 대한 합의가 이루어지면 소속 매매상사에 구매를 권유할 수 있다. 이때 앞에서 언급한 바와 같이 딜러가 자신이 직접 구입하기를 원하면 소속 매매상사와의 거래 형식을 취하되 자신이 구입비용을 부담하여 보유할 수도 있다. 또한 딜러는 소속 매매상사 이외의 매매상사와 접촉하여 구매를 권유할 수도 있다. 일단 구입이 이루어지면 매매상사 (혹은 딜러)는 한국자등차진단보증협회가 지정하는 자동차 정비공장에서 '중고자동차성능 · 상태점검기록부'를 발급받고, 차량의 가치를 증진시키기 위해 도색, 판금, 소모품 교환 등의 정비 및 수리를 하는 등의 업무를 수행한 후, 구매자를 물색한다. 판매되는 차량은 매매상사의 전시장에 주차되어 있기 때문에 방문하는 고객들을 대상으로 영업이 이루어지기도 하지만, 많은 수의 소비자들에게 알리기 위해 보배드림, SK엔카 등의 인터넷 중고차매매사이트를 활용하는 방법이 보편적으로 활용되고 있다.

● 참고문헌

국토교통부 (2014), "중고자동차 믿고 거래할 수 있게 된다," 보도자료, 2014
    년 2월 13일.
국토교통부 (2014), "국산차 - 현대·기아, 수입차 - 독일브랜드 시장 양분,"
    보도자료, 2014년 1월 16일.
국토해양부 (2012), "자동차 등록대수 2011년 말 기준 1,843만7천대," 보도자
    료, 2012년 1월 5일.
국토해양부 (2012), 중고자동차 매매단지 선진화 방안에 관한 연구, 최종보고서.
한국비즈니스정보 (2013), 대한민국 유통지도, 어바웃어북, 156-159.
문화일보, "중고차 직거래시 성능상태 점검기록부 첨부 의무화," 2013년 9월
    17일.
비즈포커스, "중고차 살 때 팔 때 다른 가격 왜죠?," 2013년 9월 6일.
오토타임즈, "중고자동차 믿고 거래할 수 있게 된다," 2014년 2월 13일.
SK엔카 홈페이지, http://www.encar.com/es/es_inspection_v01.html

제 22 장　농산물의 유통경로

1. 농산물 유통의 특성

　농업은 시간이 흐를수록 우리나라 경제에서 차지하는 비중이 낮아지고는 있지만 농산물의 품질은 국민의 건강과 직결되어 있고, 농촌의 부흥은 균형 있는 국가경제의 초석이 되기 때문에 그 중요성은 여전히 크다. 또한 농업인들의 사업 규모가 상대적으로 영세하여 가격결정 등을 시장기능에만 맡겨놓을 수는 없는 측면이 있다. 농산물의 유통은 공산품의 유통과는 달리 다음과 같은 여러 가지 특징을 지니고 있다.

- 첫째, 농산물의 작황은 기상조건에 의해 크게 좌우되며, 보관시설 등이 잘 갖추어지지 않은 경우에는 작황에 따른 가격 등락폭이 매우 심하게 나타난다.
- 둘째, 가격에 비해 무게나 부피가 큰 편이며, 따라서 공산품에 비해 보관, 배송 등에 소요되는 유통비용이 상대적으로 더 크다.
- 셋째, 공산품에 비해 부패하기 쉽기 때문에 적절한 보관과 신속한 배송 등이 매우 중요하다.
- 넷째, 농산물은 크기, 품질, 무게 등이 모두 상이하기 때문에 이를 표준화하고 등급화하기가 매우 힘들다.
- 다섯째, 농산물의 수요는 가격이나 소득에 대해 비탄력적이다. 즉, 가격의 변동이나 소득의 변동에 대한 농산물의 수요 변화는 공산품에 비해 상대적으로 작다.
- 농산물 생산자단체나 산지유통인의 규모가 영세하여 대형 유통업체

등과의 가격협상력이 크게 떨어진다.

정부는 이러한 농산물 유통의 특성을 고려하여 생산자인 농민을 보호하는 동시에 건전한 농산물 유통을 위한 제도적인 장치를 적극 도입하고 있으며, '농수산물 유통 및 가격안정에 관한 법률 (농안법)'은 이러한 제도적인 장치의 핵심이 되고 있다. 농안법은 공영도매시장인 농수산물도매시장의 운영에 대해 규정하는 등 농수산물의 유통경로에 큰 영향을 미치고 있다.

2. 농산물의 유통경로

농산물의 유통경로는 [그림 22-1]에서와 같이 산지유통, 도매유통, 소매유통 등으로 나누어 살펴볼 수 있다.

●◉ [그림 22-1] 농산물의 유통경로

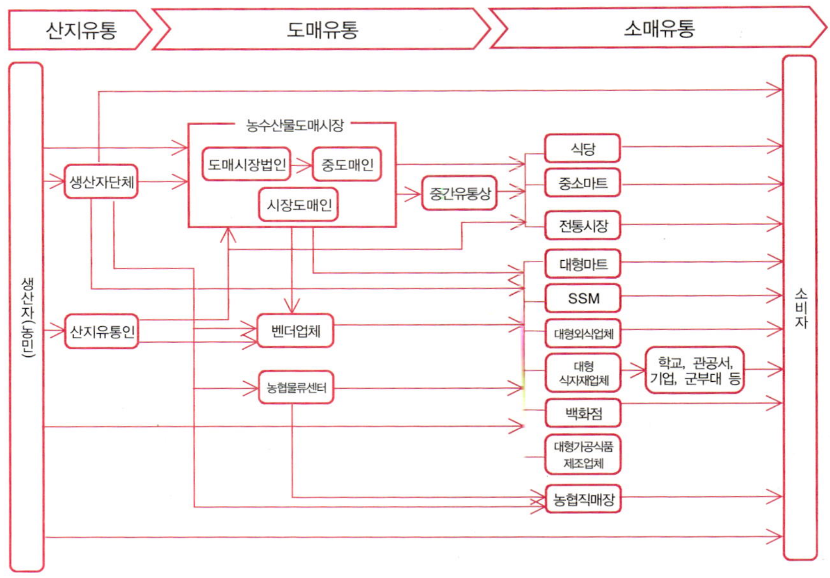

2.1 산지유통

　농산물 산지에서 활동하는 대표적인 유통주체로는 생산자단체와 산지유통인을 들 수 있다. 생산자단체에는 지역농협뿐만 아니라 영농조합법인이나 농업회사법인 등의 농업법인도 해당된다. 2012년 현재 우리나라에는 1,100여 개의 지역농협, 5,000여 개의 영농조합법인, 900여 개의 농업회사법인이 있다. 산지유통인은 농안법에 따르면 '도매시장에 등록하고 산지에서 수집하여 도매시장에 출하하는 상인'을 의미하며, 산지에서는 '산지수집상'이라는 명칭으로 불리고 있다. 농가가 생산자단체나 산지유통인과 거래하는 방식에는 계약재배, 공동판매, 포전거래, 정전거래 등이 있다. 계약재배와 공동판매는 주로 농가와 생산자단체와의 사이에서 이루어지는 거래형태이고, 포전거래와 정전거래는 주로 농가와 산지유통인과의 사이에서 이루어지는 거래형태이다. 이 가운데 흔히 '밭떼기'로 불리는 포전(圃田)거래는 수확이 이루어지기 이전에 산지유통인에게 판매하는 방식으로 농민의 입장에서는 가격변동으로 인한 위험을 피할 수 있을 뿐만 아니라 수확을 위한 인력을 확보할 필요가 적기 때문에 특히 시장 상황에 어둡고 활동성이 떨어지는 고령농가가 선호하고 있다. 통상적으로 무와 배추는 파종 후부터 수확 전까지 거래가 형성되고, 감자는 수확 1개월 전, 마늘과 양파는 수확 1~2개월 전에 거래가 형성된다. 거래조건은 일반적으로 계약시에 거래금액의 20~30%가 지불되고 계약 후 1개월 이내 혹은 수확 직전에 잔금이 지불된다. [표 22-1]은 품목별 포전거래의 비율을 보여주고 있는데, 가격변동 폭이 크고, 거래규모도 큰 무와 배추가 포전거래 비율이 가장 높음을 알 수 있다.

●● [표 22-1] 주요 품목의 포전거래비율

포전거래 비율	품목(%)
81% 이상	봄배추(99), 봄무(96), 고랭지배추(75)
51~80%	대파(78), 수박(78), 양파(68), 당근(64), 콩(63), 가을무(56), 한지형마늘(55), 봄감자(54), 고랭지감자(53), 가을배추(51)
31~50%	감귤(47), 생강(45), 가을감자(38)
30% 이하	단감(20), 배(17), 사과(12), 난지형마늘(11)

자료 : 한국농수산식품공사(2012), 2011 농산물 유통실태.

산지유통은 계통출하와 비계통출하로 구분된다. 계통출하는 농민이 농협과 같은 생산자단체를 통해 농산물을 판매하는 것을 의미하고, 비계통출하는 생산자단체를 거치지 않고 농민이 직접 도매시장에 출하하거나 산지유통인, 대형 유통업체, 소비자 등에 판매하는 것을 의미한다. 계통출하에서 생산자단체는 농민으로부터 판매를 위탁받은 농산물을 일반적으로 도매시장에 출하하지만, 그렇지 않고 농협직영점에서 판매하거나 소비자와 직거래를 하거나 대형 유통업체에 판매하는 등 여타 방법을 통해서도 판매할 수 있다. 즉, 계통출하와 비계통출하는 농민이 농산물의 판매를 생산자단체에 의뢰하느냐의 여부를 기준으로 구분된다.

- 계통출하 : 영세한 농민은 교섭력의 확보를 위해 농협 등 생산자단체를 통해 판매하는 방법을 선호한다. 최근 들어 대형 유통업체들의 산지 구매와 농민과 소비자와의 직거래가 활성화되면서 계통출하 비율은 점차 감소하는 추세를 보이고 있지만, 대형 유통업체로의 출하 비중은 20% 내외로 아직까지는 생산자단체를 통한 도매시장 판매에 크게 의존하고 있다. 따라서 생산자단체를 통한 도매시장 출하에서 좋은 값을 받지 못하면 농민의 수익성도 하락 할 수밖에 없다. 생산자단체는 규모가 영세하여 대형 유통업체 등과의 거래에서 협상력을 발휘하지 못하는 경향이 있지만, 인터넷을 활용한 소비자와의 직거래나 산지 유통센터의 건립 등 자생력을 높이기 위한 노력을 지속적으로 기울이고 있다.

- 비계통출하 : 비계통출하는 전체 농산물 출하의 약 30%를 차지하고 있다. 산지유통인들은 농민으로부터 수집한 농산물을 도매시장에 출하하기도 하지만 규모가 더 큰 중간유통업자인 벤더업체에 납품하거나 인근의 전통시장, 식당, 중소슈퍼 등에 공급하기도 한다. 또 다른 비계통출하 경로로 농민이 신선한 농산물을 싸게 공급받기를 원하는 대형마트 혹은 대형마트와 거래하는 벤더업체에 납품하거나, 농협직매장이나 농협물류센터에 납품하거나, 인터넷몰을 운영하면서 직

접 소비자에게 판매하는 경로 등을 들 수 있다. 최근의 연구에 의하면 농민은 공급가격의 안정성, 안정적인 수요처의 확보, 현금유동성 확보 등의 이점 때문에 대형마트와의 거래를 선호하는 경향이 있으며, 이로 인해 농민의 대형마트로의 종속이 심각하게 진행되고 있는 것으로 나타나고 있다.

2.2 도매유통

우리나라 농산물 도매의 중심에는 지방자치단체가 개설한 농수산물도매시장이 자리하고 있다. 농수산물도매시장 이외의 농산물 도매유통 주체로는 농협중앙회가 설립한 농협농식품물류센터와 대형 유통업체 등에 농산물을 공급하는 벤더업체가 있다.

2.2.1 농수산물도매시장

우리나라의 농수산물도매시장으로는 정부의 지원으로 건설된 공영도매시장 33개 (중앙도매시장 11개, 지방도매시장 22개), 일반법정도매시장 13개, 민영도매시장 2개가 있다. 대부분의 농수산물도매시장은 농산물과 수산물을 동시에 취급하지만 농산물만 취급하거나 수산물만 취급하는 도매시장도 드물지만 존재한다. 우리나라에서 생산되는 청과물의 약 50%가 도매시장을 경유하여 유통되고 있다. 농수산물도매시장에서의 거래는 주로 경매제도 방식으로 이루어지지만 제품의 표준화가 잘 진전된 상품 등에 대해서는 정가매매나 수의매매도 이루어지고 있다. 경매의 비중은 시장에 따라 다르지만 대개 70~90% 정도인 것으로 파악되고 있다. 도매시장의 주요구성원으로는 도매시장법인, 경매사, 중도매인, 매참인, 시장도매인 등이 있다. 이 가운데 가장 핵심적인 구성원은 도매시장법인과 중도매인으로 도매시장법인은 수탁업무, 중도매인은 분산업무로 담당 업무가 명확하게 구분되어 있다 ([그림 22-2] 참조). 따라서 경매과정에서 도매시장법인은 출하자 (농민 및 생산자단체)의 입장을 반영하여 낙찰가격이 최대한 높게 형성될 수 있도록 노력하고, 반대로 중도매인은 자신이나 혹은 구매 의뢰자 (유통업체, 가공업체 등)의 입장을 반영하여 낙찰가격이 최대한 낮게 형성될 수 있도록 노력한다. 따라서 도매시장법인과 중도매인은 농수산물도매시장의 활성화를 위해 협력하는 관계에 있지만, 입장의 차이로 인해 갈등을 빚는 경우도 발생할 수 있다.

●● [그림 22-2] 농수산물도매시장의 도매시장법인과 중도매인

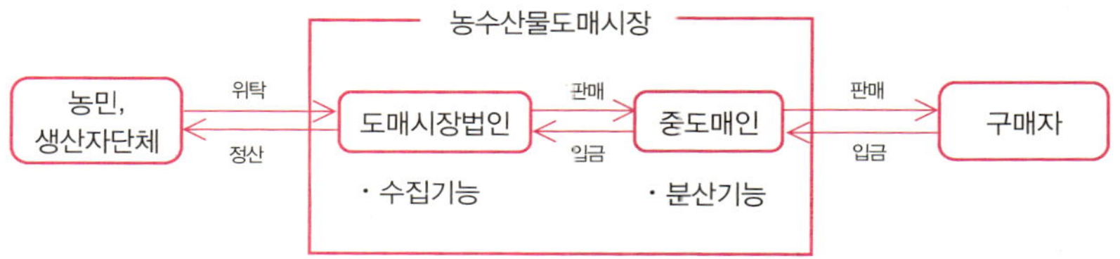

- 도매시장법인 : 도매시장법인은 농수산둘도매시장의 개설자로부터 지정을 받아 업무를 수행한다. 도매시장법인의 주된 업무는 판매를 위탁받은 농산물을 경매에 상장하여 소속 경매사를 통해 중도매인에게 판매하고, 판매대금에서 위탁수수료 등의 제반 경비를 제외한 금액을 위탁자에게 지급하는 것이다. 위탁수수료는 청과는 거래금액의 7%, 양곡은 2%를 초과할 수 없다. 경대가 도매시장법인의 주된 업무이지만 표준화된 상품의 경우에는 정가매매나 수의매매를 하기도 하고, 스스로 구매를 하여 판매하기도 한다.

- 경매사 : 경매사는 도매시장법인의 소속으로 경매과정에서 경매에 올라온 농산물에 대한 정보를 제공하고 흥을 돋움으로써 농산물이 적정한 가격에 거래될 수 있도록 하는 역할을 수행한다. 또한 경매사는 산지를 돌면서 우수한 농산물이 도매시장에 출하될 수 있도록 하는 역할도 수행한다.

- 중도매인 : 중도매인(仲都賣人)은 도매시장 개설자의 허가를 받아 상장된 농산물을 구입하여 판매하거나 혹은 구매자로부터 의뢰를 받아 매매를 중개하는 역할을 수행한다. 직접 구입하는 경우에는 구입가와

판매가의 차이인 마진이 수입원이 되고, 매매를 중개하는 경우에는 중개수수료가 수입원이 된다. 중개수수료는 거래금액의 4%를 초과할 수 없다. 매매중개보다는 구입을 통해 수익을 실현하는 비중이 훨씬 더 크다. 중도매인은 거의 대부분 법인(法人)의 형태를 취하고 있으며 도매시장 내에 점포를 가지고 있다. 점포에서는 주로 중간유통상이나 소매상 (식당, 전통시장 점포, 중소슈퍼 등)을 대상으로 농산물을 판매하지만 일반소비자를 대상으로 소매를 하기도 한다.

- 매참인 : 매매참가인을 의미하는 매참인은 농산물의 실수요자로 도매시장 개설자에게 신고를 하고 경매에 참여할 수 있다. 이들은 주로 대형 유통업체, 가공업체, 수출업체, 소비자단체 등이며 구입한 농산물을 소매상 등에 판매할 수 없다. 이들은 경매과정에서 중도매인과 경쟁관계를 형성하게 된다. 그러나 실제로 매참인이 경매에 참여하는 경우는 매우 드물다.

- 시장도매인 : 시장도매인(市場都賣人)은 농수산물 도매시장의 개설자로부터 지정을 받아 농수산물을 구입하여 판매하거나 혹은 위탁을 받아 매매를 중개하는 법인을 의미한다. 즉, 시장도매인은 도매시장법인의 수탁기능과 중도매인의 분산기능을 동시에 수행하는 도매상인이며, 따라서 농수산물이 시장도매인을 경유하여 유통이 되는 경우에는 경매과정이 존재하지 않는다 ([그림 22-3] 참조). 현재 전국 33개의 공영 농수산물도매시장 가운데 시장도매인제만을 도입하고 있는 도매시장은 없으며, 강서 농수산물도매시장과 대구북부 농수산물도매시장이 경매제와 시장도매인제(강서-청과부류, 대구북부-수산부류)를 병행하여 실시하고 있다. 시장도매인제는 경매제의 단점을 극복하기 위한 대안으로 도입되었다. 경매제는 수탁기능과 분산기능의 분할을 통해 가격책정이 공정하게 이루어질 수 있고, 거래대금의 정산이 정확하게 이루어질 수 있다는 등의 장점을 가지고 있으나, 유통단계가 길어지고 거래시간이 늘어남으로써 유통효율성이 저하된다는 단점을 가지고 있다. 시장도매인제 하에서는 출하자와 분산기능을 수

행하는 주체가 직접 거래함으로써 유통경로가 짧아지면서 신선도의 유지와 거래비용의 절감이 가능해지고, 대량거래가 용이해진다는 이점이 있다. 그렇지만 시장도매인제는 경매제에서와는 달리 거래의 투명성이 떨어져서 1985년 농수산물도매시장 건립 이전에 위탁상을 중심으로 하는 유통체계에서 발생하였던 매점매석, 담합, 가격 후려치기 등과 같은 불공정 거래행위가 발생할 우려도 배제할 수 없다.

●• [그림 22-3] 시장도매인의 기능

도매시장법인 (수집기능)	+	중도매인 (분산기능)	=	시장도매인 (수집 및 분산기능)

●• [사진 22-1] 농수산물도매시장에서의 전자경매 전경

사진 설명 : 구리농수산물도매시장에서의 청과물 전자경매 모습. 경매사라고 적힌 모자를 쓰고 있는 경매사가 경매를 진행하고 있으며, 중도매인들은 응찰기를 들고 경매에 올라온 청과물 (느타리버섯)과 전광판에 적힌 청과물에 대한 정보를 주시하고 있다. 수지경매에서와는 달리 경매사는 컴퓨터 화면을 통해 어느 중도매인이 얼마에 응찰하였는지를 알 수 있기 때문에 중도매인들은 자신의 고유번호가 적힌 모자를 쓰고 있지 않다.

2.2.2 농협농식품물류센터

농협중앙회가 2013년에 설립하기 시작한 농협농식품물류센터는 농산물의 수집, 가공, 분산 등의 기능을 종합적으로 수행할 수 있는 대규모 물류센터를 의미한다. 2013년에 농협안성농식품물류센터가 완공되었으며, 2016년까지 경남밀양, 전남장성, 강원회성, 제주 등의 4곳에 추가로 건립할 예정이다. 농협안성농식품물류센터는 집배송시설, 자동화 소포장시설, 전처리센터(세척 및 단순가공), 저온저장고, 잔류농약 및 미생물 검사를 위한 식품안전센터 등을 갖추고 있다. 물류센터는 생산자단체로부터 농산물을 확보하여 분류하고 가공한 뒤 전국의 농협직판장, 외식업체, 대형마트 등에 공급한다. 이러한 시설을 갖춤으로써 농산물 유통구조를 생산자단체→물류센터→소매상→소비자 등의 4단계로 단순화하여 농산물의 가격을 낮추는 한편, 농민에게는 안정적인 판로를 확보해주는 효과를 거둘 수 있을 것으로 기대되고 있다.

2.2.3 벤더업체

벤더(vendor)업체는 대형마트, 대형 외식업체, 대형 식자재업체 등의 대형 구매처로부터 의뢰를 받아 농산물을 확보하여 납품하는 업체를 의미한다. 빈더업체는 생산자단체, 도매시장, 산지유통인 등으로부터 농산물을 확보하여 의뢰처에 농산물을 공급하는데, 농산물을 원형대로 납품하기도 하지만 주로 전처리(세척 및 단순가공) 및 소포장의 과정을 거친 농산물을 납품한다. 벤더업체는 스스로 시설을 갖추어 가공을 하기도 하고 혹은 가공업체를 활용하기도 한다. 즉, 벤더업체는 산지수집상이 훨씬 더 대규모화되고 다기능화된 형태라고 수 있다. 대형 구매처가 벤더업체를 이용하는 이유는 수천 종에 이르는 농산물 품목을 일일이 관리하기가 매우 힘들기 때문이다. 따라서 대형 구매처가 대량으로 구입하는 핵심적인 상품은 농민이나 생산자단체와 직접 접촉하여 거래하더라도 그렇지 않은 농산물은 벤더업체를 통해 확보하는 경우가 많다. 벤더업체가 전처리가공, 정기납품, 1차 품질검수 등의 기능을 수행하기 때문에 대형 구매처는 벤더업체를 통해 원하는 제품을 안정적으로 공급받을 수 있다.

2.3 소매유통

농산물의 소매유통은 소규모 소매상, 대형 구매처, 생산자 주도의 직거래 등의 세 가지 유형으로 나누어 살펴볼 수 있다.

2.3.1 소규모 소매상

소규모 소매상은 소형 식당, 중소마트, 전통시장 등을 의미한다. 이러한 소규모 소매상은 예외적인 경우를 제외하고는 농민이나 생산자단체와의 직접적인 거래를 하기는 힘들기 때문에 도매시장, 중간유통상, 산지유통인 등을 통해 농산물을 공급받는다. 이들은 도매시장에 직접 가서 중도매인으로부터 물건을 구입하기도 하지만 소량의 다양한 상품을 매일 공급받아야 하기 때문에 대부분은 트럭에 농산물을 싣고 다니며 판매하는 중간유통상으로부터 농산물을 공급받는다. 중간유통상은 대부분 소규모의 식자재업체로 도매시장에서 경매를 마친 농산물을 중도매인으로부터 구입한다. 산지유통인도 산지 부근의 식당, 전통시장 등에 농산물을 공급한다.

2.3.2 대형 구매처

대형마트, SSM, 대형외식업체, 대형식자재업체 등과 같은 대형 구매처는 신선한 농산물의 확보와 유통비용의 절감을 위해 생산자단체와 직접 거래하는 사례가 증가하고 있다. 최근의 연구에 의하면 대형마트 등 대형유통업체는 도매시장이나 벤더업체로부터의 공급보다 생산자단체와의 직거래를 더 선호하고 있는 것으로 나타나고 있다. 대규모 소매상의 도매시장에 대한 선호도가 떨어지고는 있지만 소량으로 구매하는 구색상품 등의 구입은 앞으로도 여전히 도매시장을 이용할 것으로 예상되고 있다. 대형 구매처의 규모가 커질수록 벤더업체에 대한 요구도 다양해지고 거래물량도 늘어나면서 벤더업체의 규모도 커지고 기능도 다양화될 것으로 예상되고 있다. 대형 구매처는 이 외에도 계약재배 등을 통해 농민과 직접 거래하거나 혹은 농협이 운영하는 농식품물류센터로부터 농산물을 공급받기도 한다.

2.3.3 직거래

농협은 농협로컬푸드직매장의 운영을 통해 생산자단체→농협직매장→소비자로 유통경로를 단축시킴으로써 생산자와 소비자가 모두 이득을 볼 수 있는 방안을 도입하고 있다. 또한 생산자단체가 스스로 인터넷몰을 운영하거나 자택으로 농산물을 배달하는 사업을 전개함으로써 소비자와의 직거래를 시도하고 있는 예들도 증가하고 있다.

● 참고문헌

권승구 (2012), 유통환경변화에 따른 효율적인 유통구조개선방안, 보고서.

김동환 (2012), "농수산물 유통," in 한국유통포럼, 한국유통산업흐름, 이서원, 247-271.

변명식, 신봉섭, 홍성원 (2008), "국내산지 농산물의 유통환경변화에 관한 연구: 대형유통업체 PB를 중심으로," 유통연구, 13 (5), 115-134.

우영문 (2011), "대형 유통업체 구매담당자의 농산물 구매 형태에 관한 연구," 유통연구, 16 (5), 123-140.

조명기, 전창곤 (2004), 강서 농수산물도매시장 활성화 방안, 한국농촌경제연구원연구보고서.

한국농수산식품공사 (2012), 2011 농산물 유통실태.

아시아경제, "농산물 유통 4단계 줄인, 저 듬직한 농협 '안성宅'," 2013년 12월 19일.

한국경제, "농협 물류센터 4곳 더 건립…농산물 7조 거래," 2013년 9월 26일.

한국농정신문, "'판매농협 구현' 위한 첫걸음, 안성농식품물류센터," 2013년 9월 16일.

제 **23** 장   수산물

1. 수산물 유통경로 개관

수산물의 유통경로는 연근해수산물, 원양수산물, 양식수산물, 내수면수산물, 수입수산물 등 수산물의 유형에 따라 크게 달라진다. 여기에서는 우리의 생활과 가장 밀접하게 연관되어 있는 연근해수산물을 중심으로 수산물의 유통경로를 기술한다. 연근해수산물의 유통은 산지시장이 활성화되어 있다는 특징을 가지고 있다. 이는 어민의 생산 활동 및 상품으로서의 수산물의 특성과 연관이 있다. 어민은 어획한 수산물을 싣고 귀항한 후 재출항 하기까지의 시간을 최대한 단축시키는 것이 매우 중요하다. 왜냐하면 어종마다 성어기가 정해져 있어서 이 시기를 놓치면 생산 활동에 큰 지장을 받기 때문이다. 따라서 산지에 시장이 있어야 어민이 어획한 수산물을 신속하게 판매할 수 있다. 수산물은 상품의 가치를 떨어뜨리지 않게 하기 위해서는 신선도 유지가 매우 중요하기 때문에 최대한 빨리 소비지로 옮겨져야 한다. 그런데 어민이 직접 소비지로 수산물을 옮기기는 어렵기 때문에 산지시장에서 거래가 이루어진 후에 소비지시장으로 배송되는 구조를 갖게 된다. 그 결과 연근해수산물의 유통은 산지유통과 소비지유통으로 구분되는 특성을 갖는다. 연근해수산물의 유통경로는 매우 복잡하지만 주된 유통경로를 중심으로 [그림 23-1]과 같이 나타낼 수 있다.

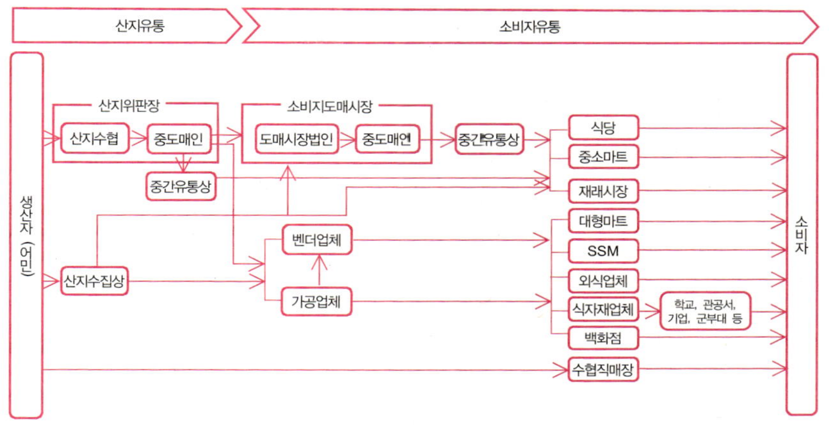

2. 산지유통

수산물의 산지유통은 수협이 운영하는 산지위판장을 중심으로 이루어지는 계통출하와 산지유통인을 통해 이루어지는 비계통출하로 나누어진다. 산지위판장은 '산지에 위치하여 어민의 위탁을 받아 어획한 수산물을 판매하는 장소'라고 정의될 수 있으며, 전국 어항에 240여 개가 산재해 있다. 연근해수산물은 80~90%가 계통출하에 의해 유통되고 있으며, 나머지 10~20%가 비계통출하로 유통되고 있다. 즉, 어민이 연근해에서 어획한 대부분의 수산물이 산지위판장을 통해 유통되고 있다. 이에 비해 양식수산물의 경우에는 계통출하가 30% 수준이며, 원양수산물, 수입수산물, 내수면수산물 등은 계통출하되는 물량이 전혀 없다.

2.1 계통출하

산지위판장에서는 정가매매나 수의매매도 이루어지지만 주로 경매를 통해 거래가 이루어지며, 경매에는 수협, 경매사, 중도매인, 매참인(매매참가인) 등이 참여한다.

- 수협 : 수협은 산지위판장을 관리하는 주체로 출하자인 어민의 위탁을 받아 주로 경매를 통해 중도매인과 매참인에게 수산물을 판매하는 역할을 한다. 수협은 어민의 입장에 서기 때문에 최대한 높은 가격에 경매가 이루어질 수 있도록 노력하며, 낙찰가에서 위탁수수료, 경매수수료 등 경비를 제한 후 나머지 금액을 위탁자인 어민에게 지급한다.

- 경매사 : 산지위판장 소속의 경매사는 상장된 수산물에 대한 정보를 제공하고 경매의 흥을 돋움으로써 수산물의 가격이 적정선에서 결정될 있도록 하는 역할을 수행한다.

- 중도매인 : 중도매인은 경매에 참여하여 수산물을 구입하여 판매하거나 혹은 가공업체, 대형 유통업체 등으로부터 위탁을 받아 매매를 중개하는 역할을 수행한다. 스스로 구입을 하는 경우에는 구입가와 판매가의 차이인 마진이 수입원이 되며, 매매를 중개하는 경우에는 위탁자로부터의 중개수수료가 수입원이 되는데 중개수수료는 거래금액의 4%를 초과할 수 없다.

- 매참인 : 매참인은 대형유통업체, 가공업체, 소비자단체 등의 실수요자로서 경매에 참여하는 사람들로 경매과정에서 중도매인들과 경쟁을 벌이며 수산물을 구입한다. 매참인이 되기 위해서는 일정한 자격을 갖춘 후 등록과정을 거쳐야 하며, 구입한 수산물을 소매점 등에 다시 판매할 수 없다.

2.2 비계통출하

1997년부터 시행되고 있는 자유판매제로 어민은 자신이 원하는 구매처에 생산물을 판매할 수 있다. 따라서 어민은 반드시 산지위판장을 이용하여야 하는 것은 아니며, 산지에서 활동하는 산지유통인에게도 판매할 수 있다. 산지유통인은 주로 산지위판장이 없는 어항 등에서 어민으로부터 수산물을 구입하여 식당, 전통시장, 가공업체, 중소슈퍼, 소비지도매시장, 유사도매시장 등 판매가 가능한 모든 곳에 판매한다.

3. 소비지유통

연근해수산물의 소비지유통은 소대업체의 규모에 따라 크게 달라지는 양상을 보인다. 즉, 대형마트, SSM, 프랜차이즈 외식업체, 대형 식자재업체 등 대규모 소매업체로의 유통경르와 중소슈퍼, 전통시장, 식당 등 소규모 소매업체로의 유통경로가 뚜렷하게 구별되는 특성을 보이고 있다. 소규모 소매업체로의 유통경로의 중심에는 소비지도매시장이 있고, 대규모 소매업체로의 유통경로의 중심에는 벤더업체가 있다. 2000년 이후에 연근해수산물의 유통이 대규모 소매업체를 중심으로 이루어지는 경향이 강화되면서 소비지도매시장의 위상이 지속적으로 떨어졌으며, 그 결과 2010년대 초에는 소비지도매시장에 출하되는 연근해수산물의 비율이 10% 수준에도 미치지 못하고 있다. 여기에서는 먼저 소비지도매시장과 벤더업체에 대해 살펴보고 소비지에서의 두 가지 유형의 유통경로에 대해 기술한다.

3.1 소비지도매시장

소비지도매시장은 지방자치단체가 수산물의 도매거래를 위해 소비지인 도시 지역에 개설한 법정시장으로 전국에 16개가 산재되어 있다. 여기에서는 산지에서 포장한 상태로 거래가 이루어지기 때문에 별도의 선별작업을 이루어지지는 않는다. 서울시에는 가락동농수산물도매시장과 노량진수산도매시장이 있으며, 이 두 개 시장이 우리나라의 전체 소비지도매시장 거래 물량의 약 50%를 차지하고 있다. 소비지도매시장에서는 산지위판장의 중도매인, 산지유통인 등으로부터 출하가 이루어지며, 거래에는 도매시장법인, 경매사, 중도매인, 매참인 등이 참여한다. 경매 참여자 가운데 도매시장법인과 중도매인이 가장 중추적인 역할을 수행한다. 수탁(受託) 주체인 도매시장법인은 출하자의 입장을 반영하여 최대한 높은 가격에 낙찰이 이루어지도록 노력하는 반면, 분산(分散)주체인 중도매인은 자신이나 구매 위탁자의 입장을 반영하여 최대한 낮은 가격에 낙찰이 이루어지도록 노력한다.

- 도매시장법인 : 도매시장법인은 도매시장 개설자인 지방자치단체로부터 지정을 받은 사업자로 거래의 공정성, 투명성, 효율성을 확보하여야 하는 책임이 있으며 출하된 수산물을 경매에 상장하여 거래하는 업무를 주관한다. 도매시장 개설자는 복수의 도매시장법인을 둘 수 있다. 예를 들어 가락동농수산물도매시장 내의 수산시장에는 3개의 도매시장법인 (강동수산주식회사, 수협가락동공판장, 서울건해산물주식회사)이 있다. 도매시장법인 간에는 더 많은 물량을 확보하기 위한 위탁수수료 덤핑 경쟁이 벌어지기도 한다. 도매시장법인의 위탁수수료는 거래금액의 6%를 초과할 수 없다.

- 경매사 : 도매시장법인의 소속인 경매사는 산지위판장 소속의 경매사와 마찬가지로 경매 과정을 주도하는 역할을 수행한다.

- 중도매인 : 도매시장 개설자인 지방자치단체로부터 허가를 받아 경매에 참가하는 중도매인은 산지위판장의 중도매인과 마찬가지로 상장된 수산물을 구입하여 판매하거나 구매자의 위탁을 받아 매매를 중개하는 역할을 수행하며, 매매를 중개할 경우에 중개수수료는 거래금액의 4%를 초과할 수 없다. 그런데 산지위판장의 중도매인이 식용, 가공식품용, 공업용 등 다양한 용도의 수산물을 취급하는 반면, 소비지도매시장의 중도매인은 식용으로 쓰이는 수산물만 취급한다.

- 매참인 : 매참인은 중도매인과 마찬가지로 지방자치단체로부터 허가를 받아 경매에 참여하며, 그 특성이나 역할은 산지위판장의 매참인과 동일하다.

* 사진설명 : 오른쪽 두 명 중 아래쪽이 경매사이고, 위쪽이 기록사이며, 가운데 있는 사람은 보조경매사이다. 세 사람 모두 경매사라고 쓰인 빨간색 모자를 쓰고 있다. 왼쪽의 여섯 명은 모두 중도매인으로 손가락으로 입찰가를 표시하며, 자신의 번호가 쓰여 있는 파란색이나 까만색 모자를 쓰고 있다. 산지위판장에서 한 차례 경매를 거친 상품이 올라와서 다시 경매에 붙여지는 것이기 때문에 대부분은 스티로폼 박스에 그대로 담겨져 있고, 일부만 포장을 벗겨 경매를 실시한다.

3.2 벤더업체

2000년대 들어 전개되고 있는 수산물 유통 상에서의 큰 변화는 대형마트, SSM, 프렌차이즈 외식업체, 대형 식자재업체, 백화점 등 대규모 소매업체의 영향력이 크게 증대되었다는 점이다. 이들 대규모 소매업체들은 대량의 신선한 수산물을 경쟁력 있는 가격에 안정적으로 확보하여야 하기 때문에 이를 위해 가장 적합한 수산물 공급원을 모색하여 왔으며, 이러한 과정에서 유통경로 구성원들의 위상에 큰 변화를 가져다주고 있다. 대형마트의 경우 초기에는 소비지도매시장에서 수산물을 구입하였으나, 점차 규모가 커지면서 산지위판장으로 공급원을 변경하였으며, 현재는 직접 구매하는 형태에서 벗어나서 벤더(vendor)업체를 활용하는 경향이 커지고 있다. 대형마트가 벤더업체를 활용하는 이유는 취급하여야 하는 수산물의 종류가 매우 많기 때문에 이를 일일이 직접 확보하기가 힘들고, 또한 구입한 수산물을 판매할 수 있는 형태로 가공하는 업무를 직접 처리하는 것도 비용적으로 비효율적이기 때문이다. 대형마트는 하나의 벤더업체를 활용하기보다는 수산물을 몇 개의 군으로 나누어 각 군별로 벤더업체를 지정하여 운용한다. 대형마트 이외의 대량 구매업체인 SSM, 프랜차이즈 외식업체, 대형 식자재업체, 백화점 등도 규모에 따라 정도의 차이는 있지만 소비지도매시장에서 수산물을 구매하기보다는 벤더업체를 활용하거나 혹은 산지위판장에서 매참인으로 참여하여 구매하는 경향이 커지고 있다.

벤더업체는 구매처의 요구에 맞추어 산지에서 다양한 수산물을 확보하는 것은 물론, 수산물을 가공하고, 정해진 물량을 규칙적으로 구매처의 물류센터에 배송하는 등의 업무를 수행한다. 이러한 의미에서 벤더업체는 산지유통인이 대규모화, 현대화된 형태라고 할 수 있다. 벤더업체는 중도매인 등과는 달리 자동주문시스템 등의 유통정보시스템은 물론, 냉동·냉장 창고 및 트럭, 가공공장 등의 상당한 시설을 갖추고 있다. 벤더업체는 스스로 가공하기도 하지만 가공을 전문으로 하는 업체는 아니기 때문에 시설을 갖추지 못하고 있는 경우에는 외부 가공전문업체를 활용하기도 한다.

3.3 소매업체 유형에 따른 유통경로

앞에서 기술한 바와 같이 소비지에서의 유통경로는 소매업체의 규모에 따라 크게 달라진다. 소매업체를 규모에 따라 대규모과 소규모로 정확하게 구분하기는 불가능하지만 여기에서는 편의상 대규모과 소규모로 나누어 주된 유통경로에 대해 기술한다.

- 소규모 소매업체 : 전통시장, 식당, 중소슈퍼 등 소규모 소매업체는 소비지도매시장에서 중도매인으로부터 직접 수산물을 구매할 수도 있지만 소량의 다양한 품목을 거의 매일 정기적으로 구매하는 것이 매우 힘들기 때문에 중간유통상에 의존하게 된다. 중간유통상은 중

도매인으로부터 구입한 수산물을 트럭에 싣고 자신이 거래하는 식당, 전통시장, 중소슈퍼 등을 돌면서 수산물을 공급한다. 소비지도매시장의 중도매인으로부터 수산물을 공급받는 중간유통상도 있고, 혹은 산지위판장의 중도매인으로부터 수산물을 공급받아 인근의 소규모 소매업체에 수산물을 공급하는 중간유통상도 있다. 또한 산지유통인도 직접 인근의 소매업체에 수산물을 공급하기도 한다.

- 대규모 소매업체 : 대형마트, SSM, 백화점, 프랜차이즈 외식업체, 대형 식자재업체 등은 구색상품 등 소량의 수산물을 구매해야 하는 경우를 제외하고는 소비지도매시장을 거의 이용하지 않는다. 대규모 소매업체가 수산물을 구입하는 경로는 몇 가지로 나누어질 수 있다. 첫째, 산지위판장의 중도매인으로부터 구입 둘째, 산지위판장에 매참인의 자격으로 경매에 참여하여 구입 셋째, 가공업체로부터 구입 넷째, 벤더업체로부터 구입 등이다. 앞에서 기술한 바와 같이 규모가 커질수록 벤더업체에 대한 의존도가 커지고 있다. 벤더업체는 산지위판장의 중도매인이나 산지유통인 등으로부터 수산물을 구입하며, 구매자의 요구에 따라 가공, 배송 등의 업무를 수행하기도 한다. 그런데 벤더업체는 스스로 가공업무를 수행하기도 하지만 가공을 전문으로 하는 업체는 아니기 때문에 가공업체로부터 가공된 수산물을 구입하기도 한다. 가공업체는 예를 들어 절단, 건조 등의 저차 가공에서 분쇄, 혼합, 조미 등의 고차 가공까지 다양한 형태로 수산물을 가공하는 업체로 이 업체들도 벤더업체와 마찬가지로 산지위판장의 중도매인이나 산지유통인으로부터 수산물을 공급받아 가공된 수산물을 대형마트 등의 대형업체에도 공급하고 벤더업체에도 공급한다. 그러나 대형마트와 같은 경우 지정 벤더업체로부터 일괄적으로 수산물을 공급받기 때문에 가공업체가 주력 공급원은 아니다. 대형업체의 벤더업체 활용의 증가는 소매업체에 의한 도매기능의 수직적통합의 일환으로 볼 수 있다. 벤더업체는 분명히 독립된 사업체이지만 안정적인 판매를 제공해주는 대형업체에 의존하게 되기 때문에 종속적인 관계가 형성된다.

4. 유통경로의 개선

수산물의 유통비용률 (유통비용을 소비자가격으로 나눈 수치)은 2013년을 기준으로 55% 이다. 이는 어민이 생산한 수산물이 소비자에게 1,000원에 팔리면 어민을 제외한 경로구성원에게 돌아가는 액수가 550원이라는 의미인데, 이는 농산물(42%)이나 축산물 (소고기 45%, 돼지고기 44%)에 비해 훨씬 높은 수준이다. 이에 대한 원인으로 수산물의 유통경로가 6~7단계로 너무 길고 복잡하다는 점이 지적되고 있다. 또 다른 문제점으로는 대기업 중심의 유통경로가 형성되면서 산지위판장과 소비지도매시장으로 대표되는 제도권 시장이 약화되고 있다는 점도 지적되고 있다. 이로 인해 영세 생산자인 어민들의 협상력이 약화되면서 어획한 수산물의 가격 책정 과정에서 불리한 입장에 서게 될 가능성이 커지고 있다.

이러한 문제점들을 해결하기 위한 방안들이 모색되고 있다. 먼저 지방자치단체 의한 직거래장터의 개설이나 수협직판장의 활성화 등이 일부 이루어지고 있다. 보다 근본적인 해결을 위해 해양수산부는 2013년 산지거점유통센터(FPC)와 분산물류센터를 중심으로 하는 유통구조 혁신안을 발표하였다. 산지에 건설되는 산지거점유통센터(FPC)는 수산물의 집하, 선별, 가공, 포장, 배송 등의 기능을 종합적으로 수행하고, 소비지에 건설되는 분산물류센터는 FPC로부터 배송된 수산물을 소비지에서 판매하는 역할을 수행하게 된다. FPC는 2013년에 3개소 창설을 시작으로 지속적으로 확충시킨다는 계획이다. 이러한 방안을 통해 유통경로를 축소시킴으로써 어민과 소비자가 모두 이득을 볼 수 있는 체제를 구축하는 한편, 어민들의 이득을 우선시하는 제도권 시장이 다시 부활할 수 있는 효과를 거둘 수 있을 것으로 기대하고 있다.

●참고문헌

강종호 (2011), "수산물 공급구조의 변화와 유통정책 방향," 한국식품유통학회 하계학술대회 논문집, 91-114.

강종호 (2009), "농안법에 있어 수산물 유통제도의 문제점과 개선 방향," 수산정책연구, 3월, 43-66.

교육과학기술부 (2011), 고등학교 수산물 유통, 두산동아.

권승구 (2012), "유통환경변화에 따른 효율적인 유통구조 개선 방안", 보고서.

박준모 (2012), "수산물 산지시장 중도매인 거래현황과 개선방안에 관한 연구 : FPC 추진 계획을 중심으로," 식품유통연구, 29 (3), 57-83.

송계의, 김청열 (2009), "부산 대형할인점의 수산물 유통실태 및 구조 효율화," 한국항만경제학회지, 25 (2), 129-148.

장영수 (2007), "수산물 산지 중도매인 기능 변화에 관한 연구," 수산경영론집, 38 (3), 89-108.

차영기, 김기수 (2009), "수입 수산물과 국내산 수산물의 가격간 유통단계별 인과성 분석 : 명태, 갈치, 조기 냉동품을 대상으로," 수산경영론집, 40 (2), 105-126.

한국해양수산개발원 (2012), 수협 경제사업 활성화 실행 방안 수입 연구, 수산업협동조합중앙회, 13-58.

해양수산부 (2013), "수산물 유통경로 6단계에서 4단계로 축소," 경제정책해설, 9월, 58-59.

제 24 장　축산물

1. 축산물의 개념

축산물의 범위에는 식육(食肉 : 고기)은 물론, 달걀, 우유, 가공식품 등도 포함된다 ([글 24-1] 참조). 공산품인 가공식품의 유통구조에 대해서는 별도의 절에서 기술하고, 여기에서는 식육의 유통구조에 대해 기술한다. 가축에는 소, 돼지, 닭, 오리, 칠면조, 토끼, 사슴 등이 포함되지만 본서에서는 가장 많이 유통되고 있는 소고기, 돼지고기, 닭고기 등에 대해서만 기술한다. 또한 소고기와 돼지고기는 유통경로가 유사하기 때문에 함께 기술하고 닭고기는 별도로 기술한다.

[글 24-1] 축산물의 가공

축산물의 가공은 1차육가공과 2차육가공으로 구분된다. 1차육가공은 도축 과정을 통해 생산된 지육을 발골, 해체 등을 거쳐 부분육으로 변환시키는 과정을 의미하고, 2차육가공은 식육의 분쇄, 혼합, 조미 등의 방법으로 햄, 소시지, 햄버거패티, 돈가스 등과 같은 가공식품(공산품)을 생산하는 과정을 의미한다. 2차육가공업체는 가공식품 생산을 위한 부분육을 1차육가공업체로부터 공급받는다. 따라서 1차육가공업체로부터 생산된 부분육은 포장을 거쳐 소비자까지 유통될 수도 있고, 2차가공을 거쳐 공산품의 형태로 소비자에게 유통될 수도 있는데, 부분육과 가공식품의 유통경로는 크게 다르다. 부분육 유통에서는 예를 들어 마장축산물시장에 위치한 정육점이 1차육가공업체로서 지육을 들여와 부분육을 생산하여 일반음식점, 다른 정육점, 중소슈퍼 등에 공급하는 도매상으로서의 역할을 수행하지만, 가공식품의 유통에서는 예를 들어 CJ제일제당, 롯데푸드 등이 도매상 역할을 하는 자사의 전속대리점을 통해 중소슈퍼 등에 공급하기도 하고, 대형마트 등 대형 유통업체에 직접 공급하기도 한다.

2. 소고기와 돼지고기의 유통경로

소고기와 돼지고기는 생축→지육→부분육 등의 단계를 거쳐 소비자에게 판매된다. 생축(生畜)은 살아있는 가축을 의미하고, 지육(枝肉)은 도살된 생축에서 머리, 발, 내장 등을 제거한 식육(食肉)을 의미하며(경우에 따라서는 가죽도 제거하기도 한다), 부분육(部分肉)은 지육에서 가죽, 뼈, 지방 등을 제거한 후 부위별로 해체한 식육을 의미한다. 소고기와 돼지고기 유통의 특징으로 다음과 같은 점들을 들 수 있다.

① 소고기나 돼지고기의 유통경로는 공산품 등에 비해 복잡하다. 이는 소고기와 돼지고기는 생축유통, 지육유통, 부분육유통 등의 세 단계를 거쳐 소비자에게 판매되는데, 각 단계가 각기 다른 시장에서 이루어지고 있고, 각 시장마다 참여하는 주체들이 많기 때문이다.

② 축산물 유통에서는 유통경로에서 중요한 역할을 하는 주체들이 상품의 소유주체가 아닌 경우가 많다. 이러한 대표적인 주체로 산지조합(축협), 산지수집상, 도축장, 1차육가공업체 등을 들 수 있다. 산지조합은 축협직매장에서의 판매 등을 위해 축산농가로부터 생축을 구입하기도 하지만 대부분은 축산농가의 위탁을 받아 도축과 경매를 대행해주는 역할을 수행한다. 산지수집상은 직접 구매를 하기도 하지만, 육가공업체 등을 위해 구매 대행을 해주고 수수료를 받는 경우가 많다. 도축장도 드물게 축산농가로부터 구입을 하기도 하지만 대부분은 도축 수수료가 주요 수입원이다. 1차육가공업체는 구입도 하지만 가공만 해주고 수수료를 받는 경우도 많다. 예를 들어 산지조합이 축산농가로부터 소를 구입하여 축협직판장에서 소고기를 직접 판매한다면 소유관계를 중심으로 하는 상적유통(商的流通)은 축산농가→축협(산지조합 및 축협직판장)→소비자가 되지만 물리적인 이동을 중심으로 하는 물적유통(物的流通)은 축산농가→산지조합→도축장→1차육가공업체→축협직판장→소비자가 된다. 물적유통 과정에서 도축장과 1차육가공업체는 소유와는 전혀 관련이

없으며 단순히 도축이나 가공 등의 서비스를 제공하고 도축비, 가공비 등의 수수료를 수취한다. 또 다른 예로 대형마트가 산지수집상의 중개로 축산농민으로부터 돼지 생축을 구입하였다면 산지수집상은 생축을 도축장을 거쳐 지육의 형태로 만들어서 대형마트로 납품하고, 대형마트는 1차육가공업체에 의뢰하여 부분육을 생산한 뒤 매장에 들여와서 소비자에게 판매한다. 이 경우에도 산지수집상, 도축장, 1차육가공업체 등은 분명히 유통과정에서 중요한 역할을 수행하지만 직접 소유하는 것은 아니다.

소고기와 돼지고기의 유통경로는 [그림 24-1]과 같이 생축유통, 지육유통, 부분육유통으로 구분하여 살펴볼 수 있다.

●● [그림 24-1] 소고기와 돼지고기의 유통경로

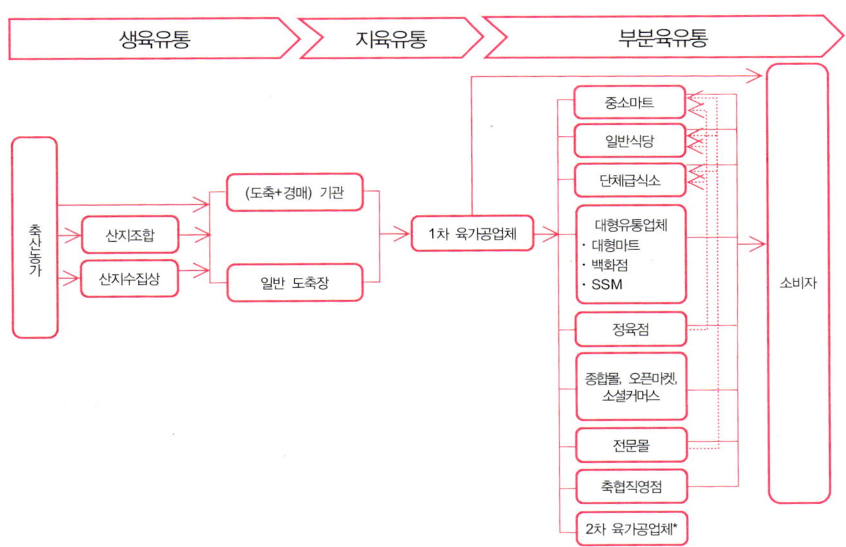

* 2차 육가공업체를 거쳐 생산된 제품은 '가공식품 유통경로'를 거쳐 판매되며 여기에서는 별도로 표시하지 않음.

2.1 생육유통

생육유통의 주체로는 축산농가, 산지조합, 산지수집상, 도축장 등이 있다.

- 축산농가 : 축산농가는 사육한 생축에 대해 산지조합에 판매를 의뢰하기도 하고, 산지수집상에게 판매하기도 하며, 직접 도축장에 출하하기도 한다. 산지조합을 통한 판매를 계통출하, 그 밖의 방법에 의한 출하를 비계통출하라고 한다.

- 산지조합 : 축산농가로부터 판매를 의뢰받은 산지조합은 도축과 경매를 대리수행하고 경매가 이루어진 금액에서 도축비, 경매수수료 등의 제반 비용을 제한 금액을 축산농가에 지급한다. 산지조합은 경우에 따라서는 유통경로의 단축을 위해 축산농가로부터 생축을 구입하여 도축과 가공단계를 거쳐 축협직매장 등에서 소비자에게 직접 부분육을 판매하기도 한다.

- 산지수집상 : 산지수집상은 두 가지 유형으로 나누어진다. 첫 번째 유형은 축산농가나 가축시장(우시장)에서 생축을 구입한 후, 도축 과정을 거쳐 생산된 지육을 1차육가공업체 등에 판매함으로써 이윤을 실현하는 유형이다. 두 번째 유형은 1차육가공업체, 2차육가공업체, 대형마트, 백화점 등으로부터 구매의뢰를 받아 축산농가나 가축시장에서 생축의 거래를 중개해주고 일정 액수의 수수료를 받는 유형이다. 두 번째 유형의 산지수집상은 구입을 중개한 생체를 도축한 후 생산된 지육을 구매의뢰처에 납품한다. 가축시장은 축산업협동조합이 생축의 거래를 목적으로 산지에 설립하여 관리하고 있는 시장이다. 가축시장에서는 주로 소가 거래되고 돼지는 거래되지 않는다. 그래서 가축시장은 흔히 우시장으로 불린다. 가축시장에서는 경매 혹은 중개의 방식으로 거래가 이루어진다. 따라서 산지수집상은 경매에 직접 참여하거나 혹은 중개인을 통해 생축을 구입할 수 있다. 경매는 축협

직원이 담당하며, 중개는 축협 직원 혹은 축협에 등록된 중개인이 담당한다. 최근에는 축산농가의 규모가 커지면서 도축장에 직접 출하하는 비중이 증가하고 있으며, 이로 인해 산지수집상의 역할이 점차 감소하고 있다.

- 도축장 : 도축장은 축산물의 유통과정에서 매우 중요한 위치를 차지한다. 왜냐하면 도축과정을 잘 못 관리할 경우 식육의 위생 상태에 큰 문제가 발생할 수 있기 때문이다. 도축장은 축산농가가 출하한 생축을 도축, 처리하여 그 산물인 지육과 부산물을 육가공업체나 유통업체에 넘겨주고 수수료를 받는 형태로 운영된다. 우리나라의 도축장은 축산물공판장, 축산물도매시장, 축산물종합처리장, 일반 도축장의 4개 유형으로 나누어진다. 이 가운데 축산물공판장, 축산물도매시장, 축산물종합처리장 등은 도축과 함께 지육 경매의 기능도 가지고 있다. 2012년을 기준으로 소의 경우에는 축산물공판장 8개소, 축산물도매시장 4개소, 축산물종합처리장 7개소, 일반 도축장 58개소가 있으며, 돼지의 경우에는 축산물공판장 8개소, 축산물도매시장 4개소, 축산물종합처리장 8개소, 일반 도축장 65개소가 있다. 그런데 소와 돼지의 도축이 별도의 도축장에서 이루어지고 있는 것은 아니고 대부분의 도축장에서 소와 돼지의 도축이 병행된다. 도축과 경매의 기능을 모두 가지고 있는 도축장에서 이루어지는 도축을 '상장도축(上場屠畜)'이라고 하고 일반 도축장에서의 도축을 '임도축(賃屠畜)'이라고 한다. 상장도축은 경매에 상장하기 위해 이루어지는 도축이라는 의미이고, 임도축은 일정한 값을 받고 이루어지는 도축이라는 의미이다. 소의 경우에는 상장도축이 증가하는 추세를 보이면서 약 50% 수준에 이르고 있는 반면, 돼지는 축산농가와 1차육가공업체와의 장기계약이 주를 이뤄감에 따라 상장 물량이 줄어드는 추세를 보이면서 상장도축이 10% 수준에 머무르고 있다.

도축장으로의 생축 반입은 축산농가, 산지조합, 산지수집상의 3자에 의해 이루어진다. 한우의 경우 반입 주체별 비율을 보면 2010년 기준으로 산지조합(39%)이 가장 높고, 산지수집상(29%)과 축산농가(27%)가 비슷한 수준을 보이고 있다. 하지만 돼지의 경우에는 반대로 축산농가(41%)가 가장 높고, 산지수집상(36%)이 그 다음이며 산지조합(19%)이 가장 낮다. 즉, 한우는 상대적으로 산지조합을 통해 상장도축이 이루어지는 경우가 많고, 돼지는 상대적으로 축산농가에 의한 임도축이 이루어지는 경우가 많다고 할 수 있다.

2.2 지육유통

도축장에서 생산된 지육은 축산물등급판정소에 소속된 등급사의 등급판정을 받은 후, 부분육으로 가공되기 위해 1차육가공업체에 넘겨진다. 앞에서 언급한 바와 같이 1차육가공업체는 지육을 스스로 구입하여 소유할 수도 있지만 단순히 가공만하여 가공수수료를 받고 의뢰업체에 넘기기도 한다. 스스로 구입하는 경우에는 부분육을 식당, 정육점, 중소슈퍼 등에 판매하는 도매상의 역할도 하고, 일반인에게 판매하는 소매상의 역할도 한다. 1차육가공업체의 법규상의 명칭은 '식육처리포장업체'인데, 상당히 큰 규모의 업체도 있는 반면, '마장축산물시장' 등에 위치한 정육점들과 같이 소규모 업체들도 많이 있다. 우리나라에는 약 2,500~3,000개의 1차육가공업체가 있다. 우리나라에 정육점이 약 50,000여 개가 있다는 점을 감안하면 정육점 가운데 소수만이 1차육가공업체로서의 역할을 하고 있고, 대부분은 1차육가공업체로부터 부분육을 공급받아 소매로 판매하고 있다는 것을 알 수 있다.

지육이 1차육가공업체로 넘어가는 과정은 도축의 유형 (상장도축 vs 임도축)에 따라 다르다. 상장도축의 경우에는 축산물공판장, 축산물도매시장 등에서 경매를 통해서 1차육가공업체로 넘겨진다. 경매에는 중도매인(仲都賣人)과 매참인(매매참가인)이 참여할 수 있다. 중도매인은 거래처 (예를 들어 대형유통업체, 1차육가공업체, 2차육가공업체 등)로부터 의뢰를 받아 거래처에서 요구하는 품질의 지육을 최대한 낮은 가격에 낙찰을 받아 공급하는 역할을 수행한다. 약 1.65%의 중개수수료가 중도매인의 수입원이 된다. 매참인은 등록과정을 거쳐 경매의 과정에 참여하는 실제 소유자로 1차육가공업체는 물론 2차육가공업체, 대형유통업체 등도 매참인으로 참여할 수 있다. 경매를 관리하는 축산물공판장이나 축산물도매시장은 낙찰된 지육에 대해 판매대금에서 공판수수료, 도축비용 등을 공제한 후 잔액을 축산농가, 산지조합, 산지수집상 등의 출하자에게 지급한다. 일반 도축장에서 임도축에 의해 생산된 지육은 경매의 과정 없이 1차육가공업체로 넘겨진다. 산지수집상이 거래처의 의뢰를 받아 도축장에 출하를 한 경우에는 거의 대부분 임도축을 거쳐 거래처에 지육을 납품하고, 거래처는 자체시설을 이용하거나 혹은 1차육가공업체를 통해 지육을 가공한다.

2.3 부분육 유통

1차육가공업체에서 생산되는 부분육은 다양한 채널로 유통된다. 주요한 오프라인 채널로는 정육점, 대형유통업체(대형마트, SSM, 백화점), 중소마트, 일반 식당, 단체급식소, 2차육가공업체 등이 있으며, 종합몰, 오픈마켓, 소셜커머스, 전문몰 등의 온라인채널에서도 판매된다. 이 가운데 정육점과 전문몰은 소매도 하면서 일반식당, 단체급식소, 중소마트 등에 공급하는 도매상의 역할도 수행한다. 1차육가공업체는 자사 매장에서 혹은 자사몰을 통해 소비자에게 직접 판매하는 소매상의 역할을 하기도 한다.

2.4 소고기와 돼지고기의 유통 상의 문제점

소고기와 돼지고기 유통의 문제점으로 소비자가격 중에서 유통비용이 차지하는 비율이 크다는 점이 지적되고 있다. 2013년을 기준으로 유통비용이 차지하는 비율은 쇠고기의 경우 45.4%, 돼지고기는 44.2%였다. 즉, 소비자가 소고기나 돼지고기의 구입을 위해 10,000원을 지출하였다면 축산농가에 돌아가는 돈은 5,500~5,600원에 불과하였다. 그런데 이러한 과다한 유통비용 이외에도 축산농가의 생체 출하가격이 생산가에도 미치지 못하는 경우가 많고, 생체 출하가격이 떨어지더라도 소고기와 돼지고기의 소비자 가격은 떨어지지 않아서 소비의 증가로 이어지지 못하는 현상이 발생한다는 점 등도 문제점으로 지적될 수 있다. 이러한 현상들이 발생하는 원인으로 두 가지 점을 들 수 있다. 첫째는 유통경로가 과도하게 길어지면서 많은 경로구성원의 비용과 마진이 더해지기 때문이다. 둘째는 축산물은 생산기간이 길어서 단기적으로는 공급을 수요에 맞게 탄력적으로 대응하기가 힘들기 때문이다. 그래서 과잉생산으로 가격폭락이 예견되더라도 이를 단기적으로 조절하기가 매우 어렵다. 소의 경우는 20~32개월, 돼지는 6개월 정도의 사육기간이 소요된다. 현재 이러한 문제들의 해결을 위해 지방자치단체 주도의 직거래장터의 개설, 축협직판장을 이용한 유통경로의 축소 등의 방안이 일부 실천되고 있으며, 협동조합이 중심이 되는 계열화 (축협이 생산, 가공, 판매 등의 과정을 일괄 처리함으로써 유통비용을 절감하는 제도) 등에 대한 논의도 활발히 이루어지고 있다.

3. 닭고기의 유통경로

닭고기는 1990년부터 시작된 계열화사업의 진전으로 전체 물량의 90% 정도가 계열화사업자에 의해 생산되어 유통되고 있다. 즉, 닭고기의 유통에서는 소고기나 돼지고기의 경우와는 달리 계열화사업자가 주된 역할을 수행하고 있다. 계열화사업자는 종란생산, 부화, 사육, 도계, 가공, 판매 등 모든 유통과정을 일괄적으로 수행하는 업체로 흔히 패커(packer)라고 불린다. 협동조합, 전문기업, 대형 유통업체 등이 계열화사업자가 될 수 있는데, 우리나라의 닭고기 시장에서는 하림, 마니커, 동우 등의 닭고기 전문기업이 계열화사업자로서의 역할을 하고 있다. 최근에는 이지바이오, 사조 등 사료, 수산물 분야의 전문기업들도 이 시장에 진입하고 있다.

우리나라의 닭고기 유통경로는 [그림 24-2]과 같이 나타낼 수 있다.

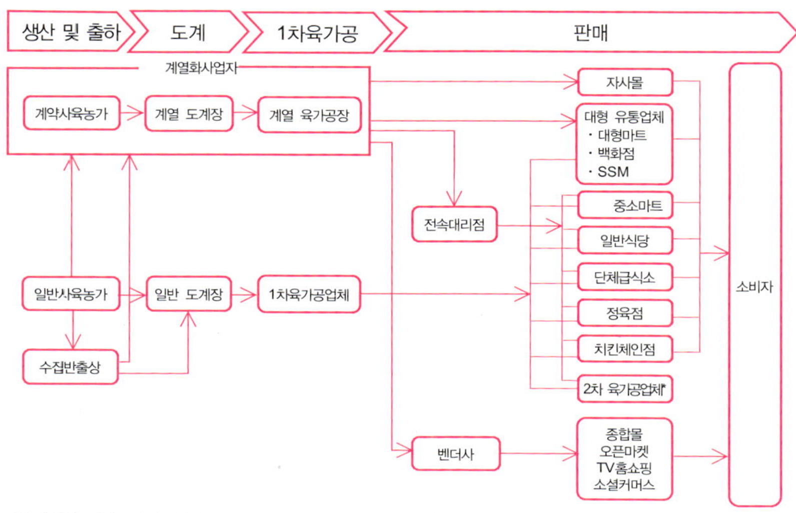

●● [그림 24-2] 닭고기의 유통경로

* 2차 육가공업체를 거쳐 생산된 제품은 '가공식품 유통경로'를 거쳐 판매되며 여기에서는 별도로 표시하지 않음.

우리나라의 닭고기는 계열화사업자와 위탁생산 계약을 맺고 있는 계약사육농가에서 약 80%가 생산되며, 나머지 20%가 일반사육농가에서 생산된다. 계약사육농가에서 생산된 닭은 계열 도축장과 계열 육가공장을 거쳐 판매된다. 일반사육농가에서 생산되는 물량의 약 70%는 수집반출상에게 판매되고, 약 10%는 계열화사업자에게 판매되며, 약 20%는 1차육가공업체에 판매된다. 수집반출상은 주로 1차육가공업체에 판매하지만 계열화사업자에게 판매하기도 한다. 계열화사업자는 위탁생산 물량과 일반사육농가 및 수집반출상으로부터 확보한 물량을 합쳐서 약 90%의 닭고기를 유통시키고 있다. 2000년에 계열화사업자에 의한 닭고기 유통비율이 30% 정도이었던 것을 감안하면 10여년이 경과하는 동안 그 비율이 비약적으로 증가하였다는 알 수 있으며, 앞으로도 95% 정도까지 증가할 것으로 예상되고 있다. 계열화사업자는 식육은 물론 2차육가공을 통한 가공식품(예를 들어 닭가슴살캔)을 생산하여 판매하고 있다.

계열화사업자에 의해 생산된 닭고기가 소비자에게 판매되는 경로는 규모가 큰 가공식품 혹은 생활용품 제조업체가 생산하는 제품의 유통경로와 매우 유사하다. 계열화사업자는 대형마트, 백화점, SSM과 같은 대형 유통업체와는 직접 거래하고, 그 밖에 중소다트, 정육점, 단체급식소, 일반식당 등에는 전속대리점을 통해 판매한다. 최근에는 온라인쇼핑의 증가추세에 부응하기 위해 벤더업체를 통한 TV홈쇼핑, 종합몰, 오픈마켓, 소셜커머스 등의 판매활동을 전개하는 것은 물론, 직접 자사몰을 운영하기도 한다. 1차육가공업체는 중소마트, 정육점, 단체급식소, 일반식당 등은 물론, 대형 유통업체와도 거래한다.

● 참고문헌

소 · 돼지고기

이명기, 이형우 (2011), 쇠고기 · 돼지고기 유통실태 분석 및 개선과제, 한국농촌경제연구원.

축산물품질평가원 (2012), 2012 축산물 유통실태 조사보고서.

광주일보, "소 · 돼지고기값 절반은 유통비용," 2013년 12월 26일.

농민신문, "이천 도드람양돈농협 : 협동조합형 패커 역할 최선," 2013년 8월 14일.

농민신문, "축산물 소비확대 새 해법을 찾자(중) : 불합리한 유통비용 줄이자-유통거품, 협동조합형 패커로 확 빼야," 2012년 10월 31일.

뉴스1코리아, "농협 음성축산물공판장, 소 도축 역대 최고 경신," 2013년 1월 2일.

연합뉴스, "추석 앞둔 음성 축산물 공판장 '북적'," 2013년 9월 13일.

이카페피아 : 축산유통정보종합센터 - www.ekapepia.com 2012년 8월 20일.

축산신문, "출하시 유통주체 임도축 비중이 90%," 2012년 12월 12일, 기고 김성호.

축산신문, "도축, 도매시장 · 공판장 비중이 절반이상," 2012년 12월 5일, 기고 김성호.

한국경제, "양돈업도 골목상권?…한돈협회 "대기업, 손 떼라"," 2013년 7월 30일.

닭고기

김성호 (2013), "국내 닭고기 유통 현황," 월간양계, 2월호, 116-118.

김수형 (2013), "육계 계열화사업 개선을 통한 육계산업 발전 방안 : 생산자-계열사 간 상생의 노력이 최우선 되어야," 월간양계, 8월호, 116-118.

김재홍 (2010), "육계 계열화사업 제도 개선," 월간양계, 12월호, 110-113.

김정주 (2001), "닭고기 수급과 유통구조 개선에 관한 연구," 식품유통연구, 18 (1), 97-116.

더바이어, "대기업 가세로 닭고기 시장 치열," 2011년 7월 15일.

뉴스토마토, "국내 1위 도계업체 '하림'," 2013년 6월 12일.

제 **25** 장   의류

1. 의류시장 개관

   의류는 우리의 일상생활과 가장 밀접하게 관련되어 있는 상품 중의 하나로 경기에 큰 영향을 받지 않고 꾸준하게 성장하여 왔다. [그림 25-1]는 2007~2013년의 의류 매출액 추이를 보여주고 있다. 금융위기였던 2008년에 일시적으로 감소하기도 하였으나 전반적으로 꾸준한 성장세를 보이면서 2013년 현재 약 50조5,000억 원의 시장을 형성하고 있다. 이러한 시장규모는 우리나라의 자동차시장과 가전시장을 합한 것보다 더 큰 규모이다.

●● [그림 25-1] 의류의 매출액 추이

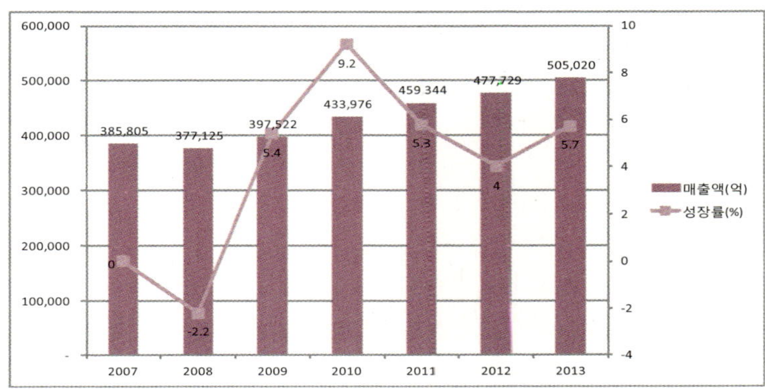

자료 : 통계청, 도소매・서비스〉소매판매통계〉소매판매액, www.kostat.go.kr.

　의류시장은 다른 업종보다도 품목이 다양하고 소비자트렌드의 변화가 심한 특성을 보인다. 이로 인해 소비자트렌드의 변화와 수요를 예측하는 것이 매우 중요하다. 이러한 예측이 제대로 이루어지지 않으면 재고가 쌓이게 되고 재고는 시간이 지나면서 가치가 급감한다. 이러한 특성으로 인해 의류시장은 다른 업종의 시장에 비해 재고가 많은 편이며, 재고를 처리하기 위한 상설할인매장, 아울렛 등과 같은 2차 시장이 발달해 있다.

　의류산업에서 유통의 중요성이 점차 커지고 있으며, 그 변화 또한 매우 빠르게 진행되고 있다. 의류산업에서의 경쟁력은 제품력과 유통력으로 나누어질 수 있는데, 수많은 업체들이 경쟁하면서 우수한 품질에 의한 경쟁력 강화가 점차 힘들어지고 있는 반면, 경쟁력 있는 가격, 구매의 편의성, 신속한 트렌드 반영 등을 확보하기 위한 유통체계 구축의 중요성은 더욱 커지고 있다. 의류의 유통경로는 제조업체의 규모에 따라 큰 차이를 보이고 있다. 중대형 의류 제조업체들의 상품은 직영점, 대리점, 백화점, 상설할인머장 등을 중심으로 유통되는 반면, 소규모 의류 제조업체의 의류는 도매상을 거쳐 가두 소규모 편집샵을 중심으로 유통되는 특성을 보이고 있다. 또한 최근에는 대형 의류 제조업체들과 대형 유통업체들이 대형 편집샵, SPA, 프리미엄 아울렛, 복합쇼핑몰 등과 같은 의류유통 사업에 적극 진출하면서 의류의 유통경로가 다변화하고 있다.

2. 소규모 제조업체 의류의 유통경로

　소규모 의류 제조업체(봉제공장)가 생산하는 의류의 유통경로는 [그림 25-2]과 같이 나타낼 수 있다. 소규모 의류 제조업체에서 생산된 의류는 대부분 도매시장을 거쳐 유통된다. 서울지역의 경우 종로구 창신동과 숭인동에 약 3,000여개의 봉제공장이 밀집해 있는데, 여기에서 생산되는 대부분의 의류는 동대문 의류시장의 도매상에 공급되며, 아동복만 주로 남대문시장의 도매상에 공급되고 있다 ([글 25-1] 참조). 의류시장의 도매상은 원도매상과 중도매상으로 구분된다. 원도매상은 봉제공장에서 직접 제품을 공급받는 도매상을 의미하는데, 스스로 봉제공장을 소유하고 있는 경우가 많다. 중도매상은 원도매상으로부터 상품을 구입하여 판매한다. 봉제공장은 도매상의 주문을 받아 의류를 생산하며, 대부분 반품은 받지 않는다. 도매상은 새로운 디자인의 옷에 대해 처음에는 소량으로 주문하여 소매상으로부터의 반응을 살피고 반응이 좋으면 즉시 물량을 늘려 주문하는 방식으로 시장의 수요에 대응하고 있다. 자신의 디자이너샵을 직접 운영하는 디자이너는 자신이 디자인한 옷을 봉제공장에 의뢰하여 생산하여 판매하지만, 구색을 갖추기 위해 일부 상품은 도매상으로부터 구입하여 판매하기도 한다.

도매상으로부터 물건을 구입하는 소매상의 유형은 매우 다양하다. 가두 보세의류매장 운영자, 보세의류 전문몰 운영자, 오픈마켓 개인사업자, 전통시장 의류매장 운영자 등이 주된 구매자이다. 가두 보세의류매장은 흔히 편집샵으로도 불린다. 편집샵 운영자는 보통 10평 내외의 소규모 매장을 운영하면서 자신의 샵의 콘셉트에 부합하는 의류를 동대문 등지의 도매상으로부터 구입하여 판매한다. 서울에서는 명동, 가로수길, 홍대앞 등이 소규모 편집샵들이 몰려있는 곳으로 유경하다. 온라인 벤더업체는 제조업체나 도매상으로부터 상품을 구매하여 오픈마켓에서 판매하기도 하고, 소셜커머스 업체나 홈쇼핑회사에 공급하기도 한다. 온라인 벤더업체는 경우에 따라서는 제조업체나 도매상의 명의로 오픈마켓, 소셜커머스, TV홈쇼핑 등을 진행하고 이에 따른 수수료를 수취하기도 한다.

●● [그림 25-2] 소규모 제조업체 의류의 유통경로

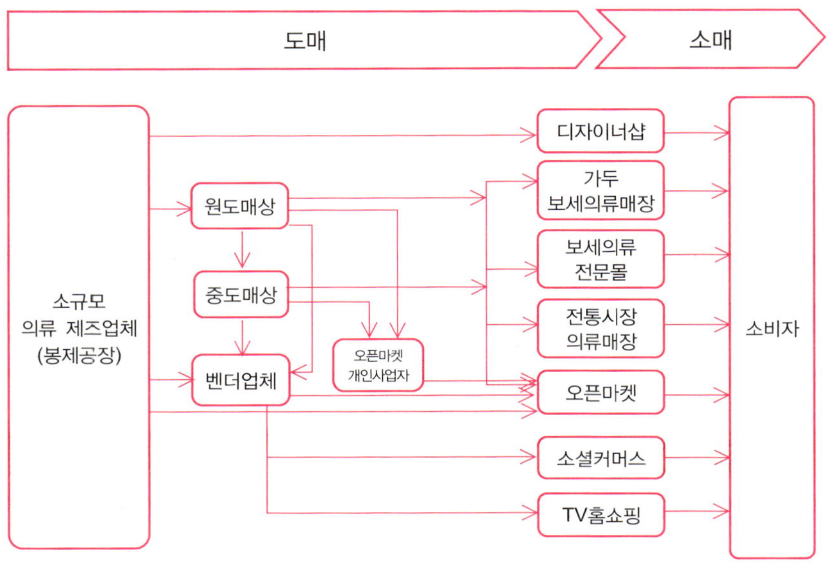

[글 25-1] 동대문 의류시장

동대문은 반경 1km 내에서 패션의 기획과 생산에서 도매와 소매 등의 유통까지 원스톱으로 이루어지는 의류산업 집적지이다. 동대문의 원스톱 시스템은 세계에서도 유래를 찾기 어려운 독특한 유통구조이다. 파격적인 가격과 가격 대비 뛰어난 품질, 그리고 무엇보다 기획과 디자인에서 납품까지 일사천리로 진행된다. 이러한 시장 특성을 반영하듯 동대문에는 기획, 생산, 유통 등 다양한 배후시장이 형성돼 있다. 4~10명 규모의 소규모 업체가 밀집되어 있는 동대문 패션상권에는 '초단납기' 생산시스템이 보편화되어 있다. 기획과 디자인, 유통은 동대문 내 유통업체에서 주로 이루어지고 봉제는 종로구 창신동과 숭인동 일대의 의류 제조업체에서 맡고 있다. 창신동과 숭인동 일대는 동대문에서 유통되는 의류의 대다수를 생산해 내는 대표적인 의류 생산 클러스터로 약 2,600개의 봉제업체가 밀집해 있다. 국내 인터넷 의류 쇼핑몰들은 제품의 70% 가량을 이곳 동대문 도매시장에서 조달한다.

자료 : 한국비즈니스정보 (2013), 대한민국 유통지도, 어바웃어북, 265.

3. 중대형 제조업체 의류의 유통경로

3.1 중대형 제조업체 의류의 유통경로 개관

중대형 의류 제조업체의 유통경로는 [그림 25-3]과 같이 나타낼 수 있다. 중대형 의류 제조업체는 전통적으로 유통경로의 수직계열화를 위한 가두점채널 (직영점 및 대리점)과 매출극대화와 인지도 및 이미지의 제고 등을 위한 백화점채널, 그리고 재고상품의 판매를 위한 상설할인매장 등을 주력 유통채널로 하고 있으나, 최근 들어서는 대형 편집샵, SPA, 아울렛, 복합쇼핑몰 등으로 경로가 다양해지고 있으며, 자체몰, 오픈마켓, 소셜커머스, 종합몰 등과 같은 온라인매출 규모도 점차 커지고 있다. 이 가운데 가장 주된 유통경로는 대리점과 백화점이며, 그 비중은 업체에 따라 크게 차이가 난다. 삼성에버랜드패션부문(구 제일모직)과 LF(구 LG패션)의 경우에는 백화점 판매가 가장 높은 비중을 차지하고 있다. 개별 브랜드에 따라 차이는 있지만 삼성에버랜드패션부문은 약 65%, LF는 약 45% 정도를 빅3 백화점의 판매에 의존하고 있다. 이랜드의 경우는 이랜드그룹이 보유하고 있는 백화점, 아울렛, SPA 등 다양한 유통망을 주로 이용하기 때문에 빅3 백화점의 매출 비중은 거의 없고, 세정, 형지, 평안 등의 중견업체들도 백화점에 일부 입점해 있지만 그 비중은 매우 낮다. 또한 백화점에 입점하지 않고 대리점 체제에 의존하여 판매하는 중견업체들도 많다.

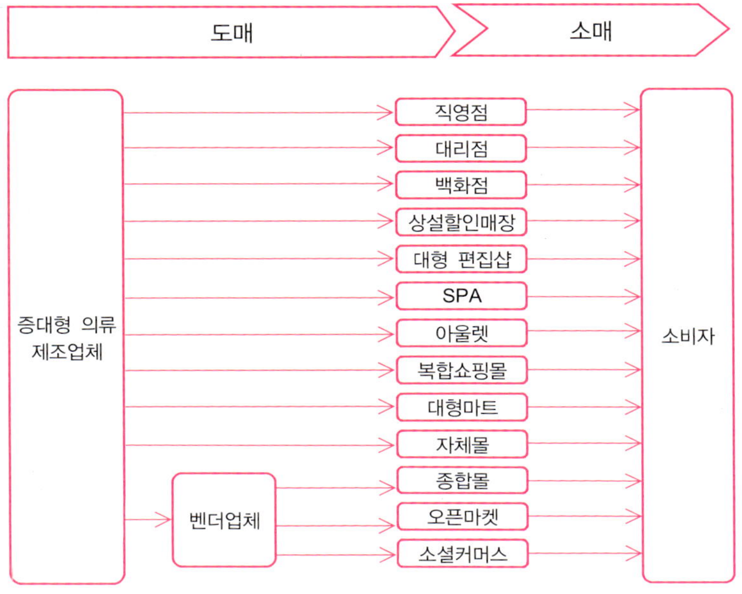

[그림 25-3] 중대형 제조업체 의류의 유통경로

우리나라의 빅3 의류 제조업체인 삼성에버랜드패션부문, LF, 이랜드 등은 다양한 형태의 의류 소매업태 운영을 통해 유통업체로서의 성장을 도모하고 있다. 삼성에버랜드패션부문은 SPA인 에잇세컨즈와 편집샵인 비이커, 10꼬르소꼬모, 메종르베이지 등을 운영하고 있으며, LF도 SPA인 TNGT, 편집매장인 라움과 어라운드더코너 등을 운영하고 있다. 유통업체로서의 입지를 가장 탄탄히 갖추고 있는 의류 제조업체인 이랜드는 아울렛인 뉴코어아울렛과 2001아울렛, SPA인 스파오와 미쏘, NC백화점과 동아백화점 등을 운영하고 있다.

3.2 주요 유통경로 구성원

3.2.1 대리점

의류 제조업체의 대리점은 일반적으로 특정 의류 제조업체에 일정한 액수의 보증금을 예치하고, 제조업체에서 인정하는 위치에 점포를 개설하여 해당 의류 제조업체가 제공하는 옷을 판매한 후, 매출액의 일정 비율을 수수료로 받는 형태로 운영되는 점포를 의미한다. 그런데 몇몇 아웃도어 의류 제조업체 (노스페이스, 콜롬비아 등)의 대리점은 수수료 수취가 아니라 제조업체로부터 상품을 구매하여 판매하는 형태로 운영되기도 한다. 대리점은 의류 제조업체는 물론, 생활용품이나 가공식품 제조업체 등에 의해서도 운영되고 있지만, 의류 제조업체의 대리점은 생활용품이나 가공식품 제조업체의 대리점과는 두 가지 점에서 크게 차이가 난다.

- 첫째, 생활용품이나 가공식품 제조업체의 대리점은 주로 중소슈퍼에 상품을 공급하는 도매상의 역할을 수행하는 반면, 의류 제조업체의 대리점은 도매상의 역할이 아니라 소비자에게 직접 상품을 판매하는 소매상의 역할을 수행한다.
- 둘째, 생활용품이나 가공식품 제조업체의 대리점은 제조업체로부터 사입(仕入 : 대량구매)한 가격과 중소슈퍼에 판매한 가격의 차이인 마진(margin)을 수입원으로 하고 재고부담도 스스로 지는 형태로 운영된다. 그러나 의류 제조업체의 대리점은 제조업체가 공급하는 의류를 판매하고 판매액의 일정 비율로 지급되는 수수료를 수입원으로 하고, 재고부담을 지지 않으며, 팔리지 않은 의류는 제조업체가 수거하여 상설할인매장 등과 같은 다른 채널에서 판매한다. 따라서 생활용품이나 가공식품 제조업체의 대리점에는 반품의 개념이 있지만, 의류 대리점의 경우에는 대리점에 진열된 상품들이 원래부터 제조업체의 소유이기 때문에 반품의 개념이 없다.

즉, 의류 제조업체의 대리점은 '위탁 판매점'이라고 할 수 있으며, 이러한 의미에서 현대자동차, 기아자동차, 삼성르노자동차 등과 같은 자동차 제조업체의 대리점과 유사한 특징을 지니고 있다. 의류 제조업체와 대리점주와의 관계는 대부분 1년 단위의 계약에 의해 이루어지며, 의류 대리점은 해당 제조업체의 브랜드를 모두 취급하는 것이 아니라 특정 브랜드만을 취급하는 것이 일반적이다. 대리점 채널은 여전히 중대형 의류 제조업체의 주요한 유통채널이지만 아울렛, 복합쇼핑몰, 온라인채널 등이 부상하면서 위축되는 경향을 보이고 있다.

3.2.2 직영점

직영점은 제조업체가 직접 자본을 투자하고 중간관리자(샵매니저)를 두어 운영하는 소매점포를 의미한다. 중간관리자는 자사의 직원인 경우도 있지만 대개는 1년 단위의 계약에 의해 채용된다. 중간관리자는 자신의 책임 하에 판매직원을 채용하여 직영점을 운영한다. 직영점은 제조업체가 유통경로를 가장 잘 통제할 수 있는 수단이기는 하지만 점포임대료, 인테리어비용, 인건비 등의 고정비가 많이 소요된다는 단점이 있다. 이로 인해 직영점은 매장 수가 많지 않으며, 넓은 매장에 상당히 고급스런 이미지의 인테리어를 갖춤으로써 브랜드의 이미지를 부각시키기 위한 플레그십스토어(flagship store)의 개념으로 운영되는 경우가 많다.

3.2.3 백화점

백화점은 대형 의류 제조업체의 주력 유통채널로 제조업체에 따라서는 전체 매출액의 60% 이상을 차지하기도 한다. 제조업체는 중간관리자를 선발하여 매장을 운영한다. 중간관리자는 정식 직원인 경우도 있지만 대부분 1년 단위의 계약직이며, 중간관리자는 자신의 책임 하에 판매사원을 채용하여 월급을 지급한다. 따라서 운영의 형태로 보면 백화점은 가두 직영점과 차이가 거의 없다. 대형 의류 제조업체가 백화점 채널을 활용하는 이유로는 두 가지를 들 수 있다. 첫째, 백화점은 스스로 많은 수의 내점고객을 확보하고 있기 때문에 백화점에 입점하면 집객을 위한 노력을 특별히 하지 않아도 일정 수준 이상의 매출을 올릴 수 있다. 둘째, 백화점이 가지고 있는 고급이미지를 향유함으로써 제품의 이미지를 제고시킬 수 있다. 이러한 점들 때문에 많은 중대형 의류 제조업체들이 백화점에 입점하기를 원한다. 그러나 백화점은 대부분의 의류 제조업체들과 매달 일정액을 지급받는 임대계약이 아닌 37~38%의 높은 판매수수료를 부과하는 특정매입계약을 하고 있기 때문에 제조업체로서는 매우 큰 부담이 되고 있다. 또한 매년 계약을 갱신해야하기 때문에 실적이 부진할 경우 매장을 빼야하거나 혹은 백화점 내에서 집객이 어려운 장소로 이동해야 하는 불이익도 감수하여야 한다.

3.2.4 아울렛

아울렛(outlet)은 원래 제조업체가 과잉 생산품이나 재고를 공장에 딸린 창고 등을 활용하여 주로 지역주민들에게 저렴하게 판매하는 매장을 의미했다. 지금의 아울렛은 이러한 '공장형 아울렛'이 아니라 재고상품을 저렴하게 판매하는 매장을 지칭하는 보편적인 용어로 쓰이고 있다. 아울렛은 두 가지 유형이 있다. 첫째는 제조업체에서 가두 단독매장 형태로 운영하는 아울렛으로 해당 제조업체에서 생산하는 다양한 브랜드들이 판매된다. 제조업체에서 운영하는 아울렛은 1년 이하의 재고상품을 취급하는 아울렛과 1년~2년의 재고상품을 취급하는 아울렛이 구분되어 있는 경우가 많으며, 아울렛에서도 팔리지 않은 제품은 소각, 덤핑판매, 제3국 수출, 사회단체기부 등의 방식으로 처분된다. 둘째는 유통업체들이 운영하는 대규모 아울렛으로 이는 도심형 아울렛과 교외형 프리미엄 아울렛으로 구분된다. 도심형 아울렛은 상가나 주거 중심지에 위치하면서 대형 건물에서 백화점과 같이 상품을 층별로 구분하여 판매한다. 마리오아울렛, 뉴코아아울렛, 2001아울렛, 자루아울렛, W몰, 하이힐아울렛, 세이브존, 모다아울렛 등이 있으며, 롯데백화점과 현대백화점도 도심형 아울렛을 보유하고 있다. 마리오아울렛이나 W몰 등과 같이 하나의 매장만을 가지고 있는 경우도 있고, 뉴코아아울렛이나 자루아울렛과 같이 체인점의 형태로 운영되는 경우도 있다. 교외형 프리미엄 아울렛은 빅3 백화점에 의해 운영되고 있으며 도심에서 떨어진 외곽 지역의 넓은 부지에 위치하고 있다. 2014년 현재 수도권과 부산권을 중심으로 전국에 6~7개가 있으며 2~3년 내에 5개 내외가 더 건설될 예정이다. 프리미엄 아울렛에는 의류와 잡화를 중심으로 많은 국내외 브랜드 매장들이 입점해 있다.

3.2.5 복합쇼핑몰

복합쇼핑몰은 쇼핑과 함께 다양한 여가활동을 즐길 수 있는 대규모 상업시설로 의류, 잡화 등을 판매하는 매장과 함께 영화관, 문화공간, 식당, 공원 등 다양한 시설이 갖추고 있다. 서울에는 코엑스몰, 아이파크몰, 비트플렉스, 타임스퀘어, 디큐브시티, 롯데몰, IFC몰 등이 있으며, 롯데, 신세계, 현대 등 백화점 빅3도 향후 1~3년 내에 대규모 복합쇼핑몰 건설을 예정하고 있다. 이러한 복합쇼핑몰에는 국내외의 유명 의류 브랜드들이 단독매장의 형태로 입주해 있다.

3.2.6 대형 편집샵

대형 편집샵은 주로 대형 의류 제조업체에 의해 체인점의 형태로 운영되고 있다. 대형 편집샵에서는 이를 운영하는 제조업체의 의류는 물론, 해외브랜드, 신진디자이너브랜드 등이 판매되고 있다. 대표적인 대형 편집샵으로는 삼성에버랜드패션부문의 '비이커', '10꼬르소꼬모', '메종 르베이지', LF의 '라움', '어라운드더코너', 코오롱 FnC의 '시리즈', 동양패션부문 '매그앤매그' 등이 있다. 대부분의 편집매장은 백화점과 마찬가지로 입점업체가 판매수수료를 지불하는 특정매입매장의 형태로 운영되고 있다. 판매수수료율은 30~33% 수준으로 백화점의 의류부문 판매수수료율인 35~38%와 크게 차이가 나지 않는다. 이밖에도 대형 백화점이나 복합쇼핑몰 등의 유통업체가 샵인샵의 형태로 편집샵을 운영하기도 한다. 예를 들어 롯데백화점은 아카이브, 현대백화점은 일라비타라는 이름의 편집샵을 일부 매장에서 운영하고 있으며, 복합쇼핑몰인 김포공항 롯데몰은 동대문 패션 브랜드를 모아놓은 편집샵 피트인을 운영하고 있다.

3.2.7 온라인 경로

의류의 온라인 매출 비중은 점차 증가하는 추세를 보이고 있다. 의류의 온라인 경로는 제조업체가 직접 운영하는 자사몰, 백화점이나 홈쇼핑회사에서 운영하는 종합몰, 오픈마켓, 소셜커머스 등으로 나누어진다. 이 가운데 오픈마켓, 소셜커머스 등과의 거래에서는 벤더업체를 활용하는 것이 일반적이다. 왜냐하면 제조업체가 많은 수의 오픈마켓, 소셜커머스 등을 일일이 직접 관리하기가 어렵기 때문이다. 종합몰, 오픈마켓, 소셜커머스 등과의 거래는 매출수수료를 지불하는 특정매입의 형태로 거래가 이루어지고 있다. 대형 의류 제조업체들은 TV홈쇼핑은 거의 활용하고 있지 않다.

3.2.8 SPA

SPA (Specialty store retailer of Private label Apparel)는 미국의 의류 브랜드 '갭(Gap)'이 1986년에 처음 도입한 사업모델로 의류 제조업체가 기획과 디자인, 생산, 유통, 판매의 모든 과정을 담당하는 의류전문 체인점을 의미한다. SPA는 소비자의 요구에 부응하는 제품을 신속하게 상품에 반영시켜 비교적 저렴한 가격에 공급한다는 점을 특징으로 하고 있다. 즉, 고객수요에 따라서는 1~2주 만에 상품을 비교적 저렴한 가격에 공급하는 것이 가능하도록 하는 것이 가장 큰 특징이며 '패스트패션'이라고도 불리운다. 국내의 대표적인 브랜드로는 이랜드의 스파오, 미쏘, 후아유, 로엠, 삼성에버랜드패션부문의 에잇세컨즈, LF의 TNGT, 세정의 웰메이드 등이 있으며, 갭(Gap, 미국), H&M(스웨덴), 자라(ZARA, 스페인), 유니클로(UNIQLO, 일본), 포에버21 (FOREVER21, 미국), 지오다노(GIORDANO, 홍콩) 등의 해외업체들도 우리나라에서 활발하게 사업을 전개하고 있다. 이러한 업체들 가운데 유니클로, 자라, H&M 등의 3개 업체가 빅3를 형성하고 있다. 2013년을 기준으로 이 세 개 업체의 매출액 합계는 1조 원을 넘어섰으며, 우리나라의 스파오, 미쏘, 에잇세컨즈 등도 각각 1,000억 원 이상의 매출을 올리고 있다.

3.2.9 대형마트

의류는 대형마트의 주력 품목은 아니지만 SPA가 의류 시장에서 점유율을 높여감에 따라 대형마트들도 샵인샵의 형태로 유니클로, 탑텐 등의 SPA 브랜드를 입점시켜 패션매장을 강화하는 추세에 있다. 또한 대형마트는 패션상품 고급화의 일환으로 통관 인증제를 도입하여 해외 브랜드에 대한 병행수입을 강화하고 있다.

● 참고문헌

고선영, 이은영 (2006), "우리나라 의류상품 소매유통구조의 변화요인과 방향
　　　　(제1보), 한국의류학회지, 30 (11), 1495-1506.

최채환 (2008), 패션마케팅, 경춘사, 198-226.

키움증권 (2013), 유통/의류, 산업분석 보고서.

한국비즈니스정보 (2013), 대한민국 유통지도, 어바웃어북, 260-265.

매경닷컴, "보세의류' 과거에는 고급, 현대에는 저급의 상징," 2013년 8월 24일.

매경닷컴 MK패션, "백화점에 이은 새로운 '갑', 패션 편집매장," 2013년 5월
　　　　20일.

어패럴뉴스, "아울렛, 아웃도어 핵심 유통 부상," 2014년 5월 15일.

어패럴뉴스, "병행수입 확대 본격화되나," 2013년 07월 17일.

이데일리, "패션에 빠진 대형마트..SPA의류 대폭 강화," 2014년 5월 25일.

이투데이, "롯데몰 동대문 편집매장, 한 달 매출 4억원 돌파," 2013년 11월
　　　　19일.

인천일보, "SPA 브랜드 가파른 성장 : 지역 의류시장 '야금야금'," 2013년 11
　　　　월 26일.

제 26 장   화장품

1. 화장품 유통경로 개관

우리나라의 화장품 시장은 통계청 조사에 따르면 소매 기준으로 2007~2013년 기간 동안 연평균 약 7%의 성장률을 기록하면서 전반적으로 급격한 변화 없이 꾸준히 성장하는 추세를 보이고 있다. 2013년의 소매판매액은 14조 9,214억 원으로 전체 소매판매액(353조5,196억 원)의 약 4.2%를 차지하였다([그림 26-1] 참조).

•• [그림 26-1] 화장품 판매액 추이

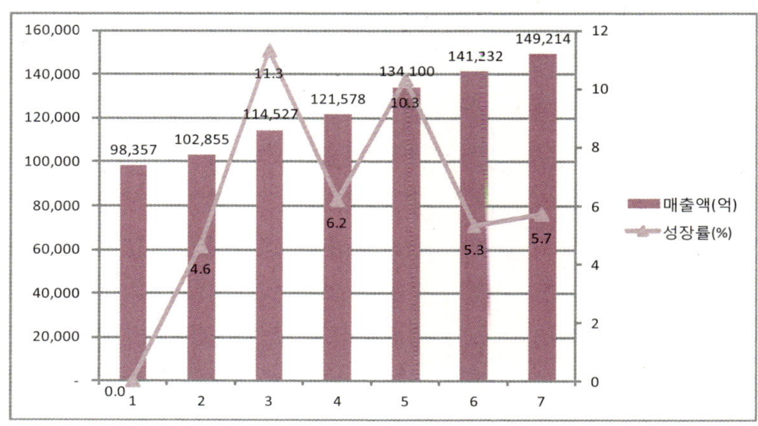

자료 : 통계청, 국내통계>도소매·서비스>소매판매액, 소매판매액지수>재별 및 상품군별 판매액, http://kosis.kr.

  우리나라의 주력 화장품 유통경로는 시대에 따라 큰 변화를 보이고 있다. 방문판매는 1970년대와 1980년대에 80% 이상의 경로점유율을 보이면서 압도적인 위치를 차지하였으며, 1980년대 초반에 등장하기 시작한 화장품전문점은 1990년대에 약 60%의 경로점유율을 차지하면서 전성기를 구가하였다. 1990년대 중후반부터는 인터넷몰, 홈쇼핑, 백화점, 면세점, 대형마트, 원브랜드샵, 멀티브랜드샵, 헬스&뷰티스토어 등 다양한 유통채널이 활성화되기 시작하면서 유통채널 간의 경쟁이 본격화되었으며, 그 결과 2000년 이후에는 1970~1980년대의 방문판매나 1990년대의 화장품전문점과 같이 하나의 유통경로가 압도적인 경로점유율을 차지하는 현상은 사라지고 화장품의 판매가 여러 유통경로로 분산되는 경향을 보이고 있다. 이 과정에서 화장품전문점은 2000년 후반에 들어서는 겨우 명맥만을 유지할 정도로 영향력이 급격히 쇠퇴하였고, 방문판매는 여전히 주된 유통경로이지만 과거에 비해 영향력은 크게 줄어들었다. 2012년 말을 기준으로 한 국내 화장품 시장의 유통경로별 점유율은 백화점 24.1%, 방문판매 20.6%, 인터넷 18%, 대형마트 12.5%, 원브랜드샵 9.9%, 면세점 4.0%, 홈쇼핑 3.8% 등의 순으로 나타났다 ([표 26-1] 참조).

  시대에 따른 유통경로의 변화는 유통경로 구성원의 측면에서 두 가지의 큰 특징을 지니고 있다. 첫째, 대리점, 도매상, 화장품전문점 등과 같이 소규모의 자영업자가 중심이 되는 유통경로에서 대형 유통업체와 대형 제조업체 등의 대기업이 중심이 되는 유통경로로 변화하였다는 점이다. 즉, 화장품전문점과 방문판매가 위축되면서 대리점, 도매상, 자영업자의 영향력이 크게 줄어든 반면, 브랜드샵이나 대형마트 등을 운영하는 대형 제조업체나 대형 유통업체의 영향력은 크게 증가하였다. 둘째, 첫 번째의 추세에 따라 대리점이나 도매상을 경유하는 간접유통에서 제조업체가 소매 기능을 통합하거나 대형 유통업체가 제조업체와 직거래를 하는 방법을 통해 유통경로가 단순해지고 있다는 점이다.

●● [표 26-1] 유통경로별 순위 및 점유율 추이

순위	2003년	2007년	2012년
1위	방문판매 (33%)	방문판매 (24%)	백화점 (24%)
2위	화장품전문점 (23%)	백화점 (21%)	방문판매 (21%)
3위	백화점 (14%)	인터넷 (19%)	인터넷 (18%)
4위	인터넷 (10%)	대형마트 (9%)	브랜드샵 (14%)

* 자료 : 칸타월드패널, 리테일매거진, "'방판' 시대 저물고, '원브랜드' 전성시대," 6월호, 36-40, 재인용.
* 브랜드샵은 원브랜드샵과 멀티브랜드샵의 합계.

우리나라의 화장품 유통경로는 [그림 26-2]와 같이 나타낼 수 있다. 도매단계에는 전속대리점, 도매상, 벤더업체 등이 있다. 전속대리점은 주로 대형 화장품 제조업체의 방문판매 대리점을 의미하는데, 제조업체로부터 화장품을 공급받아 대리점 소속의 방문판매원을 통해 소비자에게 판매하는 역할을 수행한다. 이와 더불어 전속대리점은 화장품전문점이나 도매상에게 물건을 공급하는 역할도 수행한다. 도매상은 중소형 제조업체나 대형 제조업체의 전속대리점으로부터 상품을 공급받아 주로 화장품전문점에 판매한다. 화장품 도매상은 화장품전문점이 위축되면서 같이 위축되는 현상을 보이고 있다. 벤더업체는 주로 온라인 경로에서 활동한다. 홈쇼핑, 종합몰, 오픈마켓, 소셜커머스 등은 제조업체와 직접 거래하기도 하지만 거래의 전문성, 편의성 등을 위해 벤더업체를 통해 거래하는 것이 일반적이다. 벤더업체는 오프라인에서는 대형마트와도 거래하는데, 2010년대 초반부터 대형마트 내의 브랜드샵이 활성화되면서 그 위상이 축소되는 경향을 보이고 있다. 외국화장품은 국내법인, 공식수입업체 등을 통해 수입되며 주로 백화점, 면세점, 멀티브랜드샵 등에서 판매되고 있다.

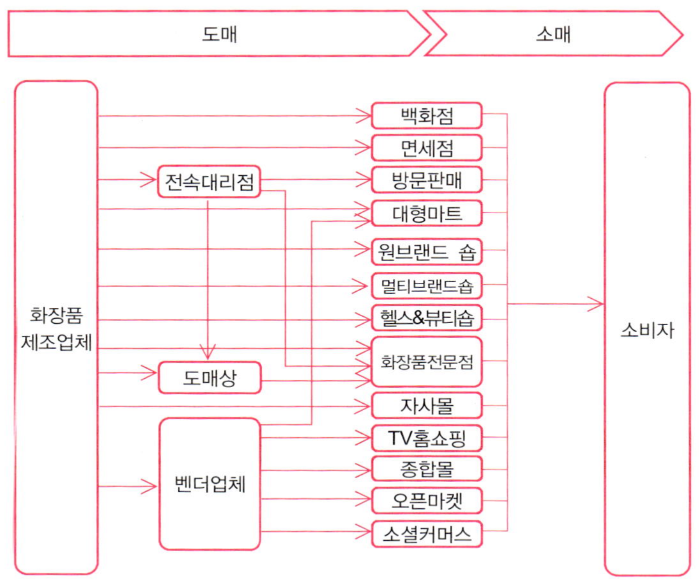

2. 화장품 소매업태별 특성

화장품은 매우 다양한 소매업태를 통해 소비자에게 판매되고 있다. 각 소매업태는 각기 독특한 특성을 지니고 있으며, 또한 앞에서 기술한 바와 같이 시대에 따른 부침도 심하게 나타났다. 여기에서는 백화점, 방문판매, 원브랜드숍, 멀티브랜드숍, 화장품전문점, 헬스&뷰티스토어, TV홈쇼핑, 대형마트, 인터넷 등 대표적인 화장품 소매업태에 대해 기술한다.

2.1 백화점

방문판매와 더불어 고가 화장품의 주력 유통경로인 백화점은 2013년에도 제1의 화장품 유통경로로서의 지위를 유지하고 있지만, 2011년을 정점으로 매출액과 점유율이 모두 감소하는 추세를 보이고 있으며, 이러한 추세가 앞으로도 계속 이어질 것으로 예상되고 있다. 이러한 예상에는 여러 가지 요인들이 작용하고 있다.

- 첫째, 백화점의 수가 포화상태에 접어들면서 백화점의 추가 출점이 점차 힘들어지고 있다. 실제로 2010년대 초에 들면서 롯데, 신세계, 현대 등 3대 백화점 업체들의 추가 출점은 매우 제한적으로 이루어지고 있다. 이러한 물리적인 여건이 화장품의 매출실적에도 부정적인 영향을 미치고 있다.

- 둘째, 백화점은 SK-II, 에스티로더, 랑콤, 키엘, 샤넬, 시슬리, 크리스찬디올 등의 해외브랜드에 의존하는 매출 구조를 가지고 있는데, 백화점에서 판매하는 해외브랜드 화장품의 가격거품 논란이 확산되면서 해외브랜드 화장품의 유통경로가 백화점 이외의 다양한 경로로 확산되고 있다. 먼저 해외여행이 늘어나면서 구매도 편리하고 백화점보다 가격적인 측면에서도 유리한 면세점을 찾는 소비자들이 늘고 있고, 병행수입 제한이 완화되면서 인터넷쇼핑몰이나 수입브랜드 매장을 통해 판매되는 해외브랜드가 늘어나고 있으며, 또한 해외사이트나 구매대행 사이트를 통해 직접 구매하는 소비자들이 늘어나고 있다.

- 셋째, 백화점에 입점하고 있는 국내 화장품 제조업체로는 아모래퍼시픽(설화수, 헤라, 프리메라 등)과 LG성활건강(오휘, 숨, 빌리프 등)이 있는데, 이들 업체들은 백화점 매출의 정체, 백화점의 높은 매출 수수료 징수, 상대적으로 활성화되어 가고 있는 여타 유통경로 등을 이유로 백화점보다는 원브랜드샵, 멀티브랜드샵, 면세점, 인터넷쇼핑몰 등에 진력하는 경향을 보이고 있다.

2.2 방문판매

유통경로의 측면에서 우리나라 화장품업계의 방문판매의 특성은 두 가지로 요약될 수 있다. 첫째는 제조업체가 방문판매원 조직을 직접 관리하는 것이 아니라 대리점을 통해 간접적으로 관리한다는 점이다. 즉, 제조회사는 자영업자와 대리점 계약을 맺고 제품을 공급하고, 대리점은 소속 방문판대원을 통해 소비자에게 제품을 판매한다. 둘째, 대부분의 대표적인 화장품 제조업체들이 방문판매원 조직을 후원방문판매의 형태로 관리하고 있다는 점이다. 후원방문판매는 방문판매원이 자신의 판매액의 일정 비율과 자신이 모집한 방문판매원으로부터의 후원수당을 수입으로 하는 형태를 의미한다 ([글 26-1] 참조).

[글 26-1] 우리나라 화장품업계의 방문판매 유형

우리나라의 방문판매는 방문판매법이 2012년에 개정되기 이전에는 방문판매와 다단계판매로 2분화되어 있었다. 이는 방문판매원의 활동과 수당체계를 기준으로 구분한 것으로 방문판매는 방문판매원이 판매에만 주력하면서 자신의 판매액의 일정비율을 수입으로 하는 형태를 의미하고, 다단계판매는 방문판매원이 판매와 함께 방문판매원 모집활동도 동시에 수행하면서 자신의 매출액의 일정 비율은 물론, 단계를 거치면서 자신의 하위로 들어오는 모든 방문판매사원으로부터의 후원수당을 수입으로 하는 형태를 의미한다. 우리나라의 화장품 업계는 2012년 이전에는 방문판매를 구방판과 신방판으로 구분하였는데, 구방판은 위에서 언급한 순수한 형태의 방문판매를 의미하고, 신방판은 방문판매에 직급체계 등 다단계판매의 요소를 가미한 형태를 의미한다. 신방판은 1989년 코리아나화장품이 처음 도입했으며, 이후 아모레퍼시픽, LG생활건강 등 대부분의 화장품 기업들이 구방판에서 신방판으로 전환하였다. 또한 신방판에서는 직영판매점을 개설하여 피부관리를 해주면서 화장품을 판매하는 형태를 도입하였다. 즉, 소비자들이 찾아오도록 하는 영업방식을 병행하였는데, 이러한 이유로 신방판은 직판이라는 명칭으로 불리기도 하였으며, 직영판매점은 방문판매원을 지원하기 위한 목적으로 아직도 여러 업체들이 실행하고 있다. 그런데 2008년 이후에 신방판이 실제로는 다단계판매와 동일함에도 불구하고 화장품 기업들이 다단계판매업체가 아닌 방문판매업체로 신고하여 규제를 피해간다는 여론이 형성되기 시작하였다. 이러한 문제를 해결하기 위해 2012년에 개정된 방문판매법은 방문판매를 순수방문판매, 후원방문판매, 다단계판매로 구분하고 있다. 순수방문판매와 다단계판매는 개정 이전의 방문판매 및 다단계판매와 동일하고, 후원방문판매는 방문판매원이 자신이 직접 모집한 방문판매원으로부터만 후원수당을 받을 수 있는 방문판매를 의미한다. 다단계판매와 후원방문판매는 신고가 아닌 등록의 과정을 거쳐야 함은 물론, 후원수당 총액제안 (매출액 대비 각각 35% 및 38%), 취급제품 가격 상한 (160만원), 소비자피해 보상보험 가입 의무화 등의 3대 규제를 받도록 되어있다. 다만 후원방문판매의 경우에는 최종소비자에 대한 판매비중이 70% 이상인 경우에는

> 3대 규제가 면제된다. 법개정을 계기로 아모레퍼시픽, LG생활건강, 코리아나화장품, 웅진, 한국화장품 등 대표적인 화장품 제조업체의 대부분이 방문판매업에서 후원방문판매업으로 업종을 전환하였다.

방문판매는 백화점과 함께 여전히 고가 화장품의 주력 유통채널이지만 과거에 비하면 그 점유율이 크게 감소하였다. 1970년대와 1980년대에는 전체 시장에서 80% 이상의 유통 점유율을 확보하면서 독보적인 지위를 점하였지만, 유통채널이 다각화되면서 점차 점유율이 낮아지고 있다. 1990년대에는 화장품전문점에 주도권을 넘겨주었으며, 2000대 들어서는 백화점, TV홈쇼핑, 대형마트, 온라인쇼핑몰, 원브랜드샵, 멀티브랜드샵, 헬스&뷰티스토어 등이 활성화되면서 점유율 감소가 가속화되었다. 2000년대 초반에도 화장품 시장에서 가장 높은 점유율을 차지하고 있었지만 2003년 33%에서 2007년 24%, 2012년 21% 등으로 지속적인 하락세를 보이고 있다. 그렇지만 2012년 현재 아직도 백화점에 이어 두 번째로 높은 점유율을 차지하고 있다.

화장품 방문판매 시장의 약 50%를 아모쾌퍼시픽과 LG생활건강이 차지하고 있다. 그런데 이 두 회사의 방문판매 비중도 전반적인 시장 추세와 마찬가지로 급격한 하락세를 나타내고 있다. 아모레퍼시픽은 방문판매 매출 비중이 2008년에는 57.1%에 달했지만, 2010년 38.0%, 2013년에는 22.3%까지 떨어졌으며, LG생활건강도 2008년 31.8%에서 2010년 24.4%, 2013년에는 10.2%로 줄어들었다. 방문판매의 매출 감소가 회사 전체의 매출 감소와 직결되기 때문에 이들 제조업체들은 방문판매 전용상품 개발, 방문판매원의 수익구조 개선, 방문판매 지원을 위한 오프라인 매장의 운영 등을 통해 방문판매를 활성화시키기 위한 노력을 기울이고 있다.

2.3 원브랜드샵

원브랜드샵은 헬스&뷰티스토어와 더불어 2000년대 후반에 들면서 가장 높은 성장률을 보이고 있는 화장품 유통경로이다. 하나의 브랜드만 취급하는 화장품 소매점을 의미하는 원브랜드샵은 2002년 에이블앤씨가 3,300원 초저가를 내세우며 '미샤' 명동점을 오픈하면서 시작되었다. 미샤는 과도한 포장을 없애는 등의 전략을 바탕으로 젊은층을 대상으로 중저가 화장품 시장을 공략하면서 높은 성장률을 구가하였다. 그 뒤에 더페이스샵(LG생활건강), 스킨푸드(아이피어리스), 에뛰드하우스(아모래퍼시픽), 이니스프리(아모래퍼시픽), 토니모리(태성산업), 네이처리퍼블릭, 더샘(한국화장품) 등이 연이어 등장하면서 원브랜드샵은 중저가 유통경로로서의 입지를 굳건히 하였다. 현재 원브랜드샵은 가두점뿐만 아니라 대형마트에도 적극 진출하면서 대형마트에서 주력 화장품 유통경로로 자리잡고 있다. 우리나라에는 2012년 말을 기준으로 4,000여 개의 원브랜드샵 매장이 있다. 더페이스샵이 1,000여 개로 가장 많은 매장을 가지고 있고, 그 뒤를 미샤, 스킨푸드, 이니스프리, 토니모리, 에뛰드하우스, 네이처리퍼블릭, 더샘 등이 잇고 있다.

2.4 멀티브랜드샵

멀티브랜드샵은 특정한 스토어컨셉을 바탕으로 만들어지는 화장품 편집매장이라고 할 수 있다. 넓은 의미에서의 멀티브랜드샵에는 다양한 브랜드를 취급하고 있는 화장품전문점이나 헬스&뷰티스토어도 포함된다. 그러나 멀티브랜드샵은 체인화되어 있다는 점에서 개별 자영업자에 의해 운영되는 화장품전문점과 구별되고, 화장품만을 취급한다는 점에서 건강식품이나 이미용품 등을 같이 취급하고 있는 헬스&뷰티스토어와 구별된다. 멀티브랜드샵은 2008년에서 2012년 동안 연평균 약 10%대의 높은 매출 성장률을 보이고 있다. 멀티브랜드샵은 LG생활건강이 2003년 뷰티플렉스(현재 '보떼'로 개칭)를 개점하면서 시작되었으며, 현재는 아모래퍼시픽의 아리따움, 엔프라니의 뷰티애비뉴, 코리아나의 세니떼뷰티샵, 신화코스메틱의 미스터킴 등이 시장에 참여하고 있다. 이 가운데 2013년 말을 기준으로 1위 업체인 아리따움(2008년 개점)은 1,290개 점, 보떼(2003년 개점)는 1,052개 점을 운영하고 있다. 그런데 멀티브랜드샵은 얼마나 다양한 제조업체의 제품을 취급하는가에 따라 큰 차이를 보이고 있다. 아리따움이나 보떼와 같이 모기업이 다양한 브랜드를 생산하고 있는 경우에는 모기업의 다양한 브랜드를 중심으로 하면서 일부 수입제품이나 타사의 비화장품 계열의 제품을 취급하고 있고, 반대르 타사의 제품을 자유롭게 판매할 수 있도록 허용하고 있는 경우 (세니페뷰티샵)나 다수의 중소기업 제품들로 구성된 편집매장을 운영하는 경우 (미스터킴)에는 보다 다양한 제조업체의 제품을 취급하고 있다.

2.5 화장품전문점

화장품전문점은 제조업체, 제조업체의 대리점, 화장품 도매상 등으로부터 제품을 공급받아 판매하는 대표적인 화장품 간접유통 채널이다. 화장품전문점은 1980년대 중반부터 1990년대 중반까지 가장 주된 화장품 유통경로였으며, 2000년대 초까지도 방문판매에 이어 두 번째로 점유율이 많았지만, 그 후 10년이 지난 2010년대 초에는 점유율이 1% 정도에 불과할 정도로 크게 위축되었다. 2000년대 초에 등장한 원브랜드샵이 중저가시장을 크게 잠식하면서 경쟁력을 상실하기 시작하였으며, 인터넷 구매의 확산, 피부관리를 겸하는 신방판의 등장, 대형마트의 화장품 시장 진입 등이 화장품전문점의 쇠퇴를 가속화시켰다. 어려움에 직면한 화장품대리점들이 영업을 중단하거나 원브랜드샵 등으로 전환하면서 그 숫자도 크게 줄어들었다. 이러한 추세에 대응하기 위해 화장품전문점 경영주들의 단체인 화장품전문점협회는 영리법인인 화장품협동조합연합회를 설립하였으며, 이를 중심으로 공동구매, 공동브랜드의 개발, 조합전용 쇼핑몰 제작, 공동물류시스템 구축 등의 사업을 전개하면서 활로를 모색하고 있다.

2.6 헬스&뷰티스토어

건강(Health)과 미(Beauty)를 추구하는 점포를 의미하는 헬스&뷰티스토어는 2010년대 후반부터 화장품 유통경로로 각광받고 있다. 2008~2012년의 헬스&뷰티스토어의 화장품 매출액의 연평균 성장률은 모든 유통채널 중에서 가장 높은 25%를 기록하였다. 헬스&뷰티스토어는 원래 미국의 드럭스토어(Drug Store)의 개념으로 출발하였으나 약사가 근무하면서 의약품과 각종 잡화를 판매하는 미국의 드럭스토어와는 달리 주로 화장품, 이미용품, 스킨케어용품, 건강식품 등의 상품을 취급하는 형태로 사업을 전개하고 있으며, 이로 인해 우리나라에서도 처음에는 드럭스토어로 불렸으나 현재는 헬스&뷰티스토어가 더 보편적인 용어로 사용되고 있다. 헬스&뷰티스토어는 고객들이 다양한 화장품 브랜드를 같이 볼 수 있고, 이미용품이나 건강식품 등 여타 제품군의 상품을 같이 구매할 수 있으며, 쇼핑과 함께 오락적, 문화적 체험을 즐길 수 있는 장소로 포지셔닝하고 있다. 우리나라에서는 1999년 CJ가 올리브영 1호점이 개설되면서 시작되었으며, 뒤를 이어 왓슨스(GS), W스토어(코오롱), 분스(신세계), 롭스(롯데), 판도라(농심) 등이 진출하여 치열한 경쟁을 벌이고 있다. 헬스&뷰티스토어는 다양한 상품구색과 가격경쟁력 강화를 위해 PB상품을 개발하고 해외브랜드를 직수입하는 등의 활동을 전개하고 있다. 또한 헬스&뷰티스토어가 화장품의 유력한 유통채널로 부상함에 따라 홈쇼핑에 진출하였던 업체, 백화점에서 철수한 업체, 약국용 화장품 제조업체 등의 입점이 늘어나고 있으며, 아모레퍼시픽, LG생활건강 등 대형 화장품 제조업체들도 헬스&뷰티스토어 전용상품을 출시하고 있다.

2.7 TV홈쇼핑

TV홈쇼핑은 단기적으로 많은 매출을 올릴 수 있는 가능성이 있다는 점과 장시간 동안 TV에 노출됨으로써 홍보효과를 거둘 수 있다는 점 때문에 대형 제조업체, 해외브랜드, 중소 제조업체, 메이크업 아티스트 등 다양한 주체들이 참여하고 있으며, 경기의 침체로 화장품의 오프라인 매출이 부진해지면서 더욱 많은 주목을 받고 있다. 오프라인에서 판로를 확보하기 어려운 중소 화장품 제조업체들은 주로 기능성 화장품을 중심으로 홈쇼핑에 진출하고 있다. 예를 들어 중소 제조업체가 개발한 약국용 화장품 등 기능성이 강화된 제품이 많은 매출을 올리는 사례들이 나타나고 있다. 해외브랜드도 백화점에만 집중하지 않고 홈쇼핑에 참여하는 사례가 늘고 있으며, 국내 대형 제조업체들의 참여도 활발하게 이루어지면서 홈쇼핑용 브랜드를 개발하여 론칭시키는 사례들도 나타나고 있다. 홈쇼핑 화장품 판매에 있어서 특징적인 것으로 메이크업 아티스트들의 참여가 늘고 있다는 점을 들 수 있다. 이들은 주로 화장품 OEM(위탁생산)/ODM(위탁개발 및 생산) 업체와의 제휴를 통해 제품을 개발하여 자신의 이름으로 화장품을 판매하고 있다.

2.8 대형마트

대형마트 경로는 정부의 대형마트 출점 제한, 높은 매출 수수료, 인터넷쇼핑몰 등 여타 유통경로와의 치열한 경장 등으로 인해 2010년 이후에는 매출이 정체되는 현상을 보이고 있다. 대형마트의 화장품 매장은 세 가지로 구분될 수 있다. 첫째, 화장품을 전문적으로 취급하는 벤더업체에게 운영을 맡기고 있는 종합매장 둘째, 대형 제조업체가 직영하는 단독매장 셋째, 샵인샵의 형태로 입점한 브랜드샵 (원브랜드샵과 멀티브랜드샵) 등이 있다. 그런데 2010년대에 들어 전체적인 매출은 늘지 않는 상태에서 브랜드샵의 매출규모는 커지고 여타 매장의 매출 규모가 감소하는 경향을 보이고 있다. 대형마트는 특히 종합매장의 머출 향상을 위해 제조업체와 공동으로 자사의 매장에서만 판매되는 PNB (Private National Brand)를 개발하여 판매하는 경향을 보이고 있다. PNB는 특정 매장에서만 판매된다는 점에서 제조업체 브랜드와 구별되고, 제조업체의 브랜드를 사용하고 AS도 제조업체에서 담당한다는 점에서 PB와도 구별된다.

2.9 인터넷

인터넷을 통한 화장품 매출규모는 2000년대 들어 급격히 증가하면서 2013년에는 백화점과 방문판매에 이어 3위를 기록하였다. 화장품의 인터넷 시장은 유통단계의 축소에 따른 가격경쟁력의 확보, 편리한 구매, 다양한 브랜드의 비교 등을 무기로 2000년대 중반 이후 약 10%의 높은 성장률을 보이고 있다. 이러한 높은 성장의 배경에는 온라인상에서 다른 사람들의 사용후기를 확인하고 화장품을 구매를 하는 소비자들의 구매패턴이 자리하고 있다.

인터넷 판매가 꾸준한 성장세를 보이면서 대형 화장품 제조업체들도 자사몰의 활성화에 적극 나서고 있다. 아모레퍼시픽은 '아모레퍼시픽몰'을 운영하고 있으며, LG생활건강은 '뷰티앤서'를 운영하면서 자사의 주력 브랜드뿐만 아니라 타사 브랜드도 동시에 취급하고 있다. 또한 미샤, 에뛰드하우스, 이니스프리 등 원브랜드샵들도 온라인몰을 통해 온라인과 오프라인을 연계한 가격할인 등의 프로모션 활동을 전개하면서 상당한 성과를 올리고 있다. 오픈마켓과 소셜커머스는 인지도는 낮지만 좋은 품질의 화장품을 경쟁력 있는 가격에 공급할 수 있는 중소 제조업체들이 활동할 수 있는 좋은 무대가 되고 있다.

● 참고문헌

나종호 (2012), "화장품 유통," in 한국유통포럼, 한국유통산업흐름, 이서원, 321-337.

양지안, 이상윤 (2011), "한국 일본의 화장품 유통경로 분석과 판매활성화에 관한 연구," 한국유통과학회 동계학술대회 발표논문집, 281-292.

한국비즈니스정보 (2013), 대한민국 유통지도, 어바웃어북, 214-217.

데일리코스메틱, "국내 중소화장품 소셜커머스 장악," 2013년 12월 26일.

리테일매거진, "'방판' 시대 저물고, '원브랜드' 전성시대," 6월호, 36-40.

매일경제, "'대형마트, 화장품 시장까지 접수?' 유통가, PNB사업 확장," 2014년 1월 7일.

머니투데이, "아이템 약국판매하던 기능성 화장품, 홈쇼핑 '대박'," 2013년 12월 18일.

미디어잇, "11번가, 중가 화장품 모은 '뷰티커머스' 론칭··소셜커머스 대비 30% 저렴," 2013년 10월 30일.

뷰티한국, "이마트, 화장품시장 공략 가속화," 2014년 1월 3일.

뷰티한국, "2013년 화장품, 브랜드숍 나홀로 성장," 2013년 12월 28일.

뷰티한국, "2013년 화장품 원브랜드숍 성적표 1등은?," 2013년 12월 5일.

뷰티한국, "국내 화장품 근간, 방문판매 흔들리나?," 2013년 8월 30일.

뷰티한국, "화장품 업계, 후원방문판매 시대 도러," 2013년 8월 26일.

뷰티누리, "아! 옛날이여~ 우리는 다시 둥치고 싶다," 2013년 8월 22일

뷰티한국, "대형마트 화장품시장, 원브랜드숍 중심으로 재편," 2013년 4월 1일.

뷰티한국, "화장품 자사몰 매출 증가 추세," 2012년 11월 30일.

서울경제, "패션 이어 화장품도 홈쇼핑속으로," 2013년 11월 11일.

서울경제, "스마트 소비에 맥 못추는 화장품 방문판매," 2013년 5월 14일.

이데일리, "'화장품 아줌마 이대로 안 죽는다'… 방문판매 개편 추진," 2013년 12월 4일.

이오데오, "LG생활건강, 소셜커머스 유통 화장품 출시," 2012년 12월 12일.

조선비즈, "화장품 판매 진화, 숙종때 매춘구에서 방문판매·온라인까지…," 2013년 12월 2일.

파이낸셜뉴스, "화장품 방문판매 시장 '세대교체'," 2014년 2월 3일.

한국경제, "'화장품 바르는 남자' 위메프 박태순 MD의 흥행 비법 …'꿈을 팔

아라’,” 2013년 12월 12일.

헤럴드경제, “오픈마켓 화장품 판매1위는 중소기업제품,” 2013년 11월 20일.

헬스코리아뉴스, “화장품전문점협회 ‘과감한 변화와 혁신 추구’,” 2012년 12월 28일.

CEO스코어데일리, “패션·화장품업체, 백화점 벗어나기 성공?…매출비중 하락세,” 2013년 12월 15일.

CMN, “‘화장품협동조합연합회’ 설립된다,” 2013년 6월 10일.

제 **27** 장   가구

1. 가구시장 개요

가구(家具, furniture)는 사전적으로는 '집안 살림에 쓰는 기구'를 의미하지만, 일반소비자나 업계에서는 '가구'라는 용어를 가정용가구(소파, 침대, 탁자, 옷장 등)나 주방가구(씽크대, 부엌수납장 등)뿐만 아니라 사무용가구(책상, 테이블, 의자 등), 업소용가구 등을 포함하는 포괄적인 의미로 사용하고 있다.

10인 이상의 가구 제조업체에 대한 통계청의 조사 자료에 따르면 2012년 현재 가구업체 수는 1,247개, 종사자수는 약 3만4천명, 출하액은 약 10조원에 이르는 것으로 나타나고 있다 ([그림 27-1] 참조). 1,247개 업체 가운데 50명 미만의 업체가 1,140개로 전체의 91.4%에 이르고 있다. 그런데 우리나라의 전체 가구 제조업체의 수는 2,500~3,000개 정도로 통계청의 조사 대상에 포함되지 않은 종업원수 10인 미만의 영세 제조업체가 전체의 과반수 이상을 차지하고 있으며, 이러한 통계 자료에 근거할 때 우리나라의 가구업체의 95% 이상이 종업원 50명 이하의 영세업체인 것으로 파악되고 있다.

영세업체들의 대부분은 대형 가구 제조업체의 하청을 받아 가구를 생산하고 있다. 따라서 출하액 규모와 소매 매출액 규모는 크게 차이가 난다. 통계청의 자료에 따르면 2013년 현재 가구시장의 매출액 규모는 약 4조5,418억 원으로 출하액 규모의 절반에도 미치지 못하고 있다. 2006~2013년의 매출액 추이를 살펴보면 2008~2009년에는 금융위기로 마이너스 성장을 기록하였으며, 2011년 이후에는 시장규모가 4조5,000억 원대 수준에서 정체되어 있음을 알 수 있다. 이렇게 경기침체가 장기화되고 특히 건설시장이 위축되면서 가구시장의 불황이 지속되고 있다. 대형 가구 제조업체들의 경우에도 경기침체에 따라 저가 제품을 찾는 소비자들이 온라인 채널을 이용하는 경향이 강화되면서 상당한 어려움을 겪고 있으며, 이를 극복하기 위해 온라인 채널을 강화하는 한편, 본사에 물류센터를 구축하여 소비자에게 직접 배송함으로써 대리점의 물류비용을 절감한다거나 시제품의 출시에 대리점주의 의사를 반영하는 등의 정책의 변화를 통해 경쟁력 강화를 꾀하고 있다.

•• [그림 27-1] 연도별 가구산업 추이

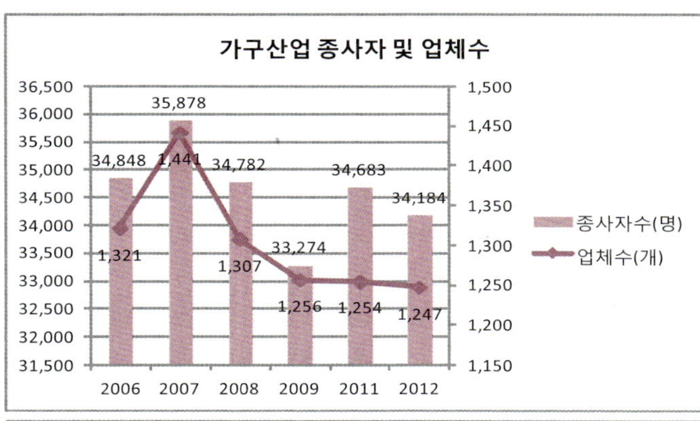

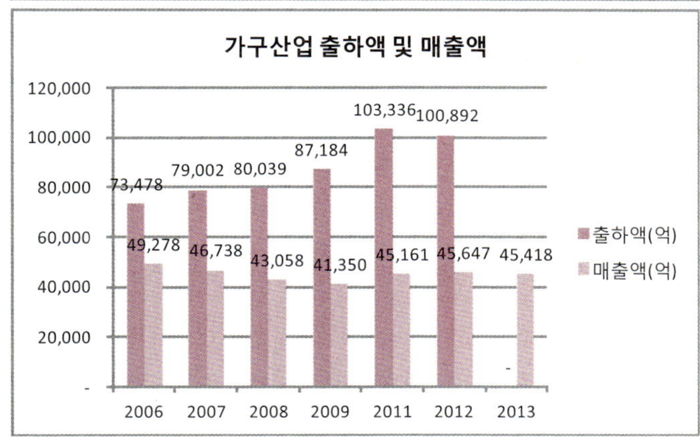

자료 : 통계청, 광공업·에너지)광공업)광업·제조업조사)산업편)9차개정)시도(시군구)/산업분류별 주요지표 (10명 이상)
 : (매출액) 통계청, 도소매·서비스)소매판매통계 (2010년 매출액 : 4조3,803억 원)

2. 가구의 유통경로

가구의 유통경로는 국산가구와 수입가구로 나누어 살펴볼 있으며, 국내
가구는 다시 대형 제조업체의 가구와 중소 제조업체의 가구로 나누어 살
펴볼 수 있다.

2.1 국산가구의 유통경로

국산가구의 유통경로는 [그림 27-2]와 같이 나타낼 수 있다.

•• [그림 27-2] 국산가구의 유통경로

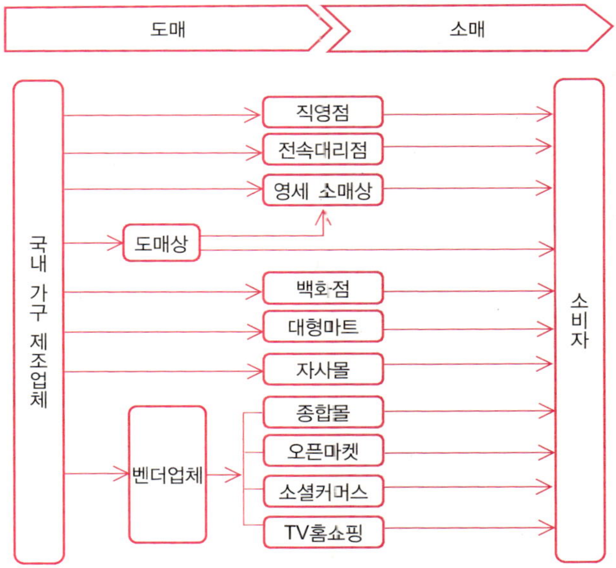

2.1.1 대형 가구 제조업체 가구의 유통경로

한샘, 에넥스, 현대리바트, 퍼시스, 에이스침대, 코아스, 보루네오가구
등 대형 가구 제조업체가 생산한 가구의 유통경로는 크게 오프라인채널과
온라인채널로 나눌 수 있다.

- 오프라인 유통경로

대형 가구 제조업체가 생산한 가구의 오프라인 유통경로로는 직영점, 전속대리점, 백화점, 대형마트 등을 들 수 있으며 이 가운데 전속대리점이 가장 주된 유통경로로 활용되고 있다. 직영점은 매출 증진과 함께 제품이미지의 제고를 위한 플래그십 스토어(flagship store)의 개념으로 전속대리점에 비해 훨씬 큰 매장으로 운영되는 경우가 많으며, 카페 등을 같이 운영함으로써 휴식 및 문화공간을 제공하기도 한다. 전속대리점은 해당 업체의 모든 제품을 취급하는 것이 일반적이지만 특정 상품 카테고리만을 취급하는 경우도 있고, 또한 상품 카테고리가 다른 (예들 들어 사무용가구와 주방가구) 타사 제품을 동시에 취급하는 복합대리점의 형태로 운영되는 경우도 있다. 우리나라 1위 업체이면서 가장 많은 대리점을 운영하고 있는 한샘의 경우 2014년 5월 현재 대형 직영점 6개, 인테리어 전문 전속대리점 87개, 부엌 전문 전속대리점 220여 개를 운영하고 있다.

백화점에는 수수료매장(특정매장)의 형태로 입점하는 것이 일반적이며 상당히 높은 수준의 수수료를 지불하지만 자체적인 노력을 기울이지 않고도 많은 고객을 확보할 수 있으며 백화점이 가지고 있는 고급이미지를 향유할 수 있다는 이점이 있다. 그러나 가구는 부피가 커서 점포 면적당 판매액이나 마진율이 상대적으로 낮기 때문에 가구가 백화점에서 차지하는 비중은 높지 않다. 백화점이 이미지를 고려하여 고가의 국내 유명 브랜드 가구나 수입가구를 취급하는 반면, 대형마트는 가격 경쟁력이 중요하기 때문에 상대적으로 특색이 있는 저가의 가구를 주로 취급하고 있으며 부피가 큰 침대, 옷장 등보다는 책장, 식탁 등 간단한 가정용 가구나 사무용 가구만을 취급하는 경우가 많다.

- 온라인 유통경로

온라인 가구시장은 2010년대에 들어 매년 30~40%의 높은 성장률을 보이고 있다. 이는 가격이 직접 매장에서 구매하는 것보다 20% 정도 저렴하고, 구매 방법도 간편하기 때문이다. 온라인 가구시장의 규모는 2011년에는 1조원 정도에 불과했지만 2012년에는 2조원으로 증가했다. 한샘의 경우 2004년 한샘몰을 오픈할 당시의 온라인매출은 45억 원에 불과하였지만 매년 30% 이상 성장하여 2007년 137억 원, 2009년 280억 원, 2010년 419억, 2012년 805억 원의 매출을 기록하였다. 이러한 변화에 부응하여 오프라인에 집중하고 있던 대형 가구제조업체들이 온라인사업을 강화하는 추세를 보이고 있다. 자체몰을 활성화시키는 한편, 대형종합몰 (신세계몰, H몰, 롯데아이몰 등), 오픈마켓, 소셜커머스, TV홈쇼핑 등에도 적극적으로 나서고 있다. 자체몰을 제외한 종합몰, 오픈마켓, 소셜커머스, TV홈쇼핑 등을 유통경로로 사용하는 경우에는 직접 거래하는 경우도 있지만 운영의 효율성을 위해 가구 분야에 대한 전문성을 갖춘 벤더업체를 이용하는 경우가 훨씬 더 많다.

온라인판매로 인한 오프라인채널과의 갈등을 피하기 위해 온라인쇼핑 전용 브랜드의 출시 (예를 들어 한샘의 하우의즈, 현대리바트의 이즈마인, 에넥스의 에니, 퍼시스의 본비비 등)도 활발하게 이루어지고 있다. 예를 들어 현대리바트의 경우 온라인 가정용가구인 이즈마인 이외에도 사무용가구 온라인 브랜드 하움과 부엌가구 온라인 브랜드 케이티오를 도입하고 있다 ([그림 27-3] 참조).

●● [그림 27-3] 현대리바트의 유형별 온라인 브랜드

자료 : 현대리바트 홈페이지, www.livart.co.kr

2.1.2 중소 가구 제조업체 가구의 유통경로

중소 가구 제조업체는 전속대리점 체제를 구축할 수는 없기 때문에 가구단지(혹은 가구공단) 등에 1~2개의 직영점(전시판매점)을 개설하여 판매하거나 혹은 도매상이나 가구거리 등지에 위치한 소매상과의 거래를 통

해 가구를 판매하고 있다.

- **직영점(전시판매점)** : 중소 가구 제조업체의 직영점은 도심의 가구거리에 입점하기도 하지만 대부분 가구단지에 위치하고 있다. 가구단지는 원래 국내 유명가구 제조업체의 하청을 받아 가구를 생산하던 공장들이 모이면서 형성되기 시작하였다. 서울근교의 대표적인 가구단지로는 일산가구단지, 오남리가구단지, 마석가구공단, 수지가구단지, 헌인가구공단, 의왕가구단지 등이 있다. 하청 공장들은 불황 등으로 인한 경영난을 타개하기 위한 자구책의 일환으로 공장 내에 전시장을 설치하여 가구를 판매하기 시작하였으며, 가구단지가 형성되면서 단지 내에 직영점을 내거나 혹은 여러 공장들이 연합하여 공동 전시장을 개설하게 되었다. 이러한 직영점은 유통마진을 거의 생략할 수 있기 때문에 대형 제조업체들이 판매하고 있는 동일한 제품을 20~30% 이상 할인된 저렴한 가격에 판매할 수 있다는 장점이 있다.
- **도매상** : 가구 도매상은 가구 물류센터를 갖추고 중소 가구 제조업체들로부터 가구를 구입하여 소매상에 판매하며, 직접 소비자에게 판매하기도 한다. 그러나 가구 소매상들이 원가 절감을 위해 제조업체로부터 직접 물건을 구입하는 경우가 많아서 우리나라에서의 가구 도매상의 위상은 그다지 높지 않다.
- **소매상** : 소매상은 일반적으로 규모가 영세하기 때문에 집객을 위해 가구거리를 형성하고 있는 경우가 많다. 서울 지역의 대표적인 가구거리로는 사당동 가구거리, 중곡동 가구거리, 을지로 가구거리, 왕십리 가구거리 등이 있다.

중소 제조업체도 대형 제조업체와 마찬가지로 온라인 경로의 활용을 위해 쇼핑몰의 개설, 온라인 전용상품의 개발 등을 시도하고 있다. 또한 중소 가구 제조업체 가운데는 앞에서 기술한 직영점, 도매상, 소매상 등의 전통적인 유통경로에 의존하지 않고 온라인 경로를 주력 유통경로로 활용하는 사례도 있다. 온라인 경로는 제품을 직접 보여줄 수 없기 때문에 소비자의 신뢰를 구축하는데 오랜 시간이 걸린다는 단점이 있지만 오프라인 경로의 구축에 소요되는 비용을 절감할 수 있고 지역적인 한계에서 벗어날 수 있다는 장점이 있기 때문에 제품의 품질에는 자신이 있지만 투자 여력이 부족한 중소 제조업체에 의해 많이 활용되고 있다.

2.2 수입가구의 유통경로

우리나라에서는 수입가구의 판매도 매우 활발하게 이루어지고 있으며, 이는 국내 가구 제조업체의 입장에서는 큰 위협요인이 되고 있다. 수입가구의 유통경로는 [그림 27-4]와 같이 나타낼 수 있다.

●● [그림 27-4] 수입가구의 유통경로

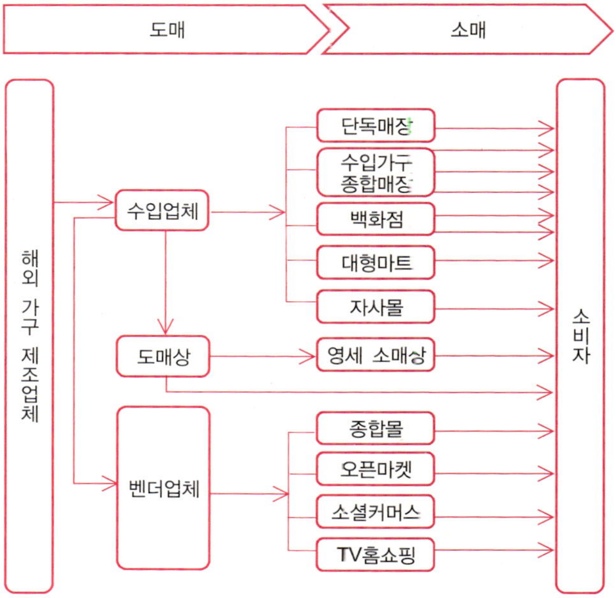

수입가구의 유통구조는 크게 저가시장과 고가시장으로 나누어질 수 있다. 미국과 유럽의 해외 유명브랜드 가구는 국내 대형 제조업체나 수입업체에 의해 수입되어 주로 가두 단독매장, 수입가구 종합매장, 백화점 등

에서 판매되고 있다. 서울 지역에서는 논현동 가구거리가 해외 유명 가구 브랜드 매장들이 몰려 있는 장소로 유명하다. 주로 중국과 동남아지역으로부터 수입되는 저가가구의 경우에는 수입업체가 직접 대형마트 등에 공급하기도 하고, 국내 중소업체의 가구와 마찬가지로 도매상을 거쳐 영세 소매상에 공급되기도 한다. 경우에 따라서는 수입업체가 도매상의 역할을 겸하기도 한다. 또한 온라인 경로에서는 벤더업체를 거쳐 오픈마켓, 소셜커머스, TV홈쇼핑 등에서 판매되기도 한다.

그런데 세계 최대의 가구회사인 스웨덴의 이케아(IKEA)의 한국 진출이 가시화되면서 위에서 기술한 수입가구의 이분적인 유통구조에도 큰 변화가 예상되고 있다. 즉, 중저가 가구이지만 유명 가구 제조업체인 이케아는 수입업체에 의해 수입이 되어 판매되는 것이 아니라 직접투자에 의해 진출하여 자사 소유의 단독매장에서 판매하는 최초의 사례라고 할 수 있다. 이케아 가구의 국내 유통경로는 이케아의 국내법인이 본사로부터 가구를 수입하여 설립될 매장에 공급하여 판매가 이루어지도록 하는 매우 단순한 구조가 될 것으로 예상해볼 수 있다 ([그림 27-5] 참조).

●● [그림 27-5] 이케아 가구의 유통경로

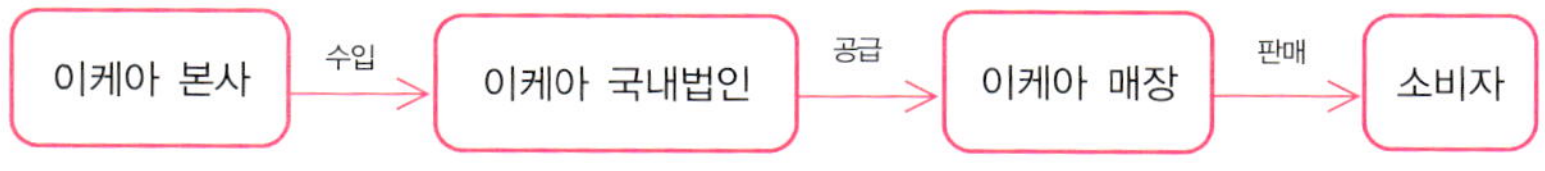

1943년에 설립된 이케아는 연매출 약 44조원의 세계 1위의 가구 제조업체로 전세계 42개국에서 340여 개의 점포를 운영하면서 각기 고유의 이름을 지닌 9,000여 종의 제품을 판매하고 있다. 이케아(IKEA)라는 이름은 창업자인 잉그바르 캄프라드(Ingvar Kamprad)의 이니셜인 I 및 K와 그가 성장한 농장과 마을 이름인 엘름타르트(Elmtard)와 아귀나르드(Agunnard)의 첫 자인 E 및 A가 합쳐져 만들어졌다. 이케아의 제품의 특징으로는 저렴한 가격, 조립식 상품, 부피를 줄인 포장, 깔끔하고 세련된 디자인 등을 들 수 있으며, 도시외곽의 넓은 공간에 위치한 창고형 매장에서 판매되고 있다. 조립품 판매방식, 부피를 줄인 포장, 임대료가 싼 매장 등을 기반으로 생산비, 운송비, 운영비 등을 절감하여 가격을 낮게 책정할 수 있었고, 여기에 세련되고 아이디어가 넘치는 디자인이 더 해지면서 큰 인기를 끌고 있다.

우리나라에는 2014년 말에 경기도 광명시에 축구장 11배 크기의 부지에 지하 2층, 지상 6층 규모로 이케아 매장이 들어설 예정이며, 2015년에는 고양시와 서울 고덕동에 각각 2호점과 3호점의 설립이 예정되어 있다. 우리나라 소비자들의 가구에 대한 개념이 10~20년을 견디어 내는 내구성이나 예술적인 심미성보다는 값이 저렴하면서도 세련된 디자인을 선호하는 방향으로 전환됨에 따라 이케아 제품이 젊은층을 중심으로 우리나라에서도 인기를 끌 가능성이 높다. 이러한 예상에 따라 중소 제조업체는 물론 대형 제조업체들도 대책 마련에 고심하고 있다.

● 참고문헌

송세라 (2006), "새로운 가구유통 채널로 온라인 시장 각광," 물류매거진, 2006년 4월호.

이형우 (2011), "가구용품회사 까사미아의 성공사례," 한국유통과학회 동계학술대회 발표논문집, 15-22.

한국비즈니스정보 (2013), 대한민국 유통지도, 어바웃어북, 278-281.

뉴스와이어, "급변하는 가구 유통 패러다임… 가구대리점 점주들 '이중고에 빠졌다'," 2013년 05월 29일.

뉴스와이어, "한샘, 온라인 전용브랜드 'HOWIZ(하우위즈)' 런칭," 2008년 3월 10일.

머니위크, "가구도 이제는 온라인에서 주문한다," 2013년 12월 2일.

아시아투데이, "가구업계, 온라인 시장을 잡아라," 2013년 4월 27일.

이데일리, "한샘, 자체 온라인 쇼핑몰 '매출성장 효자'," 2011년 6월 2일.

채널A, "'가구 공룡' 이케아 상륙 초읽기…국내업체 초비상," 2014년 3월 12일.

파이낸셜뉴스, "가구업계, 유통경로 늘려야 산다," 2010년 10월 25일.

헤럴드경제, "명품수입가구 전문점, 신혼가구 10% 세일 실시," 2013년 10월 4일.

MBC뉴스, "'이케아가 온다' 중저가 가구시장 확대 전망 … 국내업체 긴장," 2014년 3월 14일.

YTN 뉴스, "'공룡 이케아가 온다' 가구업계 초긴장," 2014년 3월 13일.

한샘 홈페이지, www.hanssem.com.

현대리바트 홈페이지, www.livart.co.kr.

제 28 장   보험상품

1. 보험시장 개관

우리나라의 보험시장 규모는 FY2012년 현재 약 184조 원으로 세계 8위 수준을 기록하고 있다. [그림 28-1]는 FY2005~FY2012년의 생명보험 및 손해보험 시장의 규모와 성장률을 나타내고 있다. 보험시장의 성장률은 FY2008년의 금융위기 때에는 2%에도 미치지 못하였지만 2010년대에 들면서 10%를 상회하는 성장률을 보여주고 있다. 즉, 보험시장이 포화가 되었다는 일반적인 시각과는 달리 보험시장은 아직도 꾸준히 성장하고 있다. 생명보험 시장의 성장률이 상대적으로 등락이 심한 반면, 손해보험 시장은 10~20%의 성장률을 꾸준히 유지하고 있다. 최근의 지속적인 성장은 생명보험의 경우에는 즉시연금 및 저축성보험의 증가, 손해보험의 경우에는 개인건강보험의 꾸준한 증가로 인한 장기손해보험의 보유보험료 증가가 크게 기여하고 있는 것으로 분석되고 있다. 생명보험과 손해보험의 상대적 비중을 살펴보면 2000년대 중반에는 생명보험이 약 70%를 차지하고 있었으나 2010년대에 들면서 60%대 초반으로 줄어들었으며, 반대로 손해보험은 2000년대 중반에는 약 30%를 유지하고 있었으나 2010년대에 들면서 30%대 후반으로 증가하였다.

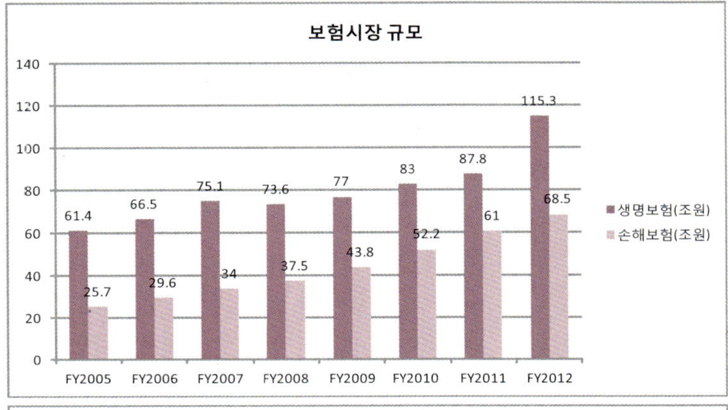

[그림 28-1] 우리나라의 보험시장 규모

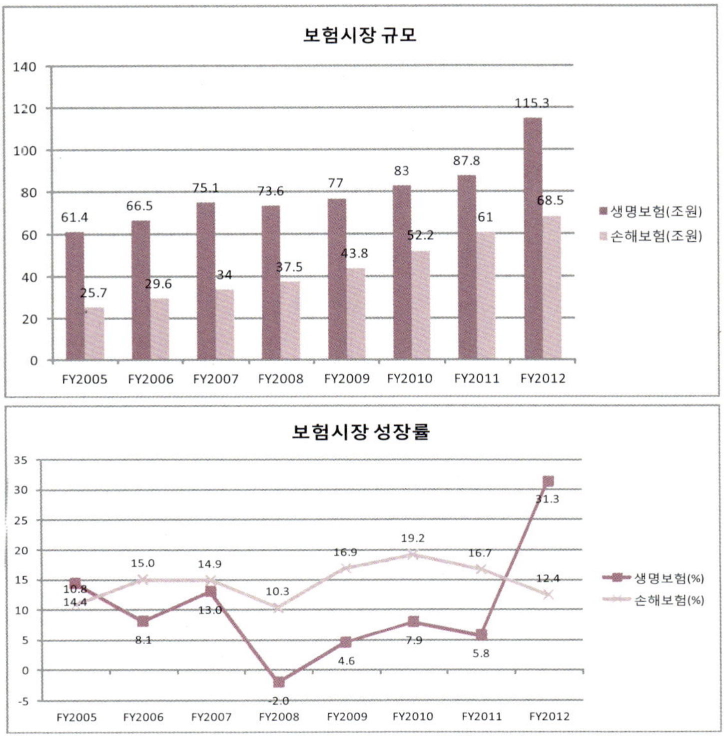

자료 : 보험연구원, 정기간행물)계간 보험동향, 2013/2011/2009/2007년 여름호, www.kiri.or.kr.
* 생명보험은 수입보험료, 손해보험은 원수보험료 기준
* 보험회사의 회계연도(FY)는 4월1일부터 다음해 3월31일까지임.

2013년 현재 생명보험 업계에서는 내국사 15개사, 외국사 9개사가 활동하고 있으며, 손해보험 업계에서는 내국사 14개사, 외국사 17개사가 활동하고 있다. [표 28-1]와 [표 28-2]는 FY2000~FY2012년 기간 동안의 상위사, 중소형사, 외국사 등 3개 유형의 보험회사의 보험료수익 및 이에 따른 시장점유율 추이를 나타내고 있다. 생명보험의 경우, 삼성, 한화, 교보 등 빅3의 시장점유율이 FY2000년에는 81.3%를 기록하였지만 점차 줄어들면서 FY2012년에는 46.7%로 줄어들었다. 반면에 중소형 보험회사와 외국사는 괄목한 만한 시장점유율 증가를 보였다. 중소형 보험회사의 시장점유율은 같은 기간 동안 10.3%에서 39.5%로 4배 가까이 증가하였으며,

외국사의 시장점유율도 5.6%에서 13.7%로 3배 이상 증가하였다. 손해보험의 경우에는 삼성, 현대, 동부, LIG 등 빅4의 시장점유율이 FY2000년에는 62.4%, FY2012년에는 63.1%로 큰 변동을 보이지 않았으며, 중소형 보험회사는 약간의 시장점유율 하락, 그리고 외국사는 약간의 시장점유율 증가를 기록하였다. FY2012년을 기준으로 생명보험 시장과 손해보험 시장을 비교해 보면 소수 상위 보험사들에 의한 고점 현상이 손해보험 시장에서 더 두드러지게 나타나고 있으며, 이로 인해 국내 중소형 보험사와 외국사의 입지가 훨씬 좁은 것으로 나타났다. 특히 외국사의 경우, 그 숫자는 생명보험 외국사 숫자의 거의 2배에 달하지만 시장점유율은 생명보험 외국사 시장점유율의 5분의 1 수준밖에 되지 않는 것으로 나타났다.

●● [표 28-1] 생명보험사 유형별 보험료수익 추이　　　　　　　(단위 : 조 원)

구분		FY2000	FY2005	FY2010	FY2011	FY2012
국내 손보사	삼성	19.2	15.5	14.6	14.7	22.1
	한화	8.4	7.7	6.7	7.0	10.0
	교보	10.1	7.5	6.9	6.8	8.8
	3사계	37.7 (81.3%)	30.7 (64.2%)	28.2 (49.3%)	28.5 (47.2%)	40.9 (46.7%)
	중소사	4.8 (10.3%)	8.5 (17.8%)	17.7 (30.9%)	20.8 (34.4%)	34.6 (39.5%)
	총계	42.5	39.2	45.9	49.3	75.5
외국생보사		2.6 (5.6%)	8.6 (18.0%)	11.3 (19.3%)	11.1 (18.4%)	12.0 (13.7%)
총계		46.4	47.8	57.2	60.4	87.5

자료 : 금융통계정보시스템, 손해보험)재무현황)요약손익계산서(전체), http //fisis.fss.or.kr.

●● [표 28-2] 손해보험사 유형별 보험료수익 추이　　　　　　　(단위 : 조 원)

구분		FY2000	FY2005	FY2010	FY2011	FY2012
국내 손보사	삼성	4.6	7.2	12.8	14.7	16.7
	현대	2.3	3.5	7.6	9.3	10.2
	동부	2.2	3.4	7.0	9.0	9.6
	LIG	2.0	3.5	6.6	7.9	8.9
	4사계	11.1 (62.4%)	17.6 (63.1%)	34.0 (62.4%)	40.9 (63.8%)	45.4 (63.1%)
	중소사	6.6 (37.1%)	9.2 (33.0%)	18.1 (33.0%)	20.5 (32.0%)	23.8 (33.1%)
	총계	17.7	26.8	52.1	61.4	69.2
외국손보사		0.1 (0.6%)	1.1 (3.9%)	2.4 (4.4%)	2.8 (4.4%)	2.7 (3.8%)
총계		17.8	27.9	54.8	64.1	71.9

자료 : 금융통계정보시스템, 생명보험)재무현황)요약손익계산서(전체), http://fisis.fss.or.kr.

2. 보험상품의 유통경로

2.1 유통경로 개관

우리나라 보험상품의 유통경로는 전통적으로 직급, 전속설계사, 전속대리점 등을 주축으로 하여 왔으나 2000년대에 들어 금융겸업화, 금융서비스에 대한 소비자 니즈의 다양화, 정보기술의 발전 등이 빠르게 진전되면서 다양화되는 현상이 나타나기 시작하였다. 즉, 2000년대 초부터 텔레마케팅(2001년), 방카슈랑스(2003년), 독립대리점(2005) 등의 새로운 채널이 생겨나면서 유통경로가 다양화되고 있다. 우리나라 보험상품의 유통경로는 [그림 28-2]와 같이 나타낼 수 있다.

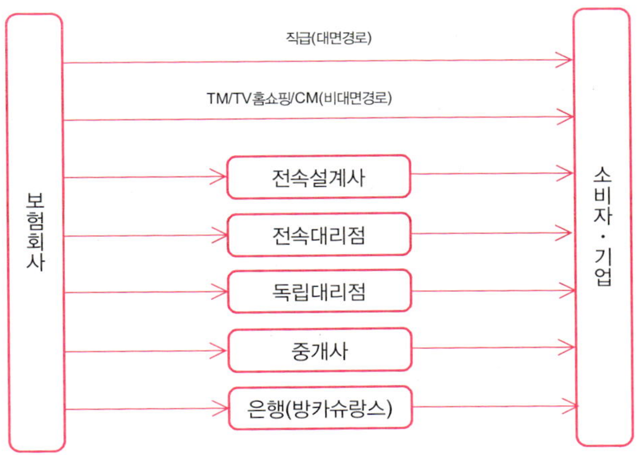

•• [그림 28-2] 보험상품의 유통경로

보험상품의 유통경로는 직접경로와 간접경로로 나누어진다. 직접경로는 보험회사가 임직원이나 자체 영업조직을 통해 직접 소비자를 대상으로 보험상품을 판매하는 경로를 의미하고, 간접경로는 전속설계사, 대리점(전속대리점 및 독립대리점), 중개사, 은행 등 타조직을 통해서 보험상품을 판매하는 경로를 의미한다. 직접경로는 다시 대면경로와 비대면경로로 나누어진다. 대면경로는 정규 임직원들이 직접 고객들과 개별적으로 접촉하여 영업이 이루어지는 경로를 의미하고, 비대면경로는 TM(텔레마케팅), TV 홈쇼핑, CM(인터넷마케팅) 등을 통해 보험상품의 판매가 이루어지는 경로를 의미한다. 보험회사는 보험상품을 만드는 것도 중요하지만, 개별상품 브랜드에 대한 소비자들의 충성도가 거의 존재하지 않는다는 보험업의 특성으로 인해 영업부문을 중심으로 하는 조직체계를 갖추고 있으며, 영업부분의 조직체계는 앞에서 기술한 유통경로를 중심으로 구성되어 있다. [그림 28-3]은 국내 보험회사들의 가장 보편적인 영업부문 조직도를 나타내고 있다. 직접경로 조직은 대면조직과 비대면조직으로 구성되어 있고, 간접경로 조직은 외부 판매주체의 유형별로 구성되어 있다. 직접경로 조직은 직접 영업활동을 실행하는 조직인 반면, 간접경로 조직은 직접 영업활동을 실행하는 조직이 아니라 전속설계사나 전속대리점 등의 외부의 판매조직을 지원하고 관리하는 조직이다.

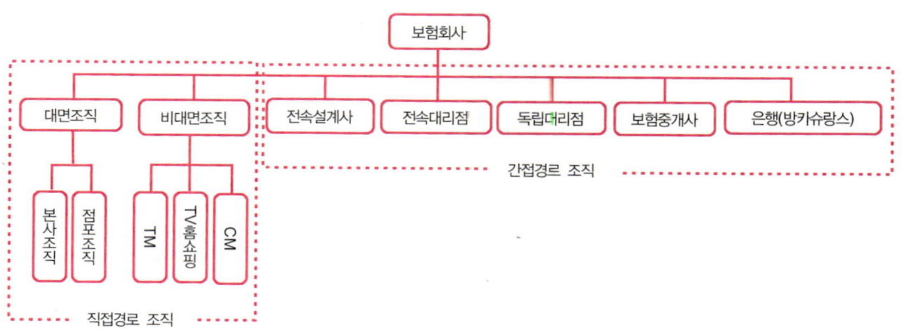

●● [그림 28-3] 국내 보험사의 영업부문 조직도

2.2 경로구성원

보험상품의 유통경로를 이해하기 위해서는 경로구성원들에 대한 이해가 선행되어야 한다. 주요 경로구성원으로는 직급, 비대면 영업조직, 전속설계사, 전속대리점, 독립대리점, 중개사, 은행(방카슈랑스) 등을 들 수 있다. [표 28-3]은 경로구성원 별 특성을 기술하그 있다.

•• [표 28-3] 각 경로구성원의 특성

구분	직급	비대면 영업조직	전속설계사	대리점		중개사	은행 (방카슈랑스)
				전속대리점	독립대리점		
개념	임직원이 직접 계약 체결	비대면 영업조직 구성원이 직접계약 체결	특정 보험회사를 위해 보험계약 체결 중개	특정 보험회사를 위해 보험계약 체결 대리	여러 보험회사를 위해 보험계약 체결 대리	독립적으로 보험계약 체결 중개	은행이 법인대리점 자격으로 보험상품 판매
보험계약체결 3권*	있음	있음	없음	있음		없음	없음
요율협상권	있음	없음	없음	없음		있음	없음
손해배상 책임	보험회사	보험회사	보험회사	보험회사	보험회사	중개인	보험회사
보험회사와의 관계	종속	종속	종속	종속	독립	독립	독립

* 보험계약체결 3권 : 계약체결대리권, 고지의무수령권, 보험료수령권

2.2.1 직급 및 비대면 영업조직

보험상품의 직접경로를 운영하는 조직은 직급과 비대면 영업조직으로 구분된다.

- 직급 : 직급(直扱)의 사전적인 의미는 직접취급(直接取扱)한다는 것이며, 보험회사에서의 직급은 '보험모집 업무를 직접 수행하는 임직원'을 의미한다. 보험업법에서는 임직원 가운데 대표이사, 사외이사, 감사, 감사위원을 제외한 임직원이 보험모집 활동을 할 수 있도록 하고 있다. 직급은 보험계약체결 3권 (계약체결대리권, 고지의무수령권, 보험료수령권)을 보유한다. 직급은 여타 경로에 비해 비용이 많이 소요되기 때문에 가계보험보다는 수익성이 크고 높은 전문성이 요구되는 기업보험의 판매에 더 적합하다. 즉, 직급은 주로 기업을 대상으로 B2B 영업을 하는 조직을 의미한다.
- 비대면 영업조직 : 보험회사의 비대면 영업조직은 TM(텔레마케팅), TV홈쇼핑, CM(인터넷마케팅) 등을 운영하는 조직을 의미한다. 비대면 영업조직은 2000년대 들어 도입되기 시작하였으며, 대형 보험회사보다는 전속설계사나 전속대리점 체제를 구축하기 힘든 국내 중소

형 보험회사나 외국사에 의해 보다 적극적으로 도입되었다. TM, TV 홈쇼핑, CM 등은 외부 판매조직에게 지급하는 판매수수료를 절감할 수 있기 때문에 보다 저렴한 가격에 보험상품을 판매할 수 있다는 장점을 가지고 있다. 그러나 대면을 통해 판매되는 것이 아니기 때문에 복잡하고 전문성이 높은 상품의 판매에는 적합하지 않다. 이러한 특성으로 인해 비대면 영업조직은 직급과는 달리 자동차보험과 같은 일반 소비자를 대상으로 하는 보험상품에 주력하고 있다.

2.2.2 전속설계사

전속설계사는 '보험회사에 소속되어 보험계약의 체결을 중개하는 자'를 의미한다. 전속설계사는 특정 보험회사에 소속되어 있으면서 보험회사의 지원과 관리를 받지만, 해당 보험회사의 정규직원이 아니라 자영업자로 분류된다. 이러한 의미에서 전속설계사는 직급과 명확히 구분된다. 전속설계사는 보험회사의 정규직원이 아니기 때문에 보험계약체결 3권 (계약체결대리권, 고지의무수령권, 보험료수령권)이 인정되지 않는다. 다만 소비자 보호를 위해 초회 보험료의 수령권은 인정되고 있다. 전속설계사가 되기 위해서는 연수과정의 이수 혹은 관련 분야 1년 이상의 종사 등의 요건을 갖추어야 하며, 보험회사가 이러한 요건을 갖춘 사람을 자사 소속의 보험설계사로 금융위원회에 등록하여야 한다. 전속설계사는 소속된 보험회사 이외의 보험회사를 위해 모집활동을 하지 못하지만, 등록요건을 갖추어 교차모집 보험설계사로 보험협회에 등록을 하면 생명보험설계사는 한 개의 손해보험회사를 위해, 손해보험설계사는 한 개의 생명보험회사를 위해 추가적으로 모집활동을 할 수 있다. 전속설계사는 보험상품이 전문화되고 고객의 니즈가 다각화되면서 단순한 모집활동을 넘어서서 재무상담, 생활설계, 대출상담 등과 같은 금융 전반에 대한 컨설턴트로서의 역할을 강화하고 있으며, 보험회사들은 이러한 활동을 장려하고 지원하기 위해 전속설계사에게 FC (Financial Consultant), FP (Financial Planner) 등의 명칭을 부여하고 있다. 전속설계사는 특정 보험회사에 소속되어 있다는 점에서 보험대리점 및 보험중개사와 구분되고, 보험계약의 체결을 중개할 뿐, 보험회사를 대리하는 것을 아니라는 점에서 보험대리점과 구분된다.

2.2.3 보험대리점

보험대리점은 보험회사와 대리점 계약을 체결하고 그 계약의 내용에 따라 모집업무를 수행하며 이에 대한 대가로 보험회사로부터 일정한 수수료를 지급받는 독립된 모집조직이다. 보험대리점이 되기 위해서는 보험회사와 보험대리업무에 관한 계약을 체결하고 영업보증금 예탁 등의 등록요건을 갖추어 금융위원회에 등록하여야 한다. 보험대리점은 보험계약체결 3권(계약체결권대리권, 고지의무수령권, 보험료수령권)은 있으나, 요율협상권은 가지고 있지 않다. 대리점은 몇 개 보험회사의 상품을 취급하는가에 따라 전속대리점과 독립대리점으로 구분된다.

- 전속대리점 : 전속대리점은 한 개 보험회사의 상품만을 취급하는 보험대리점을 의미한다. 전속대리점은 해당 보험회사를 퇴사한 임직원에 의해 설립되는 경우가 많으며, 보험회사는 이들이 빨리 정착을 할 수 있도록 사무실, 직원 인건비 등을 지원한다. 전속 대리점의 매출은 전속 보험회사의 매출로 잡힌다.

- 독립대리점 : 독립대리점(General Agency : GA)은 여러 보험회사의 상품을 판매할 수 있는 대리점으로 우리나라에는 2005년을 전후로 등장하였으며, 이후 전문화, 대형화, 다각화를 하면서 현재 우리나라 보험시장의 변화를 주도하고 있다. 독립대리점은 통상적으로 보험회사와 1년 단위로 계약하며, 생명보험 및 손해보험에서 각각 2개 정도의 보험회사를 주력 거래 보험회사로 선정하여 운영한다. 독립대리점은 보험회사로부터 사무실, 인테리어, 비품, 전산시스템 등을 지원받기도 하고, 지원을 받지 않는 경우에는 보다 유리한 판매수수료율 조건을 요구하기도 한다. 독립대리점은 규모가 클수록 보험회사로부터 좋은 조건의 수수료율을 적용받을 수 있고, 또한 향후에 도입될

것으로 예상되는 보험판매전문회사로의 전환이 수월하게 이루어질 수 있기 때문에 대형화를 위한 노력을 적극적으로 전개하고 있다. 하지만 이러한 과정에서 보험설계사의 잦은 이동과 스카우트 과열 등의 문제점도 발생하고 있다. 독립대리점의 조직은 본사조직과 영업조직으로 구분된다. 본사조직은 독립대리점을 운영하는 주체로 경영진과 지원조직 등으로 구성된다. 영업조직은 보험설계사들로 구성된 조직으로 판매수당을 수입원으로 하며 상당히 자율적으로 운영된다. 독립대리점의 영업조직에 의해 판매가 이루어지면 독립대리점은 해당 보험회사로부터 판매수수료를 받게 되는데, 판매수수료는 독립대리점 운영경비, 설계사 판매수당, 본사 수입 등으로 쓰이게 된다. 독립대리점 본사에서는 운영경비와 본사 수입 부분을 줄이고 대신 보험설계사의 판매수당을 높임으로써 좋은 설계사들을 많이 유치할 수 있도록 도모하고 있다.

2.2.4 보험중개사

보험중개사 제도는 우리나라에서는 1998년에 도입되었다. 보험중개사는 보험계약자와 보험회사 사이에서 독립적으로 보험계약의 체결을 중개하는 자로서 교육과정의 이수와 보험중개사시험의 합격 등의 요건을 갖추어 금융위원회에 등록을 하여야 한다. 보험중개사는 보험계약체결 3권 (계약체결권대리권, 고지의무수령권, 보험료수령권)을 갖지 않으나, 보험계약자를 위하여 보험계약체결을 중개하는 과정에서 보험회사와 보험요율을 협상할 수 있는 권한을 갖는다. 즉, 대리점이나 전속설계사가 보험회사를 위해 영업을 하는 것과는 달리 코험중개사는 고객을 위해 보험회사와 보험상품을 선택하고, 보험회사와 보험상품의 요율을 협상한다. 계약이 성공적으로 이루어지면 보험중개사는 해당 보험회사로부터 일정 수수료를 수취한다. 보험중개사는 보험요율 협상 권한을 갖기 때문에 시장에서의 주도권이 중개사로 기울 수 있다고 우려하는 보험회사들의 집중적인 견제의 대상이 되고 있다.

2.2.5 방카슈랑스

방카슈랑스(Bancassurance)는 프랑스어로 은행을 뜻하는 'Banque'와 보험을 뜻하는 'Assurance'의 합성어로 '은행이 보험회사의 법인대리점 자격으로 보험상품을 판매하는 것'을 의미한다. 우리나라에는 2003년에 도입되었다. 은행은 이미 구축되어 있는 점포망 및 판매조직을 활용하여 보험상품을 판매하기 때문에 방카슈랑스를 통해 판매되는 보험상품은 보험료가 상대적으로 저렴하다는 장점이 있다. 이러한 장점으로 인해 방카슈랑스가 과도하게 증가하면서 기존의 보험판매에 큰 충격을 줄 우려가 있기 때문에 이를 방지하기 위해 여러 가지 규제 조항을 두고 있다. 예를 들어 일반보험 판매에 있어서는 방문판매나 전화를 통한 판매가 가능하지만 방카슈랑스에서는 방문판매와 전화를 이용한 판매를 허용하지 않고 있으며, 은행 점포당 방카슈랑스 모집인원을 2인으로 제한하고 있다. 또한 은행이 동일한 금융그룹에 소속된 보험회사의 상품을 집중적으로 판매하는 것을 막기 위해 특정 보험사 상품의 판매비중이 25%를 넘을 수 없도록 하고 있다.

2.3 경로구성원의 매출 비중 및 인원 추이

2.3.1 경로구성원의 매출 비중 추이

[표 28-4]와 [표 28-5]는 각각 FY2007~FY2012년의 생명보험 및 손해보험 경로구성원들의 매출 비중 추이를 보여주고 있다. 생명보험 경로구성원 매출 비중 추이의 특징은 직급과 전속설계사의 비중이 크게 낮아지면서 방카슈랑스의 비중이 크게 높아졌다는 점이다. 방카슈랑스의 매출 비중은 FY2007년에는 34.2%였으나 FY2012년에는 무려 68.1%로 높아졌다. FY2012년을 기준으로 방카슈랑스 다음으로는 전속설계사의 비중(21.0%)이 높았다. 손해보험 경로구성원 매출 비중은 전속설계사와 보험대리점의 비중이 약간 낮아지고, 직급과 방카슈랑스의 비중이 약간 높아졌지만, 생명보험과 같은 극적인 변화는 관찰되지 않았다. FY2012년을 기준으로 가장 높은 비중을 차지하고 있는 경로구성원은 보험대리점(41.5%)과 전

속설계사(30.1%)인 것으로 나타났다. 방카슈랑스의 비중(FY2012 기준 12.6%)이 생명보험에 비해 낮은 것은 손해보험의 주력상품인 자동차보험이 방카슈랑스를 통해 판매될 수 없도록 되어있기 때문이다.

•• [표 28-4] 생명보험 경로구성원의 매출 비중 추이 (초회보험료 기준)　　　(단위 : %)

구분		FY2007	FY2008	FY2009	FY2010	FY2011	FY2012
직급		14.4	17.8	27.0	21.0	21.3	4.5
전속설계사		42.0	36.0	27.1	26.1	24.7	21.0
보험대리점		9.4	8.8	7.0	6.8	7.1	6.3
보험중개사		0.0	0.0	0.0	0.0	0.0	0.0
방카슈랑스		34.2	37.3	38.6	45.5	46.6	68.1
기타		0.0	0.1	0.2	0.7	0.3	0.0
합계	비율	100.0	100.0	100.0	100.0	100.0	100.0
	금액(원)	10.7조	6.7조	9.7조	13.5조	14.9조	30.7조

자료 : 보험연구원, 정기간행물)계간 보험동향, 2013/2011/2009/2007년 여름호, www.kiri.or.kr.

•• [표 28-5] 손해보험 경로구성원의 매출 비중 추이 (원수보험료 기준)　　　(단위 : %)

구분		FY2007	FY2008	FY2009	FY2010	FY2011	FY2012
직급		11.9	12.5	14.8	15.6	15.9	15.0
전속설계사		34.3	34.1	33.3	32.2	31.1	30.1
보험대리점		47.0	46.8	45.1	44.5	42.5	41.5
보험중개사		0.8	0.8	0.8	0.8	0.7	0.7
방카슈랑스		5.4	5.5	5.7	6.6	9.6	12.6
공동인수		0.5	0.4	0.4	0.2	0.2	0.1
합계	비율	100.0	100.0	100.0	100.0	100.0	100.0
	금액(원)	34.0조	37.5조	43.8조	52.2조	61.0조	68.5조

자료 : 보험연구원, 정기간행물)계간 보험동향, 2013/2011/2009/2007년 여름호, www.kiri.or.kr.

2.3.1 경로구성원의 인원 추이

보험상품 유통의 주요 경로구성원이라고 할 수 있는 임직원, 전속설계사, 전속대리점, 독립대리점 수의 2007~2013년의 추이는 [표 28-6] 및 [표 28-7]과 같다. 각 경로구성원 별 특징은 다음과 같이 기술 될 수 있다.

- 임직원 : 직급을 구성하는 임직원의 수는 큰 특징 없이 완만하게 증가하였다.

- 전속설계사 : 손해보험회사의 전속설계사 수는 2007~2013년의 기간 동안 2배 이상 증가하였으나 생명보험회사의 전속설계사 수는 같은 기간 동안 고작 2.7% 증가하는데 그쳤다. 그 결과 2007년에는 생명 보험회사 전속설계사 수가 손해보험회사 전속설계사 수의 약 2배에 달하였으나, 2013년에는 손해보험회사 전속설계사 수가 생명보험회 사 전속설계사 수보다 2만 명 이상 더 많았다. 연도별 추이를 살펴 보면 손해보험과 생명보험 모두에서 공통적인 특징이 관찰된다. 첫 째, 2008년에 전속설계사의 수가 대폭 증가하였다. 특히 손해보험회 사 전속설계사의 수는 한 해 동안 무려 2배 이상 증가하였다. 이는 2008년 금융위기로 인해 극심한 불황이 닥치면서 다른 직종에 있던 사람들이 설계사 직종으로 대거 이동하였기 때문이다. 둘째, 2010년 이후에는 전속설계사의 수가 지속적으로 증가하였으나 2013년에 감소 추세로 돌아섰다. 이는 장기불황으로 보험회사들이 비용절감을 위해 방카슈랑스나 비대면 채널을 강화하면서 전속설계사 조직을 축소하였 고, 또한 정부의 조치로 인해 보험해약 환급금이 늘어나면서 전속설 계사에게 돌아가는 판매수수료가 감소하였기 때문이다.

- 전속대리점 : 전속대리점 수는 2007~2013년 기간 동안 크게 감소하 였다. 손해보험회사의 전속대리점 수는 36,501개에서 23,244개로 36.3% 감소하였고, 생명보험회사의 전속대리점 수는 7,456개에서 3,855개로 48.3% 감소하였다. 감소의 이유로는 지속적인 불황, 독립 대리점의 활성화 등을 들 수 있다.

- 독립대리점 : 손해보험 독립대리점 수는 2007년의 5,849개에서 2013년에는 13,708개로 무려 2.3배 증가하였다. 반면에 생명보험 독 립대리점 수는 2007~2013년 기간 동안 거의 변화가 없었다. 그러나 생명보험 독립대리점의 경우에 숫자는 제자리걸음을 했지만 개별 독 립대리점의 규모는 크게 성장하였다.

●● [표 28-6] 생명보험사 유통경로별 인원 추이　　　　　　　　　　　(단위 : 명)

구분		2007	2008	2009	2010	2011	2012	2013
임직원		27,105	28,137	26,541	26,481	27,340	29,717	30,380
전속설계사		139,476	176,067	164,175	149,140	152,294	156,152	143,228
대리점	전속	7,456	10,311	8,874	6,885	5,857	5,157	3,855
	독립	3,211	3,384	4,513	3,483	3,232	3,298	3,180
	합계	10,667	13,695	13,387	10,368	9,089	8,455	7,035

자료 : 금융통계정보시스템, 생명보험>일반현황, http://fisis.fss.or.kr.
* 각 년도의 12월말 기준

●● [표 28-7] 손해보험사 유통경로별 인원 추이　　　　　　　　　　　(단위 : 명)

연도		2007	2008	2009	2010	2011	2012	2013
임직원		26,935	28,456	27,271	29,446	30,521	32,438	33,479
전속설계사		71,742	145,214	160,506	161,833	161,482	170,165	164,253
대리점	전속	36,501	35,424	33,579	31,003	28,670	26,399	23,244
	독립	5,849	9,435	11,255	11,928	11,881	12,588	13,708
	합계	42,350	44,859	44,834	42,931	40,551	38,957	36,952

자료 : 금융통계정보시스템, 손해보험>일반현황, http://fisis.fss.cr.kr.
* 각 년도의 12월말 기준

3. 보험유통의 문제점

　보험상품 유통경로의 다원화로 소비자의 선택권이 넓어지고 편이성이 증대되었지만, 불완전판매의 증가, 낮은 계약유지율 및 유지서비스의 소홀, 초기해약 시 낮은 환급금 등의 문제가 지속적으로 제기되어 왔다. 여기에서는 최근들어 가장 중요한 이슈가 되고 있는 불완전판매와 불완전판매의 주요 요인의 설계사에 대한 보상구조에 대해 논의한다.

3.1 불완전판매

　금융업계에서의 불완전판매는 금융회사가 금융상품의 기본 구조, 자금 운용, 원금 손실 여부 등 주요 내용을 고객에게 충분히 설명하지 않고 판매하는 것을 의미한다. 불완전판매는 보험업계에서도 매우 중요한 이슈가 되고 있다. 보험상품의 거래에서는 보험상품과 보험계약의 복잡성과 전문성으로 인하여 보험회사와 소비자 간에 '정보 비대칭성'의 문제가 실물상품은 물론, 여타 금융상품에 비해서도 훨씬 크게 나타나고 있다. 따라서 불완전판매의 문제가 발생하지 않기 위해서는 설계사의 보험상품 및 계약 체결에 대한 높은 전문성과 높은 윤리의식이 요구되고 있으나 그렇지 않은 경우가 많아서 소비자의 민원이 증가하고 있다. 또한 가입단계에서 소비자의 니즈에 부합한 계약이 체결되지 않아 해약으로 이어지고 있으며, 이로 인해 우리나라의 보험계약 유지율 수준은 주요 선진국에 비해 낮다. 불완전 판매를 개선하기 위해서는 유통채널 종사자의 자격 및 교육제도 정비, 소비자 중심의 유통 관행 정착을 위한 행위규범 및 윤리강령 정비, 불법행위에 대한 판매자책임, 선수당 방식의 개선 등이 필요하다는 점이 지적되고 있다.

3.2 설계사에 대한 보상구조

보험회사의 경로구성원에 대한 보상은 판매에 따른 커미션(commission)의 형태로 이루어지고 있으며, 또한 신계약을 활성화시키기 위해 커미션의 지급이 계약 초기에 집중적으로 이루어지고 있다. 즉, 전체 커미션의 30~70%가 계약 체결 직후에 지급되며, 초년도 지급률도 75~99%에 달하고 있다. 이에 비해 영국이나 미국의 초년도 지급률은 25~50% 수준으로 우리나라에 비해 훨씬 낮은 수준이다. 이로 인해 다음과 같은 여러 가지 문제점들이 발생하고 있으며 이를 해결하기 위해서는 판매커미션 일변도의 보상체계에서 벗어나서 유지커미션을 대폭 강화해야 한다는 점이 지적되고 있다.

- 첫째, 설계사나 대리점 등의 경로구성원이 계약유지에 대한 고려 없이 신규계약의 체결에만 집중하는 경향을 보이면서 초기 해약률이 높은 특성을 보이고 있다. 즉, 판매커미션 일변도의 보상체계는 불완전판매를 부추기는 효과를 가질 수 있고, 이로 인해 불만을 제기하고 계약을 해지하는 고객들이 증가하게 된다. 고객이 초기에 해약을 하

면 보험회사의 입장에서는 선지급한 커미션(판매수당)이 회수되지 않아 소비자에게 많은 해약공제금 적용하게 되고, 이는 소비자들이 지급받게 되는 해약환급금을 낮추는 결과를 초래하게 된다.

- 둘째, 설계사와 대리점의 입장에서는 기존고객의 유지에 따른 보상이 거의 없기 때문에 자연히 기존고객의 관리에 소홀해지고 이는 고객들의 높은 이탈률로 이어질 수 있다. 설계사나 대리점의 입장에서는 지속적으로 보험계약을 유지하는 고객보다는 해지와 체결을 반복하는 고객이 더 바람직할 수 있으며, 이는 보험회사의 입장과는 정반대되는 방향으로 영업활동이 이루어질 수 있다는 것을 의미한다.

- 셋째, 커미션의 선지급으로 인해 설계사들이 한 보험회사에서 지속적으로 근무하려는 유인이 작아지게 되며, 이는 설계사들의 잦은 이직으로 이어진다. 우리나라의 설계사 정착률은 주요 선진국에 비해 낮은 수준이며, 이는 소비자와의 장기적인 관계 형성이라는 측면에서 볼 때 매우 바람직하지 않은 현상이다. 설계사들의 잦은 이직은 보험회사의 채용, 교육훈련 등에 소요되는 비용을 증가시키고, 미환수된 커미션을 회수하기 위한 보험료의 증가도 이어진다.

● 참고문헌

보험개칼원 (2005), "보험모집제도의 현황," 연구자료, www.kidi.or.kr/pdf.

보험경영연구회 (2010), 보험과 리스크 관리, 문영사, 447-458.

통계청 (2013), 회사별 주요경영지표 현황, 2013년 7월 17일, 통계청, 국내국제통계>e-나라지표>부문별지표>경제>금융>보험>보험회사 수입보험료 규모

김혜옥 (2009), 생명보험회사 채널 전략에 대한 연구 : 해외 선진보험회사 사례를 중심으로, 석사논문, 연세대학교 경제대학원.

안경철, 이경희 (2011), 보험유통채널 개선방안, 보험연구원.

매경이코노미, "보험 판매업체(GA) 연합종횡," 2012년 8월호, 1670호.

머니투데이, "'보험아줌마' 지고 '보험대리점' 뜬다...,판매채널 지각변동," 2014년 5월 2일.

서울파이낸스, "보험유통의 질적 선진화," 2010년 6월 21일.

이투데이, "짐싸는 보험 설계사… 작년 1만7000명 줄어," 2014년 4월 10일.

컨슈머타임스, "보험설계사 '수당 먹튀' 소비자 보험료 '눈덩이'," 2014년 3월 4일.

한국보험신문, "보험업계 다이렉트 전성시대," 2013년 4월 22일.

제 **29** 장　　의약품

1. 우리나라 의약품 산업의 특성

　의약품은 국민의 생명 및 건강과 직결되어 있기 때문에 의약품 산업은 국민건강보험법과 약사법 등의 법규에 의한 규제를 많이 받는 특수한 산업이다. 다른 산업에서와는 달리 정부가 의약품의 가격을 정하며, 의약품 산업 전반에 걸쳐 심대한 영향을 미치는 국민개보험(1989년), 의약분업(2000년), 리베이트 쌍벌제(2010년) 등과 같은 제도를 적극적으로 도입하고 있다. 이러한 제도적 변화는 의약품의 유통경로에도 큰 영향을 미치고 있다. 또한 의약품 산업은 다른 산업과는 달리 소비자의 선택권이 매우 제한되어 있다는 특성을 가지고 있다. 의사의 처방이 필요한 전문의약품의 경우에는 소비자인 환자가 의약품을 선택할 수 있는 권한이 없고, 일반의약품의 경우에도 소비자가 의약품에 대한 지식이 적어서 약사의 권유에 의해 구매를 하는 경우가 많다. 이로 인해 다른 산업에서와는 달리 의약품의 유통경로는 소비자의 니즈가 적극적으로 반영되기 힘든 구조를 가지고 있다. 우리나라에서 특징적으로 나타나는 의약품 산업의 특성으로는 다음과 같은 사항을 들 수 있다.

1.1 전문의약품 및 제네릭 의약품 중심의 의약품

　의약품은 의사의 처방이 필요한지의 여부에 따라 전문의약품(ETC : Ethical the Counter)과 일반의약품(OTC : Over the Counter)으로 나누어지며, 또한 특허만료 여부에 따라 오리지널(original) 의약품과 제네릭(generic) 의약품으로 나누어진다. 우리나라에서는 80:20의 비율로 전문의약품의 비중이 압도적으로 낮으며, 또한 오리지널 의약품은 전체 의약품의 3% 대에 머무를 정도로 그 비중이 매우 미미하다.

1.2 과도하게 많고 영세한 제약업체

의약품 산업의 규모 (2012년 기준 약17조2,000억 원)에 비해 제약업체가 과도하게 많고 그 규모가 작다. 2011년을 기준으로 식품의약품안전청에 공식 등록된 제약업체 수는 약 550 개이며, 이 가운데 매출실적이 있는 제약업체도 301 개에 이른다. 우리나라의 제약업체 시장점유율 1위인 동아제약의 2012년 매출액은 9,310억 원으로 다른 주요 산업의 시장선도기업의 매출액에 비하면 작은 수준이다. 이러한 현상이 나타나는 것은 제약산업의 특성으로 인하여 우리나라 제약업체들이 국제적인 경쟁력을 갖기 어렵기 때문이다. 국제적인 경쟁력을 갖추어서 세계시장을 무대로 활발한 사업을 전개하기 위해서는 경쟁력 있는 신약을 지속적으로 개발할 수 있어야 하는데, 신약 개발은 약 10년이 넘는 기간과 2,000억에서 1조원이 넘는 엄청난 개발비가 요구되지만, 성공확률이 1%에도 이르지 못할 정도로 위험성이 높다. 그래서 신약개발은 미국, 프랑스, 일본 등 몇몇 선진국의 대형 제약업체들이 독점하고 있다. 우리나라의 제약업체 가운데 신약개발을 할 수 있는 능력이 있는 제약업체는 상위 몇 개사에 불과하다. 이러한 환경이기 때문에 우리나라 제조업체들은 신약특허 기간이 만료된 제네릭 의약품 중심의 생산체제를 갖추고 있다. 즉, 우리나라의 제약산업은 절대 강자가 등장하기 어렵고, 진입 장벽이 비교적 낮은 특성을 보이고 있다.

1.3 과도하게 많고 영세한 도매상

우리나라 의약품 도매상의 수는 발표기관에 따라 차이가 있지만 1,700~2,400개로 과도하게 많다. 미국 20개, 영국 11개, 프랑스 7개, 호주 8개에 비해서는 물론, 일본의 114개에 비해서도 15배 이상 차이가 난다. 이는 2000년 의약분업 실시로 약국이 기하급수적으로 증가하면서 의약품 유통시장의 규모가 확대된 것, 그리고 2001년에 1994년에 도입되었던 '도매상 시설규모 규제 (영업소 10평, 창고 80평 이상을 의무화하는 제도)'를 폐지한 것과 관련이 있다. 산업규모에 비해 숫자가 많기 때문에 그 규모도 매우 영세하다.

이렇게 영세하고 과다하게 많은 제약업체와 도매상 구조로 인해 과당경쟁이 벌어지면서 불법 리베이트, 과도한 판촉비용 지출 등과 같은 부정적인 현상들이 나타나고 있다. 제약회사는 병의원에는 자사제품 처방실적의 10~20%, 약국에는 구매실적의 5%를 리베이트로 제공하고, 도매상은 약국에 구매실적의 5%를 제공하는 것으로 알려져 있다. 또한 제약업체의 판매관리비 비중은 제조업 평균인 12% 대를 훨씬 능가하는 35~40%에 이르고 있다. 이에 비해 병의원과 약국은 대형화 추세를 보이면서 유통경로에서 상대적인 힘의 우위를 보이고 있다. 특히 5대 대형병원(삼성의료원, 현대아산병원, 서울대병원, 연세의료원, 카톨릭병원)을 중심으로 지방지점 설립, 병상 증설 등을 통해 규모를 키우고 있으며, 약국들도 프랜차이즈 시스템 구축을 통해 대형화하는 추세를 보이고 있다. 이러한 현상은 유통경로에도 반영되어 있다. 즉, 대형병원들은 재고관리와 주문업무 등에 소요되는 비용의 절감을 위해 병원에 의약품을 납품을 할 수 있는 도매상 (이러한 도매상을 '간납(間納)도매상'이라고 한다)을 지정하고, 이 업체들을 통해서만 의약품을 공급받는 경우가 많다. 이들 업체들은 도매상이나 제조업체로부터 공급받은 의약품에 자신들의 마진 (3~10%)을 더하여 병원에 납품하기 때문에 제약업체와 도매상들의 수익률은 감소할 수밖에 없다.

2. 우리나라의 의약품 유통경로

우리나라의 의약품 유통경로는 [그림 29-1]에서와 같이 제약회사가 병원이나 약국과 직접 거래하는 직거래 채널과 도매상을 경유하는 도매거래 채널로 나누어진다.

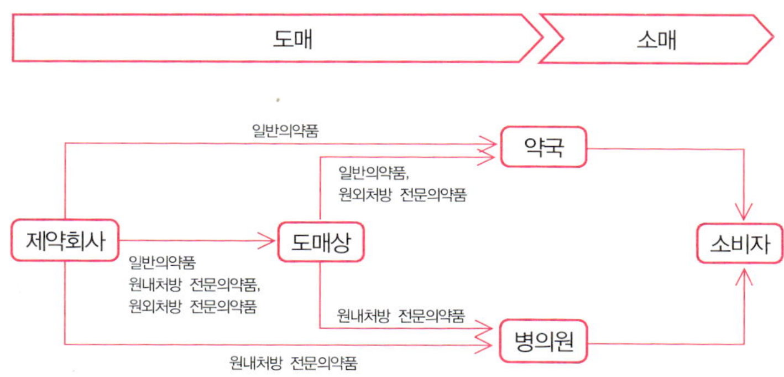

2.1 직거래 채널

직거래 채널은 제약업체가 병의원이나 약국에 직접 납품하는 것을 의미한다. 즉, 제약업체가 약국에 대해서는 일반의약품을, 병의원에 대해서는 원내처방(입원환자에 대한 처방과 같이 병원 내에서 소비되는 의약품에 대한 처방)에 의한 전문의약품을 직접 공급한다는 것을 의미한다. 2012년을 기준으로 전체 의약품 유통에서 약국 직거래 비중은 12.1%, 병의원 직거래 비중은 4.5%로 전체 직거래 채널 비중은 16.6% 정도이다. 병의원에서 의약품을 직접 판매하였던 2000년 의약분업 실시 이전에는 직거래 비중이 약 75%로 매우 높았으나, 의약분업 실시 이후 병의원의 의약품 구매가 급감하면서 직거래 비중도 크게 감소하였다 (2006년 약 52%, 2008년 약 46.5%). 2010년에 '의약품 유통일원화 제도 (100병상 이상의 종합병원은 반드시 도매상을 통해서 의약품을 구매하도록 하는 제도로 1994년에 도입)'가 일몰제도로 끝남에 따라 직거래 비중이 증가할 것으로 예상되었으나, 2010년에 실시된 '리베이트 쌍벌제'의 영향으로 특히 약국들이 제약업체와의 직접적인 거래를 꺼리면서 직거래 비중은 더욱 줄어들었다. '리베이트 쌍벌제'는 판촉을 목적으로 한 금전, 물품, 편익, 노무, 향응 등 각종 리베이트를 준 사람은 물론, 이를 받은 의료인도 2년 이하 징역이나 3,000만 원 이하의 벌금 또는 과징금 없이 1년 이내의 자격정지의 처벌을 하도록 규정하고 있다. 또한 취득한 경제적 이득을 전액 몰수하며, 몰수할 수 없을 때에는 이에 상당하는 액수를 추징할 수 있도록 하고 있다.

2.2 도매거래 채널

도매거래 채널은 의약품 제약업체가 도매상에게 의약품을 공급하고, 도매상이 약국에 대해서는 일반의약품과 원외처방 전문의약품을, 병의원에 대해서는 원내처방 전문의약품을 공급하는 것을 의미한다. 도매거래 비중은 의약분업 이후 꾸준히 증가하여 2012년에는 83.3%를 차지하였다. 제약업체는 수많은 도매상과 모두 거래를 할 수 없기 때문에 10개 내외의 도매상을 총판으로 선정하여 거래를 하는 것이 일반적이다. 따라서 제약업체와 직접 거래하기가 어려운 도매상은 총판으로부터 의약품을 공급받는 경우도 많다. 이러한 도매상은 특정 의약품이나 특정 약국 혹은 병원에 대한 판매 능력은 있지만 총판으로 선정되기에는 규모가 작은 도매상인 경우가 많다. 이러한 거래를 업계에서는 도매상이 도매상에게 판매한다는 의미의 '도도매(都都賣)'라고 부른다. 경우에 따라서는 병의원에 납품되는 의약품이 3~5개의 도매상을 거쳐 납품이 이루어지는 경우도 있다. 유통경로가 길어질수록 가격은 상승하기 때문에 이러한 도도매 관행은 의약품의 공급가격을 상승시키는 결과로 이어지고 있다.

2.3 의약품 유통경로에 대한 전망

우리나라의 의약품유통 경로구성원들의 영세성과 제네릭 의약품 중심의 생산구조는 경로 구성원들 간의 치열한 가격경쟁을 유발시키고 있으며, 이로 인해 경로 구성원들의 수익성이 악화됨은 물론, 리베이트 쌍벌제와 같은 제도의 도입에도 불구하고 불법적인 관행이 사라지기 어려운 환경이 조성되고 있다. 이러한 환경은 오리지널 의약품으로 무장한 다국적 제약업체들이 제조부문은 물론 유통부문에까지 그 세력을 크게 확장할 수 있는 토양이 되고 있다. 제약회사의 영업사원들이 국내업체보다 영업이 상대적으로 수월하고 근무조건이 상대적으로 양호한 다국적 제약회사를 더 선호하는 경향을 보이는 것도 이러한 추세를 반영하고 있다고 할 수 있다. 이러한 환경에서 향후에는 유통경로 구성원들이 경쟁력 강화를 위해 수평적 통합과 수직적 통합을 강화해 나갈 것으로 전망되고 있다. 이미 몇몇 대형병원들은 막강한 구매력을 바탕으로 도매부분에 대한 영향력을 강화시키고 있고, 약국들도 대형화를 위해 프렌차이즈 시스템을 도입하고 있으며, 첨단 물류시스템 등으로 무장한 대형 도매업체들도 등장하고 있다. 향후에는 여기에서 더 나아가 제조업체의 도매업 진출, 도매업체의 소매업 진출, 병의원의 도매업으로의 진출 등의 수직적 통합도 활발하게 전개될 것으로 예상되고 있다.

●참고문헌

고은지 (2008), "의약품 유통 선진화를 위한 과제," LG Business Insight, 1월 16일, 16-39.

손일선 (2012), 의약품 유통 in 한국유통포럼, 한국유통산업흐름, 이서원, 272-297.

윤명길, 류충렬, 유택용 (2008), "국내 의약품 유통구조에 관한 연구," 한국유통과학회 학술대회 발표집, 10-25.

정영철, 정영호 (2005), "의약품 유통정보 현황과 정책과제," 보건복지포럼, 11월, 76-91.

한국보건산업진흥원 (2009), 2009 보건산업진흥 포럼집.

약사신문, "제약, 약국직거래 2년 새 8천억 감소," 입력 2013년 8월 12일.

한국일보, "'구멍가게 제약사 난립'…하의30% 가 합쳐 점유율 1%," 2013년 3월 4일.

제 30 장 한약

1. 한약의 개념

약사법에 따르면 한약은 '자연계에 존재하는 식물, 동물, 광물에서 채취된 것으로 주로 원형대로 건조, 절단 또는 정제된 생약(生藥)'을 의미한다. 또한 한약재는 한약의 재료가 되는 것으로 강활, 구기자, 당귀, 두충, 작약, 지황, 천궁, 하수오, 황기, 감초 등과 같은 약용작물(약초)이 대부분을 차지하고 있다. 한약재는 산지에서 생산되어 농민의 손에 있을 때에는 농산물이지만, 건조, 절단, 정제 등의 과정을 거쳐 검사 규격품인 한약이 되면 약사법의 규제를 받는다. 그러므로 한약재는 처음에는 농림축산식품부의 소관이다가 나중에 한약이 되면 보건복지부 소관으로 바뀌는 특수한 성격을 지니고 있다. 한약재는 가공의 과정을 거쳐 한약으로 만들어지기도 하지만 식품으로 쓰이기도 하고 가공식품이나 화장품 등의 원료로 사용되기도 한다. 실제 현장에서는 '한약재'와 '한약'이라는 용어 대신, '식품용 한약재'와 '의약품 한약재'라는 용어를 사용하고 있다.

2. 한약의 유통경로

한약의 유통경로는 한약재의 생산자인 '한약재 재배농가'를 기점으로 하는 '한약재의 유통경로'와 의약품 한약재의 생산자인 '한약 제조업체'를 기점으로 하는 '한약의 유통경로'로 나누어진다. 이러한 논의에 따라 한약의 유통경로는 [그림 30-1]과 같이 나타낼 수 있다.

●● [그림 30-1] 한약의 유통경로

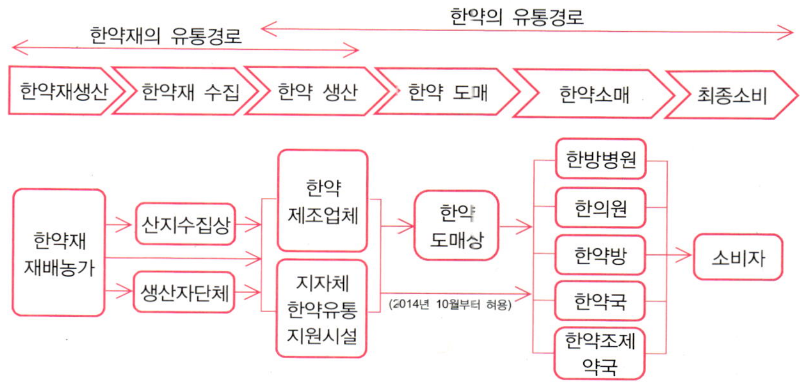

2.1 한약재의 유통경로

한약재(약용작물)의 생산규모는 2011년을 기준으로 약 62,000톤이며, 시가로는 1조7,000억 원에 이른다. 한약재 재배농가가 수확이나 채취를 통해 생산한 한약재는 직접 혹은 생산자단체 (산지농협, 영농조합법인, 농업회사법인 등)를 통해 한약 제조업체에 공급되기도 하지만 재배농가나 생산자단체는 출하규모도 적고 정보력이나 교섭력 등이 부족하기 때문에 대부분은 산지수집상을 거쳐 한약 제조업체에 공급된다. 산지수집상은 산지를 돌면서 한약재를 구입하여 판매하거나 혹은 제조업체 등으로부터 의뢰를 받아 의뢰를 받은 한약재를 납품하고 수수료를 수취하기도 한다.

한약 제조업체 이외에 한약을 제조할 수 있는 기관으로 정부가 지원하고 지방자치단체가 운영하는 '한약재 유통지원시설'이 있다. 한약재 유통지원시설은 제조업체와 마찬가지로 가공시설, 저장시설, 한약재 품질검사시설 등을 갖추고 있으며, 인근 지역으로부터 수매한 한약재를 바탕으로 한약을 제조하여 유통시키는 역할을 수행한다. 이 유통지원시설은 BTL (Build-Transfer-Lease : 민간사업자가 재원을 조달하여 설계 및 시공을 한 후 국가로부터 약정된 임대료를 수취하는 방식)로 건립되었으며 각 자치단체의 국고보조(임대료 지원) 사업으로 운영되고 있다. 현재 전국의 5

개 한약재 생산 거점지역 (강원도 평창군, 충북 제천시, 전북 진안군, 전남 화순군, 경북 안동시)에 위치하고 있다.

2.2 한약의 유통경로

한약은 2005~2012년 기간 동안 연평균 10% 이상의 성장률을 기록하면서 제조업체 출고가격을 기준으로 2012년 현재 약 2,800억 원의 시장을 형성하고 있다. 한약 제조업체는 산지수집상 등으로부터 공급받은 한약재를 활용하여 의료용을 사용될 수 있는 규격화된 한약을 생산하는 역할을 수행하며, 우리나라에는 현재 약 300여 개의 한약 제조업체가 있다. 한약 제조업체는 원형을 유지하고 있는 한약재를 세척, 박피, 절단, 건조, 살균 등의 과정을 거쳐 규격화한 후, 중금속 함량 등에 대한 검사를 통과한 제품을 유통기간, 저장방법, 원산지 등이 명기된 포장지에 포장하여 출시한다. 2015년부터 의약품 한약 제조업체에도 GMP (Good Manufacturing Practice : 약품의 안전성과 유효성을 품질 면에서 보증하는 우수 의약품 제조 관리 기준)가 적용된다. 이 기준을 충족하지 못하는 제조업체는 자격을 상실하게 되어 있기 때문에 이로 인해 상당수의 한약 제조업체가 퇴출될 것으로 예상되고 있다.

한약 제조업체에서 생산된 한약은 약업사가 운영하는 한약 도매상에 판매되고, 이는 다시 한방병원, 한의원(한의사가 관리), 한약방(한약업사가 관리), 한약국(한약사가 관리), 한약조제약국(한약조제약사가 관리) 등에 판매된다 ([글 30-1] 참조). 2014년 10월 이전까지는 정부의 유통일원화 정책에 의해 한약은 반드시 한약 도매상을 경유하도록 되어 있었지만 2014년 10월부터는 유통일원화 정책이 일몰제로 폐지됨에 따라 한약 제조업체가 직접 한방병원, 한의원 등에 공급할 수 있게 되었다. 즉, 2014년 10월부터는 양약의 경우와 마찬가지로 한약의 유통경로가 직거래 경로와 도매거래 경로로 2원화되었다. 이로 인해 제조업체와 소매상의 직거래가 늘어나면서 상당수의 도매상이 시장에서 퇴출되는 것은 물론, 도매상 간의 규모를 키우기 위한 인수·합병이 활발하게 이루어질 것으로 예상되고 있다. 현재 약 800여 개의 도매상들이 서울약령시, 대구약령시, 제천약령시 등 전국의 약령시를 중심으로 활동하고 있다 ([글 30-2] 참조).

[글 30-1] 한약의 판매 장소

약국의 약사에 대응하는 '한약사'는 '한약국'에서 한약을 조제하고 판매하는 사람을 가리킨다. 면허시대 이전 전통적으로 한약을 판매해 온 사람에게는 '한약업사' 면허가 주어졌다. 이들은 '한약방'을 운영한다. 또 '한약조제약사'는 한약분쟁 때 한정적으로 도입된 제도로, 기존 약사 가운데 한약조제 면허를 부여받은 사람이다. 한약조제약사의 영업장소는 '한약조제약국'이다. 한약업사, 한약조제약사의 경우 모두 신규면허 발급이 더 이상 없으므로 자연히 감소하고 있다. 한약의 판매업소는 한약국, 한약방, 한약조제약국이다. 그러나 아직 한방의약분업이 완전히 이루어지지 않아서 한방의료기관인 한방병원과 한의원에서도 일정 조건을 갖추면 한약의 조제와 판매가 가능하다.

자료 : 한국비즈니스정보 (2013), 대한민국 유통지도, 어바웃어북, 196-197.

[글 30-2] 서울약령시

현대적인 서울약령시의 역사는 1960년대 중반으로 거슬러 올라간다. 서울 동부 도심권의 교통요충지인 청량리역과 마장동 시외버스터미널을 중심으로 한약 상인들이 하나둘 모여들면서 구성되었다. 한국전쟁 이후 경기도와 강원도 일대의 농민들이 생산하거나 채취해온 농산물과 채소 및 임산물들이 옛 성동역과 청량리역을 통해 몰려들어 그 반입과 판매를 위해 인근 논을 매립한 공터에서 장사를 벌이기 시작하면서부터 자연히 시장이 형성된 것이 서울약령시의 시초이다. 1960년 6월 공설시장 개설 허가를 받은 후, 서울시내에서 모든 농산물을 골고루 갖춘 가장 싸게 파는 시장으로 자리를 잡았으며, 특히 강원도 등의 한약재의 주산지와 철도 및 도로로 편리하게 연결되면서 급속히 발전하여 1960년대 후반에는 한약재 등의 특종 물품을 취급하는 전문시장으로 변모하게 되었다. 지금과 같은 규모와 상품구색을 갖추게 된 것은 1970년대이다. 종로4가와 종로5가에 모여 있던 전통적인 토박이 약재상들이 이곳으로 이사를 오면서 서울약령시가 약재 집산지 역할을 담당하게 되었다. 1970년대부터는 전국적으로 명성이 알려지면서 시장은 급격히 확대되었고, 1980년 8월에는 시장 근대화사업을 촉진시켜 근대시장으로서의 면모를 갖추게 되었다. 1983년부터는 인삼과 꿀까지 취급하면서 서울에서 소비되는 인삼과 꿀의 약 4분의 3, 전국 한약재의 약 3분의 2가 서울약령시를 통해 유통되고 있다.

자료 : 경동시장 홈페이지, www.kyungdongmart.com.

● 참고문헌

최성규 (2003), 한약유통학, 신광출판사.
한국비즈니스정보 (2013), 대한민국 유통지도, 어바웃어북, 194-197.
경동시장 홈페이지, www.kyungdongmart.com.
남도방송, "화순군, 한약재 유통지원시설 준공," 2010년 9월 24일.
충청일보, "한약재 전용 오픈마켓 등 유통 인프라 육성해야," 2012년 9월 27일.
한의신문, "2012년 국내 의약품 한약재 시장규모 2,778억원," 2013년 11월 22일.

제 **31** 장   주류

1. 주류의 개념

우리나라의 주세법에 의하면 주류는 '주정(酒精)과 알코올 성분 1도 이상의 음료'를 의미한다. 주정은 식품이나 맥주, 소주 등 타 주류의 원료로 쓰인다. 즉, 주류에서 주정을 제외한 모든 주류는 소비재인 반면, 주정은 산업재로 분류될 수 있다. 또한 주류법은 주정 이외의 주류를 크게 발효주류 (탁주, 약주, 청주, 맥주, 과실주), 증류주류 (소주, 위스키, 브랜디, 증류주, 리큐르), 기타주류 등으로 구분하고 있다. 세율도 술의 종류에 따라 달리 적용하고 있다. 예를 들어 주세법은 탁주 5%, 약주 30%, 청주 30%, 과실주 30%, 맥주 72%, 소주 72%, 위스키 72% 등의 종가세를 부과하고 있다. 즉, 탁주, 약주 등의 전통주의 세율은 5~30%로 상대적으로 낮은 반면, 맥주, 소주, 위스키 등의 일반주류의 세율은 72%에 이르고 있다.

2. 주류의 판매 추이

[그림 31-1]는 우리나라에서 2007~2012년의 6년 동안 주정을 제외한 주류의 판매추이를 보여주고 있다. 국내생산주류는 제조업체 출고가를 기준으로 하고, 수입주류는 수입신고가를 기준으로 할 때 2012년에 우리나라 주류시장의 규모는 약 8조4,500억 원에 이르고 있으며, 수입주류가 전체 시장의 약 6.2%을 차지하고 있다. 2007~2012년의 기간 동안 전체 주

류시장 규모는 연평균 1.6% 정도의 완만한 성장세를 보이고 있다. 이 기간 동안 국내생산주류가 연평균 약 1.8% 성장한 반면, 수입주류는 정체 상태를 보였다. 2012년을 기준으로 맥주는 국내생산주류 시장에서 약 50.4%, 소주(희석식)는 37.7%를 차지하여 맥주와 소주가 전체 국내생산주류 시장의 88.1%를 점유하였다. 탁주는 이 기간 동안 약 1,600억 원에서 약 5,000억 원으로 3배 이상 성장한 반면, 위스키는 약 5,200억 원에서 약 800억 원으로 그 규모가 급감하였다. 수입주류 시장에서는 위스키가 가장 큰 비중을 차지하고 있지만 점차 규모가 감소하는 추세를 보이고 있는 반면, 맥주는 규모에 있어서는 와인이나 위스키에 비해 훨씬 적지만 가파르게 상승하는 추세를 보여주고 있다.

●● [그림 31-1] 우리나라 주류시장 규모 추이

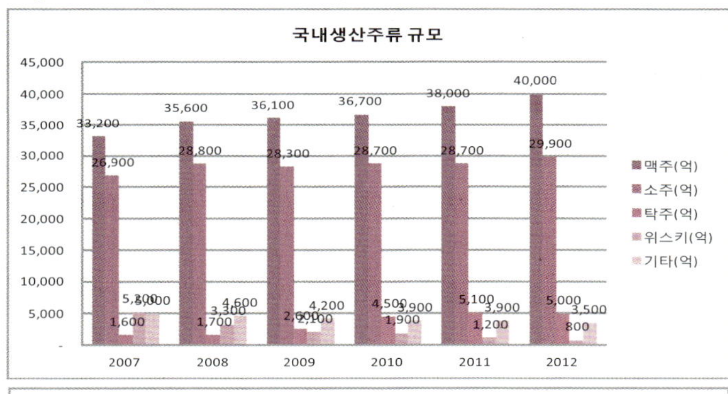

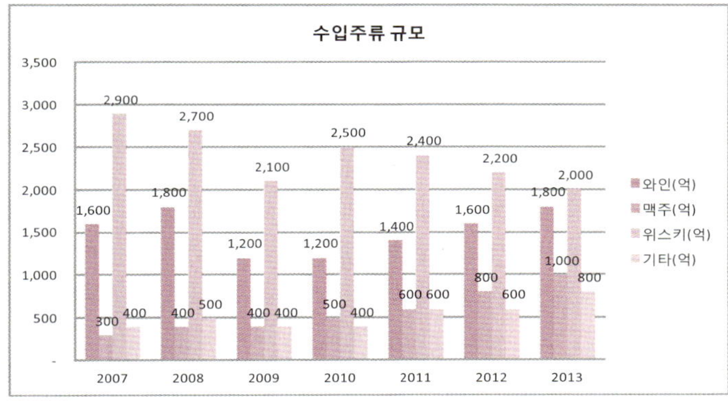

자료 : 국내생산주류 : 국세청, "2007~2013 국세통계연보," 국세청 홈페이지,
http://www.nts.go.kr/info.

수입주류 : 한국주류수입협회, "2012~2013 주종별 주류수입량," 한국주류수입협회 홈페이지
hppt://www.kwsia.or.kr.
* 국내생산주류는 제조업체의 출고가를 기준으로 하며, 술의 원료가 되는 주정을 제외한 수치임
* 수입주류은 수입가격(CIF)을 기준으로 하며, 2014년 3월31일의 환율을 적용하였음 (1달러
=1,065.8원)

3. 주류 유통에 대한 정부의 규제

주류는 국민의 건강과 직결되어 있는 제품이기 때문에 정부는 생산에서 판매에 이르는 모든 과정을 규제하고 있으며, 이러한 규제는 주류의 유통경로에도 결정적인 영향을 미치고 있다. 정부의 주류에 대한 규제 가운데 유통과 관련된 중요한 사항들로는 다음과 같은 것들이 있다.

3.1 일반주류의 주류도매상을 통한 거래

맥주, 소주, 위스키 등 일반주류 제조업체들은 직접 소비자나 소매상을 대상으로 판매할 수 없고, 반드시 도매상을 거쳐야 한다. 과거에는 제약업체의 의약품도 반드시 도매상을 경유하도록 되어 있었던 시기가 있었지만 현재는 약국이나 병원과의 직거래를 허용하고 있으며, 한약의 경우도 2014년 10월부터 직거래가 허용되었다. 따라서 2014년 10월부터는 주류가 모든 업종 가운데 유일하게 도매상을 경유하여야 한다는 규제를 받는 셈이 된다. 국내 제조업체와는 달리 외국으로부터 와인, 양주, 맥주 등을 수입하는 주류수입업체들은 소매상에 직접 판매할 수 있고, 2012년 초부터는 규제가 풀려서 소비자에게도 직접 판매할 수 있다. 이러한 규제완화는 직접판매를 허용하여 유통경로를 단축시킴으로써 수입주류의 가격인하를 유도하려는 목적을 가지고 있다. 그렇지만 현실적으로 영세하고 인지도가 낮은 주류수입업체들이 다양한 종류의 스입주류를 직접 소비자에게 판매하기는 쉽지 않기 때문에 규제 완화의 효과가 크게 나타나고 있지는 않다. 탁주, 약주 등의 전통주의 경우에도 전통주 장려책의 일환으로 제조업체가 직접 소매상이나 소비자에게 공급하는 것이 가능하도록 되어 있다.

3.2 주류도매업 및 주류중개업의 허가제

주류를 도매하거나 거래를 중개하기 위해서는 국세청으로부터 허가를 얻어야 한다. 즉, 주류도매업이나 주류중개업은 신고제가 아니라 면허를 주는 허가제이다. 이는 무분별한 주류 유통으로 인해 국민건강에 악영향이 미치는 것을 미연에 방지하고, 동시에 세원(稅源)을 관리하여 재정수입을 원활하게 확보하기 위함이다. 주류도매상과 주류중개상의 차이는 주류도매상이 제조업체나 수입업체로부터 주류를 구입하여 소매상, 식당, 주점 등에 판매하는 반면, 주류중개상은 구입을 하는 것이 아니라 제조업체·수입업체와 자신의 조직에 소속되어 있는 가맹점·직영점과의 거래가 이루어지도록 중개자의 역할만을 수행한다는데 있다. 대표적인 주류중개상으로는 한국슈퍼마켓협동조합 본부, 농축수산협동조합 중앙회, 유통체인사업자 등을 들 수 있다.

주류도매업면허는 종합주류도매업면허, 특정주류도매업면허, 주류수출입도매업면허(이는 다시 주류수출업면허, 주류수입업면허, 수입주류전문도매업면허 등의 3가지로 나누어짐) 등으로 구분된다. 종합주류도매상은 탁주와 술의 원료가 되는 주정(酒精)을 제외한 국내외의 모든 주류를 판매할 수 있는데, 주로 일반주류인 맥주, 소주, 위스키를 취급한다. 특정주류도매상은 탁주, 약주, 청주 등의 전통주만을 판매할 수 있으며, 수입주류전문도매상은 주종에 관계없이 모든 수입주류를 판매할 수 있다. [표 31-1]은 주류 판매면허의 유형별 현황을 보여주고 있다. 이 표를 통해 모든 판매면허의 유형에 있어서 2010년대에 들어 그 수에 큰 변화가 없다는 점과 시장의 규모에 비해 그 수가 대단히 많다는 점을 알 수 있다. 그래서 도매상들은 슈퍼, 주점 등 약 60만 개의 판매처를 놓고 판매처를 확보하기 위해 치열한 경쟁을 벌이고 있다.

•• [표 31-1] 주류 판매면허의 유형별 현황 (단위 : 개)

구분		2005	2006	2007	2008	2009	2010	2011	2012
도매업 면허	종합주류도매	1,229	1,214	1,198	1,196	1,188	1,182	1,173	1,172
	특정주류도매	1,476	1,520	1,541	1,512	1,507	1,863	1,895	1,849
	수입주류전문도매	129	126	126	123	120	117	117	115
국내중개업		315	307	207	214	221	230	236	243

자료 : 통계청, 국내통계〉재정· 금융· 보험〉국세통계〉주류 판매면허 종류별· 지역별 현황, kosis.kr/statisticsList.

3.3 일반주류 대리점의 불허

맥주, 소주, 위스키 등 일반주류 제조업체들은 대리점을 둘 수 없다. 과거에는 약주나 탁주 등의 전통주 제조업체들도 대리점을 둘 수 없었으나 1993년에 규제가 풀리면서 현재는 대리점을 둘 수 있다. 이러한 규제완화는 전통주 제조업체들이 유통경로 상에서 힘을 발휘할 수 있도록 함으로써 전통주 판매의 활성화를 기하기 위한 조치였다고 할 수 있다. 이에 따라 서울탁주, 국순당, 배상면주가 등 대형 전통주 제조업체들은 특정주류도매상들과 대리점 계약을 맺고 제품을 유통시키고 있다. 대리점의 상당수는 특정 제조업체의 주류만을 취급하는 전속대리점의 형태를 취하고 있다. 대리점을 둘 수 없는 하이트진로, 오비맥주, 롯데주류 등의 일반주류 제조업체들은 여러 회사의 제품을 취급하는 종합주류도매상과의 관계에서 을(乙)의 위치에 서게 되는 반면, 서울탁주, 국순당, 배상면주가 등의 전통주 제조업체들의 경우에는 자사의 제품만을 취급하는 전속대리점과의 관계에서 갑(甲)의 위치에 서게 된다. 이로 인해 일반주류 제조업체의 경우에는 도매상을 대상으로 하는 '물량 밀어내기' 등과 같은 현상이 발생할 소지가 원천적으로 없는 반면, 전통주 제조업체들의 경우에는 '물량 밀어내기', '일방적 계약해지', '무리한 판매목표 설정' 등의 이슈가 발생하면서 전속대리점들과 갈등관계를 갖기 될 수 있다.

3.4 온라인판매의 금지

원칙적으로 주종에 관계없이 주류의 온라인관매는 금지되어 있다. 예외적으로 전통주에 대해서는 판매활성화를 위해 일부 온라인판매를 허용하고 있다. 그러나 모든 전통주 제조업체에 대해 온라인판매를 허용하는 것은 아니며 상당히 까다로운 조건을 두고 있다. 즉, 농림수산식품부장관이 추천하는 농·임업인이나 생산자단체가 스스로 생산하는 농산물을 주원료로 하여 제조한 주류, 문화재보호법에 의하여 문화재청장 또는 특별시장·광역시장·도지사가 추천하는 주류, 식품산업진흥법에 의하여 지정된 주류부문의 전통식품 명인에 대하여 농림수산식품부장관이 추천하는 주류에 대해서만 허용되어 있고, 그것도 생산자의 자체 인터넷사이트, 우체국 인터넷사이트, 농수산물유통공사의 전통주 판매전용 인터넷사이트 등의 제한된 인터넷사이트를 통해서만 실수요자에게 판매할 수 있도록 하고 있다. 구매자는 성인인증을 거쳐 1인당 50병 미만의 전통주를 구입할 수 있다.

4. 주류의 유통경로

앞에서 언급한 규제는 주류의 유통경로에 결정적인 영향을 미치고 있고, 도한 일반주류, 전통주, 수입주류 등이 각기 상이한 형태의 규제를 받고 있기 때문에 주류의 유통경로는 일반주류(맥주, 소주, 위스키 등), 전통주(약주, 탁주 등), 그리고 수입주류 등의 3가지 유형으로 나누어 살펴볼 수 있다.

4.1 일반주류의 유통경로

맥주, 소주, 위스키와 같은 일반주류의 유통경로는 [그림 31-2]와 같이 나타낼 수 있다. 일반주류 제조업체의 주력 유통경로는 종합주류도매상을 거치는 경로이다. 즉, 일반주류 제조업체는 종합주류도매상에게 맥주, 소주, 위스키 등을 판매하고, 종합주류도매상은 이를 식당, 주점, 비가맹 중소슈퍼, 대형 유통업체 (대형마트, SSM, 편의점 등) 등에 판매한다. 또 다른 경로는 슈퍼체인본부, 농축수협중앙회, 유통체인사업자 등의 중개업체를 통해 슈퍼체인본부나 유통체인사업자에 소속된 중소슈퍼 가맹점이나 농수축협 중앙회에 소속된 직매장에 판매하는 경로이다. 중계업체를 통한 거래 규모는 종합주류도매상을 통한 거래 규고에 비해 훨씬 작다.

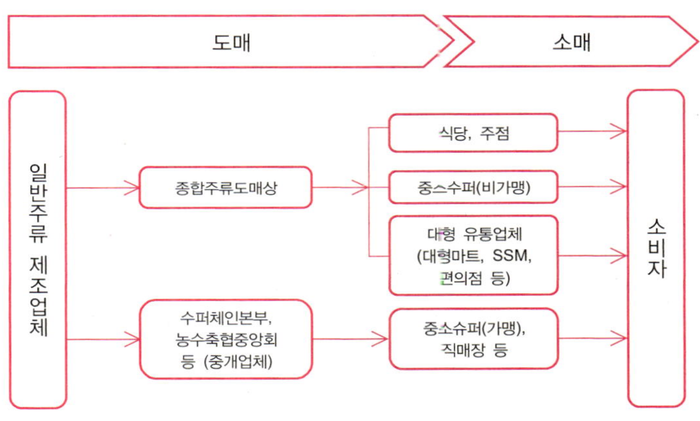

이러한 유통경로 하에서 일반주류 제조업체의 영업은 종합주류도매상 대상의 영업, 대형유통업체 대상의 영업, 그리고 주요 소비처인 식당, 주점 등을 대상으로 하는 영업 등의 3가지 유형으로 나누어진다. 종합주류도매상 대상의 영업은 영업사원 1명이 약 20~30개의 도매상을 담당하여 이루어지는데 주로 도매상에게 중소마트나 주점 등을 대상으로 자사의 제품을 더 많이 취급하도록 독려해 줄 것을 부탁하는 방향으로 이루어진다.

대형유통업체 대상의 영업은 다시 대형유통업체 본사 대상의 영업과 대형유통업체 매장 대상의 영업으로 나누어진다. 대형마트와 같은 대형유통업체는 대부분의 구매 의사결정을 본사에서 총괄하여 하기 때문에 본사의 구매담당자를 대상으로 하는 영업이 이루어져야 하고, 또한 각 매장에서는 대형유통업체 주류담당 PM(product manager)의 판촉행사를 지원하고, 자사에서 파견한 판촉사원을 관리하는 등의 활동이 이루어져야 한다. 마지막으로 주점이나 식당 등을 대상으로 하는 영업은 영업사원 1명이 약 200개의 주점이나 식당을 담당하여 이루어지는데, 주점이나 식당 등을 찾은 손님들을 대상으로 시제품 제공 등의 활동을 벌이기도 하고, 점주를 대상으로 자사의 제품을 더 많이 주문해줄 것을 요청하기도 한다. 경우에 따라서는 자사의 제품을 취급하고 있지 않은 점주를 설득해서 자사 제품을 취급하겠다는 약속을 얻어내고, 그 점주와 자사의 제품을 취급하고 있는 종합주류도매상을 연결시켜주는 역할을 하기도 한다. 그러나 어떠한 유형의 영업이든 일반주류 제조업체의 영업사원은 주점이나 식당을 대상으로 주문을 받는 활동을 하는 것이 아니라 자사 제품에 대한 정보를 제공하고 자사의 제품에 대해 호의를 가질 수 있도록 하는 활동을 전개한다. 이러한 유형의 영업사원을 일반적인 영업사원과 구분하여 '촉진활동 영업사원 (missionary salespeople)'이라고 부른다.

4.2 전통주의 유통경로

전통주는 일반주류에 비해 시장규모가 훨씬 작은 반면, 탁주(막걸리), 약주, 청주, 과실주, 증류식소주 등 그 종류는 매우 다양하다. 전통주 가운데 가장 큰 시장을 형성하고 있는 것으로는 탁주(막걸리)와 약주가 있다. 탁주의 경우에는 서울탁주가 약 50%, 국순당이 약 16% 정도의 시장 점유율을 차지하고 있으며, 그 외에 규모가 매우 작은 많은 수의 영세 지역양조장이 있다. 약주도 국순당(백세주), 배상면주가(산사춘) 등이 선두권을 이루고 있으며, 그 외에 작은 규모의 많은 제조업체들이 있다. 전통주의 유통경로는 제조업체의 규모에 따라 두 가지 유형으로 크게 나누어질 수 있다 ([그림 31-3] 참조).

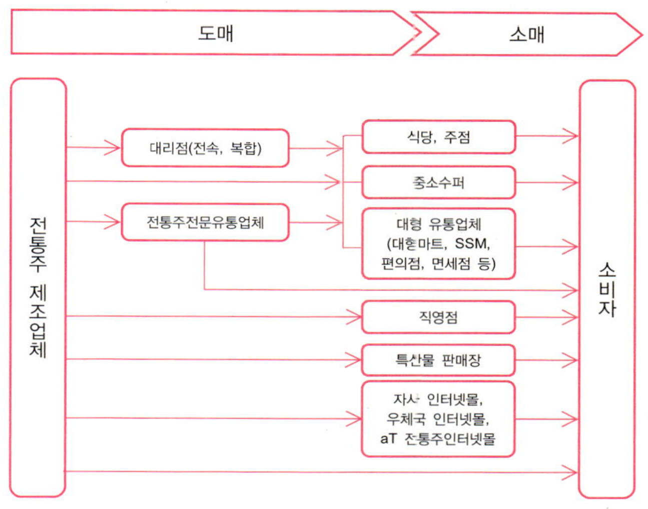

- 대형 전통주 제조업체 : 전통주 제조업체는 일반주류 제조업체와는 달리 도매상의 역할을 하는 대리점을 들 수 있으며, 탁주는 주세사무처리규정에 의해 종합주류도매상이나 주류중개상에게 판매할 수 없다. 국순당, 배상면주가, 서울탁주 등 규모가 큰 전통주 제조업체들은 시장침투율을 높이기 위해 특정주류도매면허를 가지고 있는 도매상과 대리점 계약을 맺고 탁주와 약주를 유통시키고 있다. 대리점은 특정 제조업체의 주류만을 취급하는 전속대리점의 형태를 취하는 경우가 대부분이지만, 타사의 제품을 같이 취급하는 복합대리점의 형태를 취하기도 한다. 대리점은 제조업체로부터 구입한 전통주를 식당, 주점, 중소마트, 대형유통업체 등어 납품한다.

- 소형 전통주 제조업체 : 대형 전통주 제조업체들과는 달리 문배주, 이강주, 안동소주, 진도홍주, 백일주 등 지명도는 높지만 대리점을 둘 수 없는 비교적 작은 규모의 전통주 제조업체들은 공장에 위치한 직판장, 소수로 운영되는 직영점, 특산물 판매장, 전통주전문유통업체 등을 통해 판매하거나 대형유통업체로부터 직접 주문을 받아 납품하기도 한다. 전통주전문유통업체는 전화상담이나 방문상담을 통해

일반소비자, 소매상, 기업(선물용) 등에 제품을 판매한다. 특히 막걸리는 영세한 지역양조장에서 생산되는 경우가 많다. 막걸리는 일정한 맛을 유지하기 위해서는 냉동탑차, 냉동저장고 등이 필요하지만, 영세한 지역양조장의 경우에는 이러한 설비를 갖추기 어렵기 때문에 대부분 인근의 식당이나 중소마트에 직접 납품하고 있다. 일부 자격을 갖춘 전통주 제조업체들은 자사의 인터넷 몰, 우체국의 인터넷몰, 농수산식품유통공사(aT)의 전통주 전용 인터넷몰 등을 통해 판매할 수 있다.

4.3 수입주류의 유통경로

우리나라에는 맥주, 와인, 위스키, 보드카, 럼 등 다양한 주류가 수입되고 있다. 최근에는 저도주를 선호하는 소비트렌드의 변화에 따라 위스키의 수입이 급격히 줄어든 반면, 맥주와 와인 등의 수입이 증가하고 있다. 국내 맥주시장에서 수입맥주가 차지하는 비중은 2004년에는 1% 정도였으나 젊은층을 중심으로 수입맥주에 대한 선호가 높아지면서 2014년 현재 2%를 넘어섰으며, 수입맥주의 종류도 10년 전에는 20여 종에 불과하였지만, 현재는 200개를 넘고 있다. 수입와인은 와인문화가 폭넓게 확산되면서 국내 와인시장에서 차지하는 비중이 2000년에는 50% 정도의 수준이었지만, 2010년대 들어서는 90%를 넘어서고 있다. 수입주류의 유통경로는 [그림 31-4]와 같이 나타낼 수 있다.

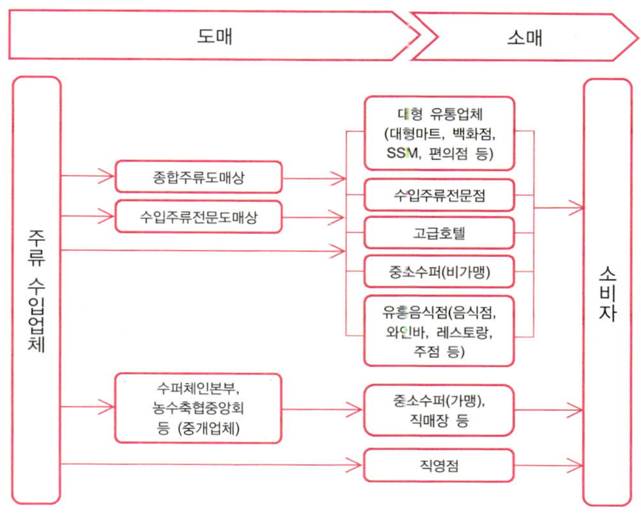

　수입주류는 일반주류와 마찬가지로 도매상을 통해 유통되기도 하지만, 수입업체가 도매상을 경유하지 않고 소매상에게 직접 판매할 수도 있고, 혹은 직접 소비자를 대상으로 판매할 수도 있다. 그렇지만 일반주류와 마찬가지로 인터넷 판매는 금지되어 있다. 종합주류도매상이나 수입주류전문도매상은 수입업체로부터 수입주류를 공급받아 이를 대형 유통업체 (대형마트, 백화점, SSM, 편의점 등), 수입주류전문점, 중소슈퍼, 고급호텔, 음식점, 와인바, 주점 등에 판매한다. 슈퍼체인본부나 농축수협중앙회와 같은 중개업체들도 수입업체로부터 수입주류를 공급받아 가맹점이나 직영점 등에 유통시킬 수 있다.

　소비자들은 수입와인을 음식점, 와인바, 레스토랑 등에서 직접 마시거나 혹은 대형마트, 백화점, 와인전문점, 편의점 등에서 구입할 수 있지만, 와인이 가장 많이 팔리는 장소는 대형마트이다. 2014년 현재 대형마트에서 와인 매출액이 소주 매출액을 추월하고 있다. 수입맥주는 대형마트와 편의점 등과 같은 대형 유통업체를 통해서도 많이 판매되지만 의외로 중소슈퍼를 통해 판매되는 양이 훨씬 더 많다. 우리나라에서 가장 많은 시장점유율을 점하고 있는 수입맥주는 버드와이저, 아사히, 하이네켄 등의 3개 브랜드인데, 이 가운데 1위를 점하고 있는 버드와이저는 3개 브랜드 가운데 대형 유통업체에서는 가장 낮은 점유율을 기록하고 있지만, 종합 주류도매상을 경유하는 중소슈퍼 경로를 장악함으로써 수입맥주 1위의 위치를 차지하고 있다. 즉, 아사히와 하이네켄 등이 대형 유통업체, 고급 호텔 등을 중심으로 하는 유통전략을 취하고 있는 반면, 오비맥주가 수입 하고 있는 버이와이저는 오비맥주가 강점으로 내세우고 있는 종합주류도 매상을 통한 유통망을 활용함으로써 타 수입맥주가 상대적으로 등한시하 고 있는 중소슈퍼 시장에서 압도적인 우위를 보이고 있다.

그런데 수입주류의 경우에는 수입업체, 도매상, 소매상이 명확히 구분 되어 있는 것은 아니다. 예를 들어 주류 수입업체는 스스로 주류도매를 같이 하기도 하고, 가자주류와 같이 수입주류전문 프랜차이즈를 운영하면 서 가맹점에 수입주류를 공급하기도 하며, 자신의 매장에서 직접 소비자 에게 판매하는 수입업체도 있다. 또한 최근에는 대형마트와 같은 대형 소 매업체들도 직접 와인을 수입하고 있다.

● 참고문헌

국세청, "2007~2013 국세통계연보," 국세청 홈페이지, http://www.nts.go.kr/info.

김태준 (2010), "국내 주류산업의 현황 및 주요 이슈에 따른 영향," KIS Credit Monitor, 2월 8일, 12-27.

남기철 (2005), "주류 유통의 개선방안: 도,소매 중심으로," 레포트.

여수환, 정용진 (2010), "국내 막걸리 산업의 현황과 발전 방안," 식품과학과 산업, 43 (4), 55-64.

이창용, 이상윤 (2010), "막걸리 유통구조 개선 방향에 관한 연구," 유통산업 연구, 2 (1), 23-28.

경향신문, "갑의 횡포 을의 눈물 : (7)전통주류 업계," 2013년 5월 16일.

뉴스1코리아, "'막걸리' 팔다 '쪽박'···전통주 밀어내기 실태," 2013년 5월 16일.

동아일보, "떨떠름한 와인값, 유통단계 줄여 거품 뺀다," 2011년 12월 5일.

머니투데이, "맥주시장 '삼국지' 온다··· 맥주 맛 달라질까?," 2014년 2월 6일.

서울경제, "수입맥주 열전! 버드와이저 vs 아사히 vs 하이네켄," 2014년 1월 23일.

정책공감, "술도 인터넷 쇼핑? 전통주 구매해보니," 2010년 4월 7일, http://blog.daum.net/hellopolicy/6979700

조세일보, "주류수입업자 '겸업금지' 의무 폐지···소비자 직판 허용," 2011년 12월 4일.

주류저널, "주류 유통의 선진화 방안을 생각해 본다," 2011년 10월호.

한국경제매거진, "와인 가격, 전문점보다 마트가 비싼 이유··· 높은 관세·복잡한 유통이 가격 올려," 2012년 12월 3일, 제 888호.

한국주류수입협회, "2012~2013 주종별 주류수입량," 한국주류수입협회 홈페이지, hppt://www.kwsia.or.kr

헤럴드경제, "주류사는 대형마트만 좋아해?," 2011년 10월 30일.

CEO스코어데일리, "매각 앞둔 오비맥주, '술장사 달인' 장인수 사장 거취 주목," 2014년 1월 17일.

제 32 장　문구

1. 문구의 개념

　　문구(文具) 혹은 문방구(文房具)라고 하면 과거에는 노트, 책받침, 필통 등과 같이 교실이나 서재 등에서 쓰이는 학습용 도구를 주로 의미하였지만, 지금은 학용품은 물론 복사용지, 서류꽂이, 스테이플러 등과 같은 사무용품을 통틀어서 일컫는 말로 그 범위가 확장되었다. 또한 1980년대 이후에는 문구의 감성적 측면이 강조되면서 세련된 디자인, 다양한 색상과 캐릭터를 내세운 팬시문구가 크게 부각되고 있다.

2. 문구시장 개요

　　문구시장은 여타 상품군에 비해 절대적인 규모도 그다지 크지 않지만 2010년대에 들면서 위축되는 경향을 보이고 있다. [그림 32-1]은 통계청에서 제시하고 있는 2006~2012년의 문구시장 규모를 보여주고 있다. 2006년에서 2009년까지 완만한 성장세를 보였으나 2010년 이후에는 오히려 시장규모가 감소하는 현상을 보이고 있다. 시장규모가 감소하면서 점포수도 크게 빠른 속도로 감소하고 있다. 2006년에는 2만 개를 넘었던 점포가 2012년에는 1만5,000개에도 미치지 못하고 있는데, 이러한 점포수의 감소는 주로 학교앞 문방구 등 소규모 문구점의 감소에 기인하고 있다.

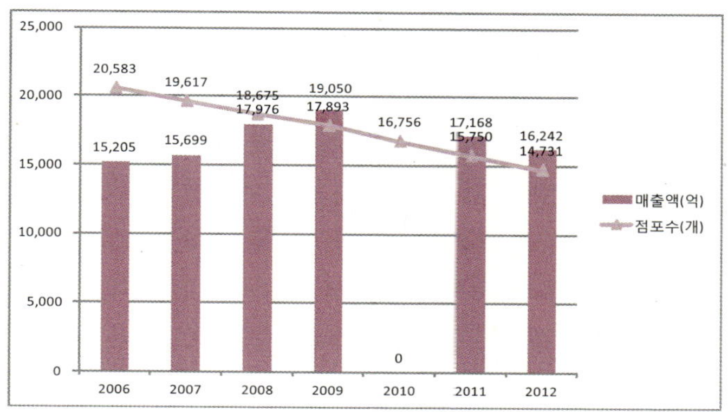

●● [그림 32-1] 문구류의 매출액 추이

* 자료 : 통계청, 도소매·서비스〉도소매업조사〉9차개정〉시도/산업별 총괄, www.kostat.go.kr.
　　　　통계청, 도소매·서비스〉서비스산업 주요통계〉사업체수, 종사자수, www.kostat.go.kr.

　문구시장의 위축은 유통업체 뿐만 아니라 제조업체에게도 큰 타격이 되고 있다. 즉, 문구점의 감소는 자연히 제조업체의 판로 축소로 이어지고 있다. 최근 제조업체들은 이를 극복하기 위해 유통망을 강화하고 사업을 다각화하는 한편, 스마트 문구와 같은 새로운 문구시장을 개척하려는 시도를 하고 있다.

　문구시장의 위축은 업무환경 전산화, 학생수의 감소 등의 여러 가지 요인에 기인하고 있다. 먼저 업무의 처리가 온라인에서 이루어지는 환경이 조성되면서 종이, 파일, 필기도구 등의 필요성이 대폭 줄어들었으며, 앞으로도 학습용 모바일기기의 확산 등에 따라 이러한 추세는 더욱 진전될 것으로 예상되고 있다. 문구시장의 위축을 가져온 가장 직접적인 요인은 출산율 저하에 따른 학생수의 감소라고 할 수 있다. 우리나라에서 초등학생 수는 2003년부터 감소하기 시작하였으며, 중학생 수는 2008년, 고등학생 수는 2010년부터 감소하기 시작하였다. [표 32-1]은 2006~2013년의 초등학생, 중학생, 고등학생의 수를 나타내고 있다. 이 기간 동안 초등학생 수는 약 113만 명(28.9%) 감소하였고, 중학생 수는 약 29만 명(13.8%) 감소하였으며, 고등학생 수는 약 4만 명(2.3%)이 증가하였다. 초중고등 학생의 전체 수는 같은 기간 동안 138만 명 감소하였으며 감소 속도도 빨라지는 추세를 보이고 있다.

•• [표 32-1] 학생수의 변화 추이

구분		2006	2007	2008	2009	2010	2011	2012	2013
초등학생(천명)		3,919	3,798	3,627	3,442	3,276	3,098	2,923	2,788
중학생(천명)		2,097	2,097	2,072	2,031	1,974	1,913	1,859	1,808
고등학생(천명)		1,918	1,990	2,056	2,091	2,090	2,064	2,019	1,962
합계	인구수	7,934	7,885	7,755	7,564	7,340	7,075	6,801	6,558
	성장률	——	−0.6%	−1.6%	−2.5%	−3.0%	−3.6%	−3.9%	−3.6%

자료 : 통계청, 인구·가구〉추계인구·가구〉장래인구추계〉인구성장시나리오〉학령인구, www.kostat.go.kr

3. 문구의 유통경로

　　문구의 유통경로는 [그림 32-2]와 같이 나타낼 수 있다. 주된 경로구
성원으로 소규모 문구점, 도매상, 문구전문 체인점, 대형마트 등을 들
수 있다.

•• [그림 32-2] 문구의 유통경로

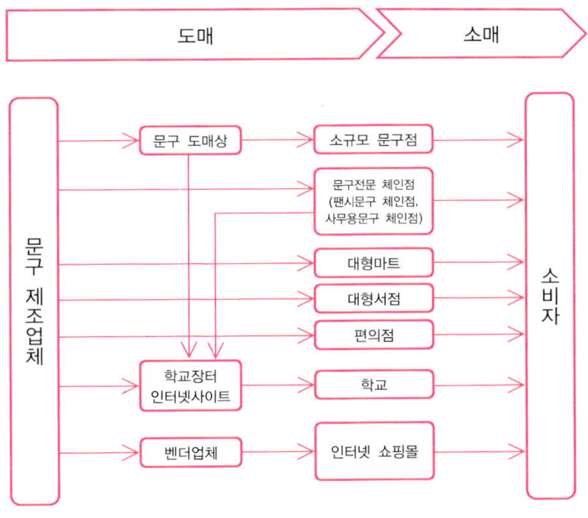

3.1 소규모 문구점

우리나라의 문구 유통경로는 시대에 따라 큰 변화를 보이고 있다. 1980년대 초까지 학교앞 문방구와 같은 소규모 문구점이 문구 소매의 대부분을 차지하고 있었다. 그러나 시간이 흐르면서 현재는 소규모 문구점이 전체 소매판매에서 차지하는 비중이 50% 미만으로 급격하게 하락하였으며, 그 숫자도 크게 줄어들었다. 소규모 문구점의 쇠퇴에는 다음과 같은 여러 가지 요인들이 작용하고 있다.

- 첫째, 문구시장 자체의 규모가 줄어들면서 문구전문 체인점 등에 비해 시장 변화에 대한 대처 능력이 뒤처지는 소규모 문구점이 가장 많은 타격을 받았다.

- 둘째, 1980년대 중반부터 팬시문구 체인점과 사무용문구 체인점이 급격하게 늘어나면서 소규모 문구점이 큰 타격을 받았다.

- 셋째, 1990년대 초반에 등장한 대형마트가 문구류를 취급하기 시작하면서 가격 경쟁력이 뒤지는 소규모 문방구의 매출에 부정적인 영향을 미치고 있다. 대형마트는 반값세일, 묶음판매 등의 활동을 전개하면서 학생 대상의 판매를 강화하고 있다. 소규모 문방구들은 몇 년 전부터 단체를 구성하여 문구유통업을 중소기업적합업종으로 지정하여 대기업이 이 시장에 진출하는 것을 막아 줄 것을 주장하고 있지만 실현되지 않았다. 대형마트뿐만 아니라 편의점, 대형서점 등도 문구시장에 진출하면서 소규모 문구점에 대한 압박이 가중되고 있다.

- 넷째, 정부가 2011년에 맞벌이 부부에 대한 지원책으로 마련한 '준비물 없는 학교' 정책도 소규모 문구점에는 악재로 작용하였다. 이 정책 하에서는 학교가 학교장터를 통해 최저입찰가를 제시한 공급업체를 선정하도록 되어 있는데 소규모 문구점은 제조업체나 도매업체에 비해 가격 경쟁력이 뒤지기 때문에 입찰에 참여하는 것 자체가 어려운 형편이며, 따라서 이 제도에 의해 소규모 문구점이 학교 시장의 많은

부분을 잃어버리는 결과가 초래되었다.

3.2 문구 도매상

문구 도매상은 제조업체로부터 문구를 구입하여 주로 소규모 문구점에 판매한다. 서울의 창신동과 천호동에 위치한 문구·완구 도매시장에 문구 도매상들이 밀집해있다. 소규모 문구점이 활발한 활동을 전개하던 1980년대 초까지 문구 도매상은 문구의 유통에서 주도적인 역할을 수행하였다. 이렇게 문구 도매상이 주도적인 역할을 수행할 수 있었던 것은 제조업체가 영세하여 전속대리점 체제를 갖추기가 힘들고, 3만 종 이상의 제품을 제조업체와 소매점이 직접 거래하기는 거의 불가능하였기 때문이다. 즉, 1980년대 초까지의 문구시장은 여러 업종의 시장 중에서도 도매상이 제조업체와 소매상의 중간에서 상품의 구색을 갖추고 소규모로 분할하는 등의 전형적인 도매상의 기능을 가장 활발히 수행하던 시장이었다. 그러나 1980년대 중반 이후에 일부 제조업체와 도매업체들이 체인점 구축을 통해 소머업에 진출하고. 대형마트, 편의점 등 여타 대형 유통업체들이 제조업체와의 직거래를 통해 상품을 조달하게 되면서 문구 도매상의 위상은 크게 위축되었다.

3.3 문구전문 체인점

문구전문 체인점은 제조업체가 주도하고 있는 팬시문구 체인점과 도매업체가 주도하고 있는 사무용문구 체인점으로 나누어질 수 있다. 그러나 이러한 구분은 절대적인 구분은 아니며 현재는 양쪽이 모두 제품의 유형을 다양화하면서 구분이 모호해지는 경향을 보이고 있다.

3.3.1 팬시문구 체인점

1980년대 중반에 들면서 소비자들이 문구의 선택에 있어서 기능성과 함께 감성적인 측면도 중시하는 경향을 보이기 시작하였다. 모닝글로리,

바른손, 아트박스 등의 제조업체들이 이러한 추세에 부응하여 디자인, 색상, 캐릭터 등을 강조한 팬시문구를 거발하여 판매하기 시작하였으며, 색연필과 같은 후발업체와 모나미와 같은 기존 제조업체들도 이러한 추세에 가세하였다. 이 제조업체들은 제품을 직접 제조하기도 하고 혹은 OEM 등을 통해 상품을 조달하고 있으며, 조달된 상품을 기존의 소규모 문방구를 이용하여 유통시키지 않고 직접 팬시문구 체인점을 구축하여 판매하고 있다. 즉, 제조업체가 스스로 소매기능까지 수행하는 수직적 통합을 이루고 있다고 할 수 있다. 가장 대표적인 팬시문구 체인점으로는 모닝글로리, 색연필, 바른손 등을 들 수 있다. 이들 상위 3개 업체는 2014년 현재 모닝글로리는 약 330개, 색연필은 약 400개, 바른손은 약 250개의 매장을 가지고 있다.

3.3.2 사무용문구 체인점

1990년대 들어 사무용품의 수요가 증가하면서 사무용품 전문점이 하나둘씩 생겨나기 시작하였다. 이러한 추세에 발맞추어 문구 도매업체들이 사무용문구 체인점의 구축을 통해 소매시장에 진출하기 시작하였다. 알파, 디림디포, 오피스디포 등 10여 개 업체가 활동하고 있으며, 알파가 약 700개, 드림디포 약 300개, 오피스디포 약 100개의 가맹점을 보유하고 있다. 사무용문구 체인점은 운영하는 업체의 정책에 따라 다르기는 하지만 대체로 팬시문구 체인점에 비해 훨씬 넓은 면적을 확보하고 있으며, 사무용문구뿐만 아니라 사무용기기 소모품과 악세사리, IT기기 등도 취급하고 있면서 복사, 인쇄 등의 사무지원 서비스까지 제공하고 있다. 여기에서 더 나아가 사무실에서 필요로 하는 식음료, 생필품, 가구 등까지 판매함으로써 사무실을 위한 종합매장으로 포지셔닝하는 경향을 보이고 있다.

3.4 대형마트, 대형서점, 편의점 등

가격 경쟁력을 앞세운 대형마트의 문구시장 진출은 저가 문구시장에 큰 변화를 가져오고 있다. 2014년 현재 전국에 산재한 약 480여 개의 대형마트는 기본 품목을 중심으로 제조업체와의 직거래, 병행수입, OEM을 통한 PB브랜드 생산 등으로 상품을 확보하고 이를 대폭적인 할인행사, 묶음판매 등을 통해 판매하고 있다. 이러한 대형마트의 공세에 대해 문구 전문 체인점들은 나름의 방식으로 경쟁력을 강화함으로써 큰 충격을 받고 있지 않은 반면, 학교앞 문방구 등 소규모 문구점은 매출에 직접적인 영향을 받고 있다. 교보문고와 같은 대형서점들도 문구판매와 서적판매는 시너지 효과를 발휘할 수 있다는 판단 하에 문구판매에 적극 나서고 있다. 편의점도 근거리 소량 구매의 추세에 맞추어 문구의 취급을 점차 늘려가고 있다. 최근에는 문구 제조업체가 편의점과 문구점을 결합한 새로운 형태의 체인점을 구축하는 사례도 나타나고 있다.

● 참고서적

모병일, 김병성 (2012), 도매시장 완벽분석, 92-94.

김경욱, 김호정 (2002), 대리점·총판 마케팅 : 이렇게 하면 성공한다, 도서출판 문장.

참여연대, "유통재벌 문구판매 규제,학교앞 중소문구 생산・유통인들에게 학습준비물 우선권 부여," 2013년 3월 26일, www.peoplepower21.org/1006815.

최경주 (2012), "한국문구유통업의 경쟁력 강화방안," 한국유통학회 학술대회 발표논문집.

뉴스토마토, "모나미 문구유통 강화에 영세 유통업자들 '울상'," 2014년 5월 16일.

매일경제, "'학습준비물 지원제도'에 사라지는 문방구," 2014년 5월 14일.

매일경제, "알파, 문구・전산용품등 7만가지 상품," 2014년 2월 5일.

매일경제, "팬시문구점 색연필 가맹점 모집," 2013년 11월 15일.

머니위크, "팬시문구 프랜차이즈 전문점 '색연필', 새학기 맞이.. 20% 적립 이벤트 펼쳐," 2013년 3월 7일.

연합뉴스, "유통업계, 신학기 맞아 문구 기획전," 2013년 8월 15일.

이투데이, "아날로그 문구에 디지털을 입혔다…스마트 문구 '신세계' 잡아라," 2014년 4월 28일.

창업경영신문, "문구・사무용품 프랜차이즈," 2010년 8월 6일.

파이낸셜뉴스, "문구점 유통 도매상 적합업종 선정 촉구 철야농성 돌입," 2014년 2월 20일.

한국경제, "'가만 있으면 죽는다' 문구업체의 무한변신," 2013년 7월 28일.

저자소개

박찬욱 교수는 서울대학교 경제학부에서 학사 및 석사학위를 취득하고, 미국 인디아나 대학교 (Indiana University)에서 마케팅 전공으로 경영학 박사학위를 취득하였다. 귀국 후 제일기획 마케팅연구소에서 3년 간 근무하면서 마케팅전략, 광고전략, 다이렉트마케팅전략 등과 관련한 업무를 수행하였으며, 1995년부터 경희대학교 경영대학에서 교수로 재직하고 있다. 주요 관심분야는 고객관계관리, 영업, 유통, 소비자행동 등이다. 저서로는 우리나라 최초의 CRM 서적인 데이터베이스마케팅(1996)을 비롯하여 금융기관의 데이터베이스마케팅(1999), 모바일마케팅(2002), 한국적CRM 실천방안(2005), 고객관계 구축을 위한 영업관리 (2012), 고객관계관리(2014) 등이 있으며, 국내외의 유명 학술지에 CRM, 영업, 유통, 광고, 소비자의사결정 등을 주제로 하는 다수의 학술논문을 발표하였다. 1995년 이래 금융, 제조, 서비스 등 다양한 기업들에서 CRM과 마케팅 분야의 자문교수 및 사외이사를 역임하였다. 또한 한국CRM협회의 초대 회장과 한국CRM학회의 회장을 지냈으며, 현재는 한국영업관리학회 회장 직을 맡고 있다.

한국의
소매업태 및
업종별
유통경로

1판 1쇄 인쇄 : 2014년 9월 1일
1판 1쇄 발행 : 2014년 9월 15일

지은이 : 박찬욱(cwpark@khu.ac.kr)
발행인 : 안덕기
발행처 : 한국생산성본부 부설 ㈜한생미디어
인쇄처 : 한국학술정보(주)
편집디자인 : 남미화·조경현

등록번호 : 제 1-1769호(1994. 9. 7)
서울 종로구 새문안로5가길 32(적선동)생산성빌딩
전화 : 02)738-2036(편집부)
        02)738-4900(마케팅부)
팩스 : 02)738-4902
E-mail : kskim@kpcm.or.kr

ISBN : 978-89-8258-655-2

값: 15,000원

잘못된 책은 서점에서 즉시 교환해 드립니다.